人类经济社会思想探索前沿丛书

政治发展的经济分析

专制和民主的经济起源

[美]达龙·阿塞莫格鲁(Daron Acemoglu)
[美]詹姆士·A. 罗宾逊(James A. Robinson) 著
马春文 等译

上海财经大学出版社 CAMBRIDGE

本书由上海市新闻出版专项资金资助出版

图书在版编目(CIP)数据

政治发展的经济分析:专制和民主的经济起源/(美)达龙·阿塞莫格鲁(Daron Acemoglu),(美)詹姆士·A. 罗宾逊(James A. Robinson)著;马春文等译. —上海:上海财经大学出版社,2021.3

(人类经济社会思想探索前沿丛书)

书名原文:Economic Origins of Dictatorship and Democracy

ISBN 978-7-5642-3576-5/F·3576

Ⅰ.①政… Ⅱ.①达…②詹…③马… Ⅲ.①政治经济学-研究 Ⅳ.①F0

中国版本图书馆 CIP 数据核字(2020)第 118527 号

图字:09-2006-556 号

□责任编辑 施春杰

□封面设计 张克瑶

政治发展的经济分析

——专制和民主的经济起源

[美] 达龙·阿塞莫格鲁(Daron Acemoglu)
詹姆士·A. 罗宾逊(James A. Robinson) 著

马春文 等译

上海财经大学出版社出版发行

(上海市中山北一路 369 号 邮编 200083)

网 址:http://www.sufep.com

电子邮箱:webmaster@sufep.com

全国新华书店经销

上海华教印务有限公司印刷装订

2021 年 3 月第 1 版 2024 年 11 月第 3 次印刷

710mm×1000mm 1/16 27.75 印张(插页:2) 425 千字

定价:138.00 元

谨以此书纪念我的父母，柯沃克和伊尔玛，他们为我付出了太多太多。

本书献给我的爱人——阿素。她始终是我的灵感源泉和伴侣。

达龙·阿塞莫格鲁

谨以此书纪念我的母亲，她赋予了我对书的热情和对生活中的不公正的义愤。

纪念我的父亲，从他那里我继承了对科学的迷恋和对这一非凡世界的好奇心。

詹姆士·A. 罗宾逊

人类经济社会思想探索前沿丛书

总　序

20世纪40年代以来，国际上的经济学、哲学和社会科学各领域都取得了巨大的理论进展，也随之出现了一大批大师级的思想家，并相应产生了许多理论艰深、思想深邃、影响深远的学术著作。

在当代经济学、哲学和其他社会学科的殿堂中，可谓是群星灿烂，大家辈出。这些当代思想大家的著作，代表了国际学术界反思和探讨人类社会构成、运作及变迁机理的前沿理论探索。尤其是自20世纪60年代以来，在各学科以及各领域中，许多学术思想大家已经破除了学科壁垒和门户之见，经常产生跨学科和跨研究领域的思想对话。在经济学（特别是在福利经济学和社会选择理论）、伦理学、政治哲学、法学、社会学诸领域中，一些学术思想大家经常关注同一类社会现象，探讨同一类经济与社会理论问题，著书立说，从而拓宽人们的视野，推进人类对经济和社会现象的认识，并进而把人类社会反思自身存在等问题的知识不断推向前沿和理论深处。

1978年以来，伴随着中国40年来的思想解放和改革开放的历史进程，国内学术界翻译出版了大量西方古代、近代乃至当代的一些哲学社会科学的学术著作。但是，值得注意的是，仍有很多当代的有思想价值的学术著作被中国学界和翻译界所忽视，尤其是哲学、经济学、社会科学的跨学科方面的一些理论艰深、探索前沿的学术专著，以及一批艰涩难懂和难以翻译的著述，至今仍然未有译介。

经反复酝酿和挑选，我们选编了这套“人类经济社会思想探索前沿丛书”。这套丛书将覆盖诸多现在被人为划分为门类的学科，包括经济学、哲学、伦理学、政治哲学、法学、人类学、社会学等学科的前沿思想及各学科的交叉领域。

我们希望把这套丛书做成一个开放的系统，不断把已有的和新近出现的世界各国学术界真正有思想的经济社会理论探索的著作和菁华引介到中文世界中来，从而期盼未来中国学术思想界也能与世界上的同行们同步思考，并为未来中国的经济发展和社会变迁提供思想资源，奠定一些深层的理论认识基础。

韦　森

2020 年 8 月 16 日

序　言

政治学和政治经济学的一个根本问题是哪些因素决定着集体决策的制度(即“政治制度”)。在讨论这一问题时,对民主制度和非民主制度进行区分是一个自然而然的出发点。为什么一些国家是民主国家,有正规的、自由的选举,政治家对民众负责,而另一些国家却并非如此?

与解答这个问题有关的是一些引人注目的经验模式和困惑。例如,虽然美国很早(北部和西部各州在19世纪20年代早期,全美国在19世纪40年代后期)就普及了白人男性的选举权,但这一模式在美洲却不是普遍的。在其他地方,当各国脱离西班牙和葡萄牙等国的殖民统治获得独立之后,有正规选举的共和制度便成为标准,但对选举权的限制和选举腐败却更加严重。第一批实行有效的、相对来说腐败较少的男性普选权的拉丁美洲国家分别是1912年的阿根廷和1919年的乌拉圭,但其他国家,如萨尔瓦多和巴拉圭,直到20世纪90年代才实行这一制度,比美国几乎晚了一个半世纪。

不仅民主化实现的时间有很大不同,政治发展所采取的形式也有显著的性质上的差异。在美国和一些拉丁美洲国家(例如,哥斯达黎加),民主,起码是对白人男性的民主,是在没有很大冲突的情况下创立的。然而,在其他地方,民主经常遭到强烈的反对,权贵用大规模的镇压避免分享政治权力。在一些情况下,如萨尔瓦多,镇压最终被放弃了,权贵承认了民主。在另一些情况下,如尼加拉瓜,权贵挣扎到最后一刻,才最终被革命的浪潮席卷而去。

民主创立之后,不一定就能巩固。虽然美国经历了英国和瑞典等许多西欧国家所经历的无反复地走向民主的渐进运动,但在其他国家,民主却沦为政变。阿根廷也许是这种情况的最极端的例子:在20世纪绝大多数时间里,阿根廷的政治政权不断在民主与非民主之间转换。

哪些因素决定了一个国家是否是民主国家？哪些因素能够解释我们观察到的民主化模式？为什么美国比许多拉丁美洲国家提前一个多世纪实现了男性普选权？为什么在民主创立后，在有些国家，如英国、瑞典和美国，得以持续和巩固，而在其他国家，如阿根廷、巴西和智利，却以瓦解告终？

在本书中，我们提出了一个分析民主的创立和巩固的框架，为这些问题提供一些尝试性的答案。

这一框架有以下三个要素：

- 我们的方法是“以经济为基础”的。我们强调个人的经济动力决定其政治态度，我们假定人们在博弈论的意义上策略性地行动。
- 我们强调冲突在根本意义上的重要性。不同的社会群体，有时是社会阶级，在政治结果上有对立的利益，这些在政治结果上的对立利益转化为在政治制度形式上的对立利益，因为政治制度的形式决定政治结果。
- 政治制度通过影响法定政治权力的未来分配，对解决承诺问题发挥着核心作用。

为了概要地描述我们的框架，设想一个有权贵和民众两个群体的社会。非民主由权贵统治；民主由构成大多数的、人数更多的群体（此处即民众）统治。在非民主中，权贵得到其想要的政策；在民主中，民众有更多的权力得到他们所想要的。由于权贵在民主中受到损失，自然有反对或推翻民主的动力。然而，大多数民主却是由权贵创立的。

为什么一个非民主的权贵会实行民主化？既然民主能带来有利于民众的权力转移，为什么权贵要建立这样一组制度？我们认为，这种情形之所以能够发生，只是因为被剥夺了选举权的民众能够对权贵造成威胁，迫使他们做出让步。这些威胁可以采取罢工、示威游行、暴动，甚至——在极端的情况下——革命的形式。由于这些行动给权贵带来了成本，他们会试图阻止这些行动。他们可以通过做出让步，用镇压阻止社会动乱和革命；或者让渡其政治权力，实行民主化，来做到这一点。然而，镇压的成本经常很高，以至于对权贵来说，它不是一个有吸引力的选择。让步可以采取几种形式，特别是那些受民众喜爱的政策，如资产或收入的再分配，而且，对权贵来说，让步的成本可能小于承认民主的成本。

民主出现的关键是这一问题：由于政策让步使得政治权力继续保持在权贵手中，没有任何保证能让他们信守其所做出的承诺。设想一个对民众争夺权力有利的相对短暂的情境。这种情境可能会因为战争或对经济的冲击（例如，粮食歉收、贸易条件恶化或萧条）而出现。如果镇压成本过高，权贵会愿意用政策让步的许诺——如收入再分配——来收买民众。然而，争夺权力的机会，按其本身的性质，只是暂时的，在未来会消失，权贵背弃其所做出的任何许诺都是相对容易的。预料到这一点，民众也许不会满足于在不变的政治制度下的政策让步许诺，从而选择反叛。

在我们的框架中，关键问题是，拥有政治权力的人不可能必然坚持其未来的政策决策，除非他们减少其政治权力。因而，通过在不同群体之间转移政治权力（从权贵到民众），民主便作为一种对亲民政策（例如，高税收）的可信承诺出现了。民主化是比单纯的许诺更为可信的承诺，因为它与一组制度和民众的更大量的参与相联系，因此更难以逆转。如果权贵要避免更为激进的结果，他们必须实行民主化——创造对未来多数派政策的可信承诺。

支持反民主政变的逻辑与支持民主化的逻辑相类似。在民主中，少数群体（例如，各类权贵）也许有动力发动政变，以创设他们更偏好的制度。然而，如果存在着政变威胁，为什么不能通过让步来捍卫民主呢？民主人士当然会这样做，然而，可信性问题再一次成为问题的核心。如果一场政变的威胁是短暂的，那么，制定不那么亲多数派政策的承诺也许就不可信。令人信服地改变政策的唯一途径就是改变政治权力的分配，这只有通过制度变革——一场政变，或更为普遍地说，向一个较不民主的政体的转变——才能实现。

本书的主要贡献是提供一种理解民主的创立和巩固的统一框架。特别是，这一框架强调为什么政治制度变革与在非民主政体背景下的政策让步有根本性的不同。这一框架的一个重要的副产品是关于民主的出现和持续环境的含义相对丰富的推论。我们的框架强调，民主更可能在下述情形下创立：

- 当在非民主政体下有充分多的社会动荡而又不能被有限的让步和亲民政策的许诺止息时。这种情况是否出现进而取决于民众在非民主中的生活条件、市民社会的力量、民众在非民主中面临的集体行动问题的性质和决定权贵做出的何种承诺可信的非民主政治制度的细节。

● 当权贵预料民主的成本有限，因此有可能不打算用镇压来对付民众在非民主政体下的不满。但如果不平等程度很高，如果权贵的资产能很容易被征税或再分配，如果权贵在经济制度的变革中遭受大量损失，如果不可能控制新生民主制度的形式以限制民主对权贵利益的损害程度，民主的成本也许会很高。

同样，这些因素也影响民主在创立后能否存续。例如，更为严重的不平等、土地和其他容易征税的资产在权贵资产组合中的更大的重要性和能够避免极端民粹主义政策的民主制度的缺失，更可能动摇民主。

除了这些比较静态结果之外，我们希望在这里提出的框架既充分丰富又方便使用，其他人能利用这一框架的组成部分讨论与民主和其他政治制度有关的新问题，得出其他的比较静态结果。

我们在本书中讨论的问题处于政治学（特别是比较政治学）和政治经济学的核心。然而，我们提出的问题却很少被本书中使用的这种正式模型解决。我们相信，发展本书中提出的这种分析的收益是巨大的，为了实现这一目标，我们尽量使我们的说明简单易懂，易于被政治学的学者和研究生理解。为了使本书尽可能自成一体，我们在第4章加入了对分析中使用的对民主政治建立模型的方法的介绍。尽管在最直接的意义上，这一分析会令政治学家感兴趣，一般也能为他们所理解，但我们希望有许多材料能对于对政治经济学感兴趣的经济学的高年级学生、研究生和学者有用。事实上，本书作者之一已经在研究生的经济学课程中讲授了本书的部分内容。

理解本书全部内容的主要条件是拥有吉本斯（Gibbons）（1992）教科书水平的关于完全信息博弈论的基本思想的知识。然而，我们已经把最前面两章设计为对我们所讨论问题和所提供答案的可以普遍理解的、非数学的说明。

在写作本书的过程中，我们获得了许多帮助。在研究这些问题的8年中，从新加坡到毛里求斯，从奥斯陆到布宜诺斯艾利斯和波哥大，我们举办了许多关于这些研究的讲座。许多学者提出了建议，给予了我们宝贵的意见和指导，很抱歉没能把他们全都记住。然而，我们要提到几位学者，他们对这项研究持续不减的热情在早期阶段对我们是很大的鼓励，他们是：鲁思·柯利尔（Ruth Collier）、彼得·林德特（Peter Lindert）、卡尔·奥弗·默恩（Karl Ove Moene）、肯尼思·索科洛夫(Kenneth Sokoloff)和迈克尔·沃勒斯坦(Michael Wallerstein)。我们特别要提到罗伯特·鲍威尔(Robert Powell),不仅仅因为他的热情和鼓励,还有他一直以来对我们的思想支持。我们要特别感谢詹姆士·奥特(James Alt),他于2003年1月在哈佛大学社会科学基础研究中心,组织了为期四天的“作者见面会”。这个会议不仅促使我们写出了初稿,还为我们提供了宝贵的反馈、新的活力和思想。罗伯特·贝茨(Robert Bates)建议我们把本书标题的“政治”一词改成了“经济”,他还对第一章的格式提出了建议。格利戈尔·波普-伊莱克斯(Grigore Pop-Eleches)建议用图形表示本书中主要的比较静态,并提供了许多详细的评论。

除了这些人的思想和评论之外,我们还收到了其他参与者的许多有用的建议,他们包括:司各特·艾什沃思(Scott Ashworth)、厄内斯托·卡尔沃(Ernesto Calvo)、阿尔伯托·迪亚斯-凯尔罗斯(Alberto Diaz-Cayeros)、大卫·爱普斯坦(David Epstein)、约翰·哈伯尔(John Huber)、迈克尔·希斯考克斯(Michael Hiscox)、托尔本·伊沃森(Torben Iverson)、沙音·奥哈罗兰(Sharyn O'Halloran)、乔纳森·罗登(Jonathan Rodden)、肯尼思·谢普斯尔(Kenneth Shepsle)和安德烈·维蒂格尼(Andrea Vindigni)。我们还得到了来自伯克利和波哥大安第斯大学学生的有用反馈和建议,这些学生包括:泰勒·波阿斯(Taylor Boas)、毛里奇奥·本尼特茨-伊特尔比(Mauricio Benitez-Iturbe)、萨德·邓宁(Thad Dunning)、列奥波尔多·弗格森(Leopoldo Fergusson)、梅亚·贾克斯基(Maiah Jakowski)、斯巴斯蒂安·玛祖卡(Sebastian Mazzuca)和帕布罗·奎尔鲁宾(Pablo Querubin)。几位朋友和学生也阅读了大部分手稿,给了我们宝贵的评论和反馈,他们是:亚历山大·德布斯(Alexandre Debs)、萨德·邓宁、司各特·哥尔巴赫(Scott Gehlbach)、塔莱克·海森(Tarek Hassan)、鲁本·霍普弗尔(Ruben Hopfer)、迈克尔·斯巴加特(Michael Spagat)、胡安·费尔南多·瓦尔加斯(Juan Fernando Vargas)、王天喜(Tianxi Wang)和彼埃尔·雅来德(Pierre Yared)。我们还要感谢提摩太·贝斯莱(Timothy Besley)、琼·埃斯特本(Joan Esteban)、多米尼克·列文(Dominic Lieven)、底波莱·拉伊(Debrai Ray)、斯特尔吉奥斯·斯加坡达斯(Stergios Skaperdas)和拉格纳·托尔维克(Ragnar Torvik)给予的评论。我们感谢厄内斯托·卡尔沃提供在第三章出现的关于阿根廷收入分配的历史数据,彼得·林德特提供关于英国不平等的数据。亚历山大·德布斯、列奥波尔多·弗格森、帕布罗·奎尔鲁宾和彼埃尔·雅来德还在研究上给予了宝贵的协助。

目　录

第二篇　构造政治模型

第三篇 民主的创立和巩固

第四篇 运行模型

第五篇　结论及民主的未来

第六篇　附　录

第一篇

问题与答案

1　政治发展的道路

为了理解为什么一些国家是民主国家而另一些国家却不是，对政治制度在时间历程中所经历的具有不同特色的道路进行区分是有帮助的。在这些道路中，只有一些的结果是民主，至少到目前为止还是如此。这些程式化的道路使我们能在真实世界比较的复杂性中找到自己的方向，而且它们描述了我们相信把一个社会的经济和政治结构与政治制度联系在一起的主要机制。

政治发展的道路主要有四种。首先是一条从非民主渐进地但坚定不移地走向民主的道路。民主一旦被创立，就永远不会受到威胁，而是继续保持和巩固下去。英国是这条政治发展道路的最好例子。其次是一条民主得以创立，但创立之后却迅速瓦解的道路。在这条道路上，造就最初的民主化的力量会再次出现，不过民主会再一次瓦解，如此周而复始。在20世纪，阿根廷的经历是这条民主创立后却始终得不到巩固的道路的最好例子。在逻辑上，第三条道路是一国保持非民主或者民主化在很大程度上被推迟的道路。这条道路的源头有着重大的差异，因此，把非民主道路再一分为二对我们是有帮助的。第四种道路是，民主从未出现过，社会是相对平均主义的、相对繁荣的，使非民主的政治现状得以稳定。体系从没有受到过挑战，因为人民在现有的政治制度下是充分满足的。新加坡是具有我们如此描述的政治动态的社会。非民主道路的第二种恰好相反。社会是严重不平等的和剥削性的，民主的前景令权贵极为恐惧，以至于他们要运用各种可能的手段，包括暴力和镇压，来避免民主。南非在其种族隔离政权瓦解之前是这一条道路的典型。

在这一章中，我们通过考察这四个国家的政治历史来描述这四条道路，并说明导致一个社会走上一条或另一条道路的机制。我们讨论在所有这些情形下的攻治发展的动力学，探讨为什么政治发展的结果在英国是巩固的民主，在阿根廷是不巩固的民主，在新加坡和南非是持续的非民主——尽管形式不同。我们的讨论突出了许多其后的分析，这些分析将会表明对决定为什么一个社会走上其中一条道路而不是另一条道路至为重要的因素。

1.1 英 国

在英国，民主起源于作为贵族与国王商谈税收、讨论政策的论坛的正规议会的创立。只是在 1688 年的光荣革命之后，议会才定期开会，而且只有非常有限的选举权。在这一阶段，议会的成员资格取决于存在社会不同“等级”的封建思想。这些等级包括：教士和贵族生来就是上院成员；普通人则进入下院。下院议员原则上要选举产生，尽管从 18 世纪开始到 19 世纪中期，大多数的选举都没有遭到反对，因此，事实上也没有投票发生(Lang，1999，p. 12)。候选人往往由地位显赫的地主和贵族提名，而且，因为不存在不记名投票制度，投票是公开的，很容易被看到，所以，大多数选民不敢违背这些地主和贵族的意愿(Namier，1961，p. 83；Jennings，1961，p. 81)。

但不论怎样，继 1642～1651 年内战和 1688 年光荣革命后发生的宪法变革，导致了政治和经济制度的戏剧性变化，这些变化对民主的未来产生了重要影响(North and Thomas，1973；North and Weingast，1989；O'Brien，1993；Acemoglu，Johnson and Robinson，2005)。这些变革出自斯图亚特王室与议会之间的冲突，前者意图维护和扩大他们的绝对权力，而后者则意图凌驾于这些权力之上。议会获胜了。结果是政治制度的重构严重地限制了君主的权力，增加了议会的权力。政治制度的这一变革使财产权利获得了更多的保障，因为人民不再惧怕国家的掠夺行为。尤其是它把权力交到了一个代表了面向市场销售的商人和地主的议会的手中。到 18 世纪晚期，在英国开始出现持续的经济增长。

在英国，走向民主的第一个重要步骤是 1832 年的《第一改革法案》。这一法案消除了在旧的选举制度下，特别是一些“衰败选区”(其中几个议员只由极少数的投票人选举)的许多非常严重的不公平。1832 年改革也确立了统一以财产和收入为基础进行投票的权利。

《第一改革法案》是在大众对英国当时政治现状不断高涨的不满的背景下通过的。朗格(Lang,1999,p. 26)注意到,

在新工业区增长的情况下,革命被看作一种特别的风险。对革命的恐惧,在滑铁卢之后并没有消失而是加强了,利物浦勋爵的政府(1821～1827)实行了一种严格镇压的政策。

到19世纪早期,工业革命已经稳步开展,而1832年之前的十年见证了接连不断的暴动和无处不在的动乱。特别引人注目的是1811～1816年的卢德派暴动,1816年的温泉广场(Spa Fields)暴动,1819年的彼得卢(Peterloo)屠杀和1830年的斯文(Swing)暴动(关于这方面的概述,参见:Darvall,1934;Stevenson,1979)。改革的另一个催化剂是1830年巴黎的七月革命。历史学家一致认为,1832年改革的动机是为了避免社会骚动。朗格(Lang,1999,p. 56)得出结论说:

动乱的程度强化了立即改革、而不是以后改革的必要性:任何拖延都是过于危险的。正如威灵顿(Wellington)和皮尔(Peel)在爱尔兰准许解放以避免起义一样,辉格党应该两害相权取其轻,准许改革。

1832年的改革法案使选民总数从492 700人增加到了806 000人,代表了大约14.5%的成年男性人口。不过,英国的大多数人不能投票,贵族和大地主有着相当大的庇护范围,因为有123个选区只有不到1 000个投票人。而且,在1872年选举法和1883年腐败和非法行为法出台之前,也有持续的腐败和对选民进行胁迫的证据。因此,该项改革法案并没有创立大众民主,而是被设计成一种战略上的让步。不出意料的是,在1832年之后,议会改革问题仍然很受关注,而且成了宪章运动的核心问题。

1867年,在很大程度上是因为各种因素的共同作用,改革的时机最终成熟了。急剧的经济衰退是这些因素之一,它造成了显著的经济困难,助长了暴力威胁。同样意义重大的是1864年国家改革联盟和1865年改革同盟的建立以及提供了最直接催化剂的1866年7月海德公园暴动。西尔(Searle,1993,p. 225)认为,

显然,这个国家的改革煽动在很大程度上说服了德比伯爵,使他相信,一项改革法案,任何一项改革法案,应尽可能迅速地进入法律全书。

这一阐释受到了许多其他历史学家的支持(例如,Trevelyan,1937; Harrison,1965)。

《第二改革法案》是在1867年通过的;选民的总人数由136万增加到248万,而且在所有的城市选区中,工人阶级选民在选民中占了多数。到1884年《第三改革法案》出台时,选民人数又翻了一番,该法案把已经存在于市区(城市选区)的同样的选举规章扩展到了县(农村选区)。1885年的再分配法案消除了席位分配中残余的不平等,从这一刻起,英国便只有单一议员的选区了(在此之前,许多选区选举两名议员——两名获得最多票数的候选人)。1884年之后,大约60%的成年男性被给予了选举权。同样,社会的无秩序状态似乎是1884年法案背后的一个重要因素(例如,Hayes,1982; Lang,1999,p. 114)。

第一次世界大战之后,1918年的人民代表法案把投票权赋予21岁以上的所有成年男性和30岁以上的女性,这些女性要么是地方税纳税人,要么是嫁给了地方税纳税人。最终,在1928年,所有的女性获得了在同等条件下跟男性一样的投票权。1918年的措施是在战争期间谈判的,而且也许在某种程度上反映了政府与工人阶级这一作战和生产军需用品所必需的阶级之间的投桃报李。然而,加拉德(Garrard)注意到,

大多数人假定,如果要这一体系存续且"满意和稳定流行",那么就不能否定男人的普遍的公民权,他们被认为遭受了太多苦难且已注意到了俄国革命。

总之,浮现于英国政治历史的图景是清晰的。始于1832年,那时英国被相对富有的、主要是农村贵族统治着,在86年的期间里,对于成年男性做出了战略上的让步。这些让步旨在将先前被剥夺公民权的人们纳入政治过程,因为另外的选择被认为只能是社会动荡、混乱,可能还有革命。让步是渐进的,因为在1832年,社会和平还能够通过收买中产阶级来获得。此外,让步的影响被政治制度的具体细节,特别是上院的持续的非代表性质冲淡了。尽管上院在1832年改革期间受到了挑战,但它为富人对抗来自一个民主化的下议院的激进改革的潜力提供了重要的堡垒。至少在第一次世界大战前夕(当时,赫伯特·阿斯奎思的自由党政府引进福利国家因素的决策导致了对贵族权力的大量限制),情况一直如此。1832年之后,因为工人阶级通过宪章运动和后来的工会进行了重组,政府不得不做出进一步的让步。第一次世界大战及其附

带结具认可了完全民主的决定。尽管被剥夺了公民权的人的压力在一些改革中要比在另一些改革中更有影响力，而且其他因素无疑也发挥了作用，但在英国，社会的无秩序状态的威胁是民主创立的动力。

在英国，民主的出现及其后来的巩固发生在一个很早就摆脱了几乎所有中世纪组织残余和成功地抵制了绝对主义威胁的社会中。它们也发生在迅速工业化、城市化、工厂体系的扩张、不断加剧的不平等，以及——在谷物法废除后的时期——迅速的经济全球化的背景之下。

1.2 阿根廷

现代阿根廷共和国的开端是阿根廷宣布国家独立的1810年。这一时期之后，国家就陷入了关于权力结构和政治制度的一系列混乱的内战和内部冲突。19世纪60年代混乱最终得以缓解。在1853年，一部新的宪法诞生了。1862年，巴托洛梅·米特雷(Bartolome Mitre)被选举为统一的共和国的第一任总统。米特雷在第一次农业出口繁荣(由此开始的一系列农业出口繁荣在1930年以前一直支撑着阿根廷的经济)的便利环境下，着手创建一个国家。他创设了国家官僚机构、税收制度和法律体系，而且这一时期也见证了选举政治的建立。然而，

1853年的选举法，目的是允许大众参与政治过程，从一开始就被证明是赝品。选举仅有很小一部分选民参与，一直是仪式性的拙劣的模仿，由有权势者的仆从表演和管理。

米特雷之后，多明戈·萨米恩托(Domingo Sarmiento)成为总统，而且在他周围形成了一个党派——民族自治党(Partido Autonomista Nacional，简称PAN)。此后继任的历届民族自治党总统通过操纵选举一直掌握权力，直到1916年为止。他们是在不断高涨的社会不满的背景下维持其权力的。1889年之后，在公民联盟(Unión Cívica)中出现了有效的反对派，它在1890年7月发动了一场反政府的反叛。1891年之后，激进公民联盟(Unión Cívica Radicals)在伊波利托·伊利戈延(Hipólito Yrigoyen)的领导下，于1893年和1905年举行了起义。然而，基于对选民强行控制的政权还是得以延续，

阿根廷的权贵们已开始意识到了西方欧洲社会和他们自己的,有着不断成长的城市与新出现的社会阶级的社会之间不断显露的相似性。民主的吸引力在于它保护政治稳定的许诺,因为如果政治排斥继续下去……这个国家就会有重复19世纪90年代早期剧变的危险。(Rock,1987,pp.184—185)

1910年,政治改革的主要倡导者之一罗科·萨恩斯·佩尼亚(Roque Saens Pena)成为总统。如罗克(Rock,1987,p.188)所述,

激进分子、社会主义者,以及在间接的意义上,无政府主义者,推动了20世纪早期的改革运动。权贵中的进步派恐惧大众对激进派不断增长的支持,揣度下一次反叛来自何方。

所谓的《萨恩斯·佩尼亚法》在1912年颁布,引进了不记名投票,宣布有欺诈的选举非法。最先在1853年宪法中提出的男性普选权,终于变成了现实。史密斯(Smith,1978,p.10)认为,改革"是一种精心设计的挽救现有制度的策略。担心劳工骚乱和明显的暴力威胁"。

紧接着这些改革,伊利戈延在1916年当选为总统。

改革也带来了惊讶。萨恩斯·佩尼亚和他的拥护者支持选举改革,他们相信旧的寡头政治派系将会适应新的形势,联合成为一个强大的、享有广大群众支持的保守党……相反,保守分子的联合努力不断地失败。(Rock,1987,p.190)

结果,激进党开始控制阿根廷政治,对传统的利益集团造成了严重威胁。1916年,保守派获得了42%的选票,但到1928年,这一比例下跌到了25%。史密斯(Smith,1978,p.21)认为,"这种情形与瑞典和英国的情形形成鲜明的对比……在这两个国家,在选举权普及后,传统的精英继续主导着政治体系"。因此,"到1930年,伊利戈延派在上院获得了大量的席位并威胁要在即将来临的选举中赢得充分的多数"(Smith,1978,p.12)。于是,"政治体系逐渐代表了对社会经济体系的一种自主的威胁……可以理解的是,从保守派最初的期望来看,他们逐渐认为民主是不能成功地发挥作用的"(Smith,1978,p.15;另见Potter,1981)。

1930年9月,伊利戈延被一场军事政变废黜,接踵而至的是1931年的一次欺诈性的选举。"1931年的选举将权力还给了在1916年之前就已掌权的同

一类型的集团——彭巴斯草原的出口利益集团和这些省份的小地主。”(Rock,1987,p. 217)在 20 世纪 30 年代的其余时间内,保守派继续利用选举欺诈把持着权力,尽管到 1940 年,他们试图在某种程度上再度同化激进派。保守派政权最后终结于 1943 年的一场军事政变。

1943 年政变之后,一个又一个的军人担任了总统职务;然而,这一时期主要的特点是胡安・多明戈・庇隆(Juan Domingo Perón)权力的加强,他起初是军政府中的一名成员,1946 年之后当选为总统。庇隆推动军事政权走上了更激进的、亲劳工的道路,并围绕着国家对工人运动的控制组织了一个政治机器。在其第一届总统任期内,庇隆为工人阶级设计了一次工资和社会福利的大幅度提高。他的政策目标是从乡村部门向城市部门的再分配。这些政策包括激进的亲工业的保护和进口替代政策(O'Donnell,1978,p. 147)。1951 年庇隆再次当选,尽管这是一次因腐败和对反对派进行镇压而名声不佳的选举,此后他被 1955 年的一场政变剥夺了权力。在 1958 年和 1966 年间,由军方严加限制的文人政府重新执政,于 1966 年的另一场政变中土崩瓦解(关于这方面的深入分析,参见 O'Donnell,1973)。

1966 年,胡安・卡洛斯・昂格尼亚(Juan Carlos Ongania)将军成为总统,但其政权很快就遭到了大规模社会运动的反对 (Rock,1987,p. 349)。卡瓦罗奇(Cavarozzi,1986,p. 36) 注意到了“把蓝领工人和白领工人、学生和城市贫民凝聚起来的 1969 年群众起义”的重要性。在这一反专制起义之后,还有多次起义发生,特别是在 1971 年。与此同时,还出现了一些致力于推翻政府的武装集团和游击队。

1973 年,庇隆(又译“贝隆”)从流放中归来,在其自 1946 年第一次当选以来第一次真正的民主选举中当选为总统,民主得以重新建立。然而,民主化释放出了它以前曾释放过的同样的分配冲突,“如同在 1946 年一样,其纲领的核心是有利于劳工的收入再分配、增加就业和更新的社会改革”(Rock,1987,p. 361)。庇隆于 1974 年逝世。1976 年,由庇隆的第三任妻子伊莎贝尔(Isabel)领导的庇隆主义政府,在豪尔赫・维德拉(Jorge Videla)将军领导的政变中瓦解。“军队一掌握了政权,就开始着手政府改革以镇压任何残余势力,改革的目的即是彻底瓦解庇隆主义国家。”(Rock,1987,p. 366)这一政权一直延续到

1982～1983 年的福克兰(马尔维纳斯)战争,是阿根廷历史上最压迫性的政权。约一万人"失踪",数千人未经审讯就被监禁、拷打和被强制流亡。1981 年,罗伯托·维奥拉(Roberto Viola)将军接替了维德拉,但在同一年被列奥波尔多·加尔铁里(Leopoldo Galtieri)将军胁迫离任。

军方受到了越来越多的围攻,针对他们的群众抗议日益高涨,于是他们发动了对福克兰(马尔维纳斯)群岛时运不济的入侵。当 1982 年 6 月阿根廷军队投降时,加尔铁里辞职,在接下来的一年,民主选举导致激进派总统劳尔·阿方辛(Raúl Alfonsin)当选。阿根廷再次成为民主国家。阿方辛之后,卡洛斯·梅内姆(Carlos Menem)在 1990 年成为总统,然后,费尔南多·德拉鲁阿(Fernando dela Ruá)在 2000 年继任,在 2001～2002 年经济危机期间,各位临时总统令人眼花缭乱地轮番登场,直到内斯托·基什内尔(Nestor Kirchner)在 2003 年当选。这期间,阿根廷一直是民主国家。

因此,阿根廷的政治历史展示出了一种不同寻常的模式,民主于 1912 年创立,1930 年被破坏;1946 年民主重新建立,1955 年被破坏;1973 年民主又完全重建,1976 年又被破坏;最终,民主于 1983 年重新确立。在这期间,是从有限的民主政府到完全军事政权的各种非民主政府。阿根廷的政治历史是一部动荡不定、冲突不断的历史。经济发展、阶级结构的变化和迅速扩大的不平等,是 19 世纪 80 年代以来出口繁荣的结果,它们与迫使传统政治精英开放体系的压力相伴而生。但是,阿根廷社会的性质意味着民主是不稳定的。传统的利益集团过于惧怕激进派权力的上升,持续不断地努力破坏民主。20 世纪 30 年代的经济变革只是激化了这一冲突。工人因为发现了庇隆这个领袖而变得越来越强大、好战,分配冲突因而就在亲庇隆与反庇隆的斗争中扎下了根。专制政权因社会抗议而垮台,民主由于激进派和民粹派及其所采取的常常是不可持续的政策诱发军事政变而瓦解。

1.3 新加坡

1819 年,斯坦福·莱福士(Stamford Raffles)爵士从当地马来人统治者那里为英国东印度公司购买了新加坡岛(Turnbull,1989;Huff,1994;Milne and

Mauzy,1990,2002)。当时,这个岛占地622平方英里,位于赤道以北仅176千米的地方,只有寥寥数百位居民。它不久就成为东印度公司的一个重要的贸易港口,作为商业中心和货物集散地开始迅速扩张。它的这一作用在东印度公司瓦解之后仍然保持了下来(1867年,新加坡作为英国海峡殖民地的一部分成为直辖殖民地),并随着英国19世纪70年代后对马来半岛的殖民化一同扩张,随着马来亚以锡和橡胶等初级产品为基础的出口经济的发展而发展。

在第二次世界大战和创伤深痛地被日本占领之后,如同许多其他的英国殖民地一样,新加坡在政治上觉醒,开始期望独立。1948年,在非常有限的选举权之下,举行了对立法委员会的第一次选举,委员会的多数成员仍由英国总督任命。20世纪40年代末、50年代初是以劳工骚动、罢工和示威游行为特征的时期。1955年,新加坡人迫使英国颁布了由伦德尔(Rendel)委员会提出的新宪法。按照这部宪法的规定,立法委员会的大多数席位由选举产生,多数党的领袖成为首席部长。然而,1955年选举之后,随之而来的是更多的暴动和社会动荡,宪法谈判重新启动,为1959年制订了新的选举计划,新加坡被准许实行几乎是完全的内部自治。选举是普选,李光耀领导的人民行动党(People's Action Party,简称PAP)在1959年选举中获得了51个席位中的43个席位。

执政伊始,人民行动党就积极推动工业化。其策略之一是驯服工会运动并创建一支温顺的劳动力队伍来吸引跨国公司。1959年,它开始削弱工会的力量,最终于1968年实现了这一目标,所有工会都被置于政府控制之下。这一点是通过建立一个政府机构——全国工会大会——实现的,罢工成为非法。与此同时,李光耀和人民行动党的领袖与该党的更激进分子拉开了距离。结果,该党在1961年分裂了,13个议会成员辞职组成一个新的政党——社会主义阵线(Barisan Sosialis,简称BS)。尽管遭受了这一顿挫,但人民行动党迅速恢复了元气,甚至在独立之前,就已开始展现其政治技能。

> 人民行动党然后加强了对权力的控制,打击社会主义阵线和工会。最引人注目的是在1963年选举之前,人民行动党动用专门的警察机构实施了称为冷藏行动的扫荡,除掉了社会主义阵线的最高层领导。(Case,2002,p.86)

结果,在1963年的选举中,人民行动党获得51个席位中的47个席位,社会主义阵线获得了13个。

在这一初始阶段，人民行动党将与马来亚的一体化作为其经济发展策略的组成部分，因为它会为新加坡企业提供广阔的市场。1963年，马来亚、新加坡、沙巴和沙捞越合并，形成了马来西亚联邦。然而，1965年，因为马来人与华人政治家之间关系紧张（例如，在1964年马来西亚大选中，李光耀在吉隆坡参加了竞选，令马来西亚政治家十分愤怒），新加坡被逐出联邦。

共和国于1965年创立之后，人民行动党开始打击其政治对手。因此，社会主义阵线的所有成员辞去了他们在议会的席位，抵制1968年的选举。在这种情况下，人民行动党获得了全部58个席位，尽管有51个是没有竞争的。1972年，人民行动党也获得了全部席位。1972年之后，社会主义阵线再度参加权力角逐。面对着各种反对党的联合，人民行动党在1976年和1980年仍然包揽了所有席位。最终，1981年的补缺选举产生了自1968年以来的第一位反对党议员。1984年，出现了第二位反对党议员，到1991年便有了四位。然而，反对党只是争取少数席位的候选人，因此人民行动党在议会中总是占据多数。1997年，人民行动党获得了83个席位中的82个。在2001年的选举中，人民行动党获得了81个席位。为了避免这一时期出现真正的反对党，也是为了迎合某种另外的代表类型的要求，人民行动党引入了非当选议员，分配给得票最多的反对党的落选者。到2001年，共有9个这样的立法机构成员。1990年，总理李光耀引退，由吴作栋接任。吴作栋之后，李光耀之子李显龙于2004年就任。

在整个这一时期，人民行动党扩展了它对社会的控制，特别是通过对媒体的控制。凯思（Case，2002，p. 89）指出，“在新加坡，政治行动要冒被记入黑名单、回避、诉讼、税收调查、失去商业机会和不经审讯就被拘押的风险”。为了保持权力，人民行动党还大量改变选区边界以避免在选举中失去任何席位。尽管最初的选举体系是以英国式的单一成员选区为基础的，但现在是已有这些选区与多成员选区（所谓集体代表选区）的混合。罗丹（Rodan，1998，p. 178）注意到，“在上一次选举中，反对党在单一成员选区远不足以战胜人民行动党。但现在这种选区已经消失了，通常是被并入了包括在任人民行动党候选人的集体代表选区”。

当选举来临时，人民行动党还会对选民进行公然的恫吓，从而影响他们的

投票。罗丹(Rodan,1998,p.179)注意到,1997年,选民

……被给予了一个明确的选择:是回报政府候选人,从一系列开支巨大的新公共项目中获利,还是选举人民党的对手,从而受到中止或搁置这些公共项目的报复……吴作栋做出的威胁关系到数百万美元的住宅翻新项目,引起了特别关注。由于大约86%的新加坡人都居住在政府建造的公寓里,因此选民很难抵御这种胁迫。一种使政府能够确定直至有5 000个选民的选区投票偏好的新计票体系的公布加重了这种威胁。

受其面积和殖民地历史的影响,新加坡缺少贵族,不论是土地贵族还是别的贵族,这一点对新加坡政治有重要影响。它的城市化率是100%,人口中大约有75%是华人,15%是马来人,还有8%来自印度次大陆。独立之前,新加坡也没有大资本家或工商业利益集团,而且自独立开始,介入新加坡的最大的资本家都是外国人,这些外国资本家似乎是人民行动党以损害本土工商业利益集团为代价提拔起来的。由受过英国教育的专业人士和中产阶级创立的人民行动党,从专业人士和文官中而不是通过本党的党员选拔政治家。的确,该党主要是作为一种选举机器而存在;在其他情况下,它通过政府而不是通过某些独立的基层组织运行。李光耀在1984年曾说:"人民行动党就是政府,政府就是人民行动党,我不认为这有什么问题。"(转引自Milne and Mauzy,1990,p.85)

总之,我们看到,因为民众抗议英国的殖民统治,新加坡走向了民主和独立。但在1963年之后,人民行动党迅速确立了一党统治。从那时起,新加坡经济一直繁荣,不平等程度轻微,人民行动党通过相对仁慈的方式来维持权力,通过威胁和强制,特别是大量的社会福利项目树立民望。虽然有拘押和骚扰,但并没有"失踪",对人民行动党的统治似乎只有很少的反对,几乎没有政治变革的压力。

1.4 南 非

1652年,荷兰东印度公司在桌湾(Table Bay)建立了一个殖民地,南非开始出现欧洲人。其目的是种植食粮,以供应从欧洲绕好望角向亚洲航行的船

只。荷兰殖民者在损害土著伊科伊人(Khoikhoi)利益的情况下逐步扩张,但到18世纪末期只向内陆延伸了大约100英里。开普殖民地的战略位置意味着它在地缘政治竞争中成了一个重要的战利品。1795年,在拿破仑战争期间,它首次被英国夺取,然后在1806年再次——这一次是决定性的——被英国夺取,这个殖民地被纳入大英帝国。

英国人,像荷兰东印度公司一样,开始对内陆并没有什么计划,他们更关心的是通向印度和亚洲的航线的安全。然而,英国的殖民政策疏远了许多后来被称为布尔人或南非白人的荷兰殖民者。布尔人的回应是全体向内陆迁移,于1854年建立了奥兰治自由邦,并于1860年建立德兰士瓦省。

1853年,开普殖民地设立了可以为其内部事务立法(尽管伦敦对此有否决权)的两院制议会,并获得了英国政府的批准。政府行政部门由殖民地办事处委派的官员组成。对立法机构的选举没有具体根据种族血统剥夺民众的选举权,而是采纳了英国的财产和收入限制办法(Thompson,1995,p. 65)。

19世纪70年代,金伯利钻石和威特沃特斯兰德黄金的发现打破了大英帝国与布尔共和国之间的政治均势。这些地区的劳资关系迅速呈现出一种后来被称作"种族隔离"的模式,黑人不能挖掘钻石,必须携带阻止劳动力流动的通行证,不能从事保留给白人的优越职业,并被迫居住在被隔离的社区和营地。1871年英国吞并了金刚石矿区,1877年又吞并了德兰士瓦省,并于1879年最终征服了强大的祖鲁王国。然而,1881年德兰士瓦省起义成功。只是在1899～1902年南非战争之后,英国政府才征服了布尔共和国全境。英国人推动各殖民地建立联盟,1910年,开普殖民地、纳塔尔、奥兰治自由邦和德兰士瓦省联合组成了南非联邦。

第一届政府由路易斯·博塔(Louis Botha)和杨·史末资(Jan Smuts)执政,逐渐开始令南非社会很多已经非常严重的不平等更加严重,这一过程在1948年随着丹尼尔·弗朗索瓦·马兰(D. F. Malan)领导的国民党的当选、完全的种族隔离的建立达到了顶点。例如,在1913年,本土人土地法阻止非洲人购买"本土区"之外的土地,"本土区"是留给非洲人的,在1939年大约占总的土地面积的12%(在这一时期,非洲人占总人口的70%;参见Thompson,1995,table 1,p. 278)。

与此同时，随着1912年非洲人国民大会（African National Congress，简称ANC）的创立，有组织的黑人政治意识开始出现。起初，非洲人国民大会只是一场由中产阶级非洲人组织的温和运动，但随着第二次世界大战的爆发，因为使体系自由化的失败，它变得激进了。1943年，非洲人国民大会正式通过了《非洲人在南非的主张》的声明，第一次要求成年人的普选权。

1948年之后，在总理亨德里克·维尔沃德（Hendrik Verwoerd）于1958～1966年执政期间，种族隔离的实施达到了顶峰。政府试图把所有的非洲人迁移到8个（后来是10个）居民区，非洲人不得在“欧洲区”出现，除非其劳动被白人经济所需要。非洲人必须携带“通行证”，证明他们外出合法。

大量的对政治和民事权利的侵犯支撑着种族隔离政权。政府对媒体施以严格的控制并垄断了广播和电视。警察被赋予了极大的权力，可以未经审讯就将人逮捕，并把他们无限期地单独关押。按照1953年的公共安全法案，政府以宣告进入紧急状态并用公告进行治理。

在整个20世纪50年代，非洲人国民大会不停地在街道上、在法庭上抗议国民党的政策。1960年，在沙佩维尔的一次游行中，出现了暴动，警察向人群开枪，83人死亡。这一事件之后，政府开始取消非洲人国民大会，并于1964年将纳尔逊·曼德拉（Nelson Mandela）和其他最高层领导人囚禁在罗本岛。尽管失去了许多被关押在南非监狱或被流放的领导人，非洲人国民大会仍然是反对现行政权的焦点。国民党决心继续实现其创建一个独立家园（或班图斯坦）的目标，所有非洲人都将是其中的公民。1976年，政府宣布特兰斯凯和博普塔茨瓦纳为独立民族（尽管它们从未被其他国家政府或国际性组织所承认）。

1976年，在紧邻约翰内斯堡的索韦托发生了一场暴动，以575人死亡而告终（Thompson，1995，pp. 212－213）。索韦托起义标志着一个转折点。20世纪60年代，种族隔离政府企图粉碎非洲人国民大会的领导阶层，然而，

> 在索韦托起义之后，一种抗议文化在南非黑人中传播开来。学生和工人、孩子和大人、男人和女人、受教育的和未受过教育的都参加了把国家从种族隔离中解放出来的斗争。（Thompson，1995，p. 228）

种族隔离制政府除了做出一些让步之外，别无选择。它立即宣布停止非

洲人家园建设；然而，骚乱刚一平息，政府就背信弃义，在 20 世纪 80 年代初设立了另外两个家园。更为重要的是，1984 年，政府使非洲人工会合法化，并颁布了一部新宪法，使印度人和有色人都拥有自己的立法机构。白人在立法机构中仍占绝大多数。在彼得·威廉·博塔(Peter William Botha)当选总统后，他的内阁中只有一个印度人、一个有色人，两人都没有具体的职责。1984 年之后，政府还废除了阻止黑人从事特定工作的规定。

然而，种族隔离的基本哲学或结构没有改变。因此，这些让步不足以阻止更加普遍的罢工、暴动和社会动荡。例如，1985 年，879 人在政治暴乱中被杀，发生了 390 次罢工，24 万工人参与了这些罢工。非洲人工会(其合法性是政府在索韦托起义之后做出的一种让步)站在反政府活动的最前列。1986 年 6 月，博塔政府对这些事件做出了反应，宣布进入紧急状态，派遣军队进驻这些乡镇，重建秩序。

1986 年 10 月，美国开始对南非实行制裁，局势对种族隔离政权更为不利。从 20 世纪 80 年代中期开始，南非白人政权的许多成员认识到原有制度已经不再可行了，开始对非洲人国民大会和黑人领袖表示友好。由罢工导致的工业混乱对利润有严重影响，因此，从 20 世纪 70 年代末开始，资本便持续不断从南非外流(Wood，2000，figure 6.3，p. 154)。一些著名的白人工商业人士在伦敦或其他地方同非洲人国民大会聚会，曼德拉本人也被从罗本岛迁移出来，并与博塔政府的许多成员进行过多次面谈。

如曼德拉所认识到的那样，如果要和平过渡，就必须找到一种方式来调和非洲人国民大会所要求的多数统治与“白人对多数统治不会造成黑人对少数白人的统治这一点的结构性保证的坚持”。(Thompson，1995，p. 244)

1989 年 2 月，L. W. 德克勒克(L. W. de Klerk)接替彼得·威廉·博塔成为国民党的领袖，继而在 9 月当选为总统。

德克勒克……明白，国内外的压力正在破坏种族秩序。德克勒克得出结论，对于他的民族来说，最好的希望是在他的政府还是国家的主导力量时，从一种实力地位去协商一种解决方案。(Thompson，1995，p. 244)

1990 年初，他解除了对非洲人国民大会的禁令并释放曼德拉出狱。在过渡时期的性质以及接下来采取何种社会形式的问题上出现了大量的谈判。

1991 年 9 月，宪法谈判开始，国民党提出了一系列缓解对黑人多数统治的威胁的措施。

南非要成为一个拥有巨大的、不可剥夺的权力的国家的邦联。其行政中心将是在选举中赢得大量席位的各党派的联合，主席将由各党领袖轮流担任，所有决策都将服从一致同意原则或者特别多数同意原则。（Thompson，1995，p. 248）

这样的条件是非洲人国民大会所不能接受的，1992 年 6 月谈判破裂。9 月，谈判重新开始，到 1993 年 2 月，他们在向 1994 年的 4 月选举过渡的时间问题上达成了一致。1994 年选举出的负责制定永久性宪法的第一届新议会通过了一部临时宪法。这部临时宪法包括了 34 条基本原则，并规定：任何与这些基本原则相冲突的后来的宪法修订都是无效的；是否相冲突将由曼德拉总统委任的宪法法庭裁决。其他修订需经议会两院三分之二多数的同意。对国民党的主要让步是在内阁中要有强制性的权力分享，在国民大会中获得 20 个以上席位的任何党派都将按其所获席位的比例拥有内阁代表。在 1994 年选举中，非洲人国民大会获得了 62.7%的选票。

与许多殖民社会一样，南非在根本上是一个不论在经济上还是在政治上都严重不平等的社会。在 20 世纪，这种流传下来的不平等造就了一种只有白人有选举权的非常不民主的政权。第二次世界大战以后，非洲人开始成功地动员起来反抗政治现状，他们能够施加越来越大的压力，使现有的种族隔离政权难以持续，并以群众暴动相威胁。种族隔离政权做出让步的企图，虽然基本保持了原有体系的面貌，却未能达到目的，种族隔离政权通过使用大量的镇压和暴力保持了权力。1994 年，该政权在面对其他可能更坏的选择的情况下，被迫实行民主化。

1.5　总　结

在这些叙述中，我们看到了四种非常不同的政治发展道路。英国代表了通向巩固的民主，在途中没有经历任何重大倒退的道路。阿根廷表明了向不巩固的民主过渡，然后再倒退回非民主的可能性，这一过程可能多次反复。新加坡是一个非民主政体用相对较小的让步，在没有严重镇压的情况下，能够长期存续的例子。种族隔离制瓦解之前的南非是非民主政体通过镇压保持权力的例证。现在，我们提出一个框架来理解这些不同的道路并对一种或另一种道路何时出现做出预测。

2　我们的观点

为什么英国、阿根廷、新加坡和南非经历了不同的政治发展道路？更一般地说，为什么一些国家是民主国家，而另一些国家就被专制或非民主政权所统治？为什么许多国家由非民主过渡到民主？哪些因素决定着过渡发生的时间和方式？与此相联系，为什么有些民主一旦创立就能巩固，而另一些，如许多拉丁美洲国家，却成为政变的猎物，重新沦为专制？

这些问题是政治学、政治经济学的核心问题，更一般地说，是社会科学的核心问题，但它们既没有普遍公认的答案，也没有人们普遍接受的分析框架。本书的目的是为分析这些问题提供一个框架，提供一些尝试性的答案，并勾勒出未来的研究领域。作为研究的组成部分，我们首先分析各种政治制度在制约政策和社会选择方面的作用，强调政治在民主和非民主政体中的不同之处。为做到这一点，我们对各个个人和团体对不同政策的态度，并因而对产生这些政策的政治制度的态度建立模型。

为了便于对我们的思想进行初步阐述，设想社会由两个团体——权贵和民众——组成，后者人数更多。我们的框架强调社会选择在本质上是冲突性的。例如，如果权贵是相对富裕的人——简言之，富人——将会反对再分配性的税收；而民众，那些相对较穷的人——简言之，穷人——将赞同向他们再分配资源的税收。更一般地说，有利于权贵的政策和社会选择不同于那些有利于民众的政策和社会选择。在社会选择和政策上的这一冲突是我们方法的主题。

谁是多数？谁是权贵？这在某种程度上是由语境和在不同社会中政治认同形成的复杂方式所决定的。在许多情况下，如同在 19 世纪的英国和阿根廷的情况下，把权贵设想成社会中相对富有的人是有益的。但也不总是这样。

例如，在南非，白人是权贵，在许多非洲国家，权贵是与特定的种族团体相联系的。在其他社会，例如，某些时期的阿根廷，权贵是军人。

在许多情况下，权贵就是富人，这也许不仅仅是巧合。在某些情况下，那些起初是富人的人就会利用他们手中的资源，也许是向军人或其他政治家行贿，来获得权力。在其他情况下，权力并不是掌握在一开始就有钱的人手中。然而，一旦得到了权力，权力就会被用来谋取收入和财富，因此，那些有权有势的人自然就容易变成富人。不管怎样，权贵与富人之间有着密不可分的联系。

我们关于哪些社会将由专制走向民主以及在何种情形下民主会得到巩固的理论，与权贵和民众在政治上的冲突有关。这些团体对他们认为导致不同社会选择的政治制度、民主和专制，有着截然相反的偏好。然而，我们也强调，政治制度不是简单地决定再分配的程度或谁从当今政策受益，它们也发挥着调节政治权力的未来分配的作用。在民主国家，公民参与政治过程，因而有比在非民主政体中更大的权力，不论是在现在还是在未来。

我们提出的框架是正式的，所以，我们的说明既强调对思考民主不可或缺的概念，也强调如何通过博弈论来对这些概念和问题建立正式的模型。

2.1　民主与非民主

首先，必须明确我们要解决的问题和我们的方法的基本构成。在对社会现象建立模型的过程中，所谓“奥卡姆剃刀”经常是一个有用的原则。它是由14世纪英国哲学家威廉・奥卡姆(William Occam)宣扬开的，其内容是：为解释一个既定现象，若无必要，勿增实体数目。换而言之，在解答复杂问题时应该力求高度简洁。在本书中，由于要解决的问题的复杂性，我们会经常使用这个原则，不仅仅是为了简化复杂问题的答案，而且，也许更为大胆的是为了简化问题。事实上，为了集中考虑基本问题，我们相当残忍和极具英雄气概地使用“奥卡姆剃刀”。我们抽象掉了许多耐人寻味的细节，也将一些同样重要的问题排除在我们的调查之外。我们希望这一开局棋法能让我们得到关于一些耐人寻味的问题相对准确的答案。当然，读者是评判我们这一策略最后是否制胜的法官。

我们的第一个选择是对不同政体的分类。当今许多社会都由民主政体治理，然而，没有两个民主国家是完全一样的，大多表现出一些明显的制度性的差别。例如，法国的总统制和英国的议会制是不同的，美国采用的多数选举制度和欧洲大陆许多国家采用的比例代表制也不一样。尽管有这些差异，但仍有一些重要的相同点。在一个民主国家，多数人被允许投票和表达他们对政策的偏好，政府被认为代表全体人民的偏好——或者用一句常见的话来说："民主是民治民享。"与此相反，许多其他的国家仍然受制于独裁者或非民主政权。〔1〕这些非民主政权之间的明显差异甚至大于民主政权之间的差异。当我们转向其他非民主政体——如19世纪欧洲的有限宪政——时，差异更为显著。

然而，这些非民主政体也有一个共同点：他们代表的是少数人，即"权贵"的偏好，而不是大多数人的意愿。在智利，大多数的决策由军政府制定；重要的只是他们的偏好，也许还有支持专制的社会某些富裕阶层的偏好。英国在1832年的第一改革法案出台之前，只有不到10％的成年人——非常有钱的人和贵族阶层——有选举权，政策自然要迎合他们的需要。

从这一点来看，与非民主相比，显然民主普遍更接近于一种政治平等状态，非民主则代表社会上很小一部分人的偏好，因此更与政治不平等的状态相对应。我们的焦点是理解什么样的社会经济力量推动一些社会走向更高程度的政治平等，什么样的社会经济力量鼓励更加非民主体系的发展。除了第8章以外，我们的模型中都采用了民主和非民主的二分法。然而，在决定现行政体的民主程度和进行经验研究时，考虑各种不同程度的民主对我们是有帮助的。例如，在19世纪的英国，没有哪一项改革法案提出了成人普选权，但所有法案都是走向更大程度的民主的步骤。我们试图理解这些步骤，而为了做到这一点，从简单地考虑由非民主走向完全民主（成人普选）这一步开始。我们的定义是"熊彼特式的"（Schumpeter，1942），我们强调：如果在一个国家出现了某一特定的政治过程——如果拥有了某些关键的机制，如自由公正的选举和参与政治的自由，那么，该国就是民主国家。如果说，民主在很大程度上是

〔1〕尽管本书的副标题使用了"专制"一词，但在正文中，我们宁愿用非民主而不是用专制或权威主义政体等可替换的词语，因为前者比其他的词有更少的特定内涵。

与特定结果相联系的，那只是因为这些结果都来自民主的制度性特征。

我们的方法意味着：我们不是只对何时实行成年人普选权感兴趣，而是试图理解走向更大程度的民主的全部运动。例如，在阿根廷，尽管男性普选权在1853年宪法中就已经规定了，但是选举腐败根深蒂固，民主直到萨恩斯·佩尼亚总统于1912年实行政治改革后才成为现实。在这种情况下，将1912年作为走向民主的关键步骤。在英国，虽然1867年改革大大扩展了民众的投票权，但男性普选权直到1919年才被承认。然而，1872年选举腐败就被消除了，且实行了不记名投票制度。在这种情况下，我们将1867年视为英国走向政治平等的一个重要步骤。

在扩展女性选举权这一方面，我们更没有什么可说的。几乎在欧洲所有国家，投票权都是首先授予成年男性，随后才扩展到女性。这反映了当时公认的性别角色，在女性加入了劳动力队伍后，这种角色开始改变时，女性也获得了选举权。因此，我们提出的方法对男性选举权产生的描述要好于对女性选举权扩展的描述。

如果存在一些对我们的理论具有核心意义、存在于所有民主国家但在一般情况下不存在于非民主国家的重要元素，我们对民主和非民主的两分法就是合理的、有用的。情况也的确如此。我们认为，民主通常是一种政治平等的状况，更多地关注多数人的利益。而非民主通常由一个权贵集团控制，可能更关注该集团的利益。用简单的、极端的话说，非民主是权贵和享有特权者的政权；相比较而言，民主是更有利于多数人的政权，会制定对多数人更为有利的政策。

我们认为，相对于民主，非民主是一种政治不平等。在民主中，人人都有投票权；并且，至少在可能的意义上，能以这样或那样的方式参与政治过程。在非民主中，一个权贵集团、一个小派别、一个寡头集团，或者——在极端的情形下——由一个单个的独裁者制定决策。因此，根据政治平等与否做出的对比是有道理的。当然，这并不意味着民主就符合某种政治平等的理想。在许多成功的民主国家都实行一人一票制，但这与理想的政治平等还差得很远。某些公民的声音更响亮，那些具有经济实力的人可能通过非投票渠道，如游说、行贿或其他劝说方式来影响政策。在本书各处，我们总是在相对的意义上讨论民主中的政治平等。

总之,我们的基本方法正在成形。我们将政体分为民主和非民主两大类。民主被认为是一种政治平等状态,以其相对更亲多数的政策为特征。亲多数政策往往是与亲穷人政策相一致的,特别是其更强的劫富济贫倾向。与此相反,非民主给予权贵更大的发言权;与民主相比,其政策通常不是亲多数的。

2.2 方法的构成要素

我们现在已经决定了研究的基本点:理解为什么有些社会是民主的,有些社会从非民主转变为民主,有些社会又从民主折回专制。以上已经提到了我们的方法的一些构成要素,现在是更加系统地阐述它们的时候了。

我们方法的第一个统领性要素是它是经济学的方法。[1] 所谓"经济学的",并不是指个人总是按照一些简单的基本假定理性地行动,也不是说在社会中没有社会团体,只有个人。相反,我们的意思是说个人对于其行动的结果或后果有明确的偏好。例如,他们认为收入多比收入少要好,他们也许喜欢和平、安全、公正和许多其他的事情。有时,大众有共同的利益甚至会采取集体行动。然而,重要的是,个人确实有他们理解的明确的偏好。他们根据自己对各种不同选择(包括民主对非民主)的后果(经济的和社会的)的标准来评价这些选择。在这些情形下,经济学的方法认为人们应该经常策略性地行动,应将他们的行为作为一种博弈来建立模型。博弈论是对存在多个、策略性的互动的决策者的情形的研究。博弈论的基本原理是个人根据策略的后果在各种策略之间进行选择。我们的经济学视点和各政治行动者之间的互动的存在,使本书分析的所有情形基本上都是"博弈"。因此,我们在建立关于对不同政体的偏好和在这些政体之间转换的模型时,大量使用了博弈论。

为了理解这些假定的含意,设想这样一组人,对他们来说,除了民主会带来更多的收入外,民主和非民主在所有各个方面都会产生相同的结果;他们自然认为收入多比收入少要好。所以,我们预期这些人会认为民主比非民主好。

[1] 在政治学中,这种方法经常被称作"理性选择"方法。

在某一层面上，这一假定是非常脆弱的；但是在另一个层面上，经济学的视点可以收获很多。最重要的是，我们有了关注政体结果的理由，对政体的偏好由这些政体的结果派生而来。这种方法与对不同行动者动机的历史陈述是一致的。例如，1839年，宪章派的约瑟夫·雷纳·斯蒂芬斯(J. R. Stephens)认为，

普选权问题……是刀叉问题，是面包和奶酪问题……所谓普选权，是指这个国家的每个劳动者都有权穿得体的衣服、戴像样的帽子、住结实的房子、吃美味的晚餐。(转引自Briggs，1959，p. 34)

另一种选择是简单地假定一组人不喜欢民主而另一组人喜欢民主——因为，例如，意识形态的偏好或偏见(Diamond，1999)。确实，戴蒙德(Diamond，1992，p. 455)指出，

只有当人们普遍地、发自内心地因为民主的政治属性而不仅仅因其经济和社会绩效而重视民主时，民主才能真正稳定。

我们不否认存在这样的意识形态偏好，但我们相信，由政体的经济和社会后果所派生出来的个人和集团对政体的偏好更加重要。在后面，我们会讨论引入意识形态偏好如何影响我们的结果，总的结果是它们——只要没有成为极重要的因素——不会影响到我们的结论。

我们方法的第二个要素是：政治在本质上是冲突性的。大多数政策选择会产生分配性的冲突，一项政策对一个团体有利，而另一项政策则对不同的人有好处。这就是政治冲突的状况——关于社会应该采取的政策的冲突。这些团体——例如，富人和穷人——对政策有相互冲突的偏好，每一项政策选择都会创造赢家和输家。例如，采纳高税收，则富人是输家而穷人是赢家，而在低税收被采纳时，角色就互换了。在不存在这种冲突的情况下，对个人偏好进行加总从而得到社会偏好会是很容易的事，只要选择使所有人的境况都得到改进的政策就可以了。然而，政治哲学的大部分内容之所以存在，就是因为我们不是生活在这样一个简单的世界里，冲突无处不在。社会(或政府)每做出一项决策或采取一种政策，都隐蔽地支持一个群体，隐蔽地用这种或那种方式解决基本的政治冲突，隐蔽地或明确地创造赢家和输家。

虽然经济学的方法强调个人的偏好和动机，但许多个人经常有相同的利益，而且有时会制定相同的决策。另外，如果不存在集体行动问题或即使存在

集体行动问题但可以解决，由个人组成的团体也许还会采取集体行动。如果是这种情形，我们可以用个人组成的团体来讨论冲突以及谁和谁冲突。这些团体也许是社会阶级，这多多少少类似于马克思主义者对历史和政治的阐述；或者，他们也许是城市里的办事员、种族或宗教团体，抑或是军人。将社会团体作为重要政治行动者的考虑来自我们的感觉：由个人组成的团体是政治冲突和变革的最重要力量。

不考虑关于一个正义或公正的社会应该如何调和这些相互冲突的偏好的政治哲学问题，在实践中，社会如何解决政治冲突？让我们使这一问题更加具体一些：假定有两种政策，一种有利于民众，另一种有利于权贵，社会将会采纳哪一种？由于不可能同时令两个集团都满意，政策选择必须只对一个团体有利。我们可以认为，哪一个团体受益取决于这个团体拥有政治权力。换而言之，政治权力是一个团体在面对其他团体抵制的情况下获得其喜爱的政策的力量。因为总是存在相互冲突的利益，人们便总是置身于政治冲突的领域；因为总是置身于政治冲突的领域，人们便总是被笼罩在政治权力的阴影之下。一个团体拥有的政治权力越大，越可能从政府政策和行动中受益。

什么是政治权力？它来自何处？在考虑这些问题的答案时，区分法定政治权力和事实政治权力对我们是有益的。设想一下托马斯·霍布斯（Thomas Hobbes，1996）的自然状态，其中没有法律，人与野兽没有分别。霍布斯考虑了这种情形，认为这种无政府状态是非常不可取的，国家作为一个利维坦，必须垄断强制力量，将规则强加给民众。但是，在霍布斯的自然状态中，分配是如何决定的？如果有一个水果，可由两人中的一人消费，那么谁能吃到？答案是明确的：因为没有法律，谁的力量更大，谁的暴力更强，谁就能吃到这个水果。同样类型的暴力在政治领域中也是重要的。如果一个团体有军队和枪支弹药，在政策对它不利时能够杀戮其他团体，它就会拥有显著的政治权力。因此，第一种政治权力的来源就是一个团体能用强制力对其他团体和整个社会所做的事情。我们称之为事实政治权力。然而，也是幸运的是，政治权力并不是只有这一种。如今，大不列颠及北爱尔兰联合王国的重要决策都是由工党制定的，这不是因为工党能使用暴力或通过某种其他方式获得了事实政治权力，而是因为政治体系赋予了其政治权力（即工党在上一次大选中被选举为执政党）。因此，在有相互冲突的结果的政策中，工党能够选择那些对其选民或领导人更为有利的政策。我们称这种由政治制度赋予的政治权力为法定政治权力。实际政治权力是法定政治权力和事实政治权力的组合，至于哪一种成分更为重要则取决于各种各样的因素，我们在后面会讨论这一问题。

最后，我们将配置法定政治权力的社会、政治安排称为政治制度。例如，令得到51%选票的党拥有决定财政政策权力的选举规则就是一种特定的政治制度。对我们的目的来说，最重要的政治制度是那些决定哪些人参与政治决策过程的政治制度（即，民主和非民主）。因此，民主的一个重要作用是其分配法定政治权力的能力。与非民主相比，在民主中，多数人拥有相对更大的法定政治权力。民主之所以比非民主更多地关注多数公民的利益，只是多数人在民主中比在非民主中拥有更大的法定政治权力的一个结果。

2.3　本书的基本情节

有我们方法的前两个要素为基础，现在可以讨论对不同政体的偏好了。在典型的情况下，在权贵与民众之间存在着政治冲突，而民主要比非民主更关注民众利益。我们自然会认为，民众对民主的偏好要比权贵对民主的偏好更加强烈。因此，如果在一个社会应该采取何种政治制度的问题上存在冲突，多数民众会站在民主一方，而权贵则将会站在非民主一方。这是一个很好的出发点。

我们可以在这一结构上添加更为经验性的内容，假定权贵是相对富有的人，多数人是相对贫穷的人。的确，在许多情况下，从非民主向民主的过渡都伴随着社会的贫穷阶层与富有的权贵之间的激烈冲突。前者被排斥在政治决策过程之外，要求加入政治决策过程，而后者则要排斥前者。如我们在第一章指出的那样，在19世纪的欧洲，特别是在英国，这种情况最为明显。当时，先是中产阶级要求投票权，然后是工人阶级。富有的权贵先是反对他们的要求，然后，不得不做出让步并将他们纳入政治过程之中。

与对19世纪欧洲政治发展的这一陈述相一致，阿明扎德（Aminzade，1993，p. 35）对法国实现男性普选权的过程做了如下描述：

1848 年 2 月，法国工人，主要是技工，成为使共和党上台执政的革命力量……法国工人阶级在巴黎街道上的游行示威迫使开明的共和党领导人不情愿地承认了男性普选权。

也许更说明问题的是，民主化过程的关键人物视民主化为富人与穷人之间的一场斗争。19 世纪英国主要的保守党人克莱伯恩子爵把这场改革斗争描述为：

一场阶级之间的而非党派之间的战斗，而且是我们这个世纪伟大的政治斗争的一部分——财富与纯粹的数字之间的斗争。（转引自 Smith，1966，pp. 27—28）

社会的贫困集团与富裕集团之间的冲突也是 20 世纪上半期拉丁美洲实行普选的大多数情形——包括如我们在第一章中叙述过的 1912 年的阿根廷，还有 1919 年的乌拉圭、1936 年的哥伦比亚、1945 年的委内瑞拉——的基本特征。南非和津巴布韦的民主同样出现在富有的白人与贫困的黑人间的冲突之后。

因此，这一讨论集中考察多数民众如何因从民主受益而要求并努力获得民主制度。对政治权力定义的界定，我们可以说，当民众拥有更大的事实政治权力时，他们更可能保证向民主的过渡。于是，便建立了一种简单的民主化理论：民众要求民主，权贵要求非民主，两个团体之间的政治权力均势决定了社会是否由非民主向民主过渡（也许还决定了民主在建立之后，是巩固民主还是倒退回非民主）。

这可以视为民主化理论的简化版本。然而，它实际上过于简化了，因而我们理论的一些基本特点没有显示出来。最重要的是，民主，或更普遍地说，政治制度的作用被过于轻描淡写了。

该理论认为民主导致多数民众更加支持的社会选择，因此，民众偏爱民主超过非民主，当民众拥有足够的政治权力时，民主就产生了。然而，如果民众有了足够的政治权力，他们为何不用这一权力直接获得他们偏爱的社会选择和政策，而是先争取民主然后再等待民主把那些政策送交他们？民主在此只是一个不那么必要的中间步骤吗？有人可能会这样质疑。

这只是到目前为止所讲述的简单故事的一个特点，它既不是现实世界政治制度的特点，也不是我们理论的特点。实际上，政治制度发挥着更为根本性的作用，而不仅仅是个中间变量：它们调节着政治权力在各社会团体之间的未来配置。它们之所以发挥这一作用，是因为我们并非生活在一个在前面的叙事中所描述的那样的静态世界中，而是生活在一个动态的世界中，人们不仅关心今天的政策，还关心明天的政策。通过考虑这些动态的策略因素，我们能够捕捉政治制度的这一重要作用，获得对民主和民主化的更令人满意的理解，这是我们的民主化理论试图达到的目标。

2.4　民主化理论

考虑一个我们能设想的最简单的动态世界：有“今天”和“明天”，权贵和民众既关心今天的政策，也关心明天的政策。没有什么能阻止社会在明天采取与它今天所选择的政策不同的政策。因此，对民众来说，仅仅在今天确保他们所偏爱的政策是不够的，他们还希望明天也采取类似的政策。假定我们置身于一个一般说来关注权贵利益的非民主社会，民众在今天拥有事实政治权力，所以他们能够获得他们喜好的政策，但他们不能确定明天他们是否还拥有相同的政治权力。既然我们置身于一个非民主社会，权贵明天也许会变得更强大、更果断，民众也许不再拥有相同的政治权力。他们能保证他们今天和明天都喜好的政策得以实施吗？

这就是相对于我们以前描述的静态世界，政治制度可能发挥重要作用的地方。制度，按其本质来说，是持久性的——也就是说，今天的制度可能持续到明天。一个民主的社会不仅是一个在今天实行一人一票制的社会，而且是被预期至少在不久的将来仍然保持民主的社会。这种持久性已经包含在我们对政治制度作为配置政治权力的手段的定义之中了：它们调节政治权力的未来配置。例如，民主意味着明天将有决定政策或决定哪个党派执政的投票，所有人都将参与。非民主意味着大多数人将被排除在集体决策过程之外。

现在设想民众在今天不只用其事实政治权力获得他们现在喜好的政策，而且还用其政治权力改变政治制度，从非民主走向民主。如果他们这样做了，将会有效地提高他们在未来的法定政治权力。我们现在置身于一个所有人都参与投票的民主政体，而不是非民主了。有了增强的政治权力，民众也更可能得到他们明天喜好的政策。

我们现在已经走向一个更丰富的民主化理论：向民主的过渡——或更普遍地说，政治制度的变革——作为一种调节政治权力的未来配置的方式出现。民众要求而且也许还获得民主，是为了他们明天在政治上有更多的发言权和更大的政治权力。回头来看宪章派的约瑟夫·雷纳·斯蒂芬斯的观点（转引自 Briggs，1959），我们可以看到，他把普选权作为劳动者保证衣食住行的权力，而不是衣食住行本身，这是正确的。那些衣食住行本身只是今天的，而普选权还能保证未来的衣食住行。

注意我们叙述的一个重要含义：事实政治权力的暂时性。民众被假定在今天拥有政治权力，但对他们在明天是否还拥有类似权力是不确定的。权贵与民众之间，或更普遍地说，各种社会群体之间的均势不是永久的，不是一成不变的，明天会与今天不同，它是暂时的。在我们生活于其中的动态的、不确定的世界，这是合情合理的。当我们想象非民主中被剥夺公民权的民众的政治权力的源泉时，这种暂时性甚至更为重要。首先，让我们来理解为什么政治权力的暂时性有重要影响。假定民众今天和明天拥有同样的政治权力。为什么他们需要政治制度的帮助？如果他们的政治权力足以使他们在今天得到他们喜好的政策（甚至得到他们喜好的制度），在将来也能如此，那就没有必要改变基本的政治制度。创造出政治变革的需要的正是政治权力的暂时性——民众今天有政治权力，明天也许没有。民众试图通过改变政治制度——具体地说，是建立民主，让他们自己有更多的代表——牢牢掌握他们今天拥有的政治权力，因为没有制度变革，他们不可能持续拥有今天的权力。

那么，为什么民众在非民主中拥有政治权力？答案是他们拥有事实政治权力而不是法定政治权力。在非民主中，权贵垄断法定政治权力但不一定垄断事实政治权力。在非民主中，民众被排斥在政治体系之外，但他们毕竟是多数人，有时可以挑战体系，制造重大的社会动荡和骚乱，甚至造成严重的革命威胁。有什么能阻止多数人推翻权贵（他们是少数人）、阻止他们控制社会及社会财富吗？尽管权贵有更精良的枪支弹药和雇佣军，但毕竟民众在巴黎公社期间成功地占领了巴黎，在 1917 年俄国革命中推翻了当时的政权，在 1979

年的尼加拉瓜摧毁了苏慕萨的专制，在许多其他场合创造了重大动乱和真实的革命尝试。然而，来自民众的真正威胁需要许多可能性很小的因素同时发生：群众需要解决集体行动问题，这是他们组织起来的前提[1]；他们需要找到将其组织转变成反抗现政权的有效力量的动力；控制国家机器的权贵不能动用军事力量有效地镇压起义。因此，有理由认为这种对体系的挑战是暂时性的：在非民主中，如果民众今天拥有政治权力，那么明天非常可能就不再拥有了。

现在设想一种来自民众的反对非民主的有效的革命威胁。他们今天有得到他们所想要的政策，甚至推翻体系的政治权力。他们能用其政治权力得到“衣食住行”，但他们为什么不用它得到更多，不仅在今天也在未来得到同样的东西呢？这正是如果他们迫使政治制度变革所能得到的东西。从那时起，社会将向民主过渡，政策由一人一票的方式决定，民众将拥有更多的政治权力，使他们能够得到想要的政策及作为这些政策结果的衣食住行。

然而，在实际上，政治制度的变革不会只是因为民众要求就能发生。向民主的过渡通常发生在控制现有政权的权贵扩大投票权的时候。为什么权贵要这么做？毕竟，政治权力向多数人的转移通常会导致权贵不喜欢的政策选择——例如，高赋税和在将来对他们不利的再分配，这正是权贵要避免的结果。面对一场革命的威胁，难道权贵不会尝试其他让步的方式，甚至在不让渡权力的前提下，给民众他们想要的政策吗？为了回答这个问题，让我们回到存在有效革命威胁的时期。假设民众愿意并能够推翻现有体系，民众不能得到一些让步，一些有利于他们的、提高其收入、增进其福利的政策。

权贵的第一个选择是给民众今天所要求的政策：重新分配收入，更普遍地说，采取对多数人有利的政策。但是，假定今天的让步不足以劝阻民众革命，权贵能做什么来防止这场即将来临的对其本身代价高昂的革命呢？当然，他们可以许诺在明天采取同样的政策。不仅仅是今天的，而且还有明天的衣食住行。然而，这些许诺也许不可信。使政策向民众喜欢的方向改变不符合权贵的眼前利益。今天，他们这样做是为了阻止革命的发生。明天，革命的威胁

---

〔1〕 也就是说，个人应被说服参加革命活动，尽管成本是个人的，而收益是整个集体的。

也许就不存在了，权贵为什么还要这样做呢？他们为什么还要信守承诺？没有理由，而且事实上，他们也不可能这样做。因此，他们的许诺不一定可信。不可信的许诺没有什么价值，不相信这些承诺的民众就会起来革命。如果权贵想保全自己，就必须做出可信的、实施多数人喜欢的政策的承诺。特别是，他们必须做出关于未来的亲多数政策的可信承诺。一个可信的许诺意味着，政策不应该由权贵来决定，而应该由真正喜欢这些政策的团体决定。或者，换句话说，权贵不得不将政治权力移交给民众。因此，一个可信的承诺意味着它必须改变政治权力在未来的分配。这正是向民主的过渡所做的事情：它使未来的政治权力从权贵向民众转移，从而创造对未来亲多数政策的可信承诺。政治制度在配置权力、产生相对可信承诺方面的作用是我们方法的第三个要素。

如果革命对民众有吸引力，民主的创立为什么阻止了革命？看似有理的原因是，这是因为革命有很高的成本。在各次革命中，一个社会的大部分财富也许会被毁灭，不论是对权贵还是对民众，这都是高昂的成本。这些成本使得权贵能够做出让步或实行民主化来避免革命的发生。在现实中，民主亲多数的程度并不总是足以避免革命。例如，民众也许会预料，即使有普选权，权贵也有能力操纵或收买政党，或利用其对经济的控制，限制民主能实施的政策类型。在这种情况下，民众预料民主不会带来多少切实的好处，也许就会反叛。然而，为了限制分析的范围，我们通常将注意力集中于民主的创立避免了革命的情形。从历史的角度看，这种情况似乎是典型的。这也意味着我们不必过多地纠缠革命理论或革命后社会的模型。

我们现在有了基本的民主化理论。在非民主中，权贵拥有法定政治权力，如果不受约束，他们通常会选择其最偏爱的政策。例如，他们也许会选择低税收，不实行对穷人有利的再分配。然而，非民主有时会受到可以造成革命威胁的民众的挑战——在他们暂时拥有事实政治权力的时候。具有决定意义的是，这种政治权力是暂时性的；今天有，明天就可能没有。他们能利用这种权力发动一场革命，使体系向有利于自己的方向改变，不仅给权贵造成大量损失，而且也会严重毁坏财物，造成社会损失。权贵愿意避免这样的结果，并通过对未来的亲多数政策做出可信承诺来做到这一点。在现有政治体系中，这类政策的许诺经常是不可信的。为了使承诺可信,他们需要把正式的政治权力移交给多数人——这就是民主化实现的结果。

民主化作为权贵在面对革命威胁时对未来倾向于多数人政策的承诺,而且,也许更重要的是,作为一种通过改变政治权力在未来的分配使之可信的承诺,这样一个描述是与大量历史证据相一致的。正如第一章讨论的英国、阿根廷和南非的政治历史所阐明的那样,不论是在 19 世纪和 20 世纪的欧洲还是在 20 世纪的拉丁美洲,大多数向民主的过渡都是在重大的社会动荡和革命威胁中发生的。此外,在 20 世纪 50、60 年代,民主社会在大多数前欧洲殖民地的创立是被剥夺了公民权、而且相对贫穷的殖民地居民向殖民力量施压的结果。这种动荡和社会的无秩序的威胁同样伴随着近来非洲(Bratton and van der Walle,1997)和东欧(Bunce,2003)的民主化浪潮。来看一个经典的欧洲例子。1831 年,英国首相格雷伯爵在向议会提出进行选举改革时,就清楚地意识到这是避免一场可能爆发的革命的必要措施。他声称:

没有谁比我更坚定地反对一年一次的议会、普选和投票。我的目的不是要加强这种希望和项目,而是要终结它们……我的改革原则是消除革命的必要性……为保存而不是为颠覆而改革。(转引自 Evans,1996,p. 223)

朗格(Lang,1999, pp. 38—39)的结论印证了格雷的说法:

辉格党清楚工人对这一法案的支持……然而,他们也十分坚决地不允许工人阶级在新的选举体系中占据优势地位。因此,这项法案的通过使国家避免了起义和叛乱,而法案的内容则使国家免除了民主的"邪恶"。不用说,一旦工人阶级认识到他们从该法案几乎一无所获,其失望也许会非常强烈。但到那时,他们已经失去了其中产阶级同盟军(被体系所驯服),对它已经无能为力了。

同样的考虑也是后来改革的决定因素。例如,

与《第一改革法案》的情形一样,暴力威胁被视为推动(1867 年改革法案的)步伐的重大因素;历史……正在重复其自身。(Lee,1994,p. 142)

与此类似,革命的威胁也是法国、德国和瑞典民主化的推动力。例如,提尔顿(Tilton,1974, pp. 567—568)描述了瑞典男性普选权的实施过程:

前两个改革法案无不是在群众的强压下通过的。在 1866 年进行最后一次投票时,群众都聚集在议院周围;1909 年改革也是在一场大型的参政权运动(以

及)罢工游行的刺激下出台的……瑞典民主的成功未经历革命——但绝不是没有经历革命的威胁。

在拉丁美洲民众投票权确立的过程中,革命和社会动乱的威胁起了同样重要的作用。在第一章我们看到,阿根廷在1912年实行不记名投票和宣布欺诈性选举非法时,普选权是如何被罗克·萨恩斯·佩尼亚总统有效地制度化的。走向完全民主的运动是由激进党和城市工人的迅速激进化所造成的社会动乱驱动的。在哥伦比亚,在自由党总统阿方索·洛佩兹·普马雷霍(Alfonso Lopez Pumarejo)执政期间,普选权在1936年的建立也来自同样的激励;著名的哥伦比亚历史学家大卫·布什内尔(Bushnell,1993,p.185)做了如下描述:

洛佩兹……是一个有钱人……然而,他却清楚地意识到哥伦比亚不能继续无限期地忽视民众的需要和问题了。他曾经把民众描述成"不读书、不写字、不打扮、不穿鞋,就是吃,仍处于国家生活边缘的庞大又悲惨的阶级"。他认为,这种忽视不仅是错误的,而且也是危险的,因为民众或迟或早会要求更大的生活福利份额。

类似地,1958年委内瑞拉的民主复兴也是对声势浩大的起义和动乱做出的回应。柯尔布(Kolb,1974,p.175)在描述这一情形时,写道:

1月21日和22日发生在加拉加斯的事件有令人瞩目的激烈程度和大众暴力……是一场真正的群众革命。委内瑞拉的民众用石头、棍棒、自制的手榴弹和燃烧弹与凶残的、训练有素的警察对抗。

因此,证据是与这一思想——大多数走向民主的运动都是在面对重大的社会冲突和潜在的革命威胁时出现的——相一致的。民主通常不是权贵因其价值观发生了变化而给予的。它作为一种获得政治权力,从而获得更大份额的经济利益的方式,是被剥夺了公民权的民众的要求。

在我们知道民主在创立后常常瓦解的情况下,为什么民主的创立成了一种承诺?这是因为,尽管有时会发生政变,但推翻民主是有成本的。而且,制度一旦建立,就有持续的倾向。在大多数情况下,这是因为人们在制度上有特定的投资。例如,民主一旦建立,政党形成,许多组织,如工会,就会出现,以充分利用新的政治环境。如果民主瓦解,这些组织的投资将受损失,这就给了民众一种为维护民主而斗争的动力。并且，民主一旦建立，与在非民主政权下的情况相比，多数人也许会拥有对军队的更大程度的控制，这将改变事实政治权力的基本均势。

最后，在面对民众发动革命的威胁时，权贵不仅仅是在让步政策与民主化之间进行权衡。进一步的选择将是使用暴力和镇压。例如，南非白人政权通过对示威和运动进行军事镇压，在几十年中一直拒绝实行民主，保持了权力。类似地，在 20 世纪 60 年代和 70 年代，阿根廷的军事政权为避免恢复民主杀了数以千计的人。这是许多其他拉丁美洲国家(包括危地马拉和萨尔瓦多)的模式。非民主政权用暴力来抑制对民主的需求，在苏联称霸时的东欧国家——例如，1956 年的匈牙利和 1968 年的捷克斯洛伐克——情况也是如此。镇压对权贵有吸引力，这是显而易见的，因为它使权贵能够在不对剥夺公民权的民众做让步的情况下，保住权力。然而，镇压对权贵也是有成本、有风险的。它造成伤亡以及资产和财富的毁灭，而且——取决于国际舆论环境——它也许会被制裁以及造成在国际上的孤立，如 20 世纪 80 年代南非所经历的那样。并且，镇压或许会失败，导致革命——对权贵来说，这是最糟糕的结果。这些考虑意味着，只有在某些情况下，镇压才是有吸引力的。把这一点加入分析，我们会发现，当让步不可信、镇压又因为成本太高而没有吸引力时，民主就出现了。

2.5　民主的巩固

一种民主化理论不足以阐释为什么一些国家是民主国家，而另一些国家却由专制统治。许多国家曾实行民主，最终政变的结果却回到了非民主政体。这种模式在拉丁美洲尤为常见。正如我们在第一章所看到的那样，阿根廷是拉丁美洲民主不稳定性的一个引人注目的例证。类似地，在巴西、智利、危地马拉、秘鲁、委内瑞拉和乌拉圭，通往民主的道路也都被通向专制的曲折破坏了。为什么在大多数的拉丁美洲国家，民主如此难以巩固？

回答这个问题，我们需要一种政变理论，或者，换而言之，一种民主巩固的理论。什么是巩固的民主？如果作为民主的特征的制度集合能长久持续，民主就是巩固的。我们的民主巩固和政变理论以权贵和民众对民主的不同态度为基础。我们重申，民众比权贵更拥护民主（因为民主比非民主更有利于民众）。因此，一旦有军队站在权贵这边，且有足够的社会骚乱准许军队接管的局面发生，权贵也许就会支持或发起一场政变来改变社会权力的均势。

权贵要求政治制度从民主向非民主转变的理由与民众要求民主化的理由是相似的。权贵关心的是改变政策，使之有利于他们自己，政治骚乱和权贵利益与军队利益的结盟给了他们这样做的机会。然而，还存在事实政治权力的暂时性问题。他们今天有这样的机会，明天却不一定有。在民主政治的背景下，民众做出的在未来限制倾向于多数人政策程度的许诺都是不可信的。明天，政变的威胁也许就没有了，民主政治将再次迎合多数人的需要，因此，选择多数人喜欢的政策，不用担心权贵用政变来破坏多数人的权力。然而，对于权贵来说，民主的成本之所以很高，首先正是因为这一点。为了以一种可信的方式改变未来政策，权贵需要政治权力。政变是他们扩大其法定政治权力，使他们能实行其所喜欢政策的方式。换而言之，政变使权贵能够通过改变政治制度，将其暂时的事实政治权力转变为更为持久的法定政治权力。

政变可能发生的一个与此有关的原因是，在政治的和社会的骚乱中，军队和社会的权贵阶层可能（也许是正确地）担心民主甚至是资本主义体系在未来的可持续性，希望阻止更大程度的"左转"，甚至是革命。

2.6 民主的决定因素

既然有了民主化理论，我们便可以讨论哪些因素更可能导致民主的出现和巩固。到目前为止，我们已经解释了我们的理论可以怎样说明从非民主向民主，然后可能又倒退回非民主的过渡。然而，同样重要的是均衡的比较静力学，也就是说，当一些基本因素发生变化时，均衡如何变化。这些比较静力学使我们能够解释为什么一些国家过渡到民主，而其他国家却没有；为什么民主在一些国家得以保持，而在其他国家却瓦解。然后，这些比较静力学能够对理解民主发生的经验和历史提供指导。

2.6.1 市民社会

2.6.1.1 民主化

我们的框架意味着，民众造成的相对有效的革命威胁对于民主化是很重要的。当民众没有被充分组织起来时，体系不会受到挑战，向民主的过渡将被无限期地搁置。同样道理，当市民社会相对发达，多数人被组织起来时，实施镇压或许更加困难。因此，市民社会发展的某种程度对于民主化也是必要的。在本书中，我们把这种发展设为既定量，它也许代表了长期历史过程的结果（作为例子，参见 Putnam，1993）。

2.6.1.2 巩固

市民社会的实力和性质对于民主的巩固如同对于民主的创立一样重要。一个组织完好的市民社会不仅对争取民主是必要的，而且对保护民主也是必要的。当市民社会更好地组织起来之时，政变更容易被抵制，发动政变的成本更高，成功的可能性更小。因此，民主更可能巩固。

2.6.2 震荡和危机

2.6.2.1 民主化

在我们的理论中，民主化的产生是由于事实政治权力的暂时性。在某些情况下，集体行动问题更易于解决，现政权的反对派更易于协调，革命更容易、以更低的成本发动。这些是典型的危机时刻——例如，歉收、经济萧条、国际金融或债务危机，甚至战争。这些危机和宏观经济的震荡在本质上都是暂时性的，导致事实政治权力的短期波动。因此，我们的理论预测：民主化更可能在经济或政治危机的状况下出现。一个典型的例子是 1983 年福克兰（马尔维纳斯）战争之后，发生在阿根廷的民主化。

2.6.2.2 巩固

在发生政治或经济危机时，专制的反对者能获得暂时的事实政治权力。民主的反对者也是如此。我们的分析意味着，与民主化的情况一样，政变更可能在危机的状况下出现。举一个例子来说，1973 年针对智利总统阿连德的政变，就是在石油价格第一次大幅度上升以及一次经济大萧条期间发生的。

2.6.3 收入的来源和财富的构成

2.6.3.1 民主化

另一个决定民主与镇压之间的权衡的重要因素是权贵的收入来源。在某些社会中，权贵大量投资于土地；而在其他的社会，权贵投资于物质资本和人力资本。地主和(物质和人力)资本所有者对民主和非民主的态度，可能有三个重要区别：第一，土地比物质资本和人力资本更容易征税。因此，地主对民主的恐惧远大于对非民主的恐惧，这使得他们更厌恶民主。第二，社会的和政治的动荡对物质资本和人力资本所有者的损害也许更大，他们不得不依赖工作场所和贸易过程中的合作，这使得地主更愿意用武力来保护他们偏爱的政体(原文如此——译者注)。第三，在一个主要是农业经济的社会，不同的经济制度集合是可行的，它们影响权贵和民众对不同政体的偏爱的相对强度。例如，劳动压迫型制度，如奴隶制，对农业技术要比在工业中更有效率(Eltis, 2000)。这意味着民主对权贵更为不利，因为民主带来的集体选择的变化破坏了他们偏爱的经济制度集合。所有这三种考虑都意味着，民主化在一个权贵拥有雄厚的物质资本和人力资本的更工业化社会出现的可能性要大于在一个权贵主要投资于土地的更农业性社会出现的可能性。换句话说，在权贵是工业家而不是地主时，民主更有可能。

虽然革命的性质不是本书的焦点，但这些思想对革命的发生也有着耐人寻味的意义。例如，它们有助于解释为什么大多数革命——如在俄国、墨西哥、玻利维亚和尼加拉瓜——都发生在主要是农业社会的社会。我们认为，这是因为拥有土地的权贵喜欢采取镇压而不是让步，当镇压失败时，革命就应运而生了。在更为城市化和工业化的社会，权贵投资于资本，容易让步，革命便不是非常频繁。

2.6.3.2 巩固

权贵的收入来源也影响着是否发动政变的决策。如果权贵大量投资于土地，那么发动政变的成本也许就比较小。更重要的是，在土地比资本更容易以高税率征税的情况下，相对来说，民主对权贵更为不利，而且，民主中的经济制度与权贵偏爱的制度差距更大。与此相反，如果权贵的财富大多以物质和人力资本的形式存在，政变对他们的代价更高，而民主却不那么可怕。结果，在权贵是地主时，民主得以巩固的可能性要比在权贵是资本家时更小。

2.6.4 政治制度

2.6.4.1 民主化

我们的框架也意味着，民主政治制度的性质也许对解释为什么一些社会实现了民主化而其他社会却没有实现是至关重要的。特别是在权贵能用镇压来避免民主化的时候，他们之所以这样做，是因为他们预料民主将损害其利益。到目前为止，为了传达分析的主要元素，我们对作为多数统治的民主的描述过度程式化了。在现实中，一个人的选票或许会比另一个人的更有价值。特别是，权贵也许能对在民主中实际发生的一切的进展施加或多或少的影响——尽管相对来说，他们的影响要小于他们在专制下的影响。

权贵可能做到这一点的一个途径是设计民主制度。比尔德在其1913年的《美国宪法的经济观》一书中，认为美国的宪法是富有的财产所有者在面对可能的激进民主压力时，为保持其资产（应该加上：还包括他们的奴隶）的价值而制定的。[1] 比尔德指出：

既然政府的首要目标，除了单纯的暴力镇压之外，是制定决定社会财产关系的规则，其权利因此被决定的统治阶级必然从政府那里争取与赓续其经济过程所必需的更大利益集团相一致的规则。否则，他们必须自己来控制政府机关。在稳定的专制统治之下，会产生前一种情形；在其他政府体系下，政治权力被任一比例的人口所分享，这一控制的方法和性质就成为十分重要的问题——事实上，这就是宪法的基本问题。保护一种立法、阻止另一种立法的社会结构是寻求积极行动和消极约束的经济团体性质的第二位的或派生的特征。(Beard，1913，p. 13)

甚至就连与参与制民主或直接民主相对的代议制民主的思想，也可以被看作缓解民粹主义压力、削弱多数权力的尝试(Manin，1997)。

---

[1] 尽管比尔德观点的许多细节目前受到了质疑，但其基本观点还是为许多学者所接受。例如，伍德(Wood，1969，p. 626)在其影响深远的著作中写道，宪法“从其性质上说，是贵族的文件，旨在抑制这一时期的民主倾向”。关于在一定程度上支持这一观点的统计证据，参见McGuire，1998。

因此，很显然，民主的政治制度可以拥有限制多数人权力的结构。一个更近期的例子是在智利的皮诺切特将军专制时期制定的宪法，它试图通过系统地改变选区的规模和边界以及城市地区的代表程度不高，将社会主义的影响在智利减少到最小；此外，它还试图巩固军队对民主决策的否决权。（Londregan，2000；Siavelis，2000）

另一个在第1章讨论过的例子是，南非为了保护白人在民主中的利益而制定宪法的方式。

如果一个非民主的政权或权贵能够设计或操纵民主制度，阻止激进的多数主义政策的实行，那么民主对权贵利益的威胁就减少了。受到的威胁减少，权贵们就更愿意实行民主。例如，在民主对权贵的威胁较小时，用镇压来避免民主的办法的吸引力就小。因此，根据我们的框架，皮诺切特的宪法推动了智利的民主化。南非的情况更是如此，多数民众自愿限制其政策选择，以推动向民主的过渡。正如我们在第六章讨论的那样，非洲人国民大会认识到，必须在民主制度的结构方面对白人做出让步。对非洲人国民大会来说，这比继续反抗种族隔离政权的斗争要好得多。通过给予权贵可信的保证，民主化的进程才得以进行，否则它也许不会发生。

2.6.4.2 巩固

正如民主制度的结构首先影响民主化一样，它也有助于决定民主是否巩固。具体地说，在民主中对亲多数政策施加限制的制度，可能有助于巩固民主。事实上，权贵在民主中可能有很大的影响力，因为他们控制着强大的上议院（例如，19世纪德国的普鲁士容克贵族或者英国上院的贵族），或者因为他们控制着政党体系。权贵若知道他们能在民主中避免最极端的多数主义政策，就会较少地热衷于反民主行动。

在这方面，一个引人注目的例子是哥伦比亚的权贵和两个传统的执政党之间的联系。在整个20世纪，自由党和保守党都通过操纵选举制度，特别是比例代表制的形式，成功地阻止了左翼政党的进入。由于没有一个左翼政党，哥伦比亚就没有出现高度再分配的政治议程。耐人寻味的是，哥伦比亚的民主是拉丁美洲最巩固的民主之一，尽管经常有抱怨说其体系不代表多数人的利益。

关于政治制度与民主巩固之间关系的另一个例子是总统制也许比议会制更不稳定、更容易出现政变的说法(Linz,1978,1994)。在我们的框架中,这一观点是言之成理的。尽管在一个立法机构中,权力制衡和游说也许使权贵能阻止激进的政策建议,但一个直选的总统更可能代表社会中多数人的偏好,因此更倾向民粹主义。因此,总统制对权贵利益的威胁可能更大,从而诱发更多的政变。

然而,有些矛盾的是,这一观点也有助于解释为什么智利民主的巩固,在皮诺切特将军对选举规则中安排的系统性的选区改变之后,还能平稳地运行。这种操纵以增加更保守的农村地区的代表为代价,减少了城市的代表,从而削弱了左翼的政治权力。结果是很少实行再分配但却更稳定的民主。土耳其和泰国提供了军人制定的或授权制定的宪法也许有助于民主巩固的其他例子。哈格德和考夫曼(Haggard and Kaufman,1995, p. 110)写道:

具有讽刺意义的是,在向民主过渡的最初几年间,对武装力量的更大保护,也许减弱了对智利、土耳其和韩国的文官政府的威胁。

然而,虽然在民主中增加权贵的权力可以促进民主,但赋予他们太多的权力则会破坏民主。在我们的框架中,民主产生于权贵与被剥夺了公民权的多数人之间的冲突,后者愿意接受民主而不是其他更激进的措施,是因为与非民主相比,民主赋予了他们更大的政治权力。如果权贵在民主中得到了过多的权力,民主将难以改善多数人的福利。在这种情况下,民主就不是解决社会冲突的办法,结果或是革命,或是权贵通过镇压保持其权力。

2.6.5　团体间不平等的作用

2.6.5.1　民主化

我们的框架预测了团体间不平等(在团体之间的不平等)对民主的创立和巩固的影响。为了方便起见,我们把团体间不平等简称为不平等。然而,这些关于团体间不平等的预测也许不会转换成关于不平等和收入分配的标准量度(例如,劳动份额或基尼系数)的陈述。如果政治冲突不是发生在贫富之间而是沿着其他路径,如在种族或宗教团体之间,情况更是如此。

如果其他方面相同,更严重的团体间不平等会使民众更受革命的吸引:通过革命，他们得到分享全部经济收入（减去在革命中毁灭的部分）的机会；反之，在非民主中，他们只能得到这些资源的一小部分。因为有效的革命威胁是点燃民主化过程的燎原烈火的星火，团体间不平等越严重，民主化的可能性就应该越大。

团体间不平等之所以有助于民主化，还有另外一个原因。如前所述，民主化是在再分配的许诺不足以赶走革命的威胁时，作为对未来再分配的可信承诺出现的。革命的威胁越大，这一许诺不够分量，权贵被迫实行民主的可能性越大。由于更严重的团体间不平等会强化革命的威胁，它也通过这一渠道加大民主化的可能性。

然而，对团体间不平等作用的这一讨论还只是一方面。它集中考察更严重的不平等如何强化革命威胁，从而加强民众对民主的要求。然而，团体间不平等也许还会影响权贵对民主的厌憎。为了理解这一点，考虑梅尔泽和理查德（Meltzer and Richard，1981）文章中那种再分配税收的标准模型。注意，随着权贵与民众之间差距的扩大（即随着团体间不平等的加剧），即使税率是固定不变的，权贵的负担也会加重。这是因为随着不平等的加剧，权贵就要担负全部税收的更大份额，他们现在支配着经济中更大比例的资源。因此，更严重的团体间不平等问题通常加重了民主对权贵的负担，即使税率保持不变或变动不大。并且，许多方法都指出更严重的团体间不平等将提高税率，更加重了这一影响。如果是这样，就出现了更严重的不平等加重民主对权贵负担的另一个原因。在更严重的不平等的情况下，民众从再分配得到的好处更多，使民众偏爱更高的税收水平。〔1〕因此，总的说来，在一个权贵和民众收入差距更大的社会中，再分配性的税收和民主政治对权贵的成本通常会更高，从而他们对民主的厌憎程度也就更高，这一点似乎是可信的。

这一点如何影响团体间不平等与向民主过渡两者之间的关系？最重要的含义是，随着不平等的加剧，民主对权贵的成本增加，镇压变得更有吸引力。因此，更严重的团体间不平等也许同样会阻碍民主化的进程。

---

〔1〕 如第4章所讨论的那样，不平等与再分配之间的关系也许更为复杂（例如，更严重的不平等或许能使权贵更有效地游说，反对民主中的再分配），对此，有理论上和经验上的支持。然而，一般说来，在存在更大的团体间不平等的情况下，民主比非民主对权贵施加更重的负担。

把以上两个方面综合起来，我们发现团体间不平等问题与向民主过渡的可能性之间存在一种非单调的(即倒U形的)关系。在最平等的社会中，革命和社会动荡对民众没有足够的吸引力；或者不存在对非民主体系的挑战，或者任何挑战都被暂时性的措施(如某种有限的再分配)所化解。换句话说，在这些相当平等的社会中，民众已经从生产性经济资源，甚至从增长过程获益，所以他们没有更进一步的要求。这也许就是民主在许多平等的、迅速增长的经济体(例如韩国)姗姗来迟，而且至今没有完全抵达新加坡的原因。与此截然相反，在最不平等的社会(例如，1994年前的南非)，民众有强烈的理由感到不幸，经常试图起义来反抗非民主政府。然而，如果权贵放弃保障他们自己利益的体系，转向一种给他们带来更沉重的再分配负担的体系，将损失惨重。因此，一个高度不平等的社会可能导致一个压迫性的非民主，而不是民主——或者，当镇压不够时，甚至经历一场革命。这一机制也可以解释非民主政权在拉丁美洲高度不平等的国家(诸如萨尔瓦多和巴拉圭)得以持续的原因。因此，这一说明意味着民主最有可能出现于中等不平等程度的社会。在这些社会，民众对现存体系不是完全满意，权贵对民主的厌憎也没有达到要用镇压去阻止它的程度。这就是我们在19世纪末和20世纪初在英国和阿根廷发现的状况。

2.6.5.2 巩固

不平等也严重影响民主巩固的倾向。由于反民主的主要威胁来自民主的再分配性质，与权贵利益相违背的再分配越显著，权贵越有可能为了自己的利益发动反民主的政变。因此，像前面所注意到的那样，更严重的不平等可能会动摇民主，因为在权贵与民众的收入差距方面，民主施加于权贵的负担正在加重。

关于不平等的这一比较静力学结果，对民主在拉丁美洲比在西欧更难以巩固的原因提供了一种可能的解释。拉丁美洲社会更加不平等，因此承受了更多权贵与民众之间在分配上的冲突。我们的框架预测：在高度不平等的社会，民主政策将是高度再分配性质的，然后在一场折回较少再分配色彩政策的政变中戛然而止。这一模式让我们联想起许多拉丁美洲国家在短命民主的高度再分配性的但却是不可持续的民粹主义政策与其后非民主政权的在财政上更加保守的方针之间的摇摆。很说明问题的是，考夫曼和斯泰林（Kaufman and Stallings，1991，p. 27）也强调了不巩固的民主与民粹主义的再分配之间的紧密联系：

……确立的民主（我们研究中的委内瑞拉、哥伦比亚和哥斯达黎加）也是与传统的宏观政策相联系的……遵循了民粹主义政策的民主（秘鲁、阿根廷和巴西）是过渡性的民主。

综合不平等对民主化和政变的影响，我们可以看到平等的社会从不首先实行民主化。这有助于解释新加坡的政治发展道路。更高的但仍然相对较低的团体间不平等导致社会实行民主化，民主一旦建立就是巩固的，因为对权贵来说，民主造成的损失没有惨重到他们想发动一场政变的地步。这也许抓住了英国政治发展的道路的特征。更高的不平等水平仍然导致了民主化，但民主不能巩固，因为政变更有吸引力。结果就是不巩固的民主，这是20世纪阿根廷走过的道路。最后，在不平等程度达到最高水平的社会，民主对权贵的威胁太大，使得他们用镇压来避免民主，这是南非1994年以前的状况。[1]

2.6.6 中产阶级

2.6.6.1 民主化

关于民主起源的最著名的著作也许是摩尔的《专制和民主的社会起源》（Moore，1966）。在我们的理论中，使民主与非民主相区别的重要因素是民主的更大程度的政治平等；到目前为止，我们只区分了两个团体——权贵和民众。这主要是为了简化起见（奥卡姆剃刀的再次应用）。然而，在许多情况下，介于权贵与为数众多的民众之间的第三个团体可能是很重要的。总的说来，这一群体可以用不同方式识别，但按许多学者所强调的那样，把这个团体想象成构成独立的政治行动者的中产阶级对我们是有帮助的。一旦把中产阶级引进我们的理论，我们就得到了一系列重要的结果，其中一些证明摩尔和其他学者对中产阶级的重视是正确的。

中产阶级在民主的产生过程中能扮演的第一个角色是民主过程的驾驭

---

〔1〕 当然，这些都是在“其他条件相同”的前提下的陈述。团体间不平等不是决定一个社会是否民主化或民主是否巩固的唯一因素。

者。如前所述，在我们的框架中，民主的产生是对一种严重的革命威胁或重大的社会动荡的回应。在这一过程中，通过在革命运动中发挥重要作用或推动和支持革命，中产阶级可以是驾驭者。几乎所有的革命运动都是由中产阶级的行动者领导的，而且更为重要的是，一些对现政权的重大挑战，如推动英国第一改革法案出台的起义、法国巴黎公社期间的起义或阿根廷激进党的暴动，都主要是中产阶级运动（关于中产阶级在当代民主化中的决定性作用，参见 O'Donnell and Schmitter，1986，pp. 50－52）。因此，中产阶级——因其良好的经济状况和其成员所受到的更好的教育——可以是通向民主过程的关键性的催化剂。这或许还能解释为什么在欧洲许多向民主的早期运动只是局部性的。如果中产阶级是关键的行动者，那么权贵只要招抚中产阶级就足够了，不必向那些被排除在政治体系之外的所有人做出让步，实行全面民主。因而发生的情形就类似于大部分西欧国家所经历的那种向民主的渐进运动：先是中产阶级被纳入政治过程，然后公民权扩展到全体民众。

也许，中产阶级更重要的角色是在权贵与民众的冲突之间充当一个缓冲器。我们在前面说过，当权贵预计民主将采取对他们极其不利的政策时，在镇压与民主化之间，就会偏好镇压。一个庞大且相对富裕的中产阶级的出现，能确保他们在民主政治中发挥重要的作用，因为他们比民众更为富裕，他们通常会支持与权贵所偏好的政策相近的政策。因此，在民主中，通过限制民主诱发的政策变化的数量，一个庞大且富裕的中产阶级可以充当权贵与民众之间的缓冲器。他们使民主化比镇压更吸引权贵，同时又使政策变化到令民众满意、不进行暴动的程度。

中产阶级在向民主过渡的过程中扮演的角色也许有助于我们理解以哥斯达黎加和哥伦比亚为一方，以危地马拉、萨尔瓦多和尼加拉瓜为另一方的政治历史的鲜明对比。尽管这五个国家在殖民地历史和经济结构上有许多相似之处，但它们却经历了非常不同的政治道路（Paige，1997；Nugent and Robinson，2002）。自 19 世纪中期开始，哥斯达黎加和哥伦比亚就成为稳定的虽然是有限的民主国家，并分别于 1948 年和 1936 年完成了向有效普选权的过渡。另一方面，危地马拉、萨尔瓦多和尼加拉瓜在 19 世纪受独裁者统治，向民主的最初运动——例如，在 20 世纪 20 年代晚期的萨尔瓦多和 1945 至 1954 年间的危地马拉——被政变和镇压所扼杀。这三个国家都很晚才向民主过渡。这些国家间的一个重要区别是：在哥斯达黎加和哥伦比亚有一个相对庞大和富裕的中产阶级，特别是小土地所有者和咖啡生产者，而其他三个国家却没有。也许就是因为这一点，民主政治建立后，在危地马拉、萨尔瓦多和尼加拉瓜要比在哥斯达黎加和哥伦比亚有更多的剧烈冲突。

2.6.6.2 巩固

中产阶级可以通过限制再分配在巩固民主方面发挥重要作用。一个有着庞大且富裕的中产阶级的社会只会实行有限的从权贵到民众的再分配，因此对权贵利益的威胁更小。这也许有助于我们理解为什么许多有相对庞大的中产阶级的西欧国家和一些拉丁美洲国家（例如，哥斯达黎加和哥伦比亚）也有相对稳定的民主，而缺少这样一个缓冲器的萨尔瓦多和危地马拉却难以巩固民主。

2.6.7 全球化

与四十年前相比，当今各国之间的经济联系无疑更加密切。当今各国与欧盟、北美自由贸易区、南方共同市场和东盟这些经济组织有更为密切的国际联系；交易更大量的货物和服务，从事更大量的跨境金融交易。这些经济和政治的亘大变革对民主产生和巩固的环境有影响吗？

2.6.7.1 民主化

全球化可以通过一些独特的方式推动民主化。

首先，国际金融一体化意味着资本所有者，即权贵，能更容易地把他们的钱从一既定国家中取出。这使得对权贵征税更加困难，缩小了民主能实行民粹主义和高度多数主义政策的范围。因此，国际金融一体化使权贵对民主政治更有安全感，使他们不愿用镇压来阻止从非民主向民主的过渡。

其次，国际贸易影响要素价格，并通过这一渠道改变了再分配政治。各国的要素禀赋不同，生产要素的相对丰裕程度决定专业化的模式和贸易对相对价格的影响。国际贸易增长的一个含义是对一国相对丰裕要素的报酬的增长。在欠发达国家——通常是那些今天仍处于非民主、因此是民主化的主要候选国的国家——的情况下，这意味着劳动报酬的增长。直观地说，在巨大的贸易流量到来之前，欠发达国家劳动力过剩、资本匮乏，抑制了对劳动的报酬并提高了资本的报酬。贸易开放将使这些报酬接近世界其他国家盛行的水平，因此，提高对劳动的报酬且潜在地降低对资本的报酬。因此，贸易开放将缩小劳动和资本的收入差距，从而改变资本所有者与劳动所有者之间的不平等程度。

我们框架的特定含义取决于三点：(1)相对要素丰裕性的性质；(2)政治认同的性质；(3)一个国家在团体间不平等与民主化之间的倒U形关系中所处的位置。设想一个非民主国家，劳动丰裕，政治冲突发生于富有的拥有资本的权贵与贫困的拥有劳动的民众之间，不平等非常严重，以至于权贵利用镇压来保持权力。在这种情形下，更大程度的贸易一体化将降低权贵与民众之间的不平等程度，削弱民主的再分配性质。民主对权贵的威胁因此将减小，他们也将不再倾向于用镇压避免民主。在这种情况下，全球化促进民主。然而，我们的框架并不意味着全球化对要素价格的影响总是会促进民主。继续假定冲突发生在富人与穷人之间，并且在倒U形关系中，我们处于富人用镇压来保持权力的部分。现在考虑19世纪晚期的阿根廷、巴西和乌拉圭这样的拉丁美洲国家。在这些国家，权贵拥有大量的土地，它们也是土地丰裕的国家。如国际贸易理论所预测的那样，第一次世界大战之前的全球化导致土地的报酬大幅度上升(O'Rourke and Williamson，1999)。在我们的框架中，这一结果加剧了团体间不平等，使权贵更不可能实行民主化。它也提高了权贵投资于土地的财富比例，在我们的框架中，这是加大民主对权贵的威胁的一个因素。根据这些方面的考虑，在这种情况下，全球化将阻碍民主化(只要像前面假定的那样，处于倒U形关系中的不平等阻碍民主化的部分)。

再次，国际贸易的增长也意味着，经济活动的中断对许多现在已融入世界经济的欠发达国家来说损失也许会更大，因此，镇压现在对权贵来说代价更为惨重，这一点也有利于民主。

最后，更大程度的政治一体化和冷战的终结(如果没有被反恐怖主义战争所劫持的话)可能意味着，镇压其民众的国家可能会受到来自民主世界的更强烈的制裁和反应。这一点有效地加大了镇压的成本，促进民主的产生。这一点也许是特别重要的，因为在冷战时代，一些非民主政权，如蒙博托在扎伊尔的灾难性专制，是靠国际社会明里暗里的支持才得以存在的。

2.6.7.2 巩固

正如全球化能诱发民主化一样，它也有助于民主的巩固。的确，我们列出的使更大程度的全球化和民主化相联系的所有机制，也意味着政变的可能性降低了。这或者是因为，在一个更加一体化的世界中，政变的成本更高，或者是因为全球化意味着民主对权贵的威胁更小。

2.7 政治身份和冲突的性质

到此为止，我们讨论的大部分比较静力学结果都与权贵的认同无关；它们甚至适用于政治冲突的性质并非依阶级而定的社会。在南非，种族特征或许更突出一些，尽管种族和社会经济阶级在很大程度上是交叠的。在卢旺达，认为团体是按照种族(胡图人或图西人)形成的，似乎更有道理。在毛里求斯，政治冲突存在于东印度人后裔与其他不同种族的一个松散的联盟之间，有些人富有(白人蔗糖种植者和华人商界精英)，有些人很穷(主要是非洲黑奴的后代)。在后一种情况中，在种族与阶级之间没有简单的交叠(Bowman，1991)。

只要接受个人利益在一定程度上与经济结果有关这一前提，我们的基本分析就仍然成立。考虑我们关于政治制度的观点。在此，我们指出，如果政治制度能够限制在民主中可能出现的政策类型，它们往往导致巩固的民主。这一结果甚至适用于毛里求斯。如果制度限制民主，那么它们就限制了多数东印度人对少数克利奥尔人的所作所为。因此，它们削弱了一种镇压民主的克利奥尔人专制的动力，而且，在民主创立后，制度会使政变不那么有吸引力——恰如我们前面的分析。

接下来，考虑我们提出的关于权贵的财富构成与民主化或政变之间关系的观点。这些观点直接适用于这一情形。甚至在政治是东印度人反对克利奥尔人的时候，随着经济的发展，资本变得比土地更为重要，镇压和政变的代价变得更为惨重，(有利于东印度人的)民主的再分配程度变得较低。如我们的基本分析所述，这会倾向于建立巩固的民主，甚至在毛里求斯也是如此。引人注目的是，毛里求斯自独立以来，就一直是一个巩固的民主国家，并且这一巩固过程发生在土地的重要性迅速下降、工业迅速发展以及人力资本的重要性上升的背景之下。

政治认同的性质无疑会影响民主中的集体选择的形式，这一点把我们的分析和政治学的几个重要传统联系了起来。例如，对一个其政治认同和分化以阶级为基础的社会和一个有许多交错性的分化或种族、宗教或区域的社会进行比较。多元主义的民主模型是一个社会确实被分成许多不同团体的模型。关于一个多元化社会的标准说法是，它产生了较少的收入再分配和较小的福利国家，因为许多不同的分化阻止了赞同再分配的广泛联盟的出现。结果，举例来说，多元化社会没有很强大的社会主义政党（Lipset and Marks, 2000）。如果是这种情况，那么我们的理论认为，这样的社会更有可能建立巩固的民主，因为权贵不会惧怕多数人的统治。这有助于解释美国（通常被认为是多元性社会的典型）民主的长寿和稳定。

2.8　图　示

前面的讨论说明了我们理论关于一个社会建立并保持民主的环境的各种经验含义。为清楚起见，我们用简单的图形表示不同政体产生的环境。为了把关于团体间不平等的比较静力学与数据联系起来，我们在权贵是富人、民众是穷人的背景下做这件事。回想一下我们在第 1 章勾画出的四条政治发展的"道路"。第一条，英国道路，是充分巩固的民主道路。第二条，阿根廷道路，是不巩固的民主道路。第三条，新加坡的道路，是持续的非民主道路，其政治现状能在没有严重镇压的情况下得以维持。第四条，南非道路，是与镇压同时存在的非民主道路。比较静力学使我们能用图形表示这些不同的结果。

从根本上说，之所以会出现这些不同的政治结果，是因为这些社会有根本不同的基本经济结构，正是这一点使我们将本书命名为"专制和民主的经济起源"。此外，我们也强调政治制度的差异，这些制度在某种程度上是由历史决定的，在某种程度上是在考虑政权性质的情况下有意选择的结果。为了简化起见，我们假定条件是在均衡中革命不会爆发，我们也抽象掉了让步（例如，让步的可信性总是不足以阻止暴动），所以，如果革命是个威胁，那么一个非民主政权一定要在镇压与承认民主之间进行选择。

考虑图 2.1,它表示我们的理论对民主化的预测。

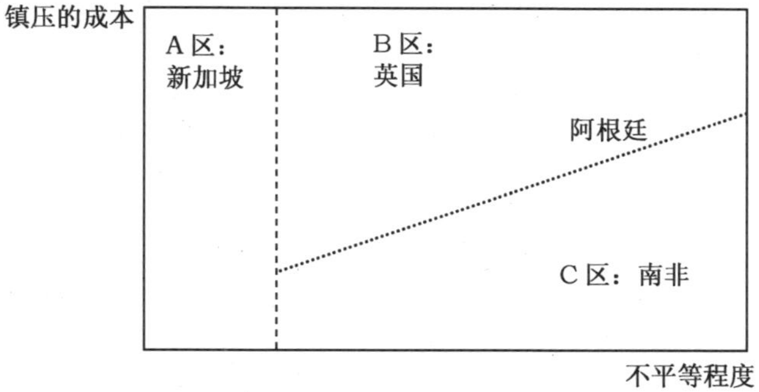

图 2.1　民主化

横轴表示不平等程度,从左向右,不平等程度递增。原点代表一个完全平等的社会。纵轴表示由历史决定的、外生的镇压成本,如镇压破坏社会资产的程度。我们把由此产生的方形划分成不同的区域,它们代表不同的结构如何导致不同的政治发展道路。当不平等的程度充分低时,镇压或发动政变的成本是没有关系的,因为穷人对政治现状充分满意,不愿作出改变。与此对应的是 A 区,在此区域,非民主政权未受到挑战,我们把新加坡放在里面。在 B 区中,不平等程度更高,革命成为一种威胁。然而,镇压成本非常高,足以建立民主。我们在此区域放入英国和阿根廷。最后,在 C 区,不平等程度很高使得革命成了对非民主的威胁,但是镇压成本充分低,使得民主被避免。这是 1994 年之前南非的情形。在南非,镇压的成本可能一直很低,因为被剥夺公民权的群体是非洲的黑人和有色人种,对其排斥和镇压有明确的种族哲学的依据。

为了研究民主的巩固,我们必须转向图 2.2。

在这里,仅有被一条向上倾斜的曲线隔开的两个区域。当政变的成本为零时,有钱人将总是愿意发动一场政变。然而,随着政变成本的上升,不平等的程度必须充分高(即民主给富人造成的损失必须充分惨重),镇压才是值得的。图 2.2 只有两个区域。我们把英国放在 A 区。如果民主的再分配不是非常大,如果政变的成本充分高,民主一旦被创立就将巩固。然而,当不平等程度非常高的时候,政变的成本或许很低,使政变具有吸引力。这是 B 区的情

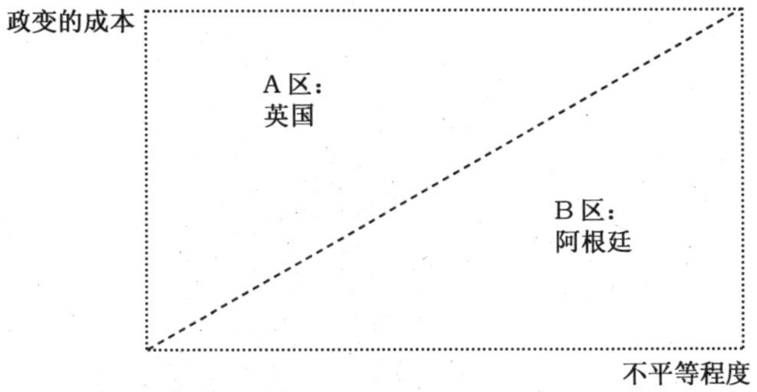

图 2.2　民主的巩固

形，其中，民主是不巩固的；我们把阿根廷放在这里。当然，新加坡不在此图中，因为它还没有向民主过渡。

用这些简单的图形，我们也能追踪不同国家的政治发展道路。例如，我们在图 2.3 中考察南非民主的历史和未来。

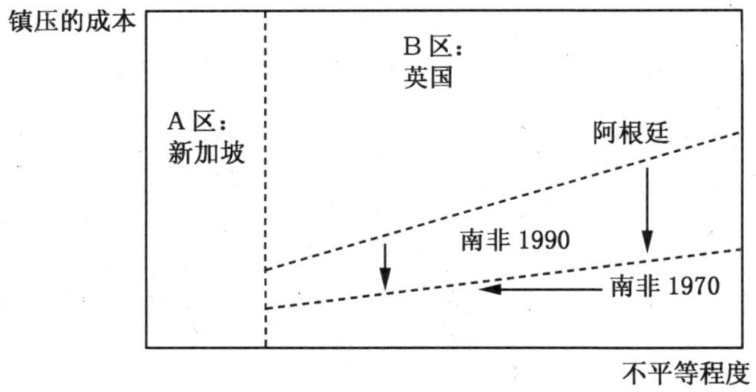

图 2.3　南非的民主化

为什么南非最后那样晚才向民主政体过渡？图 2.3 中的箭头表示了部分情景。在南非，从 20 世纪 70 年代中期起，不平等程度下降，使民主对白人权贵的威胁减小。与此同时，工业部门以损害农业部门为代价增长，人力资本和物质资本变得更为重要。用图形来说，这意味着在不平等的任一既定水平上，权贵不再像原来那样属意于镇压。这使得 C 区和 B 区之间的界线向下移动。全球环境的变化，特别是全球化，同样会产生使同一条界线向下移动的作用，这意味着，对既定的不平等水平，镇压成本必须降低，为专制的持续提供依据。

因此，在 1970 至 1994 年间的某个时间，南非从 C 区移入 B 区，建立了民主。

南非未来将会怎样？为了明白这一点，我们必须转向图 2.4，它提出了民主在种族隔离政府之后是否会巩固的问题。

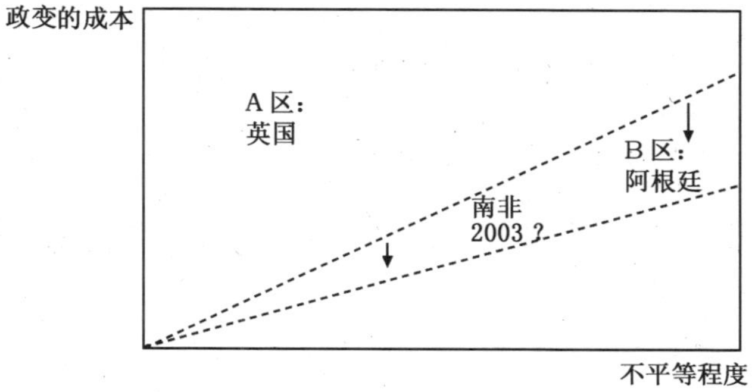

图 2.4　南非民主的巩固

因为不平等的程度仍然非常高，有人也许会猜测南非会在 B 区之中，因此是一个不巩固的民主国家。然而，南非经济发展的影响、物质资本和人力资本的重要性的增强以及更大程度的全球化都使得 A 区和 B 区之间的界线下移。现在，对于任一既定的政变成本，不平等程度必须更高以证明反民主的政变是有理由的。并且，如在第 1 章讨论过的那样，种族隔离之后的政治制度的结构是为了保护白人的利益而特设的，这是使界线向下移动的又一因素。因此，尽管对未来不能确定（目睹了津巴布韦自 1980 年以来民主的进展），我们可能希望南非过渡到 A 区而不是 B 区。

预测新加坡的情况似乎要容易得多。图 2.1 和图 2.2 表明，如果新加坡建立了民主，它很可能是巩固的。

2.9　本书概览

本书其余部分将进一步展开本章概述的观点。本篇的其余部分继续铺设背景。在第 3 章考察民主的跨国模式的经验证据。我们指出，更富裕的国家更可能实行民主，国民受更多教育的国家更可能实行民主，更不平等的国家一般更不民主。我们强调数据的基本相关性，不细究因果关系。我们还讨论了政治学和社会学关于民主建立和巩固的大量文献，并说明我们的研究对这一领域做出了何种贡献。

第二篇考察现有的关于民主和非民主中的集体决策的模型。在第 4 章，我们集中于民主，对集体决策、选举政治和竞争这些在本书后面章节中会用到的基本问题进行了简单分析。我们还介绍了一些两团体分配冲突的基本模型，特别强调不平等程度与再分配之间的关系、不同政治认同的含义和决定民主中的权力分配的因素。在第 4 章也提出一个关于民主中的权力分配的简化模型。本书最后的附录提出了一系列模型，为这一简化模型提供微观基础。在第 5 章，我们分析非民主，特别关注集体行动问题和承诺问题。

第三篇提供了关于民主化的方法。在第 6 章，介绍了我们关于民主化的基本模型。这一章正式探讨了许多已在本导论章中提出的问题，为我们提供思考政治权力的作用和政治制度在未来政治权力配置方面的作用的方法。它说明民主化如何通过把政治权力转移给社会中的多数人，创造对未来再分配的可信承诺。它也说明民主化何以是权贵在面临多数人的可信的革命威胁时所做出的反应。在这一章，我们也看到在团体不平等与民主之间一种倒 U 形关系的可能性。然后，第 7 章建立关于反民主政变的基本模型，研究民主在创立之后得以巩固的条件。

第四篇讨论这一基本框架的一些重要扩展和一些应用。在第 8 章，我们分析一个庞大且富裕的中产阶级如何以帮助创建和巩固民主的方式影响权贵与民众之间在分配冲突上的平衡。第 9 章引入要素禀赋和市场，使收入分配内生化，并讨论经济结构对民主的创立和巩固的影响。在这一章，我们也讨论可以解释政治发展——也就是说，当国家变得更富裕时，国家为什么和是否会向民主过渡的问题——的机制以及收入与民主之间关系的可能原因。第 10 章推广我们的模型，考虑国际贸易和生产要素在国家间的流动，研究全球化如何改变和补充我们到此为止得到的结果。

第五篇探讨民主的未来，结束全书。

3 关于民主我们知道什么?

在本章,对以往关于民主的研究作一概述。我们描述一些关于民主的最明显的"程式化事实",这些事实是文献一直强调且有很大争议的。由于对现有的经验证据进行重新评价不是焦点,我们用图形而不是正规的经济计量学方法来表述这些模式。尽管这些模式也许不符合因果关系,但它们仍然包含着数据中与民主相关的大量信息,因此也潜在地包含着关于应建立的模型类型的大量信息。在最后两节,讨论现有的研究民主的方法,说明我们的方法与现有文献的不同和贡献。

3.1 度量民主

对民主的模式进行定量分析所面临的第一个挑战就是要提出可靠和翔实的量度。在政治学中,关于这一问题之所以有大量的争论,主要是因为对到底什么是民主有不同意见。然而,许多学者都接受了熊彼特(Schumpeter,1942)提出的定义,他认为,民主是

……达成政治决策的制度安排,通过这种制度安排,个人以竞争人们选票的方式获得决策权力。(Schumpeter,p.250)

在实践中,民主是与一组特定的制度相关联的,如自由平等的选举、政治家对选民的责任以及参政自由。即便是接受熊彼特的民主定义,各国在民众对其制度条件的满意程度上还是有所区别。对大多数学者来说,这意味着有必要作出更为精细的划分,而不是简单地区分民主和非民主。

我们关于民主的首要量度是政治权利指数,许多其他学者在关于民主的定量研究(例如,Barro,1997,1999)中也采用这一指数。该指数由1到7,7代

表最低的政治自由程度，1 则代表最高的自由程度。如果一个国家的政治权利最接近于一份问题清单表明的理想状态，该国家的政治权利指数就是 1。清单上的问题首先是：有没有自由公平的选举，是否是当选的人执政，是否存在竞争的党派或其他政治团体，反对党是否发挥着重要作用以及有没有实际权力；少数民族是否享有合理的自治或能通过非正式的共识参政。清单主要包括三个关于选举过程的问题，四个关于政治多元化和参政的问题，三个关于政府运行的问题。对清单上的每个问题，计 0 到 4 分，具体分数决定于相对的权利和自由水平(0 代表最低，4 代表最高)。把这些分数加总，以决定一个国家在 1 至 7 的数值范围内所处的位置。按照巴罗(Barro，1999)的做法，我们用博伦(Bollen，1990，2001)1960 年和 1965 年的相关变量为这一指数做补充，并对两种指数都做了变换，使它们位于 0 和 1 之间，其中 1 代表民主程度最高的制度集。

即使有博伦的数据作补充，政治权利指数也仅能使我们考察第二次世界大战后时期。另一方面，政体 IV(Polity IV) 数据库提供了所有国家独立后自 1800 年开始的信息。因此，为了考察 1960 年以前的事件并检查我们的主要量度，我们也考察另一个广泛应用的民主量度——综合政体指数，这是政体的民主指数和专制指数的差。[1] 政体民主指数的变化区间是 0～10，来自对参政的竞争性、招聘政府官员的公开性和竞争性以及对主要官员的约束的编码。例如：对官员的约束分为 7 级，从“无限权威”——对官员行动没有正规限制的情形(有别于诸如政变和暗杀的不正规行动)，到“官员平等或服从”——“责任集团在大多数活动领域拥有等于或大于官员的权威的有效权威”的情形。如果在一个国家，“对官员行动的宪法约束被忽视”，或者“没有一个立法大会，或者有立法会议，但来去听凭官员随心所欲”，那么该国在对官员的约束这一项上将得到最低的分值。另一方面，如果“一个立法机构、执政党或贤人会议首创大部分或绝大部分重要的立法”，或者“官员是由责任集团选定的，其留任还有赖于责任集团的继续支持”，那么该国在这一项上就会得到最高分。政体专制指数同样在 0～10 的区间内变动，与民主的分值相似，其构造以一国参政的

〔1〕 Marshall and Jaggers，2004；http：//www.cidcm.umd.edu/inscr/polity/。

竞争性、参与的规约、招聘官员的公开性和竞争性以及对高级官员的约束为基础。为了便于与政治权利指数进行比较，我们也将综合政体指数标准化，使其位于 0～1 之间。

这两种量度都能使我们区分不同程度的民主。另一种经验方法则为普热沃斯基及其合作者（Przeworski，Alvarez，Cheibub and Limongi，2000，Chapter 1）所坚持和采用，他们认为，民主和非民主的简单的二分法是最有用的经验定义。除了二分法之外，这些作者还给民主的定义添加了一些限制，其中最重要的是，在一个国家，只有当我们观察到一个政党丧失权力时，该国才可能是民主国家。因此，根据普热沃斯基等人（Przeworski et al.，2000）的说法，博茨瓦纳从来不是一个民主国家，即使所有人都承认，它的选举是自由公平的、参政是自由的、政府对国民是负责任的，但博茨瓦纳的民主党自 1966 年独立时起，从未在一次选举中失利。在第二次世界大战后的大部分时期，在自由民主党下台之前，日本也不是民主国家。今天的南非也不能认为是民主国家，因为自种族隔离制度结束以来，非洲人国民大会一直组阁执政。

尽管在政治学学者中间，对连续的和二分法的量度的优点有激烈的争论，但在本书中讨论的各种模式不依赖在这两者间的选择。我们偏爱更精细的量度，尽管二分法也有它的优势。例如，该方法使我们能对民主与非民主之间的转换进行更清楚的讨论。在下一节，我们用普热沃斯基等人提出、由博伊克斯和罗萨图（Boix and Rosto，2001）补充的二分法来讨论民主与非民主之间的转化。

3.2 民主的模式

图 3.1、图 3.2 和图 3.3 分别画出了标准化的政治权利指数、政体分数以及有增补的普热沃斯基等人（Przeworski et al.，2000）的指数值对我们 1960～2000 年基本样本的意义。这些图表明经济合作与发展组织（OECD）成员国进入了几乎完全民主的时期，并一直持续。与此形成鲜明对比的是，民主在世界其他地方，尤其是拉美和非洲衰落了，虽然自 20 世纪 70 年代中期起，我们能察觉到亨廷顿（Huntington，1991）所谓的民主化的“第三次浪潮”。图 3.4 使用的是回溯到 1840 年，以及在这一期间独立的所有国家的

数据。该图生动地展示了民主在1840年至第一次世界大战期间在经合组织中的发展,并表明了“民主的第一次浪潮和第二次浪潮”证据,第一次浪潮出现在第一次世界大战前,第二次浪潮见于第二次世界大战后。

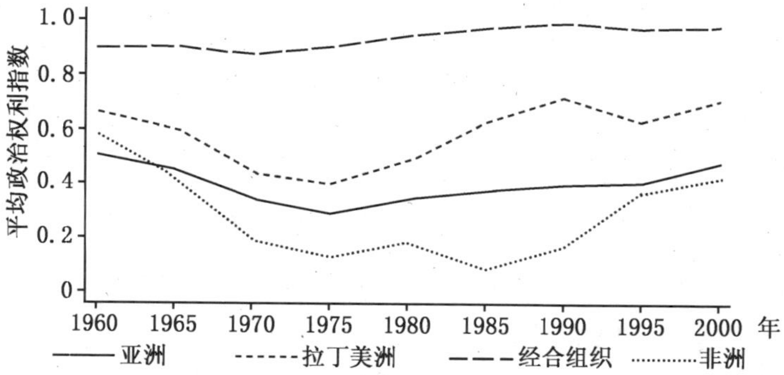

图3.1　民主的演变,1960～2000年

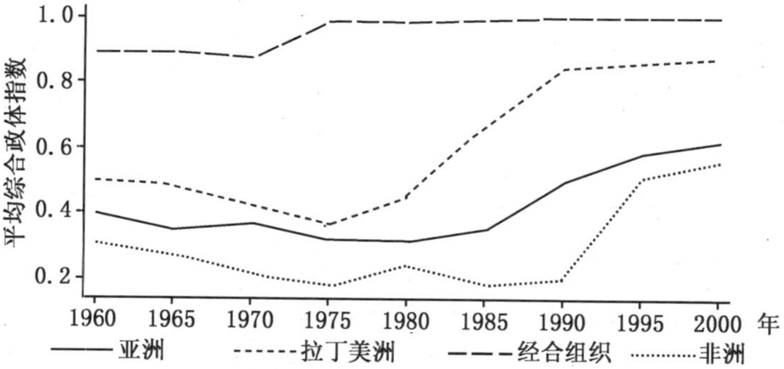

图3.2　民主的演变,1960～2000年

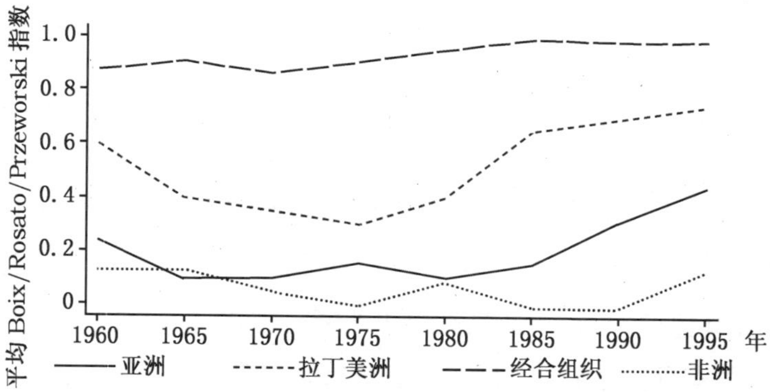

图3.3　民主的演变,1960～1995年

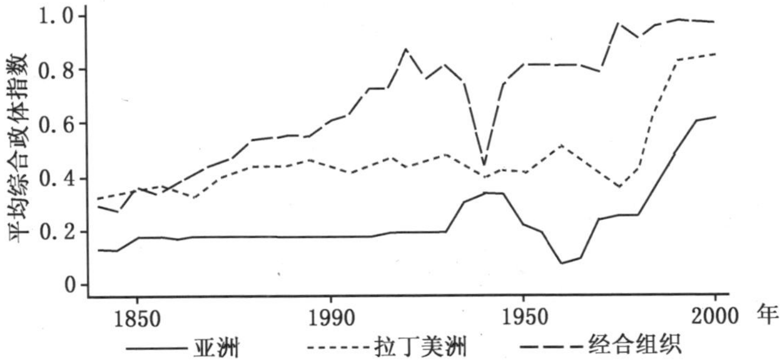

图 3.4 民主的演变,1840～2000 年

图 3.5 和图 3.6 表现了最先由李普塞研究的非常著名的民主相关性:富国往往更加民主。

图 3.5 通过描绘 20 世纪 90 年代的平均政治权利指数与同时期人均国内生产总值(收入)对数平均数(按购买力平价法计算,数据来自最新版本的萨默斯—赫斯顿数据库;Heston,Summers and Atten,2002)的关系,表明了这一点。图 3.6 用 20 世纪 90 年代的平均政体得分印证了这一点。两图都表明在收入与民主之间有很强的正相关。更富裕的国家,如美国、加拿大、澳大利亚、新西兰和欧盟成员国,都是民主国家,而撒哈拉以南非洲、南亚和中美洲的贫穷国家民主程度较低。

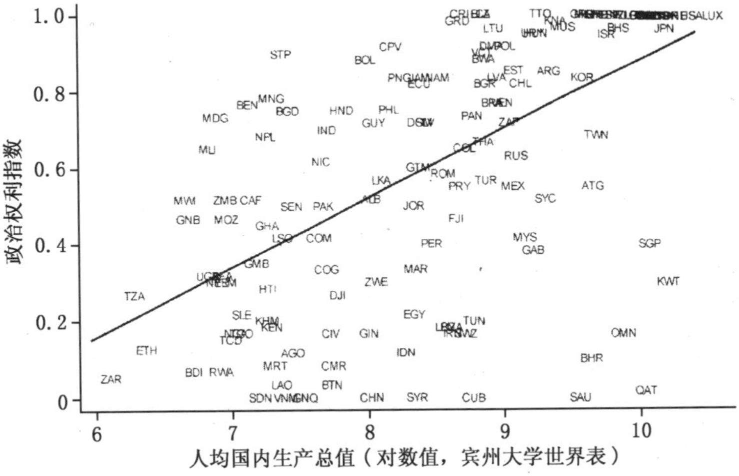

图 3.5 民主与收入,20 世纪 90 年代

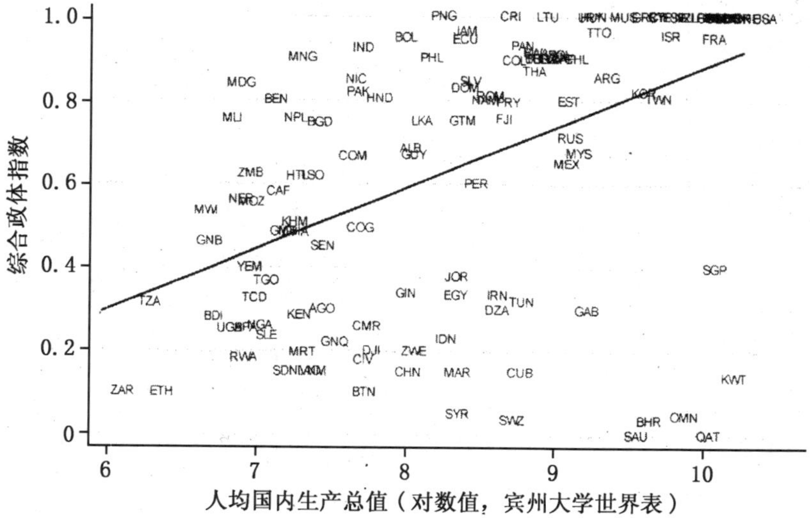

图 3.6　民主与收入,20 世纪 90 年代

图 3.7 和图 3.8 还表明了另一种著名的相关性:国民受到更多教育的国家[即那些被巴罗和李(Barro and Lee,2000)数据库指出学校教育的平均年限更长的国家]往往更民主。

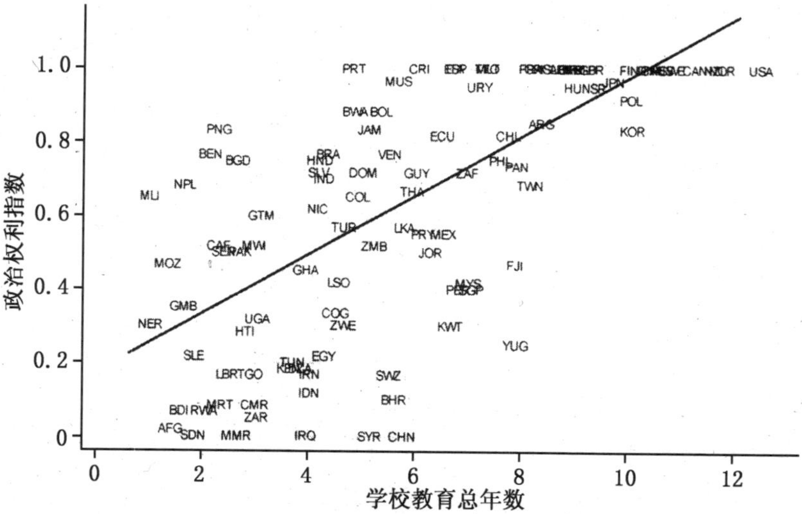

图 3.7　民主与教育,20 世纪 90 年代

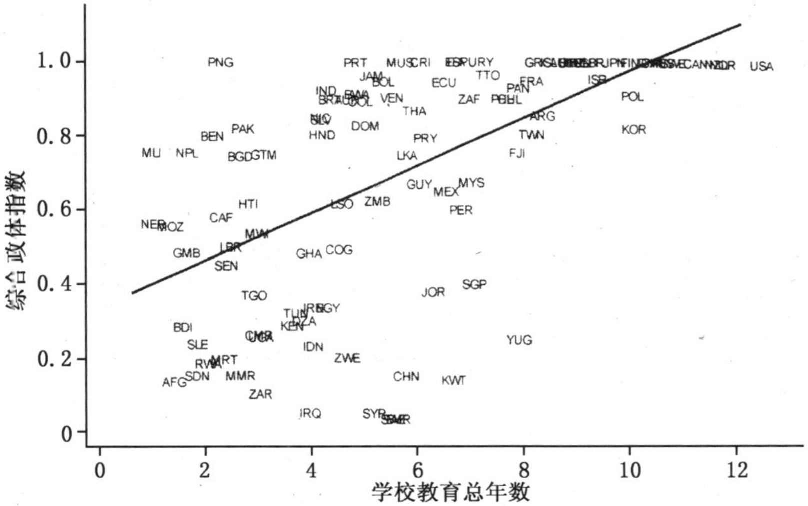

图 3.8　民主与教育，20 世纪 90 年代

这两种模式一直以来都影响着研究民主的学者的思想，特别是收入与民主之间的正向关系（以及，在较小的程度上，教育与民主的关系）是李普塞（Lipset，1959）倡导的著名现代化理论和后来许多其他理论的基石。在现代化理论的洞见基础上，今天，许多学者相信，民主只有在有充分高的教育程度和富裕的社会才有可能。并且，无论是在文献还是在流行读物中，一种共识是：经济的繁荣程度和教育水平的提高将自然而然地带来民主化进程。然而，这些观点虽然很有影响，但缺乏一种明确的理论来解释民主在何时以及如何出现和巩固。本书的目的就是提出这样一个理论，并用它来理解经济繁荣与民主之间的可能联系。

普热沃斯基等人（Przeworski et al.，2000）强调了数据显示的另一种模式。他们主张并证明，收入与民主之间的正向关系主要是由富国保持民主的倾向所推动的，而穷国却有更严重的经历民主分数下滑（即遭受反民主的政变及其他行动）的倾向。图 3.9 和图 3.10 用普热沃斯基等人（Przeworski et al.，2000）的数据表现了这一趋势。图 3.9 是由非民主开始向民主过渡的不同收入水平国家的比例的柱状图。样本包括在 1965、1970、1975、1985 和 1990 年为非民主的国家，并度量在每一种情况下接下来五年的民主化。各国被分置于根据1965～1990年平均世界收入分布构造的五分组之中。图3.9中表明处于最高两个五分组的国家有更强的向民主过渡的倾向；然而，在收入与向民主过渡的非民主国家的比例之间不存在单调关系。图3.10的构造类似于图3.9，但表示的是从民主向非民主的过渡，而不是相反。在过渡与收入五分组之间有更显著的关系。虽然最低两个五分组在任一五年期间面对着更大的向非民主过渡的可能性，但这一概率对第三个五分组却低得多，对最高两个五分组的国家为0。这些柱状图清楚地表明，尽管向民主过渡的可能性与收入的联系很微弱，但倒退回非民主的富裕的民主国家的比例和相对贫穷的民主国家的比例有很大差异。

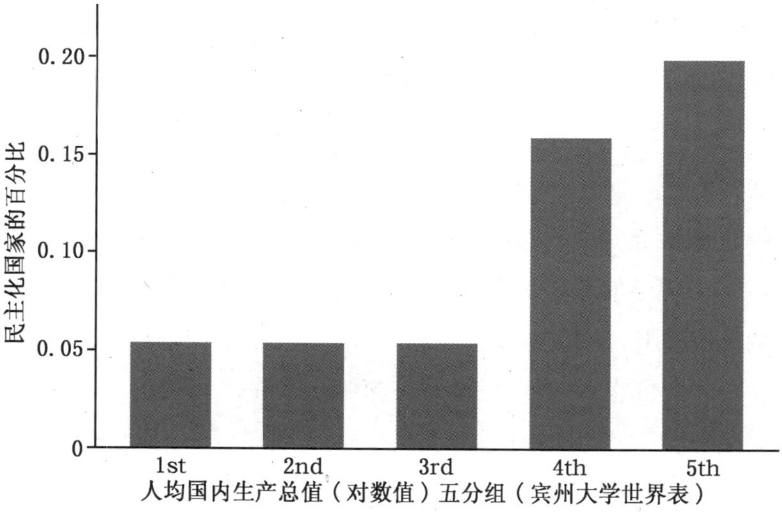

图3.9 向民主的过渡与收入，1970～1995年

尽管此处不是重新评估现有经验证据的地方，但我们还是要强调图3.5～图3.10中表示的模式并不等于收入和教育对民主以及向民主过渡的因果性影响。更明确地说，这些相关性并不是说，在一国变得更富裕时，它一定会变得更民主。对这些模式做因果性的解释的主要问题是收入水平（或教育水平）不同的国家在历史和其他制度特征上也各不相同。我们近期的论文（Acemoglu，Johnson，Robinson and Yared，2004）详细研究了这一问题，并得出结论：收入（或教育）对民主或向民主的过渡几乎没有因果性的影响。相反，

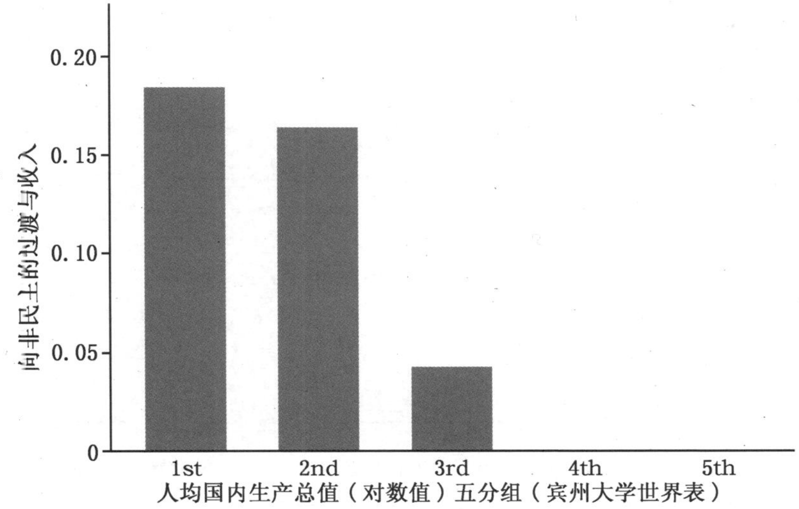

图 3.10 向非民主的过渡与收入，1970～1995 年

其他历史因素似乎对各社会的经济的和政治的发展道路起着决定性的作用，产生了图 3.5～图 3.10 所表示的各种相关性。

只要说明图 3.5～图 3.10 涵盖的期间内收入的变化如何与民主的变化相关，便足以对这一模式有个大概的了解。图 3.11 和图 3.12 分别用政治权利指数和政体指数表示了这一关系。在这两个图中，横轴表示的都是 1970～1995 年间人均 GDP 对数值的变化量，纵轴表示的都是同时期民主得分(分别为政治权利指数和政体指数)的变化量。这种观察数据的方式是很有用的，因为它剔除了同时影响收入与民主的潜在的固定特征(使我们更接近收入和民主之间的因果关系)。两者都表现了一个清楚的模式：人均收入变化与民主变化之间没有关系。换言之，尽管更富裕的国家更民主，但是没有证据表明经济增长速度超过其他国家的国家会变得更民主，至少在这段时间内是如此。根据这些结果，对图 3.5 和图 3.6 所示相关性的一个自然而然的解释是，它们在很大程度上是由一些固定的国家特征决定的。因此，由这些特征决定，那些在过去 25～30 年中增长更快的国家并没有变得更加民主。

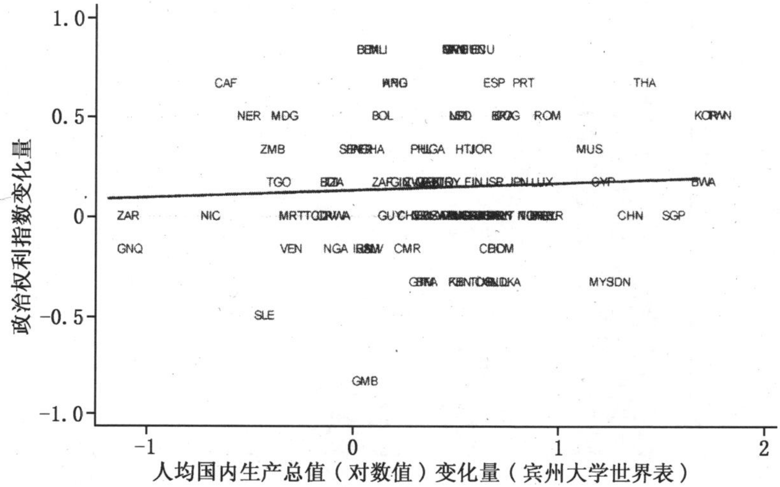

图 3.11　民主发展与收入增长，1970～1995 年

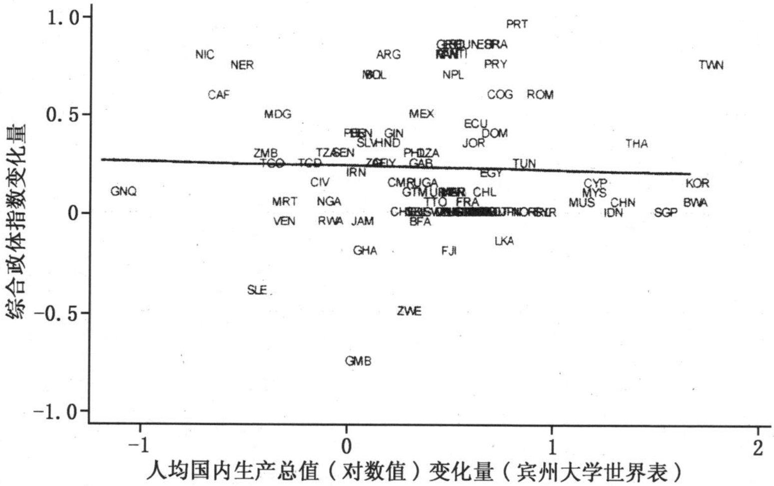

图 3.12　民主发展与收入增长，1970～1995 年

总之，数据显示的一个突出的模式是收入与民主之间的正相关关系，但这不等于收入对民主的因果性影响。因此，民主和民主化模型面对的挑战之一，就是理解这个世界如何能出现这种没有大的因果性影响的正相关性。我们在第 9 章会回到这一问题。

3.3 民主、不平等和再分配

正如在第 2 章所讨论的，我们对民主的分析方法强调社会冲突，特别是不同社会团体之间的冲突的作用。这一方法的一个含义是，团体间不平等应该对政治制度的均衡，因而对一个社会最后转变为民主国家的可能性产生影响。然而，问题是团体间不平等的相关概念往往很难度量(例如，在不平等发生在两个不同的种族之间的时候)。不过，当重大冲突发生在富人与穷人之间时，一个能表现团体间不平等的变量是国内生产总值中劳动的收入份额。理由是，如果社会的更贫困阶层主要靠劳动获得其大部分收入，资本收入(有时是土地收入)便主要由少数更富有的权贵获得。因此，当冲突发生于富人与穷人之间时，劳动份额高就相当于团体间不平等的程度低。

图 3.13 和图 3.14 表示的是 20 世纪 90 年代劳动份额与相关民主指数的关系。劳动份额数据来自联合国，罗德里克(Rodrik)也使用了这些数据。它们只涵盖制造业，或许不能代表整个经济。两个图都表明了劳动份额与民主之间的正相关关系。

图 3.15 和图 3.16 表明的是民主与另一个衡量不平等的指标——基尼系数之间的关系。基尼系数是文献中最常见的不平等指数，与制造业部门的劳动份额相比，涵盖了更多的经济部门(关于这些数据的更多说明参见 Dollar and Kraay，2002)。基尼系数的值越大，不平等的程度越高。这种关系类似于不平等与劳动份额的关系：越是不平等的、从而有更高基尼系数的国家，往往越不民主。尽管对政体数据来说，这一点不是非常明显。

正如我们在收入与民主关系的背景下所强调的那样，这些相关性不等于劳动份额或团体间不平等对民主的因果性影响。并且，这些相关性在回归模型包括其他变量时并不总是牢固的，有相当多的文献在平等与民主之间的关系上还没有达成共识。虽然，在非定量性的文献中，民主在高度不平等社会不可能产生的说法很常见(例如，Dahl，1971；Huntington，1991；Bollen and Jackman，1985)，但经验证据却是不确定的。博伦和杰克曼(Bollen and Jackman，1985)用横截面数据的计量经济学发现不平等的衡量标准与民主之间没有任

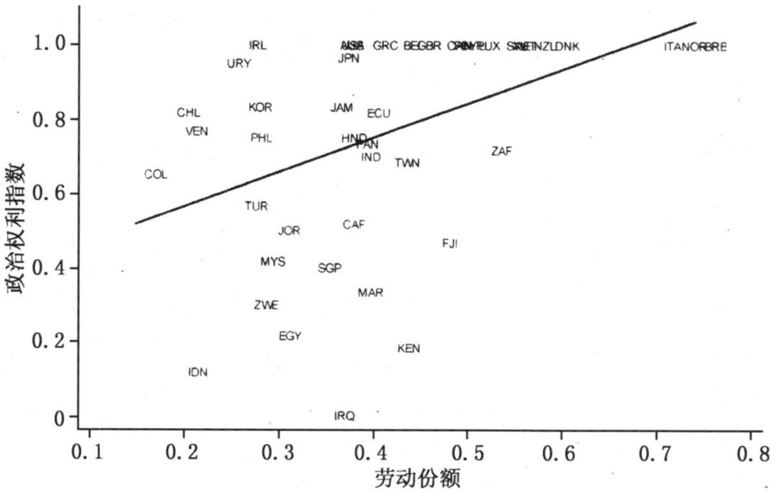

图 3.13　民主与不平等,20 世纪 90 年代

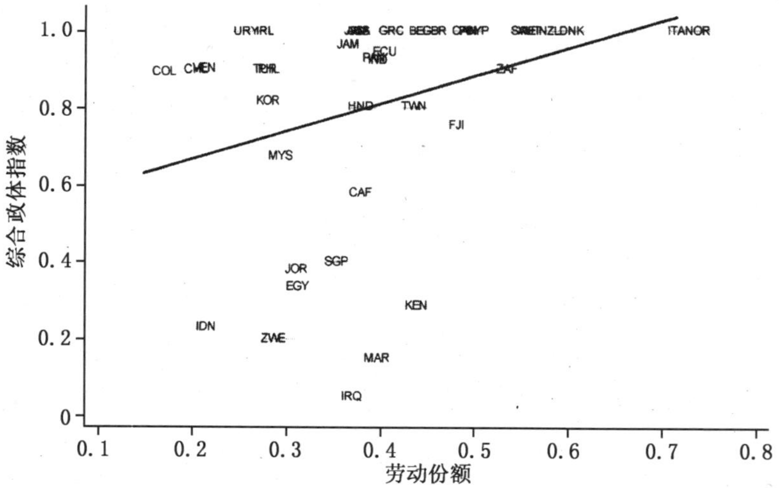

图 3.14　民主与不平等,20 世纪 90 年代

何联系。缪勒(Muller,1988,1995)提出的经验证据表明更严重的不平等会使专制更为稳定,削弱一个社会的民主化倾向,尽管他研究的结果被博伦和杰克曼(Bollen and Jackman,1995)认为是脆弱的。最近,普热沃斯基等人(Przeworski et al.,2000)用概率单位分析研究了不平等的这三个指标对从非民主政体向民主过渡或从民主向非民主过渡的影响。他们使用的指标是基尼系

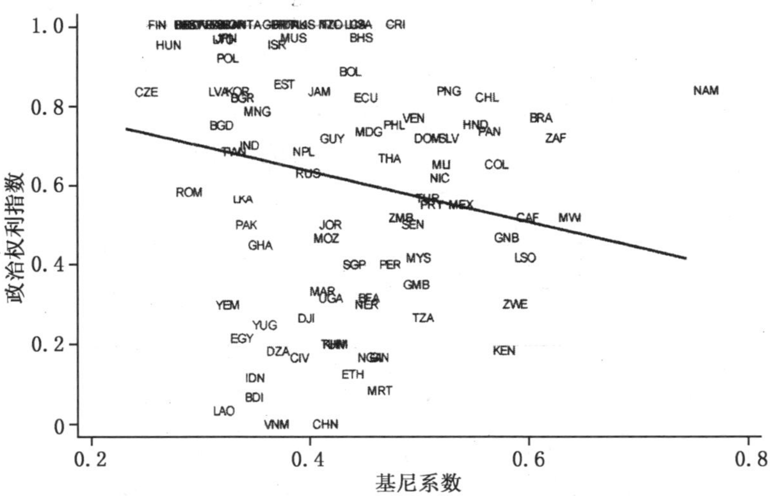

图 3.15 民主与不平等,20 世纪 90 年代

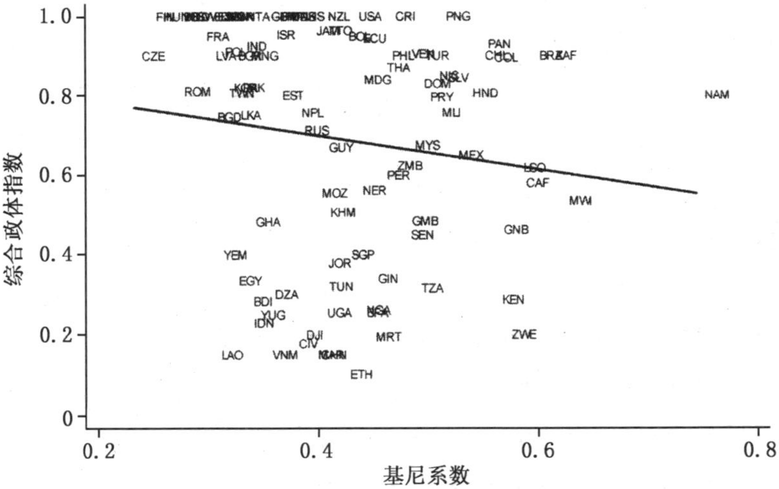

图 3.16 民主与不平等,20 世纪 90 年代

数、10%最富的人所得收入在总收入中所占份额与10%最穷的人所得收入在总收入中所占份额的比率(这一比率越高,不平等越严重),以及工人所得收入占制造业收入的份额。他们发现,民主化与前两个不平等指标都没有关系,因此认为“专制的稳定性不受收入分配的影响”(p. 120)。然而,对于第三个指标,他们发现“专制……在收入的功能分配更不平等时,要脆弱得多”(p. 122)。

他们还发现“在从更严重的不平等开始的社会，在家庭收入不平等加剧的社会（当用基尼系数或最高与最低收入份额之比来衡量不平等时），以及在劳动所得收入占制造业增加值的比例更低的社会，民主更不稳定”（p. 122）。用类似的方法，博伊克斯（Boix，2003）得出了更大程度的不平等削弱一个社会的民主化倾向的结果。

其他的学者考察了不平等、革命和政治不稳定之间的关系，这些也与我们的分析相关。同样，这里的发现也是不确定的，虽然缪勒和塞利格森（Muller and Seligson，1987）、阿莱斯纳和佩罗迪（Alesina and Perotti，1996）发现，不平等越严重，政治越不稳定（对这一文献的评论，参见 Lichbach，1989）。

因此，现有的经验性文献是相互矛盾的。更重要的是，正如我们所强调的那样，它们考察的是相关性而不是因果关系。但不论怎样，图 3.13～图 3.16 所显示的相关性还是很有意义的。例如，这些相关性意味着，民主更为再分配性的从而劳动份额更高的模型，以及民主能在更不平等社会更好地存续的模型，能够较好地与数据中的这一模式相符合。

图 3.17 和图 3.18 进一步表明，民主和劳动收入及基尼系数之间的正向关系，至少有一部分可以归因于在民主中有更强的实行再分配政策的倾向。这两个图表现了在 20 世纪 90 年代税收在国内生产总值中所占份额与民主得分之间的正相关关系。同样，这种相关性是不应被解释为因果关系的。〔1〕

历史证据也与民主化以后的再分配变化模式的观点是一致的。在这里，我们简要地讨论这方面的一些历史证据。关于欧洲经验的更详细、更令人满意的讨论，我们建议读者参考林德特（Lindert，2004）。虽然图 3.17 和图 3.18 强调民主与财政再分配之间的关系，但在实践中，许多其他工具——从劳动力市场政策到教育方针——对政府影响社会收入分配的意图似乎都是很重要的（DiNardo ，Fortin，Lemieux，1996；Wallerstein，1999）。

〔1〕 关于民主并不更多再分配的观点，参见 Muligan，Sala-i-Martin and Gil，2003。对民主与劳动份额之间关系的原创性分析，参见 Rodrik，1999。对民主与不平等关系的更详细的论述，参见 Li，Squire and Zou，1998。对民主实行的不同政策及其不同的形式，参见 Persson and Tabellini，2003；Persson，2003。

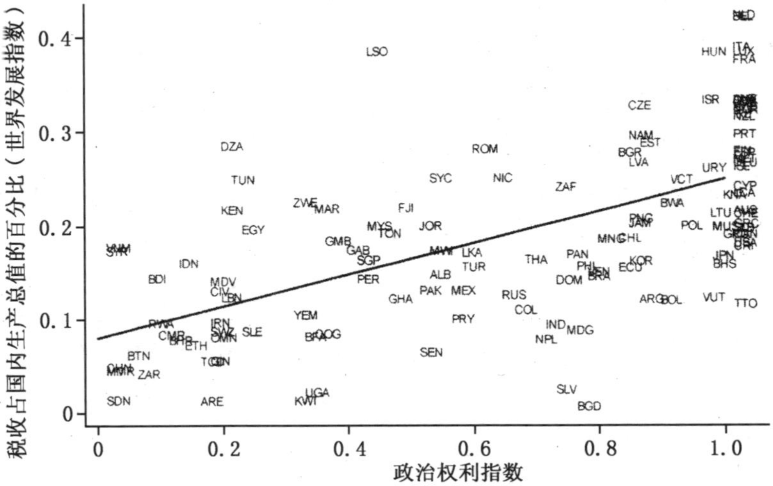

图 3.17 民主与税收，20 世纪 90 年代

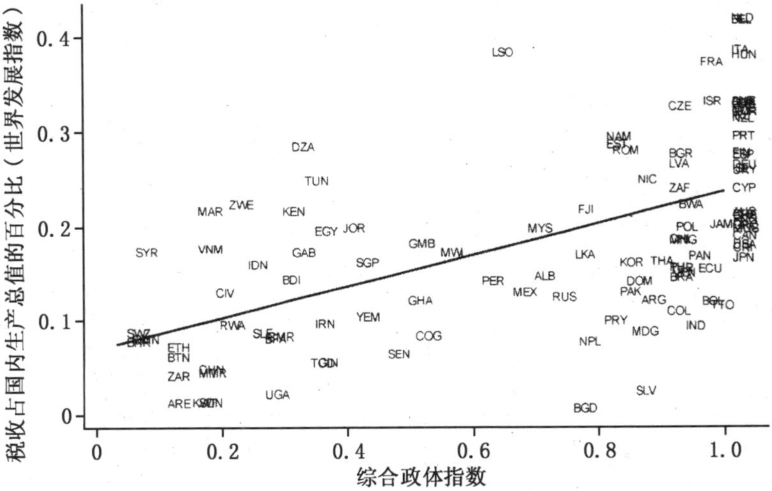

图 3.18 民主与税收，20 世纪 90 年代

在英国，1867～1884 年的改革法案是英国国家历史的一个转折点。1871 年，英国首相格拉斯通对文官制进行改革，使之对公开考试开放，量才录用。自由党和保守党的政府引进了大量的有关劳动力市场的立法，从根本上改变了劳资关系的性质，使之有利于工人的利益。从 1906 年到 1914 年，在阿斯奎思和劳合·乔治的领导下，自由党在英国建立了现代的再分配国家，实行了包

括医疗和失业保险、政府出资的养老、最低工资和再分配性税收等一系列措施。由于这些财政上的改革,在 1870 年后的三十年中,税收在国内生产总值中所占的比例翻了一番都多,在接下来的三十年中又翻了一番。与此同时,税收体系的累进性质也进一步加强。

同时,教育体系——在 19 世纪大部分时期,或主要是为权贵所设,或由宗教组织运作——向大众开放;1870 年教育法使政府首次致力于系统提供普及性教育,并于 1891 年实施免费义务教育。离校年龄从 1893 年的 11 岁提高到了 1899 年的 12 岁;并实行了对贫困生的特殊照顾(Mitch,1993)。由于这些变化,在学 10 岁儿童的比例由 1870 年令人失望的 40%提高到 1900 年的 100%(Ringer,1979, p. 207)。最后,1902 年改革法案导致学校资源的大量增加,并开设了后来成为英国中学教育基础的文法学校(grammar schools)。

在法国,情况与此类似。在第二帝国时期,政府对教育的支持有重大的进展;成年人中文盲的比例由 39%降到了 29%,小学入学率由 51%上升到 68%(Plessis,1985,table 14,p. 100)。1881 年,政府取消了公立小学的学费。1882 年,推行七年强制义务教育。小学入学率由 1863 年的 66%上升到 1886 年的 82%。第二帝国的"自由"阶段见证了 1863 年有重大意义的劳动力市场立法和罢工合法化,工会于 1868 年被正式容许存在。并且,中央政府支出在国内生产总值中的比例,由 1872 年的 9.4%(一个为 1870 年普法战争所抬高了的数字)上升到 1880 年的 12.4%,增长了三分之一(Flora,1983)。

在德国,在 20 世纪 20 年代,魏玛共和国开展了大范围的再分配(Flora,1983)。同样,在瑞典,重大的再分配似乎都出现在民主化之后。林德特(Lindert,1994)的数据表明,在 1920 年以前,在瑞典不存在任何再分配;1920 年之后,再分配剧增。更一般地说,林德特(Lindert,2000b)指出,在西欧的民主化与教育扩展之间有很强的历史性关系。

总之,可以用伊斯特林(Easterlin,1981,p. 14)的话来总结我们的讨论,特别是民主化和教育改革之间的关系:

……根据世界上最大的 25 个国家的历史经验判断,正式学校教育的建立和普及在很大程度上取决于政治条件和意识形态的影响;大力发展大众教育往往是政治权力及其相关的意识形态在有利于更广大民众更大程度地向上流动的方向上大幅度转移的征兆。

3.4 危机与民主

正如在第2章讨论的那样,民主化理论的一个重要内容是,在政权出现暂时的转移的时候,向民主的过渡(或者由民主向非民主的过渡)更可能发生在存在政治权力的暂时性转移的经济的和政治的危机之中。其原因直指我们框架的核心:政治制度的变革是作为一种将暂时性的事实政治权力转变为更持久性的法定政治权力的方式发生的。这一推理意味着,我们可以预料在重大危机与向民主的过渡及向非民主的过渡之间存在相关性。

哈格德和考夫曼(Haggard and Kautfman,1995)强调,不论是民主政体还是非民主政体,都是被经济的和政治的危机所动摇的。例如,他们指出,"在阿根廷、玻利维亚、巴西、秘鲁、乌拉圭和菲律宾,向民主的过渡都发生在酿成反对运动的严重经济困难的背景之下"(p.45)。另一方面,普热沃斯基等人(Przeworski et al.,1996,p.42)指出,"民主的脆弱性在很大程度上来自它在经济危机面前的脆弱性"。普热沃斯基等人(Przeworski et al.,2000,pp.109－110)发现,"大多数民主的瓦解都伴随着某种经济危机;在39个民主瓦解的案例中,有28个在瓦解前的两年中至少有一年出现了收入下降"(关于危机与政变之间的关系,也可参见Londregan and Poole,1990,1996;Gasiorowski,1995)。我们在第1章对历史的讨论和接下来的一节也说明,不论是在19世纪还是在20世纪,许多重要的向民主的过渡都发生在不同寻常的社会动荡和动乱期间。在这里,我们出示一些与这一模式相一致的另外的证据。

图3.19和图3.20表明了从民主向非民主的过渡和从非民主向民主过渡的可能性。其绘制方法与图3.9和图3.10相似。第一个图包括了在1970年、1975年、1980年、1990年和1995年不是民主的国家,并根据它们在此前五年是否发生过一次经济危机来分类。一次经济危机被定义为在此前五年的任一年中,人均国内生产总值年增长率低于－5%。然后,图中显示了向民主过

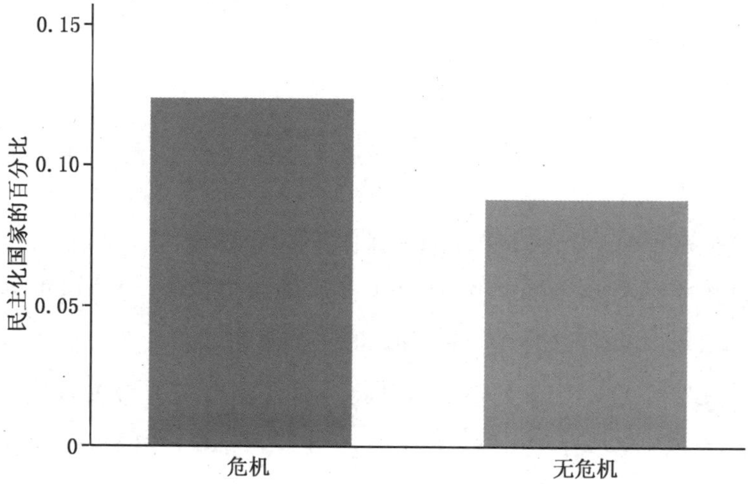

图 3.19　向民主的过渡与危机,1970～1995 年

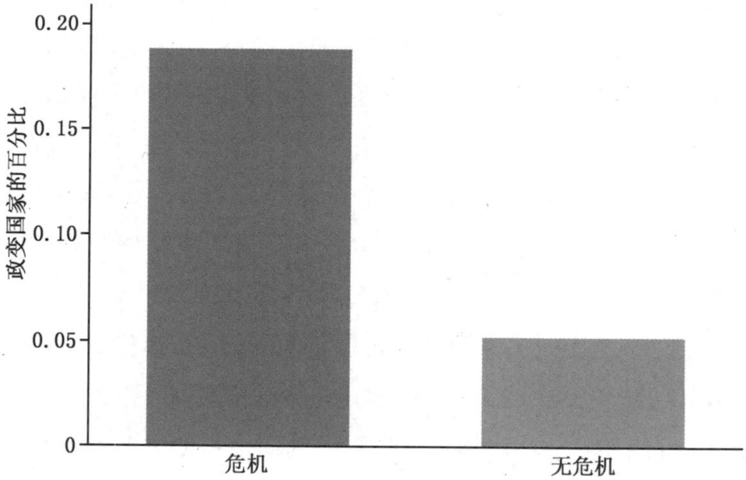

图 3.20　向非民主的过渡与危机,1970～1995 年

渡的有经济危机和没有经济危机的非民主国家的百分比。图 3.20 同样表示了由民主国家向非民主国家过渡的情况。两图都表明,经济危机使过渡的可能性更大。总之,我们认为这一模式支持了政体过渡更可能发生于危机或动乱期间的观点。

3.5　社会动荡与民主化

事实上，我们关于民主化的方法，不仅强调危机的重要性，而且强调社会动荡、革命威胁的重要性，以及，更普遍地说，那些没有法定政治权力的人的事实政治权力在诱发向民主过渡方面的重要性。在本节中，为讨论这一问题，我们回到关于民主在19世纪的欧洲和20世纪的美洲出现的历史（参见 Therborn，1977；Rueschemeyer，Stephens and Stephens，1992；Collier，1999）。

3.5.1　19世纪欧洲的民主化

在法国，尽管民主在革命之后盛极一时，但很快就被雅各宾派和随后拿破仑的崛起所颠覆。拿破仑倒台后，绝对君主制复辟。1830年革命后，绝对主义开始被削弱，这场革命建立了一个高度受限制的民主政权，由于对财产条件的限制，选民只占总人口的0.75%（Cole and Campell，1989）。奥尔良王朝在1848年革命中垮台，第二共和国建立，并于1849年推行成人普选（Collier，1999，pp. 41－42）。然而，普选的结果先是被1850年提出的关于投票权的限制条件打了折扣（这一限制剥夺了280万男性的投票权），然后又被1851年路易斯·拿破仑的政变所破坏。历史学家将随后的时期划分为两个阶段：1852～1860年的“威权”阶段和从1860年直到法军在1870年普法战争中战败的“自由”阶段。战败导致了进一步的社会动荡（特别是巴黎公社）和政权的瓦解，为第三共和国的建立铺平了道路（Zeldin，1958；Plessis，1985；Price，1997）。最后，在1877年，实行完全的男性普选权的民主得以确立，虽然其他改革，如不记名投票，要到1912年才得以实行（Kreuzer，1996）。

德国现代民主的历史始于1848年革命，当时，在革命压力面前，德国各州几乎都显著地扩大了群众的参政权（Blackburn，1998，Chapter 3）。然而，制度性的限制大大削弱了这一民主化的效果。该政权以三阶级投票制度为特征，起初为容克地主阶级所控制，随后在19世纪70年代被“铁与黑麦”的联盟左右；议会不能任命大臣或讨论外交政策，投票是口头上的。虽然在1870年以后，所有25岁以上的成年男性都有投票权，但在乡村地区，选举却由地主控制(Cosnell,1930; Goldstein,1983)。正如亚布拉姆(Abram,1995,p. 10)所述,在这一时期,“德意志帝国在理论上是君主立宪制,然而在实际上却由一个普鲁士寡头集团统治”。德国民主最后的出现——1919 年的魏玛共和国——是对 1918 年 8 月西线德军覆没所引发的严重的社会动荡和革命的威胁的反应(参见 Gerschenkon,1943;Mommsen,1981)。

在瑞典,民主是经由一系列渐进的选举权的普及过程才来到的,从 1866 年建立一个由第一院和第二院组成的两院制议会开始。在 1909 年,第一院实行了男性普选权;然而,真正的议会政府在 1918 年才出现,当时保守党和君主的政治权力都受到了限制——同样,这是第一次世界大战的结束和深重的经济危机所带来的非同寻常的动乱的结果(Verney,1957)。蒂尔顿(Tilton,1974)指出,

……(前两个的改革法案)无不是在群众的强压下通过的;1866 年在进行最后投票时,民众群集在议院周围,1909 年改革是由一次大型的选举权运动(和)一次示威罢工推动的。(p. 567)

1909 年改革以此前的罢工和游行为先导,虽然瑞典没有参加第一次世界大战,但俄国的革命和德国的局势迫使它在民主权利上做出让步。1917 年,自由民主党和社会民主党组成了联合政府并提出了完全的男性选举权,但受到了保守党占上风的第二院的阻挠。科利尔(Collier,1999)解释说:

只是在 1918 年的经济危机及随后的由社会民主党领导的支持民主的工人游行示威之后,改革法案才被通过了。确实,在 1918 年 11 月,工人抗议之强烈,使瑞典的保守党和上层阶级视之为一场革命的威胁。(p. 83)

在所有这些情况下,政治自由化和民主措施提出背后的推动力都是社会无秩序的威胁,最终是革命的威胁。战争和对社会秩序的其他冲击加剧了无秩序状态。

3.5.2　为什么是在 19 世纪?

到目前为止,我们的方法解释了民主的出现,但是,在欧洲背景下,它没有回答为什么民主化的浪潮开始于 19 世纪的问题。民主是可行的政治制度集合的思想可回溯到古希腊和罗马。在英国,至迟到 17 世纪,特别是内战期间,

民众已持续要求普选权。本书在结尾处将对这一点提供一个可能的解释，但即使在这一阶段，考察一下现有的证据与我们已得出的比较静力学是否一致，也是值得的。

在19世纪以前，被剥夺了公民权的社会阶层都分散在乡村，因此，我们也许会认为革命的威胁没那么严峻，因为把这一部分人组织起来是非常困难的。因而，更高水平的城市化和扩大了的工厂就业这两者的结合，也许是19世纪的欧洲涌动起民主化浪潮的关键因素。19世纪初期，社会结构和经济上的变革改变了政治权力的平衡，特别是使被剥夺了选举权的民众更容易行使事实政治权力（Thompon，1963；Tilly，1995；Tarrow，1998）。

在启蒙运动、法国大革命和美国独立战争期间发生的意识形态的变化，也起了作用，改变了人们对政府的适当性质和旧的政治秩序的合法性的看法。这一点无疑是正确的。

到此为止，按照我们的方法，另一个可能的答案是19世纪以前不平等的程度非常有限。我们在前面已经指出，在不平等程度很低的时候，革命就不是威胁，即便它是威胁，权贵也能用再分配的许诺避免革命的爆发。只有当不平等的程度充分高的时候，民主化才成为必要。现存的关于19世纪不平等的有限数据与不平等直到民主化为止一直在不断增长的观点是相符合的（然后，由于民主化后的再分配的作用，不平等程度开始下降）。这一文献大部分都试图发现在历史上是否存在一条“库兹涅茨曲线”，按照库兹涅茨的猜想，不平等的程度随着经济的发展先上升后下降。

关于19世纪收入不平等的数据不是十分可靠。图3.21绘出了三种对英国基尼系数历史演变的不同估计。经济史学家之间的一个共识是：英国收入的不平等程度在19世纪70年代以后急剧下降。另一个共识是：在此之前的一个世纪内，不平等是上升的，尽管使用不同数据的不同学者认为这一上升发生的时间各不相同。林德特和威廉森（Lindert and Williamson，1982，1983）认为这一上升发生在1800年之前（另见Lindert and Williamson，1985；Lindert，1986，2000a）；威廉森认为它发生在1800年和1870年之间。其他证据（例如，O'Rourke and Williamson，2002）与威廉森（Williamson，1985）是一致的。无论是何种情况，关于不平等的数据与不平等在1867年和第二改革法案之前的

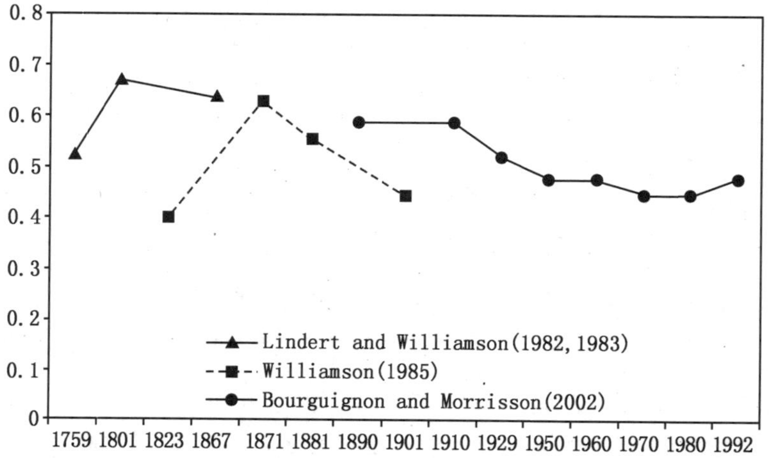

图 3.21 基尼系数(英国)

世纪是上升的说法显然是一致的,它甚至可能在第一改革法案之前就已上升。证据还表明,在政治改革后,不平等程度大幅度下降。

其他国家的数据更少。莫里森(Morrisson,2000)考察了现有的证据,认为德国、法国和瑞典都经历了库兹涅茨曲线。在德国,不平等在 19 世纪上升,大多数研究者都把不平等的顶点标在 1900 年左右。例如,库兹涅茨(Kuznets,1963)发现,5%最富有人口的收入份额从 1873～1880 年的 28%上升到了 1891～1900 年的 32%,在 1901～1910 年间保持在 32%,在 1911～1913 年下降到 31%。丹克(Dumke,1991)发现同一收入份额在 1880 年为 28.4%,1900 年上升为 32.6%,1913 年降到 30.6%。在魏玛共和国时期,不平等程度迅速降低。克劳斯(Kraus,1981)认为,到 1926 年为止,5%最富有人口的收入份额已经下降了 6.2%。总之,莫里森(Morrisson,2000)指出,德国的库兹涅茨曲线在 1900 年达到顶点,然后趋于平缓,并在 20 世纪 20 年代开始下降。这一分期与 1918～1919 年主要的民主化进程非常一致。布尔吉农和莫里森(Bourguignon and Morrison,2000)的数据准确地表明了这一模式。

关于法国,莫里森(Morrisson,2000)、莫里森和施纳德(Morrison and Synder,2000)指出,直到 19 世纪 70 年代,不平等一直是上升的,10%最富有人口的收入份额在最高时达到了 50%左右。然而,在 19 世纪 70 年代,不平等的程度开始下降；1890 年，10％最富有人口的收入份额下降到了 45％，到 1929 年进一步下降到了 36％。因此，法国 1860～1877 年的主要的政治改革，是在接近库兹涅茨曲线顶点处出现的。关于法国的正统观点，在某种程度上，受到了派伊科迪（Piketty，2003 ）关于 20 世纪和派伊科迪、波斯塔尔-瓦伊内和罗森塔尔（Piketty，Postal-Vinay and Rosenthal，2003）关于 19 世纪的近期研究的质疑。利用税收收入数据，这些作者发现，不平等在 19 世纪是单调上升的，仅在 20 世纪第一次世界大战和第二次世界大战期间才有所下降。

最后，索德伯格（Soderberg，1987，1991）指出，在瑞典，不平等的增长在第一次世界大战前达到顶点，在 20 世纪 20 年代有所缓和或稍有下降，然后迅速下降。同样，不平等的下降与公民权的扩展在时间上近似一致。

因此，总的来说，在英国、法国、德国和瑞典，库兹涅茨曲线似乎都紧随民主化达到顶点，这与本书提出的机制是一致的。

3.5.3 拉丁美洲的经验

来自拉丁美洲民主化经验的证据也支持了革命和社会动荡的威胁非常重要的看法，并与有关不平等的比较静力学大体一致。在第 1 章，讨论了阿根廷的情况，社会冲突对萨恩斯・佩尼亚法律的通过是很重要的。在第 2 章，谈到了布什纳尔（Bushnell，1993）对 20 世纪 30 年代哥伦比亚民主化的看法。现在，让我们更详细地来看一些其他例子。

民主运动的历史研究表明了社会冲突的重要作用。在委内瑞拉，长时期的考迪罗主义（Caudillismo）和政治不稳定时期结束于 1908～1935 年间的胡安・维森特・戈麦斯的专制。他的军人继任者一直统治到 1945 年第一个现代民主政权的创立为止。莱文（Levine，1973）对导致民主化的事件做了如下描述：

……在几天的争斗之后，一个临时革命政府建立了，其成员有四个是民主行动党人，两个军官，还有一个无党派的文官。接下来的三年把一种政党体系引进了委内瑞拉，突然开始了大众政治民主的实验。（p. 89）。

1948 年，民主在一场政变中瓦解，但在 1958 年希门尼斯（Perez Jimenez）将军的政权在大规模的起义中倒台时，民主又得以恢复。莱文（Levine，1989，

p. 256)指出，再民主化是对经济危机后社会动荡的反应，他写道："地下政治力量，现在在爱国的军政府中联合起来，掀起了游行示威和巷战的浪潮。"

在中美洲，社会冲突和彻底革命的威胁是诱使政治精英同意实行民主的一个重要因素。例如，在危地马拉，豪尔赫・乌比克(Jorge Ubico)将军长达13年的独裁于1944年终结，被以费德里克・庞斯(Federico Ponce)将军为首的军政府所取代。同年，庞斯被拥护民主情绪的高涨和学生造反赶下了台。1945年，胡安・阿雷瓦洛(Juan Arevalo)当选为总统。1950年，雅各・阿本斯(Jacobo Arbenz)继任，他于1954年被一场政变罢黜。在危地马拉，再民主化遵循了同一模式，是对冲突爆发的直接反应。从1982年起，军政府接受了渐进的再民主化：1985年，马科・塞雷索(Marco Cerezo)当选；1990年，豪尔赫・塞尔拉诺(Jorge Serrano)继任。这一过程一直持续到1993年塞尔拉诺预谋的政变受挫之后。虽然这些政权被军人牢牢地控制着，但政治自由化起因于大规模的社会动荡(Trudeau，1993)。

在萨尔瓦多，除了没有短暂的早期民主阶段外(Baloyra，1982；Paige，1997)，情况是类似的。1932年马坦萨(Matanza)起义之后，咖啡寡头垄断集团将统治权让给了军人。1962年之后，民主选举开始实行，但受到了军人的严密控制，而且经常发生严重的欺诈行为。在短暂的军人执政的插曲之后，再民主化在1982年出现，但这一次是在大规模的内战中发生的，这一内战于1992年才宣告结束；1994年第一次选举时，主要的左翼团体——法拉本多・马蒂民族解放阵线(Farabundo Martí Para la Liberación Nacional，简称FMLN)争得了权力。

也许更清楚的是，社会冲突，通常是阶级和分配的冲突，一直是拉丁美洲的大多数民主瓦解和政变背后的推动力量。这是奥唐纳尔(O'Donnell)影响深远的著作的主题，斯蒂潘(Stepan，1985)对智利、乌拉圭、阿根廷和巴西军事政变的分析也得出了同样的结论。他写道：

> 所有这四个国家的新权威主义都是在一种不断加剧的社会冲突的氛围中建立的。在每一个国家，资产者都为新权威主义政权提供了阶级基础，他们的首要的政治行动就是为了瓦解工人阶级的组织而使用强制性的国家机器……(p. 318)

类似地，德雷克(Drake，1996)在分析劳动在阿根廷、巴西、乌拉圭、西班牙和葡萄牙专制中的作用时指出，

大多数专制都产生于资本与工资之间的分配斗争……在专制出现之前，工人阶级的战斗精神就已令财产所有者恐惧，财产所有者因此便废除了自由民主。失去了利润、权力和合法性的经济精英被军队所挽救……这些右翼的、以军队为基础的政府，通过压制更底层阶级的要求来保护资本主义。他们爱私甚于爱公，对有钱人的关注超过了工人，对资本积累的青睐大于再分配，更喜欢等级而不是公平。(pp. 3—4)

理解同一问题的另一种方式是考察政变如何影响不同财产的价值。例如，由于民主导致再分配和对富人资产(土地和资本)的征税，我们可以预料这些资产的价格将随着民主而下降，在政变后上升。图 3.22 是根据库尤姆金、米勒和托科纳尔(Couyoumdjian, Millar and Tocornal，1992)数据绘制而成的，表示智利从 1928 年到 1978 年股票市场实际价值指数。从 20 世纪 30 年代起直到 1973 年政变，股票的实际价值持续下跌，在 1970 年萨尔瓦多·阿连德(Salvador Allende)当选时达到最低点。作者将这一长期贬值归因于政府对经济干预的加强，他们评论说：

1930 到 1960 年的时期对股票市场运行来说是少有的不顺利时期。它从结束于 1932 年的一场深重的萧条开始……从那以后就开始了毫不含糊的衰败过程.这一衰败过程与国家对经济越来越多的干预有关，这些干预直接或间接地束缚了自由企业。其发展受到了价格控制、税负加重、高通货膨胀和其他怀疑措施的限制……股票市场活动不过是减少的私营部门参与的反映。(p. 309)

然后，富人持有的资产，以一种戏剧性的方式，仅仅在 5 年之内就挽回了 30 年的损失。这些数据与强调分配冲突是政变动机的观点是一致的。

科利尔(Collier，1999)近来强调了来自群众的社会压力作为大多数近期再民主化背后的推动力的重要作用，她指出，

在……秘鲁、阿根廷和西班牙，大量的劳工抗议动摇了权威主义，为民主选举政府的建立开辟了道路。(p. 114)

她进一步强调了劳工行动主义对诱发玻利维亚、乌拉圭和巴西民主过渡的重要作用。智利似乎是军队在没有受到非常大的推动便撤出的例子，但即

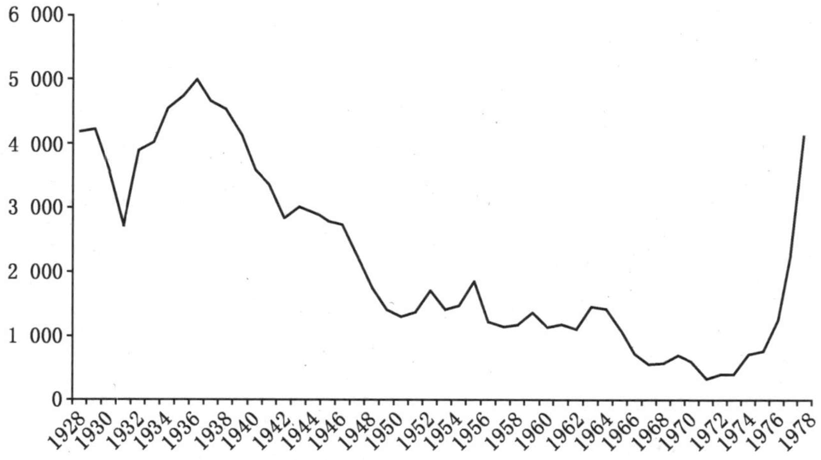

图 3.22 智利实际股票市场指数

使在这一情况下，许多学者也强调了市民社会在 20 世纪 80 年代的再次出现。德雷克（Drake，1998）指出，皮诺切特接受公民投票结果结束军政权的理由是：

可预见的维持专制的成本，也许还应包括大规模的社会的和政治的无秩序、阶级冲突、经济混乱、左翼分子的激进化、严峻的萧条，愈演愈烈的暴力。（p. 89）

因此，多数证据符合这一观点：在拉丁美洲，民主是由革命的威胁和被剥夺公民权的民众的集体行动强加于政治权贵的。并且，民主一旦创立，权贵经常企图并成功发动政变，夺回政权。

最后，接着欧洲的讨论，再来评价一下拉丁美洲在收入分配上为人所知的长期动向。遗憾的是，对于拉丁美洲的了解要比欧洲少得多。在图 3.23 中，我们用卡尔沃、托雷和斯沃克伯格（Calvo，Torre and Szwarcberg，2001）的数据，绘出了自萨恩斯·佩尼亚法通过之后阿根廷的基尼系数。它表明，在 20 世纪，阿根廷的不平等程度没有很大变化。尽管基本趋势是平缓的，但波动仍很引人注目。1916 年的民主化之后，不平等程度持续下降，直到 1930 年政变。在此之后，它趋于平坦，但随着庇隆第一届政府的当选，不平等程度便开始戏剧性地下降。1955 年的政变导致不平等程度迅速上升，尽管 1958 年之后执政的局部民主政权使之有所缓解。例如，弗朗狄兹（Frondizi）试图通过采用亲工会政策来获取庇隆主义者的投票。然而，1973 年之后，庇隆第二届政府实行的真正的民主化使不平等程度进一步下降，而 1976 年的政变则导致不平等的大

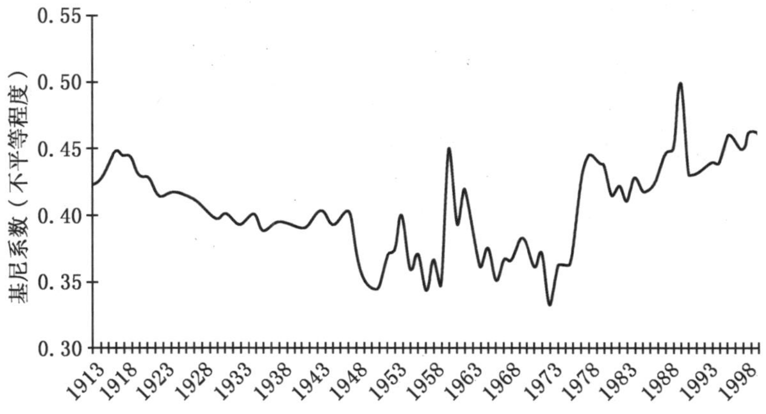

资料来源：Calvo，Torre and Szwarcberg，2001。

图 3.23 基尼系数(阿根廷)

幅度上升。其他证据支持了这一总的模式。例如，据估计，在阿根廷实行成人男性普选之时，工资在国民收入中所占份额大约为 28%，在民主政治的最初十年间上升到 42%。民主一旦让位给专制，工资的份额就开始下跌(Diaz-Alejandro，1970；Randall，1978，p. 29)。类似地，在庇隆第一届政府执政期间，工资在国民收入中所占份额在几年之间就增长了 10%以上，但所有这些和更多的收益都在 20 世纪 70 年代的军人执政期间丧失了(Ditella and Dornbusch，1989)。这些运动与我们的框架是一致的。民主化将更贫穷的团体纳入政体，导致了旨在有利于这些团体的政策。阿根廷的许多政变显然是以推翻这样的政策为动机的。这些意图和政治力量在收入分配的数据上有所显示。民主往往促进平等，非民主常常助长不平等。这一点的一个例外是，自 20 世纪 90 年代起，在梅内姆任总统期间，传统的庇隆主义的亲劳工政策被废除，不平等迅速增长。

对于哥伦比亚来说，贝利和乌鲁侠(Berry and Urrutia，1976)以及伦敦诺(Londono，1995)说明了在 1938 年和 20 世纪 60 年代中期之间不平等程度的增加以及此后直到 1990 年的单调下降。耐人寻味的是，1948～1958 年这段时期是非民主。先是处于 1948～1953 年间马里亚诺·奥斯皮纳·佩雷斯和戈麦斯的权威主义、半民主的保守政权统治之下，当时，反对派的政治家被控制，国会被关闭。然后，直到 1958 年再次民主化为止，是在军队的控制之下。

关于长期收入分配的其他事实可以从对实际工资与土地的实际租金之间关系的研究中推导出来(O'Rourke, Taylor and Williamson,1996;Williamson,1999;Bertola,2000; Bertola and Williamson,2003)。这些数据表明,在多数拉丁美洲国家,从19世纪80年代左右开始直到大萧条的时期,不平等是上升的。这些作者指出,这主要是由于这些土地丰裕的国家被作为农产品出口国纳入世界经济的结果。耐人寻味的是,不平等的这一上升趋势在诸如阿根廷和乌拉圭这些最大限度地参与国际贸易的国家特别明显,而这些也是最先实行民主化的国家。

在拉丁美洲的经验中,也有许多民主启动了重要的再分配项目的例子。甚至在哥斯达黎加这样一个有着相对平等主义历史的国家,乔克(Chalker, 1995, p. 104)指出,"哥斯达黎加最引人注目的平均主义措施出现于20世纪60年代和70年代,当时收入分配的集中程度被降低了。耐人寻味的是,这是民主政治的结果而不是其原因"。恩格尔曼、马里斯科尔和索科洛夫(Engerman, Mariscal and Sokoloff,1999)得出了更普遍的结论:如同在欧洲一样,在拉丁美洲,民主化与教育发展之间有很深的历史联系。

3.6　文　献

我们关于民主的出现、巩固或瓦解的分析是建立在大量的、多多少少有些混乱的政治学和社会学文献以及少量由经济学家建立的使用正式数学模型的近期文献的基础之上的。在经济学中有一句笑谈:您说的每句话,在马歇尔的《经济学原理》中都有了。同样道理,很难想象还能提出一种没有以某种形式出现在文献某处的关于民主化或民主巩固的看法。例如,亨廷顿(Huntington,1991,pp. 37—38)列出了推动民主的27个不同的因素,他声称,这些都已经被人们提出过了。然而,为什么还有人相信某一特定的因果主张,如将某一推定的原因与结果联系起来的因果机制,通常是不明确的?我们采用的分析方法的优势是这些问题是非常清楚的。

关于我们在本书所探讨问题的理论,至少要追溯到亚里士多德或柏拉图时期,并且它已成为自李普塞(Lipset,1959)和摩尔(Moore,1966)的研究以来许多学术工作的重心。在这一节中要说明我们的工作与现存文献中主流的关系，并概述我们认为是主要贡献的部分。随着本书的进展，详细讨论我们的发现与现有工作，特别是学术文献中提出的理论和经验的主张的关系。

受现代化理论的启示，李普塞的著作是建立在人均收入与民主之间很强的经验相关性的基础之上的。他指出，社会现代化了，民主就出现了，现代化是一个与城市化水平的不断提高、工业的更大的重要性、更高的教育水平以及不断增长的社会“复杂性”相联系的过程。摩尔（Moore，1966）通过强调三条“通向现代世界的道路”，在某种程度上质疑了这种对现代化毫不含糊的影响的关注。两位学者都强调基本的社会经济因素如何决定了民主在何时出现。摩尔的著作和鲁埃伯特（Luebbert，1991）近年来的贡献，将后来的政治体制和最初的社会条件（如阶级结构和农业组织）以及资产阶级的力量联系起来。例如，在摩尔的理论中，民主出现在农业已经商业化、不再以封建或半封建劳资关系为特征之时和资产阶级力量强大之处。

在20世纪70年代，这些“结构性的”方法，遭到了许多政治学家尤其是鲁斯托（Rustow，1971）、林茨和斯蒂潘（Linz and Stepan，1978）以及林茨（Linz，1978）的抨击，被认为过于决定论和非政治论。这一批评还伴随着焦点从民主化向民主瓦解的转移这一变化。由林茨和斯蒂潘主持的比较项目在为文献重新定向方面起了特别重要的作用。他们主张（Linz and Stepan，1978；p. ix）“对政治瓦解过程的动力学进行系统的研究”。在他们看来，民主政权是否瓦解，不取决于社会经济结构或条件，相反，它是赞成或反对民主的相关参与者所做出的特定选择的结果（Linz，1978，p. 4）。更具体地说，林茨（Linz，1978，p. 50）主张，民主的瓦解是由于它失去了存在的“合法性”。他指出，民主之所以瓦解是因为民主政治家们解决政治问题的失败。尽管李普塞的现代化讨论确实没有集中考察个人甚至团体做出的选择，但摩尔（Moore，1966）的分析的确将选择考虑在内——例如，资产阶级是否与贵族联合。然而，在他的分析中，对哪些因素决定这样一种选择是否出现，是不清楚的。

现代化理论也遭到了奥唐纳尔（O’Donnell，1973）的抨击。他认为，20世纪60年代和70年代拉丁美洲民主的瓦解破坏了人们对收入一民主关系的信心，削弱了现代化促进民主化的思想的影响。他指出，军事政变发生在拉丁美洲最富有的国家——例如,阿根廷、乌拉圭和巴西。

20 世纪 80 年代,紧跟当代事件的步伐,研究再次把焦点对准了民主化。由奥唐纳尔、施密特和怀特海主持的“过渡”项目是影响最大的成果。他们的结论表述在奥唐纳尔和施密特(O'Donnell and Schmitter,1986)的一部影响很大的著作中。他们沿用了林茨和斯蒂潘的许多方法论规定,认为关于民主化的结构性的解释是不充分的(1986,p. 4)。奥唐纳尔和施密特的著作提出了一个框架,用来澄清可能导致民主化的相关过程和参与其中的形形色色的行动者。例如,他们对一个权威主义体制中的“强硬路线者”和“温和路线者”做了很有影响的区分。该书然后讨论了在权威主义体制终结和民主创立之前的时期可能出现的各有关团体与各种形势和困境之间的相互作用。这一传统下的所有研究往往都强调,民主是由几乎不受环境束缚的个人的意志和决策创立的[迪·帕尔马(di Palma,1990),或许是这种观点最极端的版本]。该书本身并没有真正对民主化何时出现提供解释,虽然确实做了一些概括,最著名的是如下这一条:

我们认为,任何一个过渡的开始都是权威主义体制内部重要分化的直接或间接的后果。这种分化主要是在界线不断变动的强硬派与温和派之间。(O'Donnell and Schmitter,1986,p. 19)

这一关于过渡的文献的最新形式和 20 世纪 90 年代大多数政治学研究的焦点都集中于民主的巩固。林茨和斯蒂潘(Linz and Stepan,1996)的著作是最重要的。这一文献强调民主性质上的差异和由权威主义通向民主体制的不同道路的存在。在一篇早期的论文中,斯蒂潘(Stepan,1986)认为从非民主体制向民主体制的过渡有十种可供选择的道路。这一思想的核心是,民主所采取的形式决定于先前政体的性质。例如,林茨和斯蒂潘区分四种非民主体制:权威主义、极权主义、后极权主义和苏丹式的(Sultanistic)。在他们看来,出现的民主体制的类型通常依赖于先前存在的非民主体制的类型。例如,那些想要在极权主义地方创建巩固民主体制的人所面临的问题与在刚果(苏丹式的)面临的问题大相径庭(Linz and Stepan,1996, p. 55)。

关于民主巩固的文献也出现了关于政治文化及其如何能成为决定民主巩固的一个重要因素的思想的复兴(Almond and Verba,1963; Diamond,1999)。

其他著作试图将关于民主及其巩固的结构方法和以行动者为基础的方法结合起来。亨廷顿(Huntington,1991)提出了影响民主化的因素的复杂网络,他认为,对不同的民主"浪潮",这些因素是不一样的。例如,对于第一次世界大战前的第一次浪潮,他强调现代化、城市化、中产阶级的产生和不平等程度的下降(p. 39)。在第二次浪潮中,他的重点转移到了第二次世界大战的影响和帝国的崩溃(p,40)。对于第三次浪潮,亨廷顿列出了五个重要因素(pp. 45—46):(1)20世纪70年代的石油冲击和80年代的国际债务危机所导致的经济萧条诱发了权威主义的合法性危机;(2)20世纪60年代经历的收入增长和受教育机会的增多;(3)天主教教会态度的改变;(4)国际组织、美国和苏联的态度改变;(5)导致民主的传播和国际性扩散的"滚雪球"效应和示范效应。亨廷顿关于收入水平对民主的影响的讨论与李普塞的讨论差别不大。他指出(p. 106),第三次民主浪潮是由"更高的经济福利水平推动的,更高的经济福利水平使更多的人识字、受教育,导致更高的城市化水平,产生了更庞大的中产阶级,推动了支持民主的价值观和态度的发展"。然而,"于民主有利的社会的、经济的以及外部的条件的出现决不是产生民主的充分条件。一些政治领导人,不论其动机是什么,不得不盼着民主的发生"(p. 108)。

因此,这些结构上的条件是产生民主的必要条件但不是充分条件。亨廷顿对民主化过程的分析在许多方面都印证了奥唐纳尔和施密特(O'Donnell and Schmitter,1986)的看法。他确定了体制内及其反对派的一些有代表性的行动者,认为当特定的团体强大时或特定的相互作用发生时,民主就出现了(pp. 123—124,142)。亨廷顿没有提供理论,他用这一讨论对不同的情况做了分类,集中考察了民主化的三条道路。

与我们的工作比较接近的是达尔(Dahl,1971)的著作,他为理解民主化的进程提出一个简单的、吸引人的框架。他认为关于民主化存在的基本问题是:

从当前在位的统治者的视角来看,这样一个变革具有爆发冲突的新的可能性,因为他们的目标(和他们自己)可能会被新加入的个人、团体或利益集团的代言人所取代。

在位者反对派的问题是在位者的问题的镜像……

因此,政府与其反对者之间的冲突越激烈,双方越可能努力破坏对方有效

参与政策制定的机会……政府与其反对者之间的冲突越激烈，双方互相容忍的成本越高。(pp. 14—15)

达尔的民主化理论是：如果容忍反对派的成本降低，因此在位者准备给予他们选举权；或镇压的成本太高的话，在位者就会实行民主化(Dahl，1971，pp. 15—16)。然后，他提出了一系列关于可能影响这些成本、从而影响民主化可能性的因素的经验性的主张。在机制方面，达尔强调当权力广泛分布于社会，出现了他所谓"多元的"秩序时，民主就出现了。社会变得多元化——某种由收入的增长和工业化等因素诱发的状态，镇压的成本变高了，与此同时，容忍的成本却变低了。

与摩尔(Moore，1966)强调资产阶级和中产阶级不同，后来的一些重要的、雄心勃勃的作品——特别是瑟尔伯恩(Therborn，1977)以及卢希梅尔、斯蒂芬斯和斯蒂芬斯(Rueschemeyer Stephens and Stephens，1992)——注意了穷人和工人阶级在民主化的进程中发挥的重要作用。在他们的理论中，穷人和工人阶级是亲民主的，当穷人和工人阶级足够强大的时候，就能迫使民主产生。权力关系由三组力量决定(p. 5)。正如卢希梅尔、斯蒂芬斯和斯蒂芬斯所强调的那样，

首先是在不同的阶级和阶级联盟之间的权力平衡。这……是由其他两种权力结构——国家机器的结构、力量和自主性及其与市民社会的相互关系，还有跨国权力关系对阶级力量的平衡和国家—社会关系的影响——做补充的。

在他们的理论中，民主化主要的推动力就是扩大了工人阶级权力的资本主义的发展(p. 58)。

另一部重要的著作是哈格德和考夫曼(Haggard and Kaufman，1995)，他们集中展示经济危机对促进民主化的重要性，然后集中考察民主化、经济政策改革和民主巩固之间的相互作用。他们的著作表明危机与向民主的过渡之间的主要传送机制是危机造就了对非民主政权的社会不满。例如，在他们的个案研究中，

……越来越严重的经济困难，鼓励了私营部门内部的反对，推动了对更广泛的社会和选举运动的动员。(p. 45)

他们还发现，

“直接行动运动”——反体制抗议、总罢工和示威——在权威主义的撤退中也有突出的表现。(p. 63)

另一个关于民主化的理论方法来自有关国家制度起源的社会学文献。这一理论主要是与蒂利(Tilly,1990)相联系的,近来由赫布斯特(Herbst,2000)应用于非洲。这一理论在国家形成过程中考察民主起源。国王需要资源,特别是税收,来进行战争。为了诱使权贵纳税,国王不得不做出让步,其形式之一就是建立代议制度。在这一框架下,民主作为国王与权贵之间的交易物出现,权贵纳税,国王给权贵代表权。在非洲,民主的缺失是其前、后殖民地国家形成的特定过程的结果,在这一过程中,政治权贵从来不需要对民众让步以交换进行战争所需要的税收。

这一关于国家形成的研究激发了李恩(Lien,1985)、贝茨(Bates,1991)、罗格夫斯基(Rogowski,1998)和蒂利(Tilly,2004)对民主化的分析。这些学者声称,民主,更一般地说,代议制度的源头,是权威主义统治者为了提高税收必须做出的让步。税收基础的弹性越大,权威主义统治者擅自加税的难度就越大,让步(这里指民主)的可能性也越大。因此,贝茨(Tilly,1991,p. 25)指出,民主在一个农业社会中产生的可能性要比其在物质资本或人力资本占主导的社会中产生的可能性小——因为土地更易于征税。并且,他声称,如果权威主义统治者对民主的恐惧较小,他们会更愿意坚持民主。他将这一点与他们在民主方面的经济力量联系起来——如果先前的权贵有足够的经济实力,民主是不能伤害他们的,这或许是因为向权贵征税会导致经济的崩溃。与此类似,罗格夫斯基(Rogowski,1998)强调,民众退出能力的影响导致了民主——一种发言权阻止了退出的情形。

最后,我们的工作是以强调政治制度如何能够解决承诺问题的文献为基础的。影响重大的论文是诺思和温加斯特(North and Weingast,1989),这是温加斯特 (Weingast,1997,1998)一系列重要论文的主题。

3.7　我们的贡献

本书表述的观点建立在我们在阿塞莫格鲁和罗宾逊(Acemoglu and Robinson，2000a，b；2001，2002）提出的框架的基础之上。在那些著述中，我们将体制过渡问题置于分配冲突的框架之中，提出了民主作为权贵为避免革命而做出的可信承诺的基本观点，我们还得出了一些重要的比较静力学结果——例如，在不平等与民主化之间的倒U形关系。我们的研究为民主的创立和巩固首次提供了系统的正式分析。

我们对这些问题的分析坚持了正式的政治经济学的传统，因此，我们寻找对复杂的社会现象的简单的、统一的解释。

通过前面的讨论，我们应该已经清楚，这在某种程度上脱离了关于体制过渡的政治学文献的主流。相反，自20世纪70年代以来，这一文献一直坚持了林茨和斯蒂潘（Linz and Stepan，1978，p. xi）的格言："宏观政治过程的历史性排除了可应用于所有前代后世情况的……非历史的社会科学模型的高度抽象的概括。"一些学者甚至对没有分析体制过渡的理论框架这一点感到庆幸，奥唐纳尔和施密特（O'Donnell and Schmitter，1986，p. 3）谈道："不论是在这一漫长的集体奋斗开始还是结束时，在这些卷中，我们都没有一种要检验或应用于个案和各主题论文的理论。"他们继续说：

如果我们曾有过建立一种关于这一过程的理论的鲁莽，那它必须是对在结构上或行动上的参数不足以指导或预测结果时出现的"未决"社会变化和大规模变革问题进行更大量研究的一章。这样一种理论必须包含偶然性和不可预知性、在信息不充分的条件下仓促做出的关键决策、面对不能解决的道德困境和意识形态混乱的行动者等因素。

最有声望的比较政治学期刊《世界政治》最近发表的一则对民主化文献的综述强调，

关于第三次浪潮的文献提供了一些在民主化过程中起推动和阻碍作用的因素的一般命题。以下是最值得注意的：

1. 民主的出现几乎没有什么前提。

2. 任何单一的因素都不是民主出现的充分或必要条件。

3. 一国民主的出现是多种原因共同作用的结果。

4. 民主出现的原因与促进其巩固的原因不尽相同。

5. 促进向民主的过渡和巩固的原因组合因国家不同而不同。

6. 一般来说，掀起一次民主化浪潮的原因组合不同于掀起其他浪潮的原因组合。（Shin，1994，p. 151）

似乎“一般命题”就是没有一般命题。我们的确赞成，从微观细部考察，民主化是极其复杂的社会想象这一观点。然而，任何社会学家想要了解的问题不都是如此吗？要提出对社会世界的系统理解，必须通过简化（再次应用奥卡姆剃刀）和抽象掉大量的细节才能取得进展。也许，在本书中，我们对强调哪些因素和忽略哪些因素做了错误的决定，但我们是对是错，只能由我们理论的科学的和经验的有用性来回答，而不能用对民主化这一现象何等复杂的先验判断来决定。

在我们看来，一个关于民主化的一般性命题是一个来自有微观基础的模型，关于什么力量导致民主化问题的经验主张。在我们的理论中，许多因素都会对这一点有影响，例如团体间不平等、政治制度、经济结构以及全球化的性质和范围。我们的理论使我们能够对其形式做出比较静力学的预测：其他条件不变，不平等程度的降低会使一个高度不平等的社会更可能实行民主化。在一特定的、高度不平等的社会，如 20 世纪 80 年代的南非，不平等程度的下降也许会引起民主化。然而，这并不意味着，不平等程度的下降就是产生民主化的充分或必要条件。在另一个高度不平等的非民主社会，我们也可以看到不平等程度的下降，但是，民主化并没有出现，因为降低民主化吸引力的其他条件也发生了变化（如全球化范围的改变）。

尽管我们的方法难以与政治学中关于体制过渡的大部分主流研究相一致，但通过对该文献的仔细阅读，证明我们集中考察的分配冲突被所有作者认为是理解民主化和政变的核心。例如，尽管奥唐纳尔和施密特（O'Donnel and Schmitter，1986）强调过渡与权威主义体制的分裂是相伴随的，但他们认识到权威主义体制仅在被迫自由化时才会这样做（pp. 16－17）。在他们的结论中，奥唐纳尔和施密特写道：

提出一些概括性结论是可能的……首先，所有已知的向政治民主的过渡都观察到了一个根本性的限制……资产阶级的财产权利是不可侵犯的。（O'Donnel and Schmitter，1986，pp. 68－69）

考虑到（p. 52）“在我们的国家样本中，多数权威主义体制都故意照顾资产阶级的利益”，这一结论并不令人惊讶。在该著作的其他地方，他们也做出了与我们的方法高度一致的陈述。例如，他们指出，在民主化中(p. 11)，“暴力的威胁，甚至屡屡发生的抗议、罢工和示威实际上一直都存在着”，这是我们分析方法的要素之一。引人注目的是，出现在林茨(Linz，1978)中的对民主瓦解的分析与这一基本观点也是一致的(pp. 14－15，20)。

然而，我们的框架确实是建立在该文献各种主题的基础之上的。我们理论的核心是类似于达尔(Dahl，1971)讨论的那些消长，尽管我们把镇压与民主化之间的消长放在了更为丰富的背景之下，在这种背景下，政治制度因其影响行动者的承诺能力的方式而具有了实际作用。摩尔(Moore，1966)的著作对我们的研究也有明确的启迪，既有对本书标题的启示，也有对在第 1 章概述的“民主化道路”的分类学的启示。然而，我们关注的问题仅仅是他关注问题的一部分，因为我们不详尽研究革命，而且完全忽视法西斯主义如何产生的问题。我们的经济学视点也与他的社会学视点不同，我们对方法论个人主义的强调意味着，我们提供了比他所提供的更明确的微观基础。一个明显的例子是中产阶级力量与民主之间的联系。我们提供了各种明确的机制，通过这些机制，中产阶级的力量能够影响民主对不同行动者的成本和收益，从而影响民主创立的可能性。

我们的著作与瑟尔伯恩(Therborn，1997)以及卢希梅尔、斯蒂芬斯和斯蒂芬斯(Rueschemeyer，Stephens，and Stephens，1992)这些学者的著作也有一种类似的关系。尽管有许多共同的主题，但还是有很大的不同，因为我们更明确地提出了把各种因素与民主的出现和巩固联系起来的机制。瑟尔伯恩以及卢希梅尔、斯蒂芬斯和斯蒂芬斯将民主化视为资本主义发展的结果。他们比李普塞更强调该发展对阶级力量平衡的影响，但他们的解释是以同样的经验事实为基础的。然而，他们也未能提供资本主义的发展如何导致民主的机制。在我们的方法中，尽管资本主义的发展也许会使穷人的力量增强以向非民主发起挑战，但它并不一定导致民主。例如，如果这一发展能使民众对权贵造成永久的威胁，那么权贵就能够通过可信的再分配来避免民主化。或者，如果资本主义的发展大大提高了不平等的程度而未使镇压的成本上升，那么它会鼓励权贵使用镇压而不是实行民主化。在我们的方法中，正是资本主义的发展对民众力量的影响和对权贵在镇压与让步之间的权衡的影响决定了民主的命运。并且，我们的分析表明，资本积累本身也许不足以诱发民主。相反，导致民主化的是社会资产结构的变化（这种变化也许对改变民主对权贵的成本和收益是至关重要的）。

这些思想指向了我们论著的一个原创的且非常重要的方面。其他作者都未曾把民主化问题放在一个民主化、其他类型的让步与镇压之间的消长可以被评价的背景之下。正如第 2 章所表明的那样，我们发现，仅仅表示穷人渴望民主，一旦他们拥有了更多的权力就会得到民主的模型太过于简单了。并且，这样的一种理论没有赋予政治制度任何真正的作用——这无疑是解释民主为什么产生以及何时产生的关键步骤。

与此最密切的一点是最初由奥唐纳尔和施密特（O'Donnell and Schmitter，1986）对自由化和民主化所作的区分。在他们的图式中，自由化过程总是先于民主化发生。所谓自由化，是指用“制定有效的特定权利，既保护个人也保护社会团体，使之免受国家或第三方专断或非法行为侵害。在个人层次上，这些保障包括自由主义的经典要素：人身保护权；私人住宅和信件的神圣不可侵犯性；根据预先制定的法律在公平审判中得到辩护的权利；运动、演讲自由，等等”（p. 7）。由于这样的自由化措施是为民众所重视的，它们构成了我们在这里已研究过的让步的一种类型（尽管它显然不是货币性的让步）。重要的是，奥唐纳尔和施密特强调说：

……自由化和民主化不是同义语，尽管它们在历史上关系一直很密切……没有在民主化下制度化了的对大众和多数选民的责任，自由化也许很容易为了执政者的方便被操纵和撤销。（1986，p. 9）

摩尔（Moore，1966）、瑟尔伯恩（Therborn，1977）以及卢希梅尔、斯蒂芬斯和斯蒂芬斯（Rueschemeyer，Stephens，and Stephens，1992）的研究也是有问题的，因为他们假定政治冲突总是发生在阶级之间。然而，有大量证据表明，我们需要一个更有意义的概念框架，为关于民主的研究提供一个令人满意的一般性方法。我们提出的框架适用于远为更加普遍的案例。

自摩尔（Moore，1966）和达尔（Dahl，1977）以来的一个悠久的传统强调，民主在农业社会中不是可行的。卢希梅尔、斯蒂芬斯和斯蒂芬斯（Rueschemeyer，Stephens，and Stephens，1992，p. 8)是这样解释这一原因的："依赖大量廉价劳动力供给的地主阶级是最持之以恒地反对民主的力量。民主化造成了丧失其劳动力供给的可能。"尽管这一机制看似有理，但是拉丁美洲的证据也与土地利益集团之所以反对民主，是因为他们预料会失去土地的观点一致。我们更集中地强调这一思想，同时也强调与此有关的政变成本如何受资产结构影响的思想。

我们强调这一事实，即：民主是在面对一个社会所固有的潜在冲突时被承认的（Therborn，1977；Rueschemeyer，Stephens and Stephens，1992）。对历史文献的阅读使我们意识到科利尔（Collier，1999）称之为"权贵工程"（政治权贵在没有外部压力的条件下出于其他原因创建民主）的民主化类型，是过于罕见的事件，不能成为任何有用概括的基础。我们还认为，证据与民主是可能由外部威胁引起的国家形成和财政基础扩展的副产品这一观点，也不一致。

与此相反，经常与奥唐纳尔和施密特（O'Donnell and Schmitter，1986）相联系的权贵工程方法，淡化了外部社会压力对引起民主化的作用，相反，却强调了占统治地位的权威主义政权内部的冲突。奥唐纳尔和施密特的权贵分化是这一冲突的一部分，而且不可否认地发生于许多民主化之中。科利尔对这一术语的使用更为宽泛，因为她还试图用这一术语描述在19世纪发生的一些民主化：一些新生政党为了提高对其支持率的目的而扩大了投票权（1867年迪斯雷利和格拉斯通两人关于第二次改革法案的竞争是其经典例子）。

我们的基本观点是，权贵的分化是权贵多样性的一种表现，但这种分化首先是由被剥夺公民权的民众向现存的制度发起挑战而引起的。这一挑战和权贵内部的多样性一起导致了对民主的不同态度。我们相信这种观点与奥唐纳尔和施密特的原意及作为其分析基础的案例研究的证据是一致的。哈格德和考夫曼（Haggard and Kaufman，1995）也承认权威主义精英内部的分化也许很重要，但也指出这些分化也许是由危机触发的（pp. 31－32）。就迪斯雷利和格拉斯通的例子而言，如我们在第8章要说明的那样，我们认为对事件的这种解释是不足以令人信服的。

从最近民主巩固方面的文献来看，我们的工作集中于一组范围更窄的问题。引人注目的是，在林茨和斯蒂潘（Linz and Stepan，1996）中，他们认为，路径依赖存在于每一次民主化之中，之所以如此，原因是非民主残余影响创造不同的巩固要件（如法治或非世袭的官僚机构）的难度。由于我们关注的是熊彼特的民主定义，这些不在我们研究的范围之内。尽管这些问题很耐人寻味，但它们不属于本书要解决问题的范围。对我们的方法具有核心意义的是，在民主中，权力的分配取决于许多因素，包括政治制度的结构。一旦这些因素发生了变化，民主的结果也会改变。

因为我们的方法是博弈论的方法，所以显而易见的是，我们以尝试使用这样一种方法的文献为基础。我们从普热沃斯基（Przeworski，1991）勾画的简单的民主化博弈开始，他用这些博弈来说明奥唐纳尔和施密特（O'Donnell and Schmitter，1986）得出的一些结论。一些学者，如盖茨和休姆斯（Gates and Humes，1997）、克雷森齐（Crescenzi，1999）和萨特（Sutter，2000）进一步发展了他的方法。其他学者也将简单的博弈，特别是囚徒困境，作为在爆发政变（Cohen，1994）或民主化（Colomer，2000）时所发生事情的隐喻。

我们对参与创建和破坏民主的行动者的经济动机的强调，也是几部新近的重要著作所共有的，如普热沃斯基（Przeworski，1991）、哈格德和考夫曼（Haggard and Kaufman，1995）。哈格德和考夫曼的方法是：

> 我们假定，政治精英动员政治支持或反对的机会将取决于经济政策或经济成效影响不同社会团体的收入的方式。不论在何处，不论是总量的经济成效还是政策的分配结果，对政治都是至关重要的，它们既影响着在位者也影响着反对者的机会。（pp. 6—7）

然而，到目前为止，政治学家建立的博弈性模型大多都是简化的形式，其生成的可检验预测，即使有，也寥寥无几，也未能阐明其作用的因果机制。所谓简化的形式，我们是指对不同参与者（如来自民主或专制的）的支付是用数字或用如 x 或 y 这样的变量来表示的。然后，如果我从民主中得到的是 2，从专制中得到的是 3，那我就偏好专制；用另一种方式来说，如果 x 是我从民主中得到的支付，y 是从专制中得到的支付，且 $x>y$，那我就偏好民主。这样的模型没有揭示出为什么某一特定的个人或团体偏好他所偏好的政体，也不能让人们导出关于出现不同结果的条件的可检验的预测。更大的问题是，按照奥唐纳尔和施密特（O'Donnell and Schmitter，1986）的做法，他们用个人偏好的行动来定义个人的偏好。因此，如果一个行动者偏好专制，他就被定义为一个强硬路线者。亨廷顿（Huntington，1991）在使用这些思想时出现了同样的问题。如同奥唐纳尔和施密特一样，他没有解释为什么有些国家会出现某些相互作用，而其他国家却没有，他也没有解释为什么在有些国家中支持民主的行动者力量很强，而在其他国家却很弱。并且，这种方法也没有从根本上真正解释人们为什么支持或反对某一特定类型的政治体制。在理想的情况下，个人对体制结果的偏好，应该来自更根本性的对收入或其他事物的偏好，以及特定体制对这些更根本性的偏好的影响。

可能是因为对简化形式模型的依赖，这一博弈论文献同样采用了最先由林茨和斯蒂潘于 20 世纪 70 年代提倡的结构的方法和政治的方法的二分法来解释体制过渡。例如，克洛默（Colomer，2000）在题为"关于政治变革的结构方法和策略方法"的一章中指出，

在关于体制变革和向民主过渡的文献中，我们能够区分两种基本的分析方法。一种强调民主的结构的、社会经济的或文化的前提……另一种方法将政治体制视为策略性的变化过程的结果。在此，起主要作用的是行动者的选择和相互影响。（p. 133）

这样一种二分法的存在似乎为政治学家所普遍接受，希恩（Shin，1994）指出，

……在一个国家中，一个可行的民主的建立不再被视为是更高水平的现代化的产物，不再由财富、资产阶级的结构、兼容的文化价值观和对外部行动者的经济独立性来说明。相反，它更多地被视为政治精英之间策略性的相互影响和安排，在各种民主宪法、选举和政党体系之间的自觉选择的产物。（pp. 138－139）

我们建立的框架是博弈论的，个人和团体基于个人动机和动力策略性地行动。然而，个人在社会经济体系中发挥作用，这些社会经济体系既限制他们的行动也制约他们的动力。事实上，根本就不存在结构的和策略的方法的二分法——它们是一而二、二而一的。

我们的方法以更为丰富的政治－经济模型为基础，从这一模型中能得到有关民主发生的经验性预测。我们把个人的偏好视为既定，但允许人们在其收入、财富、持有财富的形式或选择上有所不同。从这些基本因素，我们导出

个人对体制类型的偏好。因此，如果权贵中的一员是一个强硬路线者，那是因为我们能够说明，考虑到他的偏好、禀赋和机会，“强硬路线”行为对他是最优的。我们不以人的行为来定义人。

尽管我们知道再没有其他的作品与我们的研究范围一样，但近期其他一些关于民主化的正式模型对我们的研究结果做了补充。关系最为密切的是罗森道夫（Rosendorff，2001）的研究，他建立了一个模型来论证在南非之所以出现民主化，是因为不平等程度的下降使得民主对白人的威胁下降了。这一思想显然与我们方法的构成要素有关。博伊克斯（Boix，2003）在其近期著作中提出了一个简单的静态形式的民主化模型，这取自我们的论文（2000）并与达尔（Dahl，1971）勾画的模型相近，博伊克斯把它应用于民主化的历史案例，特别是瑞士和美国的案例。因为他使用了我们在已出版的文章中提出的框架，因此他也提出了一些我们在本书中分析的比较静力学。例如，博伊克斯仔细讨论了关于贸易、退出和经济结构如何影响分配政治从而影响民主化的观点。埃尔曼和万彻康（Ellman and Wantchekon，2000）的研究也与我们对政变的分析有关，他们说明了政变的威胁如何影响政党在选举中提供的政策。这是第7章分析的一个组成部分。其他如冯和扎克（Feng and Zak，1999）、贾斯特曼和格拉德斯坦（Justman and Gradstein，1999）、康利和特米密（Conley and Temimi，2001）的论文提供了不同的关于民主化的正式模型。政治经济学文献的另一个分支——既包括基塞尔和巴泽尔（Kiser and Barzel，1991）和巴泽尔（Barzel，2001）的非正式的著作，也包括格林（Green，1993）、温加斯特（Weingast，1997）、格拉德斯坦（Gradstein，2002）、布宜诺·德·迈斯基塔、莫罗、斯尔文森和史密斯（Bueno de Mesquita，Morrow，Siverson and Smith，2003）以及利兹则利和皮尔斯克（Lizzeri and Persico，2004）的理论模型——建立在这样一种观点的基础之上，即民主是政治精英自愿承认的，因为它解决了某种市场失灵或契约的不完全性。例如，格林（Green，1993）指出，立法制度的建立是一种统治者可信地发布信息的方式。另一项研究尽管在细节上有所不同，但也是以这样一种观点为基础，即统治者面临着严峻的承诺问题，因为他们不能用第三方去实施他们的契约。因此，创建民主因此可以是帕累托改进，因为统治者通过让渡权力，能够获得民众的信任。

埃兹(Ades,1995)、埃兹和维迪尔(Ades and Verdier,1996)、布尔吉农和维迪尔(Bourguignon and Verdier,2000)提出了关于民主化的另一种正式方法。这些论文假定只有富有的民众才能投票,他们研究的问题是,对某一固定的财富阈值,收入分配的变化和经济发展如何影响公民权的范围,从而影响均衡政策。另一种方法是由狄齐和维蒂尼(Ticchi and Vindigni,2003a)提出的,他们分析一种各国都卷入了国家间战争的模型,政治精英为了让民众有更大的作战动力而实行民主化。

第二篇

构造政治模型

4 民主政治

4.1 引 言

在这一章，我们开始分析使民主得以建立的因素。正如在第 2 章讨论的那样，我们的方法以关于政治制度的冲突，特别是民主与非民主之间的冲突为基础。这一冲突来自这些体制导致的不同结果。换句话说，不同的政治制度导致不同的结果，产生不同的输家和赢家。认识到这些后果，各种团体对这些政治制度就有了各自的偏好。

因此，我们对民主为什么出现以及什么时候出现的分析的第一步就是建立在民主和非民主中集体决策的模型。关于民主中的集体决策的文献有很多（关于在非民主中集体决策的文献则较少）。我们的目的不是评论这一文献，而是强调关于个人偏好和各种分配冲突如何反映在经济和社会政策上这一问题的要点。我们从民主中的集体决策开始，在第 5 章转向非民主政治。

民主的最基本的特征是：所有人（超过一定年龄）都能投票，并且投票影响哪些社会决策和政策被采纳。在直接民主中，民众直接对政策投票。在代议制民主中，选民选择政府，然后由政府决定执行哪些政策。在最基本的民主模型中，希望执政的政党企图通过给选民提供政策纲领来当选。它也许是一项税收政策，但也可能是任何其他类型的经济或社会政策。然后选民们选举政党，从而间接地选择政策。在选民的偏好与政党的政策纲领之间的相互作用决定在民主中实行什么政策。一党赢得选举并实施它所承诺的政策。我们在本书大部分章节中采纳的这种分析方法，基于一组经济学和政治学方面的重要研究，特别是霍特林（Hotelling，1929）、布莱克（Black，1948）和唐斯

(Downs,1957)的研究。

毋庸置疑,这样一种模型忽视了现实世界中民主所具有的重要的制度特征,因此我们的方法仅仅是对现实的粗略近似。政党们很少对政策做出可信的承诺,不讨论个别问题,而是宣传一个总的政纲。此外,党派也许受党派性的(即意识形态的)偏好和简单的执政欲望所推动。选民也许对党派的意识形态也有偏好,就如同对党派的政策有偏好一样。有各种各样的选举规则:一些国家按照有多成员选区的比例代表制,另一些使用有单一成员选区的多数主义选举体系来选举政治家。这些选举制度以不同的方式决定选票如何转化为席位,从而转化为政府。一些民主有总统,另一些是议会制。经常会有分裂的政府、政策或者由各党之间关于立法的讨价还价决定,或者由总统与议会之间的某种安排决定,而不是由某个党在选举中提供的特定的纲领决定。最后,但仍然非常重要的是,利益集团通过非投票渠道(如游说,在极端的情况下是腐蚀)对政策施加影响。

这些特征有许多都可以添加到我们的模型中,这些改良的模型常常对一系列问题做出不同的预测。〔1〕然而,我们最初的和主要的意图不是比较不同类型的民主,而是要理解民主与非民主的主要区别。例如,虽然美国有总统而英国没有,但不会有人认为这会影响这两个国家民主的相对程度。民主与重大的制度差异是相容的。因此,我们集中考察民主中的集体决策的更简单模型,突出其共同因素。出于这一目的,我们强调,民主是相对政治平等的状况。在完全的民主中,每个公民都有一票。更普遍地说,在民主中,多数民众的偏好在政治成果的决定上起着重要作用。在非民主中,情况不是这样,因为只有极小一部分人才享有政治权利。大体来说,我们把非民主视为民主的反面:民主接近政治平等状况,非民主则通常是政治不平等状况,权力更多地掌握在权贵手中。

牢记这种区分,我们在这一章试图突出民主政治的一些共同的主题,稍后,我们会回到民主内部的制度差异问题。虽然这一问题并不改变我们论点的基本内容,但因为它会影响在民主中采取的政策类型,从而既影响对权贵的

---

〔1〕 例如,在经验上,实行比例代表制的选举体系会产生比多数主义制度更大量的收入再分配(参见 Austen-Smith,2000,Milesi-Feretti, Perotti, Rostagno,2002; Persson and Tabellini,2003)。

也影响对民众的支付，所以它是很重要的。

4.2 加总个人偏好

在这一小节中，我们首先探讨社会或集体选择理论所面临的一些概念和问题，这一理论要解决的问题是：在所有人的偏好都重要的时候，如何把个人的偏好加总为“社会的偏好”。这些问题很重要，因为要弄清楚在民主中会发生什么，什么时候所有的人都能投票，哪些政策会被采纳。

为了说明我们的观点，将政府政策设想成一种对收入的比例税率和某种再分配税收收益的方式，是有帮助的。一般来说，人们的偏好不同，收入不同，因此对政策——例如，征税的水平、再分配、公共物品供应——有不同的偏好。然而，即使人们的偏好和收入完全相同，仍然会存在关于政府政策的冲突。在一个个人都试图最大化自己的收入的世界里，每个人都会有一个明确的偏好：对除他们自己以外的所有人的收入，都按一个相对高的税率征税，然后把所有的收益都再分配给他们自己！那么，如何加总这些非常明显的偏好？我们选择一个得到了所有税收的人吗？还是不会有这种形式的再分配？或者是某种其他结果？

阿罗(Arrow，1951) 在其影响重大的关于集体决策的研究中，间接地谈到了这些问题。阿罗得出的结论是：在弱的假定下，一个社会在这些情况下可能做出一致选择的唯一方式是使一个成员成为专制者，在集体选择的决定中，只有这一成员的偏好是重要的。阿罗得出的这一结论令人吃惊，但反思之下，又合情合理。更准确地说，阿罗提出了一个(不)可能性定理，说明即使个人有性状良好的理性偏好，在一般情况下，也不可能通过对这些偏好进行加总来决定在民主中会发生什么。这是因为，加总个人的理性偏好不一定能得出使社会能够制定关于做什么的决策的意义上的理性的社会偏好关系。

阿罗定理是政治学(和经济学)中的一个十分重要和深刻的结论。它基于政治学的一个重要而又较为简单的特征：利益冲突。资源的不同配置以及不同的社会决策和政策产生了输家和赢家。形成社会偏好的困难是如何加总不同团体的愿望，一些团体偏好一种政策或配置，而另一些团体则偏好另一种政策或配置。例如，如何加总富人的偏好和穷人的偏好？富人不喜欢高税收，因为高税收造成对其不利的再分配；穷人则喜欢高税收，因为再分配对他们有利。不同团体间的（经常是贫富之间的）利益冲突构成了本书所有结论和讨论的基础。事实上，对民主与非民主进行区分正是关注它们如何使权力的平衡向权贵或民众，或者向富人或穷人倾斜。

然而，阿罗定理并没有说明加总这些相互冲突的偏好总是不可能的。我们需要更具体地说明个人偏好的性质和社会如何调和利益冲突。我们需要更具体地说明什么构成了权力，权力如何表示和行使。当这样做时，我们会发现我们可以确定社会的选择，因为尽管人们的需要各不相同，但不同的个人之间却有一个决定性的权力平衡。在许多情况中都会出现这样的平衡，其中最著名的是中位选民定理（Median Voter Theorem，简称 MVT）所描述的情况，我们将在下一小节考察这一定理。

为了更进一步，有必要更具体地说明集体选择赖以产生的制度。特别是，我们希望把集体选择问题表示为一场博弈，它可以有各种类型。例如，在稍后会评价的基本的唐斯模型中，博弈是在两个政党之间展开的。在第 5 章研究的一个关于专制的模型中，博弈是在一个专制者与被剥夺了公民权的民众们之间展开的。一旦采取了这一步骤，寻找决定性的社会选择就等价于寻找有关博弈的纳什均衡。

4.3　单峰偏好和中位选民定理

4.3.1　单峰偏好

首先，让我们更具体地说明个人对社会选择和政策的偏好。在经济分析中，用效用函数来表示人们的偏好，该效用函数使他们能对各种选择排序。我们对这些效用函数加上了一些合理的限制条件；例如，它们通常是递增的（越多越好），而且它们被假定是凹的——一个包含了递减的边际效用概念的假定。由于希望理解人们的目的是使其效用最大化时会做出哪些选择，我们通常关心该效用函数的形状。一个效用函数可能具有的一个重要的性质是：它是“单峰的”。

大致说来，如果个人有一项偏好的政策，那么，他对一项政策或一种社会选择的偏好就是单峰的；政策与这个人最偏好的点越远，不管是在什么方向上，他就越不喜欢。我们可以更正式地定义单峰偏好。首先，考虑其后的应用，我们把 q 定义为政策选择；把 Q 定义为所有可能的政策选择的集合，用“$>$”表示对这一集合的偏好关系（如果这些选择都是一维的〔如税率〕，那么这一偏好关系就是自然的，因为谈论更高或更低的税率是很简单的）；定义 $V^i(q)$ 为个人 i 的间接效用函数，其中 $V^i: Q \rightarrow R$。这是在已知特定政策变量的值的情况下的最大化的效用值。正是这个间接效用函数表达了 i 的引致偏好。个人 i 的理想点（有时被称作“政治至善点”）q^i，对所有其他的 $q \in Q$，满足 $V^i(q^i) \geqslant V^i(q)$。单峰偏好可以更正式地定义如下：

定义 4.1（单峰偏好）：选民 i 的政策偏好是单峰的，当且仅当：

$$q'' < q' < q^i \text{ 或 } q'' < q' < q^i \text{，则 } V^i(q'') < V^i(q')$$

$V^i(q)$ 的严格凹性是它为单峰的充分条件。[1]

用 M 表示中位个人。考虑一个有 n 人的社会，中位个人是使 $q^i < q^M$ 和 $q^i > q^M$ 的人数一样多的人，其中，q^M 是中间人的理想点。

假定人们具有单峰偏好是对可容许的偏好集合的一个限制。然而，这一限制并不是真的关于人们对物品或收入固有的偏好或效用函数的形式或性质的限制。它是关于人们对社会选择或政策结果（人们对这些选择投票，如税率）的引致偏好的陈述。因此，我们便涉及了“间接效用函数”。为了得到人们的引致偏好，不仅需要考虑他们与生俱来的偏好，而且还要考虑形成其引致偏好的环境和制度的结构。可以说，这些环境的特点对决定人们的引致偏好是否为单峰是具有决定意义的。

在本书中，我们经常做出假定，来保证个人的偏好是单峰的。这一限制合理吗？保证对政策的引致偏好是单峰的，需要对选民能投票的选择集做重要

〔1〕 事实上，V^i 为单峰的必要条件只是较弱的严格拟凹性概念。然而，在本书使用的所有例子中，V^i 是严格凹的，所以没有使用拟凹的概念。也可以用弱不等式表示单峰偏好的定义，例如，若 $q'' \leqslant q' \leqslant q^i$ 或 $q'' \geqslant q' \geqslant q^i$，则 $V^i(q'') \leqslant V^i(q')$。在这一情况下，相对应的概念将会是拟凹（或凹）。这样的表述允许对政策选择的等效性（即效用函数对一系列政策可以是平的）。我们发现排除这种情况会更直观一些，因为它与本书中研究的模型不相关。

的限制。这些限制经常需要采取限制政府能采取的政策类型的形式——特别是，排除那些对所有人征税再分配给一个人的政策或排除针对具体个人的转移支付。假定偏好是单峰的是对奥卡姆剃刀的再次应用。我们试图建立关于复杂社会现象的简约模型，通过集中考察中位选民定理或类似定理成立的状况，我们做出这样一种假定：在现实中，民主决策过程确实会导致支持或反对各种政策或选择的一致多数。这似乎是一个相当合理的前提。

大量的政治学和政治经济学文献都集中于这种单峰偏好。这是因为单峰偏好生成了著名的和有力的中位选民定理，该定理指出了由个人偏好集合决定均衡政策的简单方式。在本书中，我们或者采用假定单峰偏好的做法，使用中位选民定理；或者只集中于一个由少数不同团体（如穷人和富人）构成的政体，在这里很容易决定社会选择（参见 4.2 小节）。这是因为我们的焦点不是在不存在非单峰偏好的情况下能够加总偏好的特定的民主制度，而是关于民主政治的一些一般性结论。

4.3.2　中位选民定理

现在转向对由布莱克(Black,1948)首创的中位选民定理的分析。我们可以用对偏好的限制来说明个人偏好是能够加总为一个社会选择。中位选民定理告诉我们，这样一种选择不仅存在着，而且，在一种有单峰偏好的情况下，多数人投票的结果将是“中位选民”的理想点。首先，用议程开放的直接民主的简单模型进行分析。在直接民主中，个人直接对选择对（某一 $q, q' \in Q$）投票；得到票数最多的选择胜出。当存在开放议程时，任何人都能发起新一轮对成对选择的投票，提出可与前面的胜出者一较短长的选择。

命题 4.1（中位选民定理）：考虑一个政策选择的集合 $Q \in R$，令 $q \in Q$ 为一项政策，并用 M 表示中位选民，q^M 为中位选民的理想点。如果所有人都有对 Q 的单峰偏好，则(1)在对成对选择的投票中，q^M 总是会战胜其他任何选择 $q' \in Q$，其中，$q' \neq q^M$；(2)q^M 是在一个议程开放的直接民主中的胜出者。

为了明白命题背后的根据，不妨设想人们在 q^M 和某项政策 $\tilde{q} > q^M$ 之间进行投票。因为偏好是单峰的，所以所有理想点小于 q^M 的人都严格地偏好 q^M 而不是 $\tilde{q}$。这是因为当我们远离个人的理想点时，间接效用函数单调下降。

在这种情况下，因为中位选民选择 q^M 而不是 $\tilde{q}$，他就会与理想点小于 q^M 的所有人站在一起，构成多数，所以在对成对选择的投票中，q^M 击败 $\tilde{q}$。这一论据很容易被用于表明任一 $\tilde{q}<q^M$ 的 $\tilde{q}$ 都能被 q^M 击败(现在所有理想点大于 q^M 的人都投票反对 $\tilde{q}$)。用这一推理，就能明白在直接民主中胜出的政策一定是 q^M——这是中位选民的理想点，他显然有提出这一政策的动力。

为什么这一点会起作用？在民众具有单峰偏好且集体选择是单向度时，尽管个人偏好不同，但还是会出现一个确定的集体选择。直观地说，这是因为人们能被分成那些想要更多的 q 的和更少的 q 的两部分，中位选民恰好介于两者之间。偏好之所以能被加总为一个决策，是因为偏好小于 q^M 的 q 值的人与偏好大于 q^M 的 q 值的人没有共同之处。因此，偏好低水平 q 的人不会与偏好高水平 q 的人联合起来，形成另一个多数。阻碍确定性的一般社会选择出现的正是这些“外围的”多数，但在单峰偏好的情况下，他们是不可能形成的。

因此，中位选民定理对在偏好是单峰的，社会是有开放议程的直接民主的情况下，哪些政策会胜出作出了精确的预测。

在此，把支持命题 4.1 的模型看成一个扩展形式的博弈是很有用的。在这样一个博弈中，有三个要素(Osborne and Rubinstein，1994，pp. 89－90)：(1)参与者的集合——在此是 n 个人。(2)对博弈树的描述。博弈树决定着哪一个参与者行动，何时行动以及在参与者不得不作出选择的时候，在树的每一个节点上，他们可以采取哪些行动。(3)在此处由 $V^i(q)$ 表示的个人偏好。(在博弈论中，偏好和效用函数经常被称作支付和支付函数，我们交替使用这些术语。)一个策略就是当一个参与者不得不作出选择时，决定在每一个节点上采取什么行动的函数，参与者选择策略使支付函数取得最大值。〔1〕在这里，策略就是如何对不同的成对选择投票。对这一博弈的基本解概念就是一个纳什均衡，这是一个与每一个参与人对应，使任一参与人都不能通过单方面改变策略来提高其支付的 n 种策略的集合。换句话说，各参与者的策略必须是相互之间的最佳反应。我们还广泛使用了一个纳什均衡的精炼——子博弈完美纳什均衡的概念——其参与人的策略必须不仅在整个博弈中，而且在每

〔1〕 在本书中，我们只考虑纯策略。

一个恰当的子博弈中，都是相互之间的最佳反应。（第 5 章会讨论这两个概念之间的关系。）然而，与现在讨论的模型相比，开放议程的假定使得我们很难细致地写下这一博弈。为了做到这一点，必须更加明确地说明谁能够提出什么选择和他们何时以及如何做出决策。

4.3.3　唐斯的政党竞争和政策趋同

前面的例子是以直接民主为基础的，这是一种人们能对政策直接投票的制度背景。在实践中，大多数民主社会都可以更好地用代议制民主近似，在此种民主之下，人们在选举中对政党投票，然后由选举的胜出者实施政策。中位选民定理对政党的政纲意味着什么？

为了回答这个问题，设想一个有两个政党通过提供一维的政策在选举中竞争的社会。人们对政党投票，得胜的一方承诺的政策得以实施。两党只关心上台。这基本上是唐斯（Downs，1957）在其影响重大的研究中考虑的模型，尽管他的观点在很大程度上已由霍特林（Hotelling，1929）预见到了。

选民们将如何投票？他们期望不管哪个党上台，都将落实他们承诺的政策。所以，想象一种情形，其中有两个政党 A 和 B 提供两项可供选择的政策（如税率）$q_A \in Q$ 和 $q_B \in Q$——在它们已经分别对实施税率 q_A 和 q_B 作出了可信承诺的意义上。令 $P(q_A, q_B)$ 为两党提供政策纲领 (q_A, q_B) 时，A 党赢得权力的概率，自然，B 党获胜的概率就是 $1-P(q_A, q_B)$。现在，我们可以为两党引进一个简单的目标函数：每个党上台时得到的租金或收益 $R>0$，反之为 0。两党不关心除上台以外的任何事情。更正式地说，政党选择政策纲领以解决下面的一对最大化问题：

$$
\begin{aligned}
&A\text{ 党}: \max_{q_A \in Q} P(q_A, q_B) R \\
&B\text{ 党}: \max_{q_B \in Q} (1-P(q_A, q_B)) R
\end{aligned}
\tag{4.1}
$$

如果人口中的多数人偏爱 q_A 而不是 q_B，那么，他们会投票支持 A 党，我们就会有 $P(q_A, q_B)=1$。如果他们偏爱 q_B 而不是 q_A，那我们就会有 $P(q_A, q_B)=0$。最后，如果偏爱两种政策的选民人数相同，那么，我们可以认为任一方以 1/2 的可能性当选，所以 $P(q_A, q_B)=1/2$（尽管在这种情形中 $P(q_A, q_B)$ 的准确数值对模型预测的结果并不重要）。

因为偏好是单峰的，从命题4.1中我们知道，选民中的多数人偏爱税率 q_A 还是 q_B 取决于中位选民的偏好。更具体地说，再次用标在右上角的 M 来表示中间选民。于是，命题4.1立即就意味着，如果 $V^M(q^A)>V^M(q^B)$，多数人支持 A 党；当 $V^M(q^A)<V^M(q^B)$ 时，就会得到相反的结果；最后，如果 $V^M(q^A)=V^M(q^B)$，其中一方就会以1/2的可能性上台。因此，我们有

$$P(q_A,q_B)=\begin{cases}1 & \text{若 } V^M(q_A)>V^M(q_B)\\ \frac{1}{2} & \text{若 } V^M(q_A)=V^M(q_B)\\ 0 & \text{若 } V^M(q_A)<V^M(q_B)\end{cases} \tag{4.2}$$

我们提出的这一模型可以作为一个博弈，用比前面小节中直接民主的模型更明确的方式分析。这场博弈包括如下三个阶段：

(1)两个政党非合作地选择他们的纲领 (q_A,q_B)。

(2)人们投票支持他们偏爱的政党。

(3)在选举中获胜的政党上台执政，实施它在第一阶段许诺的政策。

在这一博弈中，有 $n+2$ 个参与者：n 个公民，其支付函数是 $V^i(q)$；2个政党，其支付函数由(4.1)式给出。选民不提出政策纲领，两个政党在第一阶段同时提出政策纲领。政党必须选择一个行动 $q_j\in Q$，$j=A,B$。选民必须投票。因此，在这个模型中，一个子博弈完美纳什均衡将是一个 $n+2$ 种策略的集合，与每个政党、每个选民一一对应，它决定政党提供哪些政策以及个人如何投票。如果这样一个策略集合构成了一个均衡，它就会有这样的性质，即没有任何一个政党和选民能通过改变其策略(例如，政党提供不同的政策或民众投不同的票)来提高自己的支付。

然而，在我们目前的模型中，能够简化对一个子博弈完美纳什均衡的描述，因为，给定一个政策向量 $(q_A,q_B)\in Q\times Q$，选民们只是投票支持提供与他们的理想点最为接近的政策的政党，并且，因为偏好是单峰的，中位选民定理意味着这样一次选举的胜出者由(4.2)式决定。因此，唯一引人注目的策略性相互作用只发生在政党之间。更正式地说，可以用反向归纳法来解这个博弈。为此，从博弈的结尾开始，反向操作。政党是忠于纲领的，所以不管哪个党胜出，都会落实在选举中提供的政策。然后，(4.2)式决定哪个党胜出，在博弈的

最初阶段考虑这一点，政党选择政策使(4.1)式最大化。

这意味着这一博弈中的一个子博弈完美纳什均衡可以简化为一对政策(q_A^*, q_B^*)，B 党的均衡选择既定时，q_A^* 使 $P(q_A^*, q_B^*)R$ 最大化；同时，在 A 党的均衡选择既定时，q_B^* 使 $1-P(q_A^*, q_B^*)R$ 最大化。在这种情况下，两个政党都不能通过选择另一种政策(或用博弈论的语言，通过“偏离”)来提高它的支付。

更正式地说，下面的定理描述了这一博弈的唯一子博弈完美纳什均衡的特性：

命题 4.2(唐斯政策趋同定理)：考虑一个政策选择向量$(q_A, q_B) \in Q \times Q$，其中 $Q \subset \mathbb{R}$。两个政党 A 和 B 只关心上台执政，并能忠于政策纲领。设 M 为中位选民，其理想点为 q^M。如果所有人对 Q 都有单峰的偏好，那么在唯一的子博弈完美纳什均衡中，两个政党都将选择政策纲领 $q_A^* = q_B^* = q^M$。

换一种方式说，两个政党都趋向于提供恰是中位选民理想点的政策。为了理解为什么会出现这种政策趋同，设想这样一种情况，其中两个政党提供的政策为 q_A 和 q_B，$q_A < q_B \leqslant q^M$。在这种情形下，由中位选民的偏好是单峰的这一条件，我们有 $V^M(q_A) < V^M(q_B)$。因此，将有一个明显的多数支持 B 党的政策；因此，$P(q_A, q_B) = 0$，B 党将会在选举中胜出。显然，A 党有将 q_A 增加到 $q \in (q_B, q^M)$(如果 $q_B < q^M$)从而在选举中胜出或增加到 $q = q^M$(若 $q_B = q^M$)从而获得以 1/2 的概率在选举中胜出的机会的动力。因此，$q_A < q_B \leqslant q^M$ 的格局不可能是均衡的。同样的道理也适用于 $q_B < q_A \leqslant q^M$ 或 $q_A > q_B \geqslant q^M$ 等情况。

接下来，考虑一个 $q_A = q_B < q^M$ 的格局。这可能是均衡吗？答案是否定的：如果两个政党都提供同样的政策，那么 $P(q_A, q_B) = 1/2$(因此，同样 $1-P(q_A, q_B) = 1/2$)。但是，然后，若 A 稍稍增加 q_A，使 $q_B < q_A < q^M$，则 $P(q_A, q_B) = 1$。显然，唯一的均衡是 $q_A = q_B = q^M$ 和 $P(q_A = q^M, q_B = q^M) = 1/2$(因此，$1- P(q_A = q^M, q_B = q^M) = 1/2$)时才能均衡。之所以说这是均衡，是因为两党都不可能提出另一种政策(即作出偏离)以提高胜出的概率。例如，如果 $q_A = q_B = q^M$，在 B 的政策保持不变的情况下，A 改变了政策，对于 $q_A > q^M$ 或 $q_A < q^M$，我们有 $P(q_A, q_B) = 0 < 1/2$。因此，$q_A = q^M$ 是对 $q_B = q^M$ 的最佳反

应。同理可证，$q_B=q^M$ 是对 $q_A=q^M$ 的最佳反应。

如前所述，中位选民定理不仅要求人们的偏好是单峰的这一规定，我们还要求政策空间必须是一维的。在命题 4.1 的条件下，我们指出，政策必须位于一个实数的子集($Q\subset\mathbb{R}$)内。这是因为，尽管单峰偏好的思想会自然而然地推广至更高维数的政策，但中位选民定理却不能如此推广。

然而，如果我们仍有各种各样的办法建立关于集体选择是多维的情况的模型。第一，尽管有阿罗定理，但在中位选民定理中所看到的相互冲突的利益集团之间的权力的均衡，也可能在更高维数的情形中出现。一般来说，要让这种情况出现，不仅需要规定偏好是单峰的，还需要选民的理想点以特定的方式分布。这类的重要定理是普洛特(Plott，1967)与麦凯尔维和斯科菲尔德(Mckelvey and Schofield，1987)的成果(更详细的分析，参见 Austen-Smith and Banks，1999，Chapter 5)。此外，还有与推广至多维政策空间的单峰偏好相关的一些思想，特别是限值偏好思想(例如，Grandmont，1978)。这类限制使得某种出现于中位选民定理中的“权力平衡”有可能在一个多维政策空间中存在。

第二，一旦我们把不确定性纳入模型，均衡经常存在，即使政策空间是多维的。这就是本章附录要分析的所谓概率投票模型(Lindbeck and Weibull，1987；Coughlin，1992；Dixit and Londregan，1996，1998)。

第三，依据奥斯本和斯利文斯基(Osboure and Slivinski，1996)与贝斯利和科特(Besley and Coate，1997)，一旦假定政治家不能承诺政策，我们就能确立多维政策情况下均衡的存在性。直观地说，当政治家不能承诺随意的政策以集结多数人的支持时，许多串通的可能性便被排除了。

我们称本小节中的这种政治竞争为唐斯政治竞争。本小节的关键结论命题 4.2，来自这种竞争包含的两个重要的含义：(1)政策趋同——也就是说，两个政党选择同样的政策纲领；(2)这一政策纲领与中位选民最偏好的政策一致。如在附录中说明的那样，在非唐斯的政治竞争模型中——例如，在有意识形态的选民或意识形态的政党的情况下——仍存在许多政策趋同，但这些趋同不一定是中间选民最偏好的政策。也可能存在非趋同，其中均衡政策部分地由政党的偏好决定。

4.4 我们的基本模型

在这一节,我们介绍一些在全书中都使用的基本模型。正如已经说明的那样,关于民主和民主化的理论是以政治的和分配的冲突为基础的,而且,为了突出重要的互动,我们使用纯粹再分配的模型,其中比例税的收益一次性再分配给民众。此外,主要的冲突是在那些从再分配中受损的人与那些从再分配中受益的人——两个经常被我们称为富人和穷人的团体——之间。因此,一个仅由富人和穷人组成的两阶级模型是一个自然而然的出发点。我们在接下来的三小节中讨论这个模型。两阶级模型的另一个优点是某种与中位选民定理类似的东西将会成立,即使政策空间是多维的。这是因为穷人占多数,而且限定政策空间,排除穷人内部的冲突。因此,穷人的任一子集都不会认为与富人结成"外围的"联盟会有好处。在这种情况下,穷人偏好的政策会击败富人偏爱的政策。在第 8 章,通过引进另一个团体——中产阶级,扩展这一模型,并说明它如何改变该模型做出的一系列预测,包括不平等与再分配之间的关系。

除了政治冲突发生在富人与穷人之间的模型之外,还要考察当冲突以其他政治身份为基础时会发生什么。我们会在第 4.4.4 节介绍这样一种模型。

4.4.1 再分配政治的中位选民模型

我们设想一个由 n(n 为奇数)个选民构成的社会[我们提出的模型以罗默(Romer,1975)、罗伯特(Roberts,1977)、梅尔泽和理查德(Meltzer and Richard,1981)开创性的论文为基础]。个人 $i=1,2,\cdots,n$,所得收入为 y^i。将人们按照从最穷到最富的顺序来排列,并将中位人视为具有中位收入的人,用 y^M 表示中位收入。由于按照收入为人们排序,有中位收入的人就恰是第 M 个人,$M=(n+1)/2$。用 $\bar{y}$ 表示这个社会的平均收入,有

$$\bar{y}=\frac{1}{n}\sum_{i=1}^{n}y^i \tag{4.3}$$

政治体系决定一个与收入成比例的非负的税率 $\tau\geqslant 0$,其收益一次性地再

分配给所有的民众。并且,该税率的上界必须为 100%——也就是说,$\tau \leqslant 1$。令因此发生的一次性转移支付为 T。

我们还假定增税是有成本的,所以引入一个与税率相关的总的净税收成本。税越多,成本越高。经济学家阿瑟·奥肯(Arthur Okun,1975)用“漏桶”来做比喻。当收入或资产从某人那里拿走时,因为它们被转移到别人手中,有一部分耗散掉了,就像水从一个桶的漏洞漏掉一样。在这一意义上,再分配收入或资产就是一个漏桶。这种漏损来自管理税收和建立官僚机构的成本,也可能是因为腐败和纯粹的不称职。然而,更重要的是,更高的税收也扭曲资产持有者的投资和劳动供给的动力,并在生产过程中也造成扭曲。由于这些原因,构成民主中的多数人的民众,通过权衡来自再分配的收益和来自扭曲的成本(即桶的漏洞),来决定税收和再分配的水平。

经济学家经常用“拉弗曲线”——税率与税收数量之间的关系来讨论这些扭曲。拉弗曲线的形状就像一个颠倒的 U 形。在税率低的时候,提高税率会增加税收。然而,随着税率的提高,扭曲越来越严重,最终税收达到一个最大值。在这一点之后,提高税率实际上会导致税收的减少,因为税收造成的扭曲过于严重了。

在模型中,用一个进入政府预算约束的总量成本描述这些扭曲,当税率为 τ 时,这一成本为 $C(\tau)n\bar{y}$。经济的总收入 $n\bar{y}$,只是作为一种标准化被包括在内。我们采用这一标准化,是因为不希望均衡税率以一种随意的方式受经济规模的影响。例如,如果改变 $n\bar{y}$,我们不希望均衡税率仅仅因为税收成本不变,而税收给选民带来的收益增加而提高。随着 $n\bar{y}$ 的增加,征税的成本也可能上升(例如,审计人员的工资上涨),标准化考虑到了这一点。我们假定 $C:[0,1]\rightarrow\mathbb{R}_+$,其中 $C(0)=0$,因此在不征税的时候,没有成本;$C'(\cdot)>0$,成本对税收水平递增;$C''(\cdot)>0$,这些成本是严格凸的——也就是说,随着税率的增长,它们更快地增长(因此保证最大化问题的二阶条件得以满足);最后,假定 $C'(0)=0$ 且 $C'(1)=0$,以保证一个内解:前者表示在税率低的时候,边际成本很小;后者意味着在税收水平很高时,成本迅速增加。加上凸性的假设,这两个假定都是可以接受的:他们强调在税率变得很高的时候,税收削弱动力的作用就变得很大。例如,可以想象一下,在对你的收入的税率是 100%

时，你工作和生产的动机会怎样。

由此，我们可以得出政府的预算约束如下：

$$T=\frac{1}{n}\Big(\sum_{i=1}^{n}\tau y^{i}-C(\tau)n\bar{y}\Big)=(\tau-C(\tau))\bar{y} \tag{4.4}$$

它使用了上面(4.3)式中的平均收入定义。该等式强调，因为有比例所得税和等量的收益再分配，所以，税率越高，再分配程度越高。例如，一个更高的 τ 增加了一次性的转移支付，因为富人和穷人得到等量的转移支付，但是纳税却与其收入成比例，所以更富的人承担更大的税收负担。

这个社会里的所有人都要使他们的消费最大化，消费等于他们的税后收入。在税率为 τ 时，我们用 $\hat{y}^{i}(\tau)$ 来表示个人 i 的税后收入。利用政府预算约束(4.4)式，在税率为 τ 时，个人 i 的间接效用及其税后收入是

$$\begin{aligned}V(y^{i}\mid\tau)&=\hat{y}^{i}(\tau)\\&=(1-\tau)y^{i}+T\\&=(1-\tau)y^{i}+(\tau-C(\tau))\bar{y}\end{aligned} \tag{4.5}$$

这个间接效用函数仅受一个政策变量 τ 影响，因为用(4.4)式消去了一次性的转移支付 T。我们还令它受 y^{i} 的影响，因为对本书余下的部分，明确写出这一收入是有帮助的。因此，使用符号 $V(y^{i}\mid\tau)$ 而不是 $V^{i}(\tau)$。

更一般地说，个人也要做出由政策变量决定的经济选择。在这种情况下，为了构造 $V(y^{i}\mid\tau)$，我们首先需要在政策变量的值既定的情况下，解出个人 i 的最优经济决策，然后在这些最优选择既定的情况下，定义对政策的引致偏好(Persson and Tabellini，pp. 19—21)。

从这一间接效用函数得出个人 i 的理想税率是简单直接的。我们在前面将这一税率定义为使 $V(y^{i}\mid\tau)$ 取最大值的税率 τ^{i}。在前面作出的关于 $C(\tau)$ 的假定下，$V(y^{i}\mid\tau)$ 是严格凹的并两次连续可导。于是，这一税率能简单地从一个无约束的最大化问题中找到，所以我们需要令 $V(y^{i}\mid\tau)$ 对 τ 的导数为 0。换而言之，τ^{i} 需要满足如下的一阶条件：

$$-y^{i}+(1-C'(\tau^{i}))\bar{y}=0 \text{ 且 } \tau^{i}>0 \tag{4.6}$$

或

$$-y^{i}+(1-C'(\tau^{i}))\bar{y}\leqslant 0 \text{ 且 } \tau^{i}=0$$

在此，我们明确强调了互补松弛性(即 τ^{i} 可以是角点解)。在本书余下的

部分，只要不会引起混乱，我们将不再完整地写出这一条件。

$C''(\cdot)>0$ 的假定保证了最大化的二阶条件的满足，并且(4.6)式给出了一个最大值。更明确地说，这一二阶条件(通过将(4.6)式对 τ 求导得出)是 $-C''(\tau^i)\bar{y}<0$，给定 $C''(\cdot)>0$，这一条件总是成立的。这一二阶条件还意味着 $V(y^i|\tau)$ 是一个严格凹的函数，这是它为单峰的充分条件。

我们用库恩—塔克的形式(Blume and Simon，1994，pp. 439—441)写出了一阶条件(4.6)式，考虑了行动者 i 偏爱的税率可能为 0 的事实。在这种情况下，有一个角点解，一阶条件不能作为等式成立。如果 $\tau^i>0$，那么(4.6)表示选民 i 的理想税率具有这样的特性，即它对个人 i 的边际成本等于它对个人 i 的边际收益。边际成本是用个人 i 的自有收入 y^i 来衡量的，因为税率的递增会导致个人 i 与其收入(消费)成比例的效用的减少。另一方面，收益是 $1-(1-C'(\tau^i))\bar{y}$，它来自税收更高，就会有更多的收入再分配的事实。$(1-C'(\tau^i))\bar{y}$ 这一项是扣除成本的额外的收入再分配，是由税率小幅度的上升形成的。

(4.6)式中的条件暗示着这一直观的结果：富人比穷人偏爱更低的税率和更少的再分配。对一个富人来说，$y^i/\bar{y}$ 的比率要比穷人更高。这意味着要使(4.6)式成立，$1-C'(\tau^i)$ 必须更高，所以 $C'(\tau^i)$ 必须更低。因为 $C'(\tau^i)$ 是一个增函数[据 $C(\cdot)$ 的凸性]，这意味着被偏好的税率一定更低。这一模型实际上包含了一个更具体的预测。对一个收入与平均收入相等的人，(4.6)式变为 $0=-C'(\tau^i)$，这意味着，对这样一个人，$\tau^i=0$。并且，库恩—塔克条件意味着，对任何收入 $y^i>\bar{y}$ 的人，存在一个角点解。因此，收入超过平均收入的人不赞同任何收入再分配，而收入 $y^i<\bar{y}$ 的人则赞同严格为正数的税率，这就是我们使用库恩—塔克形式的条件的原因。

为了更正式地得到这些比较静力学结果，假定 $\tau^i>0$，并利用隐函数定理(Blume and Simon，1994，p. 341)把个人 i 的最优税率写成其自有收入的函数 $\tau(y^i)$。这一函数满足(4.6)式。根据隐函数定理，这一函数的导数用 $\tau'(y^i)$ 表示，是存在的，且由下式给出：

$$\tau'(y^i)=-\frac{1}{C''(\tau(y^i))\bar{y}}<0$$

在本书全书中，我们常常要利用隐函数定理，对研究的模型进行比较静力学分析。我们进行两种比较静力学分析。第一种是刚刚分析过的。在此，我们用均衡条件将一个特定的内生变量(例如，税率)表示为模型的各种外生变量或参数(例如，不平等的程度)的函数。然后，比较静力学分析就等同于研究如不平等这样的外生变量或参数的变化对内生变量数值的影响。(在不平等程度更高时，税率会上升吗?)我们用这种问题的答案不仅得出对一国内一旦不平等加剧会发生什么的预测，还对不同的国家进行比较：一个不平等程度更高的国家的税率会比不平等程度更低国家的税率高吗?

我们也进行一种不同类型的比较静力学分析。在博弈论的模型中，各种行为可能在不同类型的情况下都是均衡。例如，在重复的囚徒困境中，如果参与人足够重视未来，那么永远合作可能是均衡。我们导出特定类型的行为——例如，民主的创建——是一个均衡的条件。然后我们对这些条件进行比较静力学分析，研究哪些因素使民主有更大的可能或更小的可能建立。然而，当我们这样做时，我们并不是直接研究一个外生变量的变化如何(平稳地)改变一个内生变量的均衡值。相反，我们考察外生变量的变化如何影响民主为之创立的"参数空间的规模"。基本上，民主只能在特定的场合下才会建立，我们希望了解是什么使得这样的场合更加可能。

现在我们可以设想一个博弈，其(纳什)均衡将决定再分配税收的水平。我们可以在直接民主或代议制民主背景下这样做，但是最直观的方法是我们提出的导出命题 4.2 的方法。这一结果意味着，这一博弈的均衡将是两个政党提出中位选民的理想点，这个理想点将是在一个民主中选择的税率。这一模型作出了这一预测，尽管有存在政治冲突这一事实。穷人喜欢高税收和大量的再分配；富人，即那些收入高于平均收入的人，则反对任何再分配。我们如何加总这些相互冲突的偏好？中位选民定理说结果是中位选民偏好的税率，而且对大多数的收入分配来说，中间位置的人的收入要低于平均收入(也就是说，$y^M<\bar{y}$)。在这种情况下，中位选民偏好一个严格为正数的税率 τ^M，这一税率满足如下一阶条件：

$$\frac{y^M}{\bar{y}}=1-C'(\tau^M)$$

这一条件的比较静力学来自对(4.6)式的讨论。如果 y^M 相对于 $\bar{y}$ 减少，那么，相对于平均收入，中位选民变得更穷了，会偏好更高的税率和更多的再分配。

4.4.2 一个两团体的再分配政治模型

尽管本书中许多的结果都来自前面的模型，在这一模型中每个人的收入都不相同，但一个有用的更简单的模型是仅有两种收入水平的模型。因此，考虑一个由两种人组成的社会：富人有固定收入 y^r，穷人收入 $y^p<y^r$。为了简单起见，将总人口标准化为 1；分数为 $1-\delta>1/2$ 的行动者是穷人，其收入为 y^p；余下的分数 δ 是收入为 y^r 的富人。用 $\bar{y}$ 表示平均收入。我们的焦点是分配冲突，因此，把不平等参数化是很重要的。为了做到这一点，引入符号作为富人的收入在总收入中所占比重；于是，我们有：

$$y^p=\frac{(1-\theta)\bar{y}}{1-\delta}\text{和}\ y^r=\frac{\theta\bar{y}}{\delta} \tag{4.7}$$

注意 ∂ 的增加代表着不平等的加剧。当然，需要 $y^p<\bar{y}<y^r$，这要求：

$$\frac{(1-\theta)\bar{y}}{1-\delta}<\frac{\theta\bar{y}}{\delta}\text{或}\ \theta>\delta$$

与在上一小节中一样，政治体系决定了一个非负的所得税税率 $\tau>0$，其收益一次性地再分配给所有民众。假定税收成本同前面一样，由此得出的政府预算约束为：

$$T=\tau((1-\delta)y^p+\delta y^r)-C(\tau)\bar{y}=(\tau-C(\tau))\bar{y} \tag{4.8}$$

由于符号稍稍多了点，我们现在用上标 i 表示社会阶级和个人，所以，对多数的讨论，我们有 $i=p$ 或 r。利用政府预算约束(4.8)式，在税率为 τ 时，我们有个人 i 的间接效用及其税后收入：

$$V(y^i\mid\tau)=\bar{y}^i(\tau)=(1-\tau)y^i+(\tau-C(\tau))\bar{y} \tag{4.9}$$

如同在上一小节中一样，所有行动者都具有单峰偏好，因为行动者中穷人比富人多，所以，中位选民是个穷人。如同在上一小节中一样，我们可以把这一模型视为一个博弈；然后，民主政治将导致最受中位选民——在此是一个穷人——偏好的税率。注意：因为所有的穷人都有相同的效用函数，也因为对税收政策形式的限制(即税收和转移支付不是因人而异的)，所以，他们有相同的理想点，都支持相同的政策。在这里，不存在协调的必要，也不存在任何一种集体行动问题(我们将在第 5 章讨论这一问题)。

设这一均衡税率为 τ^p。我们可以通过最大化一个穷人的税后收入，也就是说，通过选择使 $V(y^p|\tau)$ 最大化的 τ，找出这一均衡税率。现在，使这一间接效用最大化的一阶条件给出下式：

$$-y^p+(1-C'(\tau^p))\bar{y}=0\ ,\tau^p>0 \tag{4.10}$$

因为 $y^p>\bar{y}$，因此，方程(4.10)间接地定义了一个穷人最偏好的税率和政治均衡的税率。出于与前面小节中同样的原因，偏好显然是单峰的。

现在，用(4.7)式中的定义，我们能将这一方程改写成关于 τ^p 的更方便的形式：

$$\left(\frac{\theta-\delta}{1-\delta}\right)=C'(\tau^p) \tag{4.11}$$

(4.11)式两端都是正的，因为据穷人的收入比富人少这一事实，可知 $\theta>\delta$。

方程(4.11)对比较静力学是很有用的。更重要的是，假设 θ 增加，那么穷人的收入份额会更小，或者说，贫富差距会拉大。因为 θ 的符号为正，所以(4.11)式的左端会增大。因此，要使(4.11)式成立，必须改变 τ^p，使等式右端也增大。因为 $C''(\cdot)>0$，所以当 τ^p 增加时，其导数也增加。因此，为了右端的增大，τ^p 必须增大。这意味着更严重的不平等(更高的 θ)会导致更高的税率，或者，在数学上利用隐函数定理，有：

$$\frac{d\tau^p}{d\theta}=\frac{1}{C''(\tau^P)(1-\delta)}>0$$

当不平等加剧时，作为国民收入的一部分的总(净)税收也增加。总的净税收收入与国民收入的比率为：

$$\frac{(\tau^P-C(\tau^P))\bar{y}}{\bar{y}}=\tau^p-C(\tau^p)$$

注意 $d(\tau^p-C(\tau^p))/d\theta=(1-C'(\tau^p))\cdot d\tau^p/d\theta$。我们知道更高程度的不平等会导致更高的税率；也就是说，$d\tau^p/d\theta>0$。此外，(4.11)式意味着 $C'(\tau^p)=(\theta-\delta)/(1-\delta)<1$，所以 $1-C'(\tau^p)>0$。因此，$d(\tau-C(\tau^p))/d\theta>0$。换而言之，更高程度的不平等会导致更高的净税收与国民收入的比率，正如梅尔

泽和理查德(Meltzer and Richard,1981)用一个稍有不同的模型所论证的那样。事实上,显而易见的是,在不平等程度更高时,即使税率没有变化,富人的税收负担也会更重。让我们首先把税收负担定义为在某一税率 τ 上从富人向穷人的净再分配,即:

$$B(\tau)=C(\tau)\bar{y}-\tau\left(1-\frac{\theta}{\delta}\right)\bar{y}$$

随着不平等的加剧(即 θ 的增大),该税负也加重,这直接反映了这一事实,即在平均收入为常量的情况下,转移支付也为常量;随着不平等的加剧,更大一部分税收征收自富人。这一观察意味着,即使税率不变,这一负担也加重,因此,在不平等严重时,富人通常更加反对税收。

最后,在结束本小节前,简单讨论一下效率是有益处的。在这一模型中,税收是纯粹再分配性的,并造成函数 $C(\tau^p)$ 所描述的扭曲成本。民主是否有效率取决于人们用以评判的标准。如果我们采用帕累托标准(Green,Mas-Colell and Whinston,1995,p. 313),那么政治均衡配置将是帕累托最优的,因为不可能改变税收政策使任何个人的状况更好而不使中位选民的情况更坏——因为民主下的税率使中位选民的效用最大化,任何其他税率都必定会降低他的效用。

然而,在许多情况下,帕累托标准可能是不令人满意的,因为它意味着许多可能的状况都不能从效率的角度区分出来。另一种方法是提出一个更强的社会福利定义,例如,功利主义的社会福利函数,并考察政治均衡是否与最大化这一函数的配置一致(Green,Mas-Colell and Whinston,1995,pp. 825—831)。在此,与功利主义的社会最优(它不包含任何税收)相比,民主的政治均衡是无效率的。税收创造扭曲成本是我们在本书中讨论的大多数模型的一个特点。在某种意义上,这是有道理的,因为税收造成了削弱动力的效果,扭曲资源配置。

税收的收入再分配倾向及其可能的扭曲也许意味着:相对于将政治权力配置给富人(他们将选择较少的再分配)的政体,民主是无效率的。然而,一般说来,也有言之成理的理由说明更大量的再分配可以改善资源配置。

首先,如果我们允许人们从用税收供给的公共物品获得效用,在中位选民模型，标准结果就是富人偏好过少的公共物品，而穷人则偏好过多的公共物品(Persson and Tabellini，2000)。在这种情况下，由收入分配的形态决定，穷人偏好的水平也许更接近社会最优。民主，通过把政治权力赋予穷人，将改进公共物品提供的社会效率。

第二，尽管在本书中我们没有考虑这样的模型，但可以设想这样一种情形：其中行动者对人力资本进行了投资，并且穷人受信用约束，投资不足，低于最优数量。然后，再分配性的税收——即使没有公共物品的提供——通过增加穷人的税后收入也许有助于增加人力资本投资，改善资源配置(Galor and Zeira，1993；Benabou，2000；Acemoglu and Robinson，2000a，2002)。并且，如我们稍后要说明的那样，即使在民主中增加了税收，民主实际上也可以比非民主更有效率。这是因为，非民主也许会将资源配置于社会性的浪费活动，例如为保持政权而进行的镇压，而税收的成本也许比镇压的成本要小得多。

4.4.3　有针对性的转移支付

到目前为止，我们分析的再分配政治的模型对财政政策的形式施加了许多限制。例如，所有的行动者都得到等量的再分配。正如我们在前面所表明的那样，允许完全随意的再分配形式会迅速导致集体选择不确定的状况。然而，采用形式更为复杂的不损失社会选择确定性的再分配是可能的，而且对具有不同税收结构的经济进行比较会得出耐人寻味的结果。

与此最为相关的是对两团体模型进行推广，考虑有针对性的转移支付——也就是说，对富人和穷人的不同水平的转移支付。更确切地说，在税收已经征收之后，它们也许会被以一次性转移的形式 T_r 或 T_p 再分配，前者表示只向富人转移，后者表示只向穷人转移。这意味着现在政府的预算约束是：

$$(1-\delta)T_p+\delta T_r=\tau((1-\delta)y^p+\delta y^r)-C(\tau)\bar{y}=(\tau-C(\tau))\bar{y} \tag{4.12}$$

一般来说，一个穷人的间接效用是：

$$V(y^p\mid\tau,T_p)=(1-\tau)y^p+T_p$$

这一问题包含一个三维政策空间，因为投票将针对税率 τ 和两个转移支付 T_p 和 T_r，但在这些变量中，有一个可由政府预算约束决定。这就是我们仅用其中两个变量决定间接效用函数 $V(y^p\mid\tau,T_p)$ 的原因，T_r 由(4.12)式决定。因为政策空间现在是二维的，所以中位选民定理不再适用了。然而，集体选择仍是确定性的，均衡政策将是穷人偏好的政策。穷人人数更多，并且都偏好同一政策，因为有针对性的转移支付，如一次性的转移支付，不允许富人和一小部分的穷人串通以推翻由穷人形成的多数。

为了描述均衡的特征，我们可以仍将这个模型视作一个博弈，其中有两个政党提出政策纲领。唯一的纳什均衡是两个政党都提供穷人的理想点。为了说明这个理想点是什么，注意一个穷人是显然不会希望把收入再分配给富人的，因此 $T_r=0$。因此，直观的结果是，穷人选择 τ 使如下间接效用最大化：

$$\begin{aligned}V(y^p|\tau,T_p)&=(1-\tau)y^p+T_p\\&=(1-\tau)y^p+\frac{(\tau-C(\tau))\bar{y}}{1-\delta}\end{aligned}$$

其一阶条件 $y^p(1-\delta)=(1-C'(\tau^{pT}))\bar{y}$ 给出了(τ^{pT},T_p^{pT})的理想点，其中 $\tau^{pT}>0$。这里，我们用上标 T 表示 τ^{pT} 是在允许有针对性的转移支付时一个穷人偏好的税率。同理，T_p^{pT} 和 T_r^{pT} 是一个穷人偏好的转移支付水平。代换 y^p，可以看出 τ^{pT} 满足等式：

$$\theta=C'(\tau^{pT}) \tag{4.13}$$

因为 $T_r^{pT}=0$，由政府预算约束，有 $T_p^{pT}=(\tau^{pT}-C(\tau^{pT}))\bar{y}/(1-\delta)$。

这个分析的第一个重要含义是：在民主中，带有有针对性转移支付的均衡税率 τ^{pT} 要大于(4.11)式给出的不带有有针对性转移支付的税率 τ^p。在数学上，这一点来自 $\theta>(\theta-\delta)/(1-\delta)$的事实。关于这一点的直观原因也是简单的：在没有有针对性的转移支付的情况下，因为再分配既由穷人获得也由富人获得，所以对于穷人来说，每一美元税收创造的净收益要比在存在有针对性转移支付的时候低。当 $\delta\to 0$ 时，即人口中富人那一部分变得可以忽略不计的时候，τ^{pT} 趋近于 τ^p。这是很自然的：在这种情况下，富人的人数很少，使得他们是否得到一些转移支付变得无关紧要。

比税率的比较更为重要的是对 τ^{pT} 的比较静力学。可以看出，它与没有有针对性转移支付的模型得出的结果是相同的。特别是更为严重的不平等同样会提高税率。

考察在这个模型中权贵承受的税负是有启发性的，这一税负现在为：

$$B^T(\tau)=\tau\frac{\theta}{\delta}\bar{y}$$

显然，$B^T(\tau)>B(\tau)$，其中 $B(\tau)$ 是由前面小节定义的没有有针对性的转移支付的税收负担。因此，有针对性转移支付的采用加重了民主中的富人负担。并且，如以前一样，在不变的税率下，更大程度的不平等加重这一负担。

这一结果的一个重要的含义是：有针对性的转移支付加剧了社会冲突的程度。特别是，由于有针对性的转移支付，民主征更高的税收，并将收益只再分配给穷人，因此，富人的状况比在没有针对性转移支付的民主中更差。并且，由于相似的原因，非民主现在对穷人来说更糟了。这是因为，正如在第2章讨论的那样，我们可以将非民主视为与富人相联系的权贵的统治。特别是，如我们现在表明的那样，在非民主中，当存在有针对性的转移支付时，富有的权贵偏好规定正数的税率并将收益再分配给他们自己。特别是，他们的理想点将是向量 (τ^{rT}, T_r^{rT})［T_p^{rT} 据(4.12)式得出］，其中，τ^{rT} 满足一阶条件 $-y^r\delta+(1-C'(\tau^{rT}))\bar{y}=0$ 若 $\tau^{rT}>0$ 或 $-y^r\delta+(1-C'(\tau^{rT}))\bar{y}<0$ 若 $\tau^{rT}=0$。与没有有针对性转移支付的模型不同，对于富人来说，这个一阶条件确有一个内点解，τ^{rT} 由以下方程隐含地定义：

$$1-\theta=C'(\tau^{rT}) \tag{4.14}$$

对某个 $\tau^{rT}>0$，方程有一个解。因此，采用有针对性的转移支付使非民主对富人更好，对穷人则更糟。

在存在有针对性的转移支付的情况下，社会冲突程度的加剧有使不同政体更加不稳定的作用——特别是，使民主的巩固更加困难。

4.4.4 其他政治身份

在上一小节中，我们让转移支付归于社会的某一子集：穷人或富人。更一般地说，我们感兴趣的是，如果投票不是按照穷富之间的划分，而是按照种族或另一种在政治上显著特征的划分进行的民主的政治均衡会是什么样子？很少有分析性的研究试图理解何时社会经济阶级可以在政治中占有重要位置，而不是其他诸如种族划分之类的（Romer 1998；Austen-Smith and Wallerstein，2003）。我们的目标不是要提出一个普遍模型，而是要说明在其他特征很突出的时候，民主政治是如何运作的，以及这一点如何影响民主均衡的比较静力学——例如，不平等方面。在后面各章，我们用这一模型讨论，在政治身份不同时，我们关于民主创立及巩固的理论如何发挥作用。

那么，考虑一个纯收入再分配的模型，其中有穷人和富人，但人们也是两个也许是以宗教、文化或种族为基础的其他两个团体——我们称作 X 和 Z——的成员。因此，X 型的成员有些相对较穷，有些相对较富；Z 型的人也是如此。为了用一种简单的方法描述政治不是穷人对富人的而是 X 型人对 Z 型人的想法，我们像前面一样，假定以税率 τ 对收入征比例税，但收益作为一次转移支付或者分配给 X 型人，用 T_X 表示，或者分配给 Z 型人，用 T_Z 表示。假设有 δ_X 的 X 型人，δ_Z 的 Z 型人，其中 $\delta_X+\delta_Z=1$。我们也引用符号 δ^i_j，$i=p,r$；$j=X,Z$ 表示两个人口组。我们始终假定 $\delta_X>1/2$，以便让 X 型人占多数，令 y^i_j 是团体 $j(=X,Z)$ 中 $i(=p,r)$ 型人的收入。政府的预算约束为：

$$\delta_X T_X+\delta_Z T_Z=(\tau-C(\tau))\bar{y}$$

其中平均收入定义为：

$$\bar{y}=\delta^P_X y^P_X+\delta^r_X y^r_X+\delta^P_Z\delta^P_Z+\delta^r_Z y^r_Z$$

其中，总人口的数量仍为 1。为了在收入上更为明确，我们假定 X 团体得到的收入在总收入中的比重为 $1-\alpha$，Z 团体得到的为 α。因此，$\delta^P_X y^P_X+\delta^r_X y^r_X=(1-\alpha)\bar{y}$，且 $\delta^P_Z\delta^P_Z+\delta^r_Z y^r_z=\alpha\bar{y}$。用下述的方法在两个群体内部进行收入再分配：$\delta^r_X y^r_X=\alpha^r_X(1-\alpha)\bar{y}$ 且 $\delta^P_X y^P_X=(1-\alpha^r_X)(1-\alpha)\bar{y}$，所以，$\alpha^r_X$ 是 X 群体中富人收入所占的比重。类似地，我们有 $\delta^r_Z y^r_Z=\alpha^r_Z\alpha\bar{y}$ 和 $\delta^p_Z\delta^P_Z=(1-\alpha^r_Z)\alpha\bar{y}$。我们假定

$$y^r_X>y^P_X，这意味着\frac{\alpha^r_X}{\delta^r_X}>\frac{1-\alpha^r_X}{\delta^P_X}$$

$$y^r_Z>y^P_Z，这意味着\frac{\alpha^r_Z}{\delta^r_Z}>\frac{1-\alpha^r_Z}{\delta^P_Z}$$

计算这四种类型行动者的理想点是很简单的。X 型行动者中的穷人和富人都偏好 $T_Z=0$ 且也许都偏好 $T_X>0$。然而，X 团体中的穷人比富人偏好更多的再分配。为了理解这一点，注意穷 X 型人和富 X 型人偏好的税率（以 $T_Z=0$ 为条件），用 τ^P_X 和 τ^r_X 表示，满足一阶条件（考虑互补松弛性）：

$$C'(\tau_X^P)=1-\frac{\delta_X y_X^P}{\bar{y}}\text{若}\tau_X^P>0\text{和}C''(\tau_X^r)=1-\frac{\delta_X y_X^r}{\bar{y}}\text{若}\tau_X^r>0 \quad (4.15)$$

如前,我们不能先验地知道解是内点还是角点。这个一阶条件对一个富人意味着,在 $\delta_X y_X^r/\bar{y}<1$ 的时候,税率为正。直观地说,在这个模型中,再分配并不是从富人到穷人,而是从一种类型的人到另一种类型的人。因此,甚至富人也能从这种再分配中获益。如果两种税率 τ_X^P 和 τ_X^r 都是内点解,那么,由(4.15)式可知 $\tau_X^P>\tau_X^r$,所以,X 团体中的穷人偏好更高的税率和更多的再分配。Z 团体的理想点也容易理解。Z 团体的所有成员都偏好 $T_X=0$ 并且,也许偏好 $T_Z>0$,但是 Z 团体中的穷人,与该团体中的富人相比,偏好更高的税率和更多的再分配。

现在我们构造一个博弈来决定民主中的税率。如果我们以本章到此为止的方式构造这个模型,即对所有问题都同时投票,那么,因为这个模型包含一个三维政策空间,它也许没有纳什均衡。为了用一种简单的方法避免这个问题,我们通过假定对税率和转移支付的投票是分次进行的来构造这一博弈。博弈以如下的方式分时:

(1)所有公民对要征收的所得税税率 τ 投票。

(2)给定这一税率,对用于再分配收入的转移支付形式 T_X 和 T_Z 投票。

我们用反向归纳法解这一博弈,并说明总是存在唯一的子博弈完美纳什均衡。我们把注意力放在两种均衡上。第一种均衡为:当 $\delta_X^P>1/2$,X 团体中的穷人形成了绝对多数时,这个模型存在唯一的均衡,这一均衡具有均衡政策为 X 团体中穷人偏爱的 τ_X^P 的属性。

第二种均衡为:当 $\delta_X^P<1/2$,X 团体中的穷人没有构成一个绝对多数时,这个模型存在一个唯一均衡,其属性是均衡政策为 X 团体中富人偏好的 τ_X^r。

为了理解这些为什么是均衡,我们从考虑第一种情形开始。通过在第二阶段反向归纳来解,因为 $\delta_X>1/2$,显然,仅对 X 团体再分配收入的方案(即主张 $T_X>0$ 和 $T_Z=0$)将击败对 Z 团体再分配或同时对 X 团体和 Z 团体再分配的方案。由于 X 团体占多数这一事实,可以立即看出这是唯一均衡。接下来,倘若仅采用 T_X 进行再分配,那么在博弈的第一阶段,所有行动者有关于 τ 的单峰偏好。在随后的 $T_Z=0$ 的情况下,所有 Z 型人的理想点为 $\tau=0$。如上所述，X 团体的更穷和更富的成员的理想点分别为 τ_X^P 和 τ_X^r。当 $\delta_X^P>1/2$ 时，穷 X 型人形成一个绝对的多数，因此，中位选民是一个穷 X 型人。因为，后来只有 T_X 被用于再分配收入，中位选民定理成立，而且在博弈第一阶段决定的税率必定是穷 X 型人的理想税率 τ_X^P。因此，在这种情况下，便存在一个唯一的子博弈完美纳什均衡，我们表示为$(\tau_X^P, T_Z=0, T_X=(\tau_X^P-C(\tau_X^P))\bar{y}/\delta_X)$。

在第二种情况下，穷 X 型人不占绝对多数，与第一种情形的区别是中位选民现在是一个富 X 型人。因此，中位选民定理意味着 τ_X^r 将是在第一阶段决定的税率。因此，在这种情况下，存在唯一的子博弈完美纳什均衡，我们记为$(\tau_X^r, T_Z=0, T_X=(\tau_X^r-C(\tau_X^r))\bar{y}/\delta_X)$。

这一博弈的均衡并不取决于行动的时序。为了理解这一点，考虑下述我们颠倒了对政策表决顺序的博弈：

(1)所有公民对用于再分配收入的转移支付形式 T_X 和 T_Z 投票。

(2)给定要使用的转移支付的类型，所有公民对要征收的所得税税率 τ 投票。

我们能够再次发现存在一个唯一的子博弈完美均衡，与前面计算结果完全相同。从博弈的结局开始，在或是 T_X 或是 T_Z 被选定的情况下，人们对 τ 进行表决。在选择了 T_X 的子博弈中，所有行动者同样有对 τ 的单峰偏好。因此，当 $\delta_X^P>1/2$ 时，中位选民是一个穷 X 型人，被选择的均衡税率是 τ_X^P。当 $\delta_X^P<1/2$ 时，中位选民是一个富 X 型人，选择的均衡税率为 τ_X^r。在选择了 T_Z 的子博弈中，因为 X 型人不从任何再分配中获益，所有 X 型人的理想点必定是税率为 0。由于 X 型人占多数，在均衡时必然有 $\tau=0$，而中位选民是个 X 型人。现在，退回这一博弈的第一阶段，因为 X 型人占多数，结果便是收入将仅按照 T_x 进行再分配。由此，我们看到这一唯一的子博弈完美均衡与我们之前分析过的完全相同。

就我们目前的目的而言，这些均衡最引人注目的特征是关于不平等的比较静力学。在两种均衡中，团体间不平等的加剧，如在保持 Z 群体内部不平等程度不变，X 型人的收入相对于 Z 型人收入下降的意义上，会导致更高的税率和更大的再分配。若保持 $\bar{y}$ 不变，Z 团体收入份额上升，那么 y_x^p 和 y_x^r 都将下降，不论是穷 X 型人还是富 X 型人都将支持更高的税率。为理解这一点，我们利用收入的定义并将它们代入(4.15)式：

$$C'(\tau_X^P)=1-\frac{\delta_X(1-\alpha_X^r)(1-\alpha)}{\delta_X^P}\text{和}C'(\tau_X^r)=1-\frac{\delta_X\alpha_X^r(1-\alpha)}{\delta_X^r}$$

在此，为了简化符号，我们假定这两个一阶条件都有内点解。Z 团体收入份额的增长使 α 增大，从而使 τ_X^P 和 τ_X^r 提高，即：

$$\frac{d\tau_X^P}{d\alpha}=\frac{\delta_X(1-\alpha_X^r)}{C''(\tau_X^P)\delta_X^P}>0$$

也就是说，α 的提高使税率提高。同理，$d\tau_X^r/d\alpha>0$。

然而，收入分配的这一变化难以转换为基尼系数等标准量度。此外，如果出现在团体内再分配的不平等的变化(例如：α_X^r 上升〔所以，y_X^P 下降，y_X^r 上升〕)，那么，两种均衡的比较静力学将会不同。在第一种情况下，税收会增加，而在第二种情况下，税收则会减少。

在此，暂停一下讨论不平等与再分配之间关系的经验证据是值得的。我们的模型预测，在民主中，团体间不平等的加剧将导致更大程度的团体间再分配。然而，由于政治身份不总是根据阶级划分形成的，所以它并不意味着不平等的加剧——如通常用基尼系数或用劳动在国民收入中的份额衡量的那样——将导致更多的被计算的再分配。经验文献表明了这一点，例如，根据阿莱斯纳和罗德里克(Alesina and Rodrik，1994)与佩尔森和泰贝利尼(Persson and Tabellini，1994)的论文，佩罗迪(Perotti，1996)指出，在更不平等的社会中，税收收入和转移支付占 GDP 的比重并不更高。

然而，到目前为止，对不平等与再分配之间关系的研究仍没有一个周全的研究计划。一个明显的缺陷就是颠倒了因果关系。尽管瑞典今天是一个平等的国家，但据我们的观察，这是 70 年的积极的收入再分配和平均主义政策(例如，在劳动市场方面)的结果。的确，现存的历史证据表明，在瑞典过去的一百年中，不平等程度已大幅度下降。

还有许多可能被略去了的变量，它们甚至在没有颠倒因果关系的情况下，也能倾斜不平等与再分配之间的关系。简单地说，再分配的许多制度的和潜在的文化的决定因素都可能与不平等相关。例如，与巴西或美国相比，瑞典是个更为同种的社会，许多学者指出，人口的同种性是决定再分配水平的关键因素(Alesina,Glaeser and Sacerdote,2001;Alesina and Glaeser,2004)。并且,在过去70年的大部分时间里,瑞典是由有高度平均主义社会哲学的社会主义者统治的,它也许有更多的"对再分配的偏好"。

4.5 民主与政治平等

虽然中位选民定理是本书和许多实证政治经济学的核心,但自然而然地还有许多其他对民主政治建立模型的理论方法。思考这些理论的一个有用的方法是:它们意味着权力在社会中的不同分配。中位选民模型是最简单的、也许还是最天真的设置,其中每个人都有一票。在两团体模型中,数量上占优势的团体获胜,民众得其所好。

然而,如前所述,事实上,有些人的偏好要比其他人"有价值"。这种情形得以发生的途径有很多。首先,偏好也许并不仅限于收入,人们或许同样关心与不同的政党相联系的意识形态立场。更少关心意识形态的选民更愿意根据不同政党提供的政策投票。这样的选民经常被称作摇摆选民,他们往往对政策更加敏感,结果,政党为他们量身订制政策。举一个极端的例子,设想穷人是非常关心意识形态的,偏好支持社会主义政党,不管该党提供什么政策。在这种情况下,政策没有反映穷人的偏好,因为右翼党无论如何都不能说服穷人投他们的票;社会主义党已经有了穷人的投票,因此可以为了争取其他团体,也许是富人的选票,来制定他们的政策。这些思想来自林德贝克和维布尔(Lindbeck and Weibull,1987)、库格林(Couglin,1992)、迪克西特和伦德雷根(Dixit and Londregan,1996,1998)关于概率投票模型的著作。在这一模型中,在民主中的所有行动者的偏好都影响均衡政策;一个团体越倾向于包括摇摆选民,他们的偏好就会越重要。因此,例如,如果富人不像穷人那样关注意识形态,那么,在民主中,这就赋予了他们相当大的权力,即使他们在人数上是少数。

其次,均衡政策也许不仅会受投票的影响,而且还会受竞选运动的捐款、游说和特别利益集团行动的影响。在这样一种情形中,由有组织的特别利益集团代表的或有更多资源可以引导特殊利益集团的团体往往比组织松散、资源更少的团体对政策有更大的影响。如果富人占有这两项优势中的任一项，那么这就使得他们的偏好能够影响民主政策。贝克尔(Becker,1983)首先提出了一个依据这些划分的模型，格罗斯曼和赫尔普曼(Grossman and Helpman,1996,2001)大大改进并推广了这一模型。

再次，到目前为止，政党在某种意义上已成为选民的完全的代理人。然而，实际上，在政党的目标某种程度上是独立于选民的目标的，政党提供的政策反映他们自己的目标，而不仅仅是中位选民的意愿。这一点，如魏特曼(Wittman,1983)首先强调的那样，在选举结果不确定的时候，或者像阿莱斯纳(Alesina,1983)指出的那样，在政党不能忠于自己的政策纲领时，是非常正确的。当这两种情况中有一种出现时，在对政治结果的影响上，不单单是选民的偏好，政党的目标也是重要的。在这种情况下，能够掌握政党议程的团体对民主政策的影响可能远远大于其人数所显示的程度。

最后，可能也是最引人注目的是，唐斯模型及其许多推广形式——包括概率投票模型，都以对政治制度的空洞描述为特征。我们在本章介绍的唐斯模型差不多就像一次总统选举(尽管不是美国的总统，因为那样我们必须引进选举团)。例如，我们没有区分选区。如果要用这一模型描述英国议会选举的结果，我们必须引入这些选区，并对分解的选票份额如何转化为议会中的席位份额建立模型。这或许是意义重大的，因为，如埃奇沃斯在19世纪指出并由肯达尔和斯图亚特(Kendall and Stuart,1950)正式分析的那样，在这种多数主义制度下，小党往往是代表不足的。因此，在总的选票份额与议会席位份额之间不存在一对一的关系。制度的许多其他方面也可能很重要。例如，制度影响选民的投票率以及少数群体在立法机构里得偿所愿的能力。

这是很耐人寻味的，因为制度对谁在民主中拥有权力有重要影响。我们考虑一个具体的在政治学文献中广受关注的例子：总统制和议会制的区别。如前所述，林茨(Linz,1978,1994)指出总统制往往更易出现政变；普热沃斯基等人(Przeworski et al.,2000)表述的经济计量学证据与这一说法是一致的。直观的思想是：由于总统是由大众选举出来的，所以往往代表社会中的中位选民的偏好。另一方面，议会也许不得不调和更多样化的利益。在这种情况下，如果我们对同一国家在这两种不同制度下的情况进行比较，我们会预料总统制的结果会更接近民众偏好的结果。

由这些考虑推动，我们用一个简单的简化形式的模型建立民主中不同团体的政治权力的参数。在本章的附录中，我们正式地提出了关于建立民主中的政治权力分配模型思想的前三点思想，并说明它们如何能转化为此处使用的简单的简化形式的模型。不同的具体模型——不论它们是否强调不同制度的细节、游说、相对自主的政党或摇摆选民的存在——为我们的简化形式提供了可供选择的微观基础。自然，这些细节也耐人寻味，也许在具体的例子中还很重要；我们在后面还会讨论这一点。

现在让我们回到我们基本的、有唯一的政策工具——所得税税率 τ——的两阶级模型，在民众占多数（也就是说，$1-\tau> 1/2$）的情况下，唐斯的政治竞争简单地使民众的间接效用 $V^P(\tau)$ 最大化。在这一模型中，权贵的偏好与税率决定无关。然而，更普遍地说，权贵会有些权力，均衡政策会反映这一点。说明这一思想法最简单的办法就是把均衡政策看作使权贵和民众的间接效用的加权和最大化的政策，其中，权数决定着均衡政策在多大程度上反映着不同团体的偏好。我们把一个团体的权数称作该团体的"政治权力"。设权贵和民众的权数分别为 χ 和 $1-\chi$。于是，均衡税率将是使下式取最大值的税率：

$$\max_{\tau\in[0,1]}(1-\chi)(1-\delta)(1-\tau)y^P+(\tau-C(\tau))\bar{y})+\chi\delta((1-\tau)y^r-(\tau-C(\tau))\bar{y})$$

其一阶条件（考虑互补松弛性）为：

$$-((1-\chi)(1-\delta)y^P+\chi\delta y^r)$$
$$+((1-\chi)(1-\delta)+\chi\delta)(1-C'(\tau))\bar{y}=0 \quad 若\ \tau>0$$

由此可得：

$$\frac{(1-\chi)(1-\theta)+\chi\theta}{(1-\chi)(1-\delta)+\chi\delta}=1-C'(\tau(\chi)) \tag{4.16}$$

其中，我们定义 $\tau(\chi)$ 为当政治权力参数为 χ 时的均衡税率。

比较(4.16)式和(4.11)式对我们是有启发的，这两个等式决定了有唐斯政治竞争的两阶级模型的均衡政策。显然，唐斯的结果是当前模型在 $\chi=0$ 时的一种特殊情形，在这种情形下，(4.16)式变得与(4.11)式完全相同，所以 $\tau(\chi=0)=\tau^p$。然而，对于 $\chi>0$ 的所有值来说，权贵的偏好均衡政策也是非常重要的，所以 $\tau(\chi>0)<\tau^P$。并且，χ 越大，权贵拥有的政治权力越多，尽管他

们是少数。为理解这一点的含义，注意如果 χ 增加，那么(4.16)式的左边项就会增大。这意味着它的右边项必须也增大，所以 $C'(\tau)$必须下降。因为 $C'(\tau)$是 τ 的增函数，这意味着 τ 下降。换而言之，$d\tau(\chi)/d\chi<0$。因此，富人权力的增长或他们在民主中不管通过什么渠道影响均衡政策的能力的增强，使税率降低，接近他们的理想点。附录中的不同模型提供了不同的机制，权贵通过这些机制行使其权力以及作为结果均衡税率如何反应。

这是很重要的，因为到目前为止，我们强调民主产生比非民主更亲民的政策。事实上，如果我们有随着 $\chi\to1$ 民主政治形成的税率趋近于权贵偏爱的税率，那么民主与非民主将没有多少区别。我们的观点是，有理由认为权贵在民主中经常是有力量的，即使他们是少数，所以 $\chi>0$ 也许是对现实的一个令人满意的近似。然而，不论是目前讨论的证据还是内省都表明，大多数民主社会都远非是 $\chi=1$ 的情形。结果，民主并不像典型的非民主那样，一味迎合富人的偏好。

4.6　结　论

在本章，我们提出了关于民主政治的若干基本模型，也详细讨论了我们用来在本书其余部分描述民主特征的主要模型及其特性。我们的分析集中于中位选民定理成立，或在政策空间是多维时，均衡政策为穷人所偏好政策的两团体模型。因此，我们把注意力集中于中位选民为穷人且他的偏好决定在民主中会发生什么的情形上。我们也大量讨论了该模型的三个重要的推广。首先是一个三阶级的模型，其中，中产阶级作为一个与穷人和富人相分离的团体进入。我们会在第 8 章第一次用到它的时候正式介绍。然后是民主的简化形式模型，其中，不同团体的“权力”，由民主制度的性质，他们是否为摇摆选民、是否是有组织的游说集团等因素决定，能够发生变化。在本章附录(见第六篇)中，我们详细讨论了关于权力参数 χ 的不同的微观基础，但在本书余下的部分中，我们仅用这一简化形式的模型工作，不使用明确引进制度、游说、政党俘获或概率投票的复杂模型。最后是政治身份不同，且不同于那些纯粹以社会经济阶级或收入水平为基础的模型，我们分析这一点如何影响社会中的分配冲突。

5　非民主政治

5.1　引　言

在本章中，将讨论在思考非民主中的政策决定时出现的各种问题。对于我们的目的来说，民主与非民主之间的最基本的差别是，前者是政治平等的状况：每个公民都有一票。结果，在民主中，所有公民的偏好都影响政治结果的决定。在非民主中，情况就不是这样了，因为只有一部分人——权贵有政治权力。在理论上，这一部分人可以是任一个小团体。苏联提出了无产阶级专政，甚至不认为“专政”(dictatorship)是一个带有贬义的词。类似地，卢旺达1973～1994年间朱韦纳尔·哈比亚利马纳的专制可以被认为是一个特定的种族团体——胡图族——的专制。1964～1985年在巴西存在的是带有走向官僚权威主义和社会合作主义趋势的军事专制，该体制强调工业化，同时也保护相对富裕群体的经济利益，避免任何激进的——特别是土地的——改革。与此相反，刚果1965～1997年蒙博托·塞塞·塞科的专制是一个具有很强个人特点的、窃国谋私的体制，国家权力主要用来为蒙博托和他的随从们谋取利益。尽管非民主有这些差别(关于一种有影响的分类方式，参见Linz and Stepan，1993)，但我们的目的是强调民主与非民主之间的主要差异，即在我们看来是政治平等程度的差异。

一般而言，在非民主中有两个因素影响经济政策：第一，当权团体的偏好；第二，该团体所面对的约束。在其他条件不变的情况下，当权的团体，权贵，选择最大化其效用的政策。然而，权贵通常生活在被不同的团体或同一团体中的其他人所取代的恐惧之中。因此，非民主一个重要的问题是保证没有任何一个团体不满足到企图推翻现有体制或采取其他损害当权集团效用的政治或经济行动的程度。

本章的分析以在第 4 章描述的民主模型为基础。因此，我们设想社会由不同的个人组成。非民主是这个社会的某一小团体的统治。在第 4 章，我们指出民主是人数更多的团体的统治，或者是穷人，或者是 X 团体——如果政治身份依据的是其他划分的话。在此，我们将非民主视为人数更少的团体的统治(富人或 Z 团体)。

在开始时，我们集中考察非民主仅仅是富人统治的模型。在许多情况下，这是一个完全合理的假定。例如，对选举权的正式限制通常总是针对穷人的：那些没有资产的人，要么收入低，要么没有文化的人。同样，在投票上也有种族的限制——例如，在内战前的美国和种族隔离制度瓦解前的南非——但是，被剥夺了公民权的种族团体又往往是穷人。就连表面上是自主的军事政权也经常为有钱人的利益效劳，一个明显的例子是 1976～1983 年间皮诺切特在智利的专制。在 20 世纪，许多其他拉美国家的专制，例如，在 1930 年后、1955 年后以及 1976～1983 年间的阿根廷的专制，都是由激进的再分配政策和社会政策诱发的。其他旨在避免激进政策的反民主政变的例子有 1948 年在委内瑞拉、1954 年在危地马拉和 1964 年在巴西的政变。尽管在这些政变之后夺取权力的是军人，但政变本身仍是由激进的再分配政策引发的。关于这一点，德雷克(Drake)指出，

在许多方面，这些专制政府反劳动的姿态表明了它们存在的理由……它推动它们夺取政权，使它们的存在合法化，调度它们的支持者和对手，支持着它们的经济增长模型，驱动着它们的社会政策，并推进它们的政治实践。这一与工人之间的冲突同样严重影响它们的任期和终结。(1996，p. 2)

对于我们而言，这些例子表明在非民主体制的所作所为与富人的欲求之间经常有紧密的联系。然而，正如在第 2 章讨论的那样，我们的基本框架和许多实证结果也适用于不是简单地由富人统治的非民主。

我们在本章提出的模型强调权贵的偏好以及社会其他团体(主要是被剥夺了公民权的民众)的偏好对他们施加的限制之间的相互影响。我们的目标同样是寻找在不同类型的非民主体制下都普遍存在的一般趋势，并将它们与

一个典型的民主中的趋势进行对比。对民主和非民主的两分法，我们揭示每个体制共同元素的愿望，以及对奥卡姆剃刀一直以来的坚持，可能看起来严苛，甚至简单化。然而，我们相信这是取得进步的正确方法，并确信这一两分法对提出关于引导社会拥有不同政治制度的力量的直观想法是有用的。

5.2 非民主政治中的权力与约束

5.2.1 民主政治中的权贵

在前一章讨论了民主中的权贵如何可能比他们的人数所显示的更加强大。我们发现，一个允许权贵在民主政权下拥有一些权力的一般模型意味着均衡税率为 $\tau(\chi)$，其中 χ 可被视为是民主政治中的权贵权力的一个量度。特别是，考虑在(4.16)式中 χ 的极限值趋近于1，在这种情况下，均衡政策将总是权贵偏好的政策，即 τ^r。

我们将非民主政治视为与这一极限相类似的情况。因为社会不是一个运转良好的民主社会，多数人的意愿被忽视，选择的政策是为了使权贵的福利最大化的政策。这一讨论也强调，尽管我们采用民主和非民主的两分法，但我们还是能够考虑两者间的更为连续的区分。当多数人的意愿被大量纳入重要政策的选择中的时候，一个社会是更加民主的。这与这个模型中 χ 接近于0的情形是相对应的。另一方面，非民主则是忽视多数人的意愿，支持人口中的一小部分——权贵——愿望的情形。在此，这相当于是当 $\chi \to 1$ 时的均衡。

5.2.2 革命约束

此前的讨论强调我们如何能将非民主视为一种使权贵的效用最大化的情形。然而，非民主，特别是在与民主的理想相比较时，既不平等也不公平。因此，民众会不断渴求改变结果、政策和体制。阻止他们的是在非民主社会中权贵们控制政治制度和军事力量这一事实。由于这种控制，他们能使自己的效用最大化，但是，由于他们是少数人，并实行不符合多数人利益的政策，对他们意欲实行的政策也会存在某些约束。

那些在非民主中控制政治权力的人面临的主要约束是这样一种危险：那些被排除在政治权力之外的人可能企图获得政权或推翻掌权的人。

按照第2章的讨论，回想一下我们对法定政治权力和事实政治权力的区分。法定政治权力来自政治制度；相反，事实政治权力来自一个团体通过战斗或其他方式凌驾于另一团体之上的能力。在民主中，法定政治权力归民众所有；在非民主中，民众不享有法定政治权力，他们被排除在政治制度之外。然而，由于他们占多数，并有能力联合行动推翻现有体制，他们也许拥有事实政治权力。在极端的情况下，民众可以发动一场反抗非民主体制的革命，改变政治制度，使之成为对他们更有利的制度。我们将民众拥有的这种事实政治权力对权贵施加的约束概括为革命约束。

在这一小节中，我们讨论非民主中革命约束的起源，以及这一约束对控制政治体系的权贵行动所施加的限制。作为一个出发点，我们讨论对革命建立模型的方式，并介绍与组织民众，使之行使事实政治权力的过程中可能出现的集体行动问题有关的概念。为了使讨论更为具体，我们始终把注意力放在前一章介绍的两阶级模型上。在这个模型中，社会被划分为富裕的权贵和贫困的民众，后者人数更为众多。

首先，想一想革命过后会发生什么。按照定义，在这种环境中，革命就相当于非民主中的民众利用其纯粹数量上的优势凌驾于权贵之上，控制社会及社会财富和产生收入的资产。因此，在某种意义上，我们认为革命导致将控制从权贵转向民众的后革命社会。

因此，最简单的方法是把革命后的社会看作民众分割经济资源的社会。然而，似乎合理的是，诸如革命之类的暴力事件造成重大的动荡和破坏，因此会降低经济的生产能力。我们设想，在革命之后，社会资源的 μ 部分被破坏了，其余部分在民众之间分配。这显然是一种简化。大多数革命并没有通过将后革命社会的资源仅仅再分配给民众的方式，采取这种平等主义的行动。有些人总是会比其他人得到更多好处。然而，我们的目的不是提出关于革命的现实理论，而是将革命的威胁用作民主政治中的一种约束。基于这个原因，我们再次求助于“奥卡姆剃刀”，用最简单的可行方法建立关于后革命社会的支付的模型。对于这一目的来说，假定一些经济资源在革命动荡中被破坏掉，其余部分以某种方式分配给民众，是一个既简单又令人满意的办法。

这一假定意味着，在革命之后，每个民众（这里是一个穷人）得到的净收入为：

$$V^P(R,\mu)=\frac{(1-\mu)\bar{y}}{1-\delta} \tag{5.1}$$

因为他们将在他们之中分割的总收入为 $(1-\mu)\bar{y}$，他们的人数为 $1-\delta$。符号 $V^P(R,\mu)$ 表示民众在后革命社会得到的价值（即效用），它由 μ 决定。不考虑稍后讨论的集体行动问题，我们可以发现当（5.1）式给出的支付大于未发生革命民众得到的支付时，革命是有利的。用 τ^N 表示权贵制定的税率，其中 N 表示非民主，并假定如果没有革命，权贵制定他们偏好的税率 τ^r（$=0$）。因此，这一支付为：

$$V^P(y^P\mid\tau^N=\tau^r)=y^P \tag{5.2}$$

我们说革命约束是具有约束力的，如果（5.1）式大于（5.2）式，或者：

$$\frac{(1-\mu)\bar{y}}{1-\delta}>y^p \tag{5.3}$$

用严格的不等式写出这个约束，因为我们假定，如果 $(1-\mu)\bar{y}/(1-\delta)=y^p$，那么民众对政治现状和革命是无差异的，他们不会造反。[1] 我们在全书都会坚持这一假定。

这个不等式的一个重要的特点是，它对由革命得到的支付和由政治现状得到的支付进行比较。从概念上讲，这一比较对整个群体或一个“核心的”行动者——他或她的加入，将决定革命的成败与否——都是正确的。对于我们来说，这两种解释的任何一种都是可以的，尽管我们在下一小节会探讨其他的可能性。

回想一下第 4 章（4.7）式的定义，（5.3）式的革命约束等价于：

$$\theta>\mu \tag{5.4}$$

我们的革命模型是简单的；然而，它有两个言之成理的特点，这对讨论是重要的。第一，在社会更加不平等——也就是说，当 θ 很高的时候，革命约束

〔1〕 更正式地讲，在等式的情况下，民众对革命和不革命是无差异的，他们的选择也应该作为均衡的一部分来决定。在我们全书研究的模型中，假定在等式的情况下，他们不会造反，仍然不失一般性。

(5.4)式更可能具有约束力。这是一个很直观的结论。在一个更为不平等的社会,民众们只得到资源的一小部分;在有革命的时候,他们就能控制全部生产能力(减去在革命过程中被破坏掉的那一部分)。因此,自然而然地,革命在一个更加不平等的社会对民众更有吸引力。第二,当 $1-\mu$,即在后革命社会中待分配的产出比例很高时(这可能是因为技术原因,也可能是因为民众已能够成功地解决集体行动问题),革命更具有吸引力。

5.2.3 革命中的集体行动问题

在革命的威胁成为现实,从而使革命的约束成为权贵必须应付的约束之前,民众必须解决协调革命活动参与所固有的潜在的集体行动问题。奥尔森(Olson,1965)在其经典著作——《集体行动的逻辑》中,强调了团体决策中集体行动问题的重要性,他在书中分析了团体在说服人们采取他们自己承担成本,但整个团体获益的行动时遇到的问题。他的分析被图洛克(Tullock,1971)应用于对革命的分析。

为了理解组织一场革命的潜在的集体行动问题,我们可以合理地假定,参加革命活动或革命本身是有成本的,用 $\varepsilon\bar{y}$ 来表示这一成本。像前面一样,我们用平均收入对这些成本进行标准化。这一成本包括为革命活动进行努力而付出的实际成本、由参加非法活动的危险造成的隐性成本以及革命活动可能取代在劳动市场中的工作这一事实所导致的收入损失成本。我们首先需要详细说明革命的努力在什么条件下会成功。显然,如果没有人参加革命活动,就不会有革命。假定革命成功至少需要有 $\xi^P \leqslant 1-\delta$ 的民众参加革命活动。

现在考虑一个参加革命活动的行动者得到的支付。这一支付等于革命后的支付减去革命活动的成本;也就是说,如果革命成功,支付为 $(1-\mu)\bar{y}/(1-\delta)-\varepsilon\bar{y}$;如果革命失败,则是 $y^P-\varepsilon\bar{y}$。相反,一个没有参加革命活动的民众在两种情形下得到的支付是 $(1-\mu)\bar{y}/(1-\delta)$ 或 y^P。收益都是一样的,因为革命是一种公共物品,也就是说,革命一旦发生,它就会改变整个社会并以同样的方式影响所有民众。因此,不论结果如何,不参加革命的支付总是要大于参加革命的支付。因此,所有民众都宁愿从其他人的革命活动中不劳而获,而不是自己承受革命的成本。唯一明显的例外是在制定参加或不参加革命活动决策的行动者是“核心的”行动者——也就是说，他或她的加入将保证革命成功，或显著增加革命成功的机会，或者，他或她的不加入意味着失败或显著降低成功的可能性——的时候。因为民众人数众多，所以单独一个人的行动对革命的结果是不起决定作用的。这就引出了著名的集体行动问题或搭便车问题：没有人愿意对革命进行必要的投资，革命的威胁将消失。

关于集体行动问题的文献，包括奥尔森的《集体行动的逻辑》(Olson，1965)识别了一些团体能够努力解决集体行动问题的方法，包括使用意识形态和物质利益。物质利益又可以分为两类：私人收益和排他。

第一，团体可以试图向他们的成员灌输一种意识形态，使他们将参与对团体有利的活动视为直接增加他们自己效用的积极的行动。如果公民试图组织革命活动，这也许意味着，公民 i 也许会认为，参加革命活动，除了有成本 $\varepsilon\bar{y}$ 之外，还能得到一种非金钱的收益 $\vartheta^i\bar{y}$。在这种情况下，如果革命成功，对于公民 i，参加革命便会得到的支付为 $(1-\mu)\bar{y}/(1-\delta)+\vartheta^i\bar{y}-\varepsilon\bar{y}$，不参加的支付为 $(1-\mu)\bar{y}/(1-\delta)$。如果革命失败，参加者得到 $y^P+\vartheta^i\bar{y}-\varepsilon\bar{y}$，而未参加者得到 y^F。因此，所有那些认为 $\vartheta^i-\varepsilon>0$ 的民众都将参加革命活动，而且，如果一个关键的个人群体得到了足够的意识形态收益，革命就会发生。这种灌输显然是所有革命团体共有的一种策略，因为没有它，革命往往不会成功。于是，当革命对整个群体有利的时候——即(5.3)式成立的时候，我们可以认为一个潜在的革命团体的领导者会使用这种灌输。

第二，团体也许会试图为那些参加集体行动的人创造私人的金钱上的收益。首先考虑为参加集体行动的个人提供私人收益(用 $b\bar{y}$ 表示)的策略。正如我们即将讨论的那样，大多数现实世界中的革命家，都试图为革命活动的参加者提供即使革命失败他们也能保持的货币的或其他形式的私人利益。在这种情况下，当革命成功的时候，参加集体行动的报酬为 $(1-\mu)\bar{y}/(1-\delta)+b\bar{y}-\varepsilon\bar{y}$，而对未参加者的报酬为 $(1-\mu)\bar{y}/(1-\delta)$。当革命失败的时候，两者的报酬分别为 $y^P+b\bar{y}-\varepsilon\bar{y}$ 和 y^p。这意味着，只要 $b>\varepsilon$，集体行动对得到了私人收益的行动者来说，就是理性的。我们可以再一次认为，当集体行动——例如，革命——对于整个团体更有利的时候，该团体的领导者会更愿意为关键的个人群体提供私人收益。因此，我们也许会预期，在(5.3)式成立时，私人收益也会更加促进革命活动。

在实践中,处理集体行动问题的最常见的策略是“排他”。排他将由集体行动产生的收益仅限于那些参加该行动的人们。经验文献说明了排他在实践中的重要性。例如,令参加活动的民众人数为 ξ。显然,$\xi \leqslant 1-\delta$,因为民众总数为 $1-\delta$。并且,假定,如果 $\xi \geqslant \xi^P$,革命将获得成功。假定不论发生什么(包括成功的革命),所有民众都保持他们的自有收入。此外,如果革命发生,那么权贵的收入会在所有参加革命的民众之间进行分配。换句话说,只要 $\xi \geqslant \xi^P$,每个参与革命的行动者将获得的总收入为 $y^P+(1-\mu)y^r/\xi$。因此,给定革命活动的成本 $\varepsilon\bar{y}$,革命将会发生,只要:

$$y^P+\frac{(1-\mu)y^r}{\xi^P}-\varepsilon\bar{y}>y^p \Rightarrow \frac{(1-\mu)y^r}{\xi^p}>\varepsilon\bar{y} \tag{5.5}$$

这个条件意味着来自革命的最大净收益应该大于参与革命活动的成本。左端是最大净收益,因为这是在必须参加的最少人数的行动者参加时,一个公民因参加革命而获得的收益。因此,它使每个人的收益最大化。当(5.5)式成立的时候,存在一个革命的均衡,其中有 $\bar{\xi}>\xi^P$ 的行动者参加革命,革命取得成功[1],其中 $\bar{\xi}$ 由下式给出:

$$\frac{(1-\mu)\theta\bar{y}}{\bar{\xi}\delta}=\xi\bar{y} \tag{5.6}$$

我们使用了 $y^r=\theta\bar{y}/\delta$ 的事实。由(5.5)式的成立和(5.6)式左端是 ξ 的减函数这一事实可立即得出 $\bar{\xi}>\xi^P$。

在这种情况下,集体行动问题是存在的,但由排他法解决了,我们可以认为革命约束相当于等式(5.5)或:

$$\theta>\frac{\varepsilon\bar{\xi}\delta}{1-\mu} \tag{5.7}$$

从(5.7)式得出的令人感兴趣的结果与由(5.4)式给出的有关约束的情况相类似。例如,在两种情况下,用参数表示为 θ 的增加的团体间不平等的加剧,将使得革命约束更可能成立。在本书其余部分,我们使用更简单的条件(5.4)式。

---

〔1〕 存在另一个纳什均衡,其中,即使(5.5)式得以满足,还是会有“协调失败”,所以没有人参加革命,因为他们相信没有人会参加。在本书其余的部分,我们假定团体有能力在某种程度上解决协调问题——例如,因其领导人的行动——并避免这一没有吸引力的均衡。

我们也要注意用排他法解决集体行动问题的另一个含义。可以认为一个较大的 ξ^P 就相当于一个更为严重的集体行动问题，因为，为了革命的成功，需要更多的民众参加革命，因此需要说服更多的人为该团体行动。用(5.4)式更为简化形式的条件来说，这与一个较高的 μ 的情形类似。因此，我们可以大致认为，μ 的大小，既反映技术因素，与民众在后革命社会能在多大程度上利用经济的生产能力有关，又反映集体行动问题的严重程度。

最后，在革命中集体行动问题的存在意味着革命约束不总是具有约束力的。也许，民众在某些时期有能力解决集体行动问题，但在其他时期则不能。在后面，当我们考虑动态模型时，这是在非民主中民众的暂时性的政治权力的来源之一。

5.2.4 关于集体行动问题的证据

一组内容丰富的经验文献已经研究了集体行动问题在实践中如何解决的问题(例如，Lichbach，1995；Moore，1995)。虽然对集体行动问题的解决办法有不同的分类(Lichbach，1995，pp. 20－21)，但正如我们所做的那样，大多数学者都强调意识形态的重要性。然而，大多数经验证据却是关于那些试图组织集体行动的人是如何运用私人收益和排他的。

波普金(Popkin，1979)对越南革命中的集体行动问题的解决提供了有重大影响的解释。他指出，"培育支持和克服搭便车问题是……越盟策略的核心"(p. 223)，他们的主要工具是把重大的诸如发起一场革命这样的问题分解成许多小问题，在这些小问题中，人们会发现他们的贡献非常重要，而且每个人都会从中直接受益。波普金(Popkin，1979，p. 262)指出，"有一种考虑对有效地动员农民可能特别重要……农民最初的组织注重的是有直接收益的地方目标和物品"。这与我们前面的不论结果如何，人们都会得到 $b\bar{y}$ 的私人收益的模型相似。当共产主义者接管了村庄时，他们有选择地满足农民的欲求，如土地，以换取他们的加入。"甚至在一个组织为个人的消费生产出可分割的物品的时候，该组织本身还是有集体物品的方面……为农民带来好处又产生'革命剩余'，然后用这一剩余支持村级以上组织，用于更远大的组织目标，是可能的。"波普金(Popkin，1979，p. 257)给出了这一方面如何起作用的例证：

在交趾支那，在土地被再分配和减租之后，农民通常会积极主动地警告越盟干部：法国的士兵或特务在这里。他们没有搭警告的便车，等着别人为越盟干部通风报信。

因此，一旦革命者以正确的方式设定了问题，并使用了选择性的激励，个人就会发现参与集体行动是理性的。例如，波普金注意到，即使将土地作为私有财产分给农民有悖于革命者的哲学信仰，因为他们赞成公社所有制和集体农场，然而，他们还是把土地分给了那些与革命合作的农民。他引用了革命者的话：

……体系（私有财产）远非完善……然而，我们不得不坚持这一体系，因为我们在农民中间的全部政治行动都是以每个农民的个人财产权利为基础的。如果我们停止分解对土地的所有权，我们就会冒失去他们支持的危险。（p.241）

事实上，革命的目标之一是彻底的土地改革，土地能够再分配给那些参加的人，不分给那些不参加的人，这一事实使越盟能够利用排他策略来激励参加集体行动的人。

其他几个提供了有用信息的案例研究表明了选择性激励在维持集体行动方面的力量。克里格（Kriger，1992）说明了个人收益的期望如何驱使人们参加津巴布韦的革命战争。她访问了曾是津巴布韦非洲民族联盟（Zimbabwe African National Union，简称ZANU）游击队的成员，发现他们之所以参加是因为他们期望个人收益，特别是期望提升他们自己在当地社区的地位。地位高的人则必须被强制加入津巴布韦非洲民族联盟。

来自卢旺达种族大屠杀的证据生动说明了私人收益在激励集体行动方面的有效性。在由历史学家艾莉森·戴福士（Alison Des Forges）主笔的一个人权观察的全面研究中，有许多例子说明胡图政治权贵如何解决在动员胡图人残杀图西人过程中固有的集体行动问题。例如，

他们（市长们）指挥或放任社区警察、民兵或是其他民众去烧毁房屋，威胁那些不愿参加暴行的人的生命。他们还提供强大的诱惑去引诱犹豫不决的人去杀人。他们或其他被他们笼络的人为这些攻击者提供现金、食物、饮品，有时还有大麻。他们鼓励对图西人财产进行掠夺，甚至到了让社区警察们来督导掠夺的地步……在几个地方，警察会惩罚只想掠夺而不杀人的人……市长征募

参与者的主要资源之一是他控制土地分配的权力，对主要是务农的人口来说，土地是他们渴求的、稀缺的财富源泉。在 20 世纪 60 年代攻击过图西人的胡图人得到了他们的受害者的土地。一代人（约 30 年）之后，人们再次希望通过残杀和驱逐图西人来获得更多的土地。（Des Forges，1999，pp. 236—237）

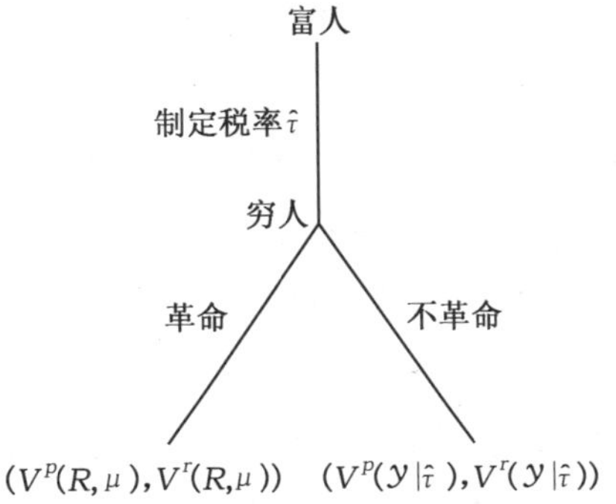

图 5.1 非民主中的约束

无疑，在卢旺达的情形下，意识形态也是重要的，在胡图与图西两个种族之间长期积累的仇恨在冲突中也发挥了重要作用。这一证据还表明另一种选择性激励——对未参与屠杀的人予以负面的制裁——也是有用的。

我们理论框架的一个关键特点是：集体行动在本质上是暂时性的。即使使用意识形态或激励，解决集体行动问题也是难以开始、难以为继的。经验文献也强调，解决集体行动问题的困难使集体行动通常是暂时性的。李奇巴赫（Lichbach，1995，p. 17）注意到，“集体行动，若是在短期的基础上进行，也许确实会发生；需要长时期的集体行动则不会发生……给定大多数人对特定事业的承诺都面临着不可避免的衰减这一事实，大多数持不同政见的团体都是短命的，大多数不同政见运动都是短暂的”。塔罗（Tarrow，1991，p. 15）也注意到了集体行动的暂时性，强调“大众政治参与的疲惫”，而罗斯和格尔（Ross and Gurr，1989，p. 414）讨论了政治“虚脱”。类似地，哈丁（Hardin，1995）指出，

……市民社会大规模的政治参与只有在国家瓦解或重大危机的时刻才会有活力四射的表现。它不可能永远保持在一个高水平上。

5.3　构造关于非民主中的偏好和约束的模型

现在让我们把集体行动问题放在一边，研究革命约束(5.4)式在非民主政治中具有约束力的含义。为此，考虑由图5.1表示的下述博弈。在写出这个博弈和本书其余部分的博弈时，我们把权贵和穷人都视为单个的参与人。一般来说，为确定这种博弈中的均衡，我们必须描述所有权贵和所有民众的支付函数和策略。因此，一个纳什均衡需要对策略的这一设定：每一个参与者的策略都使权贵和民众的任一成员不能通过改变策略来提高其支付。然而，这样的一般性水平是多余的，所有的权贵成员都是相同的，民众也是如此。并且，如前面所讨论的那样，假定这两个团体都已经解决了集体行动问题。我们因此有理由将两个团体作为集体来看待，谈论“权贵”和“民众”，并考察由这两个团体的相互作用所导致的均衡。然而，在设定支付时，我们是在个人的层次上设定的，因为即使集体行动问题已经解决，行为也必须是个体理性的。

在图5.1中，权贵首先行动，制定税率τ^N。我们用符号$\hat{\tau}$来表示为避免一场革命而制定的τ^N的特定值。在观察到这一税率时，民众决定是否要发动革命。如果他们没有发动，那么博弈以下述支付结束：

$$V(y^P \mid \tau^N=\hat{\tau})=(1-\hat{\tau})y^P+\hat{T}=y^P+(\hat{\tau}(\bar{y}-y^P)-C(\hat{\tau})\bar{y}) \quad (5.8)$$

和
$$V(y^r \mid \tau^N=\hat{\tau})=(1-\hat{\tau})y^r+\hat{T}=y^r+(\hat{\tau}(\bar{y}-y^r)-C(\hat{\tau})\bar{y})$$

其中，$\hat{T}=(\hat{\tau}-C(\hat{\tau}))\bar{y}$。这些支付来自在非民主中按照税率$\hat{\tau}$实行的再分配。这些方程中的第二个等式以一种对本书其他部分特别有启示的方式整理了表达式$V(y^i \mid \tau^N=\hat{\tau})$。特别是，$\hat{\tau}(\bar{y}-y^i)-C(\hat{\tau})\bar{y}$是再分配在$i=p,r$时的净数量，所以$\hat{\tau}(\bar{y}-y^p)-C(\hat{\tau})\bar{y}>0$而$\hat{\tau}(\bar{y}-y^r)-C(\hat{\tau})\bar{y}<0$；也就是说，权贵因收入再分配而蒙受损失。

另一种可能是，民众也许会选择发动一场革命，在这种情况下，我们假定革命总是会成功，他们得到的支付为：

$$V^P(R,\mu)=\frac{(1-\mu)\bar{y}}{1-\delta}\text{和}V^r(R,\mu)=0$$

其中，对民众的支付来自我们设定革命技术的方式，而且，权贵什么都得不到，因为所有的收入都是从他们那里剥夺的。重要的不是权贵一无所得，而是他们的所得低得使他们要避免革命。

我们如何解这样的一个博弈呢？答案是“反向归纳”，从博弈树的末端开始。我们在第4章使用的这种方法是有用的，因为它描述了该博弈的子博弈完美纳什均衡。子博弈完美是对原有纳什均衡概念的一种精炼，对有相继行动的博弈和动态博弈是有用的。这样一种均衡的主要特点，最初由泽尔滕所发现，是它排除了由“脱离均衡路径”的非可信威胁支持的纳什均衡。所谓“脱离均衡路径”，我们是指该威胁不会被付诸行动——它仍然只是个威胁——的均衡策略。非可信威胁是这样一种威胁：一旦需要这么做时，做出该威胁的参与人将不会发现实际实施是最优的。

考虑一个极端的例子：设想民众要求得到权贵所有的钱，否则他们将炸毁这个世界，包括他们自己。面对这一威胁，对权贵来说，将他们所有的钱交给民众是最优的。这是一个纳什均衡。然而，它建立在如果权贵拒绝、民众将炸毁世界这一威胁的基础之上。该威胁脱离了均衡路径，因为权贵交出了他们所有的钱，民众因此不必将威胁变成行动。然而，设想一下权贵的情况，现在，民众必须决定他们是否要炸毁这个世界。面对这一境况，民众们会背弃他们的威胁，因为言之成理的是，从权贵里得不到钱总比杀死自己要好。因此，他们的威胁是不可信的，由这种非可信威胁支持的纳什均衡是没有吸引力的。幸运的是，还有一种更为合理的纳什均衡，其中，权贵拒绝给予民众任何东西，而民众也不会炸毁这个世界。第二个纳什均衡是真正的子博弈完美，而第一个则不是，因为它是以非可信威胁为基础的。给定威胁和许诺可信性的重要性，在本书中，我们将大量使用均衡为子博弈完美的限制。

我们需要区分两种情形。在第一种情形下，革命约束(5.4)式不具有约束力。这意味着即使权贵制定的税率是他们自己最偏好的 $\tau^N=\tau^r$，发动革命也不符合民众的利益。于是，在这一博弈的子博弈完美均衡中，权贵预料革命不会发生，所以制定他们最偏好的税率 $\tau^N=\tau^r=0$。

对我们来说，更引人注目的是(5.4)式有约束力的情形。现在，如果权贵令 $\tau^N=\tau^r$，那么发动一场革命将有利于民众的利益。预见到这一点，权贵将试图作出让步，例如，改变政策使之接近民众偏好的政策。在此情况下，这意味着他们将制定足以阻止革命的税率。因此，我们要问的第一个问题是：这样的税率是否存在？从民众的角度来看，最佳税率是 $\tau^N=\tau^p$，如(4.11)式所给出的那样——毕竟，τ^P 是民众自己会制定的税率，所以权贵不可能比制定这一税率，使民众的效用最大化做得更好。因此，问题是：

$$y^P+(\tau^P(\bar{y}-y^P)-C(\tau^P)\bar{y})\geqslant\frac{(1-\mu)\bar{y}}{1-\delta}$$

是否成立，或者，利用(4.7)式的定义，

$$\mu\geqslant\theta-(\tau^P(\theta-\delta)-(1-\delta)C(\tau^P)) \tag{5.9}$$

是否成立。我们用了一个弱不等式，因为，如前所述，我们假定如果民众对政治现状和革命是无差异的，他们就不会造反。

如果(5.9)式不成立，那么就连最理想的税率也不足以阻止革命。这可能是因为民众是有组织的，并已经设法完全解决了集体行动问题，或者因为他们能够在革命之后非常生产性地使用经济的生产性资源。这两种情景都可以转化为低的 μ 值。反过来，(5.9)式可能不成立，因为税收是有成本的，即使对民众最佳的税率也不是足够再分配的。在这种情况下，唯一的均衡是民众发动革命。

另一种情形是在(5.9)式成立时的情形，从我们的分析的角度看，这种情形可以说更为引人注目。在这种情况下，存在一个唯一的税率 $\hat{\tau}$，由

$$\mu=\theta-(\hat{\tau}(\theta-\delta)-(1-\delta)C(\hat{\tau})) \tag{5.10}$$

给出，使 $V(y^P\mid\tau^N=\hat{\tau})=V^r(R,\mu)$。根据(5.9)式，这一税率满足 $\hat{\tau}\leqslant\tau^p$。因此，在这种情况下，唯一的均衡是权贵制定税率 τ^r 来阻止革命。

这一简单博弈的引人注目的特点是，尽管在非民主中权贵完全控制着正式政治权力，但他们仍可能不得不偏离他们最偏好的税率 τ^r，因为在非民主中有其他的政治权力源约束着他们的行动——在我们的表述中，即革命约束。这种政治权力是事实政治权力；民众们被排除在政治体系之外，但是，他们能从外部发起有效的挑战。惧怕由民众的这种事实政治权力发动的革命，权贵作出让步，并制定将其一部分资源再分配给民众的税率。

在陈述主要的结果之前，我们需要引入对策略的更为正式的定义。设 $\sigma^r=\{\tau^N\}$ 为权贵采取的行动，它由税率 $\tau^N\in[0,1]$ 组成，其中上标 N 代表非民

主。类似地，$\sigma^P=\{\rho(\cdot)\}$为民众的行动，由发动革命的决策 $\rho(\tau^N)$($\rho=1$ 代表革命)组成，这一决策取决于权贵当前的行动，根据图 5.1 描绘的事件时间，在博弈中，权贵在民众行动之前行动。因此，ρ 是一个函数，$\rho:[0,1]\to\{0,1\}$。于是，一个子博弈完美均衡是一个使 $\tilde{\sigma}^P$ 和 $\tilde{\sigma}^r$ 在所有恰当的子博弈中都是对彼此最佳反应的策略组合$\{\tilde{\sigma}^r,\tilde{\sigma}^P\}$。我们会一直用"～"表示一个特定的均衡。

由参数决定，各种策略组合都可能在均衡中出现。然而，对于任一参数的设定，均衡都是唯一的。当 $\theta\leqslant\mu$ 时，革命约束就不具有约束力，下述策略构成一个均衡：对所有的 τ^N，$\rho(\tau^N)=0$ 和 $\tau^N=0$。根据这些策略，权贵令税率为零，而且无论税率是多少，民众都不会造反。在此，权贵做什么不重要(即 $\rho=0$ 与 τ^N 无关)，因为穷人有一个优势策略。注意这一重要的特性，即策略必须既设定均衡路径上的行动也必须设定脱离均衡路径的行动。即使权贵的策略规定了零税率，民众的策略也要表明民众对所有的税率，而不仅仅是零税率所采取的行动。

当 $\theta>\mu$ 且(5.9)式不成立的时候，下面的策略组合是唯一的均衡：对于所有的 τ^N，有 $\rho(\tau^N)=1$。在这种情况下，即使将税率定为 τ^P，也不能阻止革命，所以无论权贵做什么，民众都将造反。民众再次拥有一个优势策略，这一次是不论 τ^N 为多少，民众都将造反。

最后，也是最引人注目的是，当 $\theta>\mu$ 且(5.9)式的确成立的时候，以下策略组合是唯一的均衡：$\tau^N=\hat{\tau}$ 且对于所有的 $\tau^N\geqslant\hat{\tau}$，$\rho(\tau^N)=0$；在脱离均衡路径时，对于所有的 $\tau^N<\hat{\tau}$，$\rho(\tau^N)=1$。在此，如果权贵不作出让步，革命是有吸引力的，但因为(5.9)式成立，民众能够被让步(具体通过制定令(5.10)式成立的税率 $\hat{\tau}$)劝阻，放弃革命。再次注意对脱离均衡路径行为的界定。权贵制定的税率为 $\hat{\tau}$，如果民众得到的税率 $\tau^N\geqslant\hat{\tau}$，民众不会造反。然而，民众的策略表示如果提供的税率 $\tau^N<\hat{\tau}$，他们将造反。诱使权贵实行再分配的就是这一脱离均衡路径的"威胁"。这个威胁是可信的，因为如果权贵违背让步的承诺，并试图以较少的再分配敷衍，那么，对民众来说，发动革命是最优选择。子博弈完美纳什均衡概念明确要求这种威胁必须是可信的。

总结这一分析，我们的结论如下：

命题 5.1：在图 5.1 的描述的博弈中，存在一个唯一的子博弈完美均衡

$\{\tilde{\sigma}^r,\tilde{\sigma}^p\}$，其性质如下：

- 若(5.4)式不具有约束力，那么，对于所有的 τ^N，$\tau^N=0$ 且 $\rho(\tau^N)=0$。
- 若(5.4)式具有约束力而(5.9)式不成立，那么，对于所有的 τ^N，$\rho(\tau^N)=1$。
- 若(5.4)式具有约束力且(5.9)式成立，那么，$\tau^N=\hat{\tau}$，$\hat{\tau}$ 由(5.10)式给出；且对于所有的 $\tau^N\geqslant\hat{\tau}$，$\rho(\tau^N)=0$，对于所有的 $\tau^N<\hat{\tau}$，$\rho(\tau^N)=1$。

因此，这一讨论和命题 5.1 都强调在非民主中均衡政策是如何由一个权贵的偏好组合和他们面临的约束决定的。当约束不存在或约束很松散的时候，就如在(5.4)式不成立的情形下，起作用的是权贵的偏好。当约束很紧的时候(即(5.4)式具有约束力的时候)，权贵能作出的选择是有约束的。

我们的模型自然以现有的革命模型为基础。这一研究——例如，罗默(Roemer，1985)、格罗斯曼(Grossman，1991，1994)、温特罗布(Wintrobe，1998)以及布宜诺·德·迈斯基塔等人(Bueno de Mesquita et al.，2003)——考察了一些简单的博弈，其中权威主义体制能够被民众推翻，然后做出各种各样的反应，诸如减税和再分配资产这样的让步，或进行镇压。与我们的分析一样，这些论文都抽象掉了集体行动问题。我们的主要创新稍后会出现，将说明在让步不可行、镇压的成本太高时，民主化将如何出现。为了理解让步何时可行、何时不可行，我们需要考察它们的可信性。

5.4 承诺问题

5.4.1 基本问题

贯穿本书的一个重要问题是那些控制政治权力的人无力承诺不使用政治权力。换而言之，问题是，当那些拥有政治权力的人对那些没有政治权力的人做出承诺时，承诺有时可能是不可信的。这一点之所以是重要的，是因为没有这种可信的承诺，那些掌权的人就只有不多的选择，特别是他们有时也许无力令人满意地应付危机，如我们在上一节讨论的革命固有的威胁。

承诺问题与政治权力有密切的联系。为了理解这一点，考虑一个非民主的国家，其中政治权力属于权贵。由于这样或那样的原因——但是，正如我们将会看到的那样，大多是为了避免革命——权贵愿意许诺在将来选择更合乎民众意愿的政策——例如，他们也许愿意许诺把收入再分配给民众。然而，在非民主中，权贵拥有政治权力，因此，他们有权决定未来的税收和转移支付水平。他们可以作出将来进行转移支付的承诺，但这些承诺也许是不可信的。明天，他们着手处理这些转移支付，如果在明天实行这些转移支付不符合他们的利益，他们就不会这样做，因为他们拥有政治权力。

承诺问题产生于决策的受益人和那些掌握政治权力的人的身份之间的潜在不一致性，强调这一点是很重要的。转移支付对民众有益；但转移支付是由权贵进行的，他们并不是受益者，相反，他们是承担着转移支付负担的人。因此，在未来实行这些转移支付通常并不符合他们的利益，他们关于未来再分配的许诺是不可信的。用政治权力掌握在民众手中的情形作一对比。那些掌握政治权力的人和转移支付的受益者的身份是一致的。民众当然愿意实现从权贵向他们自己的转移。这一点突出了在政治权力不掌握在所许诺政策的受益者手中时出现的承诺问题。在根本上，那些拥有政治权力的人是不可能承诺不使用政治权力，来背弃在过去作出的承诺的。〔1〕

不仅在政治中存在承诺问题，社会生活的方方面面也是如此。几乎所有经济性交易都有其时间性的一面。通常的情况时，交易者今天交付货物，但却在明天收到货款。如果客户许诺明天付款，但到了明天付款不符合他们的利益，承诺问题就出现了。在这种情况下，他们背弃他们的承诺，不予付款。因此，在社会和经济关系中，承诺问题是很普遍的。然而，在多数情况下，社会有成本相对较低的方法来处理最主要的潜在的承诺问题。为了消除潜在的问题，我们需要消除客户在如果背弃了其许诺而不面临任何反击的情况下，决定明天是否付款的自由。如我们所看到的那样，问题是：不论何时，只要客户以

〔1〕 许多学者都强调了这一事实：政治经济学的一个重要特点就是不存在能够实现政府作出的承诺的第三方，这一点导致了承诺问题和普遍存在的无效率。诺思（North，1990）和奥尔森（Olson，1993）讨论了这一观点，这一问题也是诺思和温加斯特（North and Weingast，1989）、温加斯特（Weingast，1997，1998）著作的主题，许多其他研究也隐含地触及了这一问题。另外，可参见格罗斯曼和诺（Grossman and Noh，1994）、迪克西特（Dixit，1996）、迪克西特和伦德雷根（Dixit and Londregan，1995）以及贝斯利和考特（Bestey and Coate，1998）关于无能力承诺如何造成政治结果的无效率的讨论。

没有任何约束的方式制定这一决策，客户就偏好不付款（因此，把钱留在自己的口袋里）。必须存在一些对他们的行为的“约束”或在他们决定不予付款时潜在的反击（即惩罚）。解决这些承诺问题有三种可能的方法：合同、重复交易以及改变将制定决策的人的身份。

最常见的解决潜在承诺问题的方法是写下可执行的合同。例如，商人可以在交货之际让客户签下保证数日内付款给商人的合同。如果客户未能付款，会发生什么？如果合同事实上是可实施的，存在商人可以起诉客户违反合同条款的外部机构，这一机构通常是法院。该机构在确定了主张的真相后，会惩罚客户，如果可能的话会强制他付款。在一个理想的世界里，合同解决了大部分潜在的承诺问题。然而，即使是在纯粹的经济交易的领域，我们也与这个理想世界相距甚远，经济交易中这些类型的合同有许多问题，包括那些来自信息不对称的问题。他们也包括与这样一个事实有关的问题，即人们愿意为之签约的某些重要特征，例如，商人向客户交付的货物的质量，也许是不具有可签约性的，因为外部机构没有能力观察到真实的质量（这种合同问题的含义是组织经济学大量文献的主题，例如，Williamson，1985；Grossman and Hart，1986）。然而，当我们来到政治领域时，潜在的合同问题更加严重，甚至是无法解决的。

这种情形的一个基本特点是：如果客户决定背弃他们的承诺，外部机构就会介入并“实施合同”。没有这种实施，合同的价值就很有限。客户会违约且不遭受任何的反击。在经济交易中，这种执行有时有困难，但基本上是可能的，因为存在“国家”及其对合法强制权力的垄断，以及它授权给其他机构（如法院），所以它们能够实施该合同的事实。然而，在政治领域，控制政治权力的团体基本上就是“国家”。这就是问题所在。当涉及国家或控制国家的社会团体愿意与其他人签订的合同（例如，在非民主中控制政治权力的权贵与民众签下的合同）时，根据定义，合同是不可实施的，因为控制国家的团体不可能承诺不使用他们的政治权力来背弃诺言并改变合同的条款。这意味着，合同的解决办法对政治上的承诺问题很少会起作用，因为，最常见的情况是，违反合同的行动者正是被认为应该实施合同的一方（Acemoglu，2003a）。

第二种可能的解决方法是重复的博弈互动。如果客户期待在将来与同一批商人做生意,且他们之间不明言的(或明言的)协议是如果客户拒付钱款,他们将来便不能再进行交易,客户也许就不敢背弃他们的承诺。这种重复的博弈互动是合同的一种不完美的替代品。之所以是不完美的,是因为它们只有在下述情况下才会起作用:行为是非常前瞻性的,且持续的交易关系所带来的收益足够丰厚,使客户认为承受目前付款的成本是值得的——它们能通过将来的生意得到这些收益,或者面对被排斥在一种有潜在收益关系之外的惩罚。我们在后面会讨论这种重复的博弈互动如何起作用,但经常是有缺陷的。

这就把第三种可能性留给了我们,这就是剥夺客户的决策权。如果由商人而不是由客户来做是否付款的决策,问题就迎刃而解了。在前面的经济学的例子中,这样做的一个方法就是客户给商人一张填迟日期的支票,然后商人在指定的日期去兑现。显然,兑现支票符合商人的利益,因为付款的成本是由客户承担的,商人就是自己的受益人。换句话说,通过消除行动的受益人(商人)与采取行动的人(客户)的身份之间的不一致性,承诺问题得到了解决。现在,商人采取行动,他将采取符合其自身利益的行动,解决承诺问题。尽管这种简单的解决方法并不适用于政治领域,但在实质上与此类似的办法也许是最有用的:改变拥有政治权力的人的身份,消除政策的受益人和拥有政治权力的团体的身份的不一致性。

承诺问题以及政治制度如何这一问题对理解本书余下部分是不可或缺的。事实上,正如我们在引言中所指出的那样,在我们的模型中,政治制度的关键作用是调节政治权力在未来的配置。民主化,作为政治制度的彻底变革,是作为一种将政权从权贵转移给民众的方式出现的。这样一种权力转移的必要性产生于政治中固有的承诺问题。如同客户不愿付款一样,在非民主中拥有政治权力的权贵将不愿对民众作出收入转移等形式的让步。因此,在民众被排除在政治体系之外的情况下,权贵作出的未来再分配和转移支付的承诺是不可信的。民主化,通过将政治权力转移给民众,是使上述承诺具有可信性的一个办法。民主本身所遭受的承诺问题将在第 7 章讨论。在民主中,多数民众也许会制定对权贵极其不利的政策。作为还击,权贵也许会威胁要发动一场政变,民主主义者希望通过让步避免政变。然而,在非民主中,权贵也许无力通过许诺避免革命发生,因为这些许诺不可信。与此相同,在民主中,也不可能通过许诺来避免政变。

5.4.2　承诺不使用政治权力的困难

在进入对政治领域中的承诺的正式分析之前，我们先讨论三个历史事例，来看让那些拥有政治权力的人承诺不使用它有多么困难。我们已在南非看到了引人注目的例子和一些后果。在第1章，我们讨论了在1976年索韦托起义之后，白人政府是如何承诺做出许多让步的，例如终止建造黑人家园。然而，一旦索韦托起义被平定，威胁就不存在了，白人政府便背弃了他们的承诺。另一个引人注目的南非例子出现于1994年的选举。由于非洲人国民大会拥有的多数越来越明显，其领导者开始担心它不应该如此庞大。例如，一旦非洲人国民大会拥有了超过66%的票数，它就能够单方面地修改宪法。大概是出于非洲人国民大会要创建一个巩固的民主，避免破坏性行动，避免少数白人的资本外逃这一目标，非洲人国民大会宁愿在议会里是一个更为有限的多数。因此，非洲人国民大会努力避免在1994年选举中赢得使它能改写宪法的选举多数。在南非，宪法是保护民主的一个重要部分，非洲人国民大会明白如果它有能力改写宪法的话，也许就无力再阻止自己不这样做，这一步有可能带来灾难性的后果。

我们集中考察其他三个例子，它们都与面对革命威胁时作出让步的国家有关。在所有情况下，这些让步的许诺都发挥了作用，因为革命在革命者没有实现政权转移的情况下夭折了。由于这一原因，也是因为事实政治权力的暂时性的性质，在这三个例子中，国家都背弃了它的许诺，这便提出了一个自然而然的问题：为什么这样的许诺会阻止革命？自然而然的原因是，事实上，而且如我们提出的模型所表明的那样，可信性的实际程度通常是不确定的。即使革命者知道会有背弃承诺的情形发生，但赌这些诺言能被兑现，要比完全不理会它们更好。

5.4.2.1　1381年的农民起义

1381年的农民起义是英国历史上最重要的群众叛乱。我们的记述依据的是希尔顿(Hilton，1973)、多布森(Dobson，1983)、戴尔(Dyer，1984)。它从埃塞克斯的一次地方性起义开始，然后便迅速扩散到英国东南部的大部分区域。

最后，一支农民军向伦敦挺进，占领了伦敦塔，杀死了坎特伯雷大主教和国王的财政大臣，并在迈尔恩德（Mile End）的著名会议上把他们的愤恨矛头直接指向了当时 14 岁的国王理查德二世。

起义的主要历史背景是黑死病的余波。这一在 14 世纪 40 年代流行的传染病大大提高了工资，导致在封建制度中出现了许多有利于农民的变革。然而，在此期间，领主不断地尝试重申他们的权力，引起了大量的冲突。农民要求摆脱封建的劳动束缚、管制和税收。英国还频繁地进行代价高昂的战争，为了给这些战争筹资，理查德二世于 1380 年推行人头税，要求征税名单上的每个人都要支付五便士。这是在四年中第三次实行这样的一种税收。如果农民们不能用货币纳税，他们就必须以实物支付。

1381 年 5 月，一个收税员到埃塞克斯的福宾（Fobbing）村去检查为什么那里的人们没有缴纳人头税，他被村民赶了出来。6 月，士兵来确立法律和秩序。他们同样被赶了出来，因为福宾的村民们已经组织了起来，埃塞克斯的许多其他村民也加入其中。起义迅速蔓延到肯特郡、萨克福郡、赫特福德郡和诺福克郡。一个人作为农民们的领袖出现了：来自肯特的瓦特·泰勒。农民从肯特和埃塞克斯向伦敦挺进，他们破坏了税收记录、征税名单和政府建筑。

6 月 12 日，埃塞克斯人在奥尔德格特（Aldgate）不远处的旷野中的迈尔恩德扎营。第二天，肯特人抵达了布莱克希思（Blackheath），当局措手不及，在接下来的几天中，一些伦敦的穷人加入了来自埃塞克斯和肯特起义者的不同分支。他们着手攻击城市政治目标，烧毁了萨伏伊宫，也可能是英国最有势力的权贵、理查德二世的叔叔约翰·岗特的府邸。他们还放火烧了财政大臣的海伯利（Highbury）庄园，打开了监狱，并毁灭了法律记录。

6 月 14 日，国王理查德和少数领主、爵士在迈尔恩德会见了埃塞克斯的农民，农民保证对理查德效忠，并交给他一份请愿书，要求废除隶农制，以自由契约为基础提供劳役，以及以一英亩四便士的价格租用土地的权利。国王同意满足这些要求。值得注意的是，当天晚些时候，一些农民进入了伦敦塔，侵袭了皇室的卧室和密柜。同时，在塔中，起义者把坎特伯雷大主教、财政大臣和约翰·岗特的医生羁押起来，把他们拖到塔桥上处死。这些事件之后，许多埃塞克斯的起义者开始散去。

第二天，国王理查德在史密斯菲尔德会见了肯特的起义者。他们要求：结束除国王以外的所有领主统治，没收教堂的财产并在广大民众之间分配，且整个国家只能有一个主教。如前面一样，国王允诺了摆在他面前的所有要求。然而，起义者的领袖瓦特·泰勒据说是傲慢地称呼了国王，伦敦的市长便把他从马上拉了下来，一个护卫杀死了他。人群准备猛攻国王和他的手下，但是，国王勇敢而冷静地面对了他们。泰勒的死和国王理查德做出的满足农民要求的另一许诺足以让他们回家了。

自1381年6月16日起，伦敦变得安全起来，随着时间的流逝，当局控制了经历起义的所有地区。国王理查德发布了一个公告，否认他曾同意反叛者所作所为的传闻，而且不久之后就收回了曾授予他们的宽宥。司法调查接踵而至，国王巡视了曾出现反叛的地区。在埃塞克斯郡和赫特福德郡，严厉地处置了反叛者——起义的许多重要领导人都已经死了，幸存下来的也被处死。当时的一位编年史家这样写道：

后来，国王把他的使者派遣到各个地方，俘获犯罪分子并把他们处死。许多人在伦敦被抓走并被绞死，他们在伦敦城周围以及英国南部其他的市、区架设了许多绞架。最后，如上帝所喜欢的那样，国王意识到臣民死伤太多，血流成河，他起了怜悯之心，宽恕了所有的人，条件是他们决不再起义，承受失去性命或成员的苦痛，每个人将得到各自的赦免宪章，并偿还国王20先令作为印章的费用，让国王富有。这场邪恶的战争就这样结束了。（转引自 Oman，1906，pp. 200—203，205）

国王理查德并没有兑现他的诺言，声称这些诺言都是在胁迫下做出的，因此不具有法律效力。这一农民起义是一个经典的例子：一旦威胁消失，让步的承诺可能会被背弃，因为法定政治权力的结构没有发生变化。

5.4.2.2 新格林纳达（哥伦比亚）的考姆奈罗起义

另一个经典的背弃诺言的例子来自拉丁美洲西班牙殖民帝国的末期。当波旁王朝在18世纪早期擅取了西班牙的王位时，它试图对殖民制度做大量变革，主要是为了增加税收。这一点导致了普遍不满和两次重大的起义：秘鲁著名的图帕克·阿马鲁起义（参见 Stavig，1999；Robins，2002）和1781年哥伦比亚（在殖民时期被称为新格林纳达）的考姆奈罗起义。

我们依据萨福德和帕拉肖斯(Sufford and Palacios,2002)的权威叙述;也可参见阿西尼加斯(Arcinegas,1938)、卡德纳斯·阿考斯塔(Cardenas Acosta,1960)、费伦(Phelan,1978)和阿吉莱拉·佩尼亚(Aguilera Peña,1985)关于这一主题的重要著作。萨德福和帕拉肖斯注意到:

西班牙波旁王朝统治下的革新帮助播下了殖民地叛乱的种子。殖民地的行政改革意味着……一项偏好将西班牙人而非克利奥尔人安置于高职位的故意设计的政策,一项进一步激化了殖民地人对该体系的愤怒的政策。增加税收的企图激发了群众的起义,并趋向于削弱西班牙官员的权力……战争的财政需求在新格林纳达激发了18世纪60年代的各次重要的税收暴动和1781年的大规模起义。(Sufford and Palacios,2002,pp. 54—55)

在新格林纳达,

在18世纪50年代……行政官开始奋力争取更多有效的税收。政府对甘蔗酒售卖的垄断成为一个重要的收入来源。在18世纪60年代,皇家政府确立了对烟草销售的垄断控制……后来,政府官员就提高了酒和烟草的价格,并将当时的销售税提高了一倍。(Sufford and Palacios,2002,pp. 63—64)

考姆奈罗起义从1778年波哥大反抗烟草垄断的抗议开始。在新格林纳达,烟草普遍由小农场主种植,垄断逐渐限制了可以种植烟草的区域,以限制供给,使皇家政府的收益最大化。新格林纳达东北部的关内塔(Guanenta)地区(位于今天的桑坦德部)受到了沉重打击。1780年,在查腊拉、莫戈特斯和锡马科塔爆发了动乱。这些行动没有使政府和皇族摄政者做出任何让步,古铁雷斯·德·皮涅雷斯(Gutierrez de Pineres)不仅加强了对烟草和甘蔗酒的垄断,还在同一年加倍征收了销售税。税收的这一增加

……特别令关内塔的人民伤心,因为在商品中,原棉和棉纱都受到了影响,关内塔是总督管辖地区的棉纺织首要中心。对于关内塔的穷人来说,这些措施取消了他们主要的谋生手段之一——烟草;危及了第二种——棉纺织。(Sufford and Palacios,2002,p. 65)

此外,恶劣的天气造成了该地区的食物短缺,并暴发了严重的天花。从1781年3月开始,该地区便接二连三地爆发暴动。皇家烟草店铺被破坏,尽管起义的最初只是穷人,但很快便由“中等收入的人——屠户、织工、牛贩子和小

农场主”组织起来；并且，“有钱人最终也接受了正式的领导地位”(p. 66)。5月，起义者打垮了古铁雷斯·德·皮涅雷斯派来抵抗他们的一支小部队，对起义的支持在新格林纳达北部和东北部扩散开来。在这一最初的胜利之后，起义者称自己为考姆奈罗，南下向波哥大进军。到5月末，人数也许达到一万五千到两万人的起义军抵达了首都。

到这个时候，古铁雷斯·德·皮涅雷斯已逃出波哥大，实权掌握在大主教贡戈拉(Caballeroy Gongora)手中。他立即就允诺了考姆奈罗列出的35个要求，包括废除新的销售税。烟草的垄断将会终止。简言之，如萨福德和帕拉肖斯所述(2002，p. 67)，“实施所有这些条款意味着实际上放弃前20年里所有新波旁收入措施”。另外，考姆奈罗要求放逐古铁雷斯·德·皮涅雷斯，并在政府中提拔克利奥尔人。

一旦大主教同意了所有这些要求，他就能够说服起义者们回家。然而，

起义的热情在关内塔多少有点冷却下来之后，来自喀他赫纳的皇家军队的增援来到了……皇家政府实行了惩戒性的处罚。曾在1781年6月投降之后，仍坚持反抗的何塞·安东尼奥·加兰(Jose Antonio Galan)和其他三个考姆奈罗于1782年1月被绞死；他们的头、手和脚被置于首都和城镇(曾在起义中十分突出)的公共广场的杆子上。其他人……被判决鞭二百、公开羞辱，并囚禁于非洲。关内塔无地的农民被作为殖民地居民打发到巴拿马地峡……一旦实行了最残忍的惩罚，皇家官员……就背弃了与考姆奈罗的协议。

因此，尽管在1781年6月，让步的诺言足以安抚考姆奈罗，但一旦威胁消失，皇家政府就背弃了它的诺言。

5.4.2.3 1905年俄国革命

最后一个例子是1905年的俄国革命(Ascher，1988，1992；Verner，1990；Rawson，1995)。俄国人在与日本人交手时遭遇的灾难性军事战败，尤其是1905年5月的对马岛之战促成了这次革命，但它同样也反映出俄国社会所固有的许多社会矛盾。虽然农奴在1865年就被解放了，但对他们购买土地或迁徙的能力仍有许多限制，而且新近工业化城市工厂的条件十分恶劣。工人们组建工会的努力遭到了工厂主的抵制。1903年，一位名为乔治·加邦的牧师成功地组织了俄国工人大会。一年之内，它便拥有了九千多名成员。

1904 年，对抗日本的战争（始于 2 月）导致的迅速通货膨胀，使实际工资下降了 20%，加邦组织的运动加大了声势。当俄国工会的四名成员被普提罗夫（Putilov）钢铁厂解雇时，加邦呼吁工人行动起来。在后来的几年中，圣彼得堡的 11 万多名工人举行了罢工。

为了解决争端，加邦以个人名义请求尼古拉斯二世，他于 1905 年 1 月草拟了一份请愿书，概述了工人的疾苦和要求。这份请愿书提出的要求有：八小时工作制；组织工会的自由；改善工作状况；免费的医疗救助；提高女工的工资；通过普遍的、平等的、不记名的投票选举建立国会；言论、出版、结社以及宗教信仰的自由；结束与日本的战争。

1 月 22 日加邦领导了去位于圣彼得堡的冬宫的示威运动，向沙皇递交了请愿书。就在工人的游行队伍抵达冬宫时，遭到了警察和哥萨克人的袭击。一百多名工人死亡，大约三百人受伤。这一事变被称为“血腥星期天”，引发了一系列作为 1905 年革命闻名的事件。全国各地都发生了罢工，在全体学生罢课抱怨没有公民自由的时候，大学被封闭。律师、医生、工程师以及其他中产阶级的工人建立了工会联盟并迫切要求建立国会。

1905 年 6 月，波坦金（Potemkin）战舰上的士兵对供应的腐肉发起抗议。船长的回应是命令枪毙抗议的头目。行刑队拒绝执行这一命令，并与其余船员一起把船长扔下了船。波坦金兵变迅速波及陆军和海军的其他部队。

沙俄全国的产业工人都举行了罢工，1905 年 10 月，铁路工人罢工，使得整个铁路系统处于瘫痪状态。一个月后，利昂·托洛茨基和其他的孟什维克成立了圣彼得堡苏维埃。在接下来的几个星期，整个俄国建立了 50 多个苏维埃。

新上任的财政大臣谢尤·维特建议尼古拉斯二世做出让步。他最终应允并发表了“十月宣言”，准许信仰、言论、集会和结社自由。他还承诺，将来未经审讯的人们不会被囚禁。最后，他宣布若没有一个新组织——杜马的正式批准，任何法律都不会生效。因为这是唯一的一个协商性实体，许多俄国人都感到这次改革不够彻底。托洛茨基和其他革命者公然抨击这一计划。1905 年 12 月，托洛茨基和圣彼得堡苏维埃执行委员会的成员被逮捕。不论怎样，“十月宣言”做出的让步姿态起到了安定国家、削弱革命威胁的作用。

第一届杜马在间接的男性普选的基础上选举产生。农民、市民和贵族都推选出他们各自的代表。各省的代表在省城聚会,选择杜马成员。然而,在"十月宣言"发表以后,尼古拉斯二世在杜马的构成上做了几处变动:他创建了一个国务院,一个他将提名一半成员的上议院。他还为自己保留了宣战、控制东正教和解散杜马的权力。沙皇还有任命和撤销大臣职务的权力。甚至在第一届杜马会议之前,尼古拉斯二世就已经收回了他曾在 10 月做出的承诺。

不论怎样,第一届杜马有一个由社会主义革命家、孟什维克、布尔什维克、十月党人和立宪民主党人组成的左翼多数。在 1906 年 5 月的第一届大会上,杜马成员提出了一系列要求,包括释放政治犯、工会权利和土地改革。尼古拉斯二世驳回了所有的提议并于 1906 年 7 月解散了杜马。1906 年 4 月,尼古拉斯二世强迫维特辞职,并用政治上更为保守的彼得·斯托雷平取代了他。斯托雷平试图在实施迫切需要的社会改革(例如,土地改革)与镇压激进分子之间保持一种平衡。

第二届杜马选举于 1907 年举行。斯托雷平对选举法做了些改动,并利用他的权力把很大一部分人排除在选举之外。新的选举法同样赋予了贵族(阶层)更多的代表权,并授予大地主们更大的权力以损害农民的利益。城镇里的选举也发生了变动:那些拥有自己住宅的人推选超过半数的城市代表。这些变化削弱了左翼的影响力,但是当第二届杜马于 1907 年 2 月召开时,它仍包括许多的改革者。在三个月的激烈争论之后,尼古拉斯二世于 1907 年 6 月 16 日解散了杜马。

第三届杜马于 1907 年 11 月 14 日召开。先前由社会主义革命家、孟什维克、布尔什维克、十月党人和立宪民主党人组成的左翼多数,在人数上被反动分子和民族主义者超过。与前两届杜马不同,这一届杜马在其全部五年的任期内一直运行。

1905 年俄国革命是最后一个关于诺言如何——如果法定政治权力的性质没有根本性的变化——被背弃的例子。作为对 1905 年起义和动乱的回应,尼古拉斯二世做出了让步,包括在某种程度上建立一个民主机构——杜马。然而,杜马不够强大,不能保证尼古拉斯二世将他的让步进行到底;一旦革命的浪潮消逝,尼古拉斯二世就会相应地食言。

5.4.3 构建关于非民主中的承诺问题的模型

现在我们要介绍对政治中潜在承诺问题建立模型的简单方法，以此为后面的研究奠定基础。让我们首先回到图 5.1 中表明的博弈，其关键特征是权贵在民众做出是否革命的决策之前制定税率。现在设想一下图 5.2 中显示的另一种博弈，其中，民众首先做出是否革命的决策；然后，如果不发生革命，权贵制定税率。这两个博弈之间的差别看起来似乎不大，但事实上，却存在着重大不同：在图 5.1 表示的博弈中，不存在承诺问题，权贵在民众做出革命与否的决策之前制定税率，并能够利用这一税率消除革命的威胁。现在，权贵不再拥有这一选择，因为他们在革命决策之后制定税率。

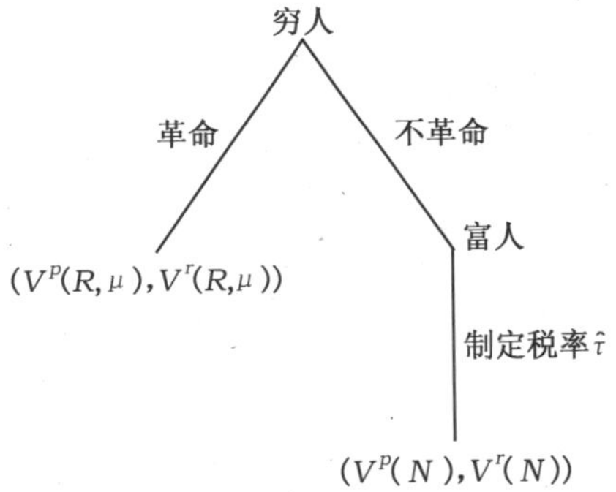

图 5.2 非民主中的承诺问题

让我们来分析该博弈的子博弈完美均衡。与往常一样，我们用反向归纳法来分析，从最后一个子博弈开始，这是在民众决定不发动革命之后的子博弈。在这一子博弈中，权贵不得不决定税率，税率得以执行，博弈结束。由于不再有任何约束，所以权贵选择他们最偏好的税率，$\tau^r=0$，由它给出的支付为：

$$V^P(N)=V(y^P\mid\tau^N=\tau^r)=y^P \tag{5.11}$$

和

$$V^r(N)=V(y^r\mid\tau^N=\tau^r)=y^r$$

我们用符号 $V^i(N)$来表示在非民主中当权贵制定了他们的理想政策时，i 的价值($i=p,r$)。退回到博弈的前一阶段，民众必须在革命或不革命之间做出决定，正如(5.1)式所表示的，革命给他们带来的支付为 $V^P(R,\mu)$，不革命带

来的支付是$V^P(N)=V(y^P|\tau^N=\tau^r)$。只要(5.4)式成立,前者的数值就会更大,因此,只要(5.4)式成立,民众就会发动革命。

在设定均衡时,我们再次使用符号$\sigma^P=\{\rho\}$和$\sigma^r=\{\tau^N\}$。民众首先行动,选择$\rho\in\{0,1\}$(也就是说,起义或不起义),而权贵在他们之后行动,选择税率τ^N。因为权贵们只有在$\rho=0$才得以行动,所以我们把这一点设定为一个选择(不是函数)$\tau^N\in[0,1]$。于是,子博弈完美均衡便是使$\tilde{\sigma}^P$和$\tilde{\sigma}^r$在所有恰当的子博弈中都是彼此最优反应的策略组合$\{\tilde{\sigma}^r,\tilde{\sigma}^P\}$。

我们可以看出,下列策略组合是唯一均衡。当$\theta\leqslant\mu$时,有$\rho=0$和$\tau^N=0$。在这一均衡中,革命约束不具有约束力,所以民众不起义,且权贵制定了他们偏好的零税率。当$\theta>\mu$时,以下策略组合是唯一均衡:$\rho=1$。在这种情况下,革命是最优行动,穷人进行革命。现在,我们有下面的命题:

命题 5.2:图 5.2 描述的博弈中,有一个唯一的子博弈完美均衡$\{\tilde{\sigma}^r,\tilde{\sigma}^P\}$,使得:

- 如果(5.4)式不具有约束力,那么$\rho=0$且$\tau^N=0$;
- 如果(5.4)式具有约束力,那么$\rho=1$。

该命题的结论与命题 5.1 的结论是不同的,均衡革命在一个远为更大的参数值集合下发生。这反映了权贵的承诺问题。在上一小节描述的博弈中,是不存在承诺问题的,因为权贵在民众做出是否发动一场革命的决策之前行动。现在,则出现了一个严重的承诺问题。为突出这一问题的本质,考虑权贵许诺再分配,以此避免革命发生的情况。然而,这一许诺是不可信的,因为按图 5.2 描述的博弈,他们是在民众的革命决策之后行动,所以不管他们做出什么承诺,都是不可信的。

该博弈说明了我们此前概述过的更为普遍的承诺问题:那些拥有政治权力的人——这里是权贵——只要他们继续把持政治权力,就不可能做出在将来进行转移支付的许诺。在图 5.2 表示的博弈中,权贵做出的征税决策是在民众的革命决策之后。这意味着权贵必须承诺在未来实行转移支付。但这个关于未来的承诺是不可信的。然而,在某种意义上,这是一个相当简化的情形,因为没有真正意义上的现在与未来,因为该博弈并不真正涉及许诺,所以我们只能在一种松散的意义上谈论许诺。我们会逐渐丰富这个博弈,将它作为在第6章进行的民主化分析的一个工具。在下一节中,我们将介绍这一将在全书使用的简单博弈的一个变形,它是将在5.6节中介绍的完全动态博弈的一个简化。

5.5 一个简单的诺言博弈

到目前为止,我们讨论了革命约束以及权贵如何能通过做出再分配的承诺而避免革命,而且说明了为什么这些承诺也许不可信:因为权贵继续把持政治权力,给定他们的政治权力,他们就能背弃诺言。在这一图景中,有两个重要的因素被遗漏了:(1)有效的革命威胁是罕有的事件,仅发生于民众设法解决了革命所固有的集体行动问题的时候;(2)到目前为止,在我们分析的博弈中,权贵要么在革命决策之前行动,不存在承诺问题;要么在革命决策之后行动,不存在承诺的可能性。相反,我们希望有一个这样的博弈:存在权贵做出承诺的某种可能性,但这些承诺是不完全可信的。

图5.3表明了包含这些特征的最简单的博弈。自然首先行动,在两种威胁状态即低和高状态中选择;$S=L$ 或 H。引进这两种状态的动机是强调只有在某些状态下才会存在一种有效的革命威胁。一般来说,这可能是因为有些环境是独一无二地有利于解决集体行动问题的——例如,庄稼歉收、经济周期中的萧条、战争的结束或其他一些经济的、社会的或政治的危机。我们假定革命威胁的有效性在这两种状态中会有所不同。特别是,我们假定民众在 S 状态下从革命得到的支付是:

$$V^{P}(R,\mu^{S})=\frac{(1-\mu^{S})\bar{y}}{1-\delta} \tag{5.12}$$

其中,我们认为低威胁状态对应于对民众来说解决集体行动问题或面对其他在组织革命过程中出现的问题,成本相对更高,所以 μ^{L} 高的情形。为了简化讨论,我们考虑 $\mu^{L}=1$ 的极端情形。相反,在高威胁状态,民众们能以相对低的成本解决集体行动问题或是权贵没有很好地组织他们的防御,因此可能出现有效的革命威胁,我们通过假定 $1>\mu^{H}>0$ 来描述这一情况。因为 μ^{L} 在我们的分析中不起任何实质作用——的确,在本书后面的部分将不再论述这种状态以简化博弈树——从现在起，我们使用符号 $\mu^H=\mu$。

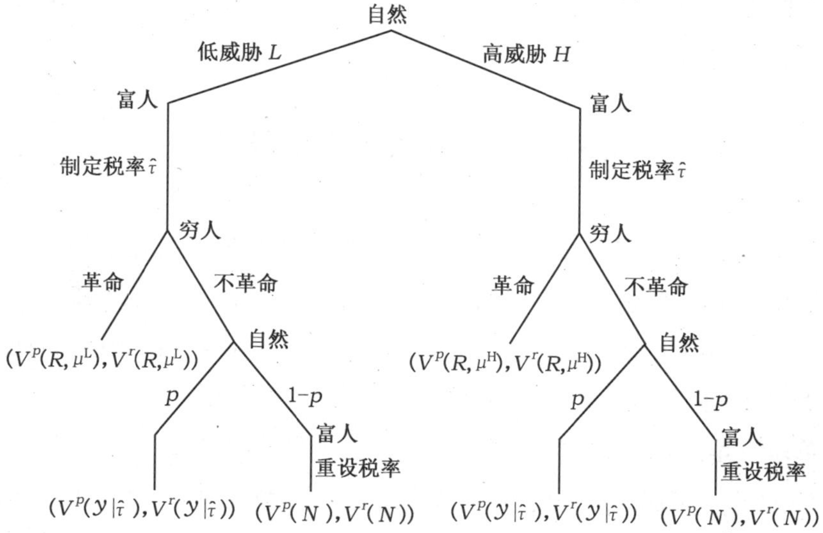

图 5.3　一个诺言博弈

在自然显示了威胁状态之后，权贵制定了税率 τ^N。观察到这一税率，民众决定是否发动一场革命。到目前为止，这一博弈与图 5.1 中的博弈没有很大不同。事实上，如果它到此结束，那么它与后者几乎是一样的，稍微不同的只是拥有了两种状态而不是一种。然而，在民众的革命决策之后，有一个以简化形式表述的后续博弈，那些拥有政治权力的人许诺采取不符合其眼前利益的未来行动。特别是，自然行动并决定权贵是否把税率 τ^N 重设为一个新的与其许诺不同的税率。更具体地说，设权贵坚持以税率 τ^N 进行再分配的许诺的概率为 p。许诺无效，因而，权贵重设税率的概率为 $1-p$。我们用 $\bar{\tau}^N$ 表示这一税率。在这一点上，因为发动革命的时机已经消失，权贵是不受约束的，制定他们最偏好的税率 $\bar{\tau}^N=\tau^r$。我们用符号 $v\in\{0,1\}$ 表示自然的选择，$v=1$ 表示权贵可以重设税率。

这一在民众的革命决策之后的后续博弈是对那些拥有政治权力的人不能承诺未来再分配和税收决策这一问题建立模型的一个简化形式方法。当 $p=1$ 时，不存在承诺问题，我们得到的是图 5.1 描述的情形；当 $p=0$ 时，则是完全无承诺能力的情形，得到图 5.2 表示的博弈。因此，可以将 p 作为对非民主体制的承诺能力进行参数化的一种方式。在这一博弈中，不存在严格意义上的“未来”，因为只有一个时期的再分配，没有今天和未来的明确不同。然而，这一后续博弈以一种相对简单的方式包含了在革命威胁消失之后权贵背弃其诺言的可能性。我们下一节将说明，当有一个革命威胁会在未来重现的完全动态模型时，这一模型所具有的一个简化形式，与正在分析的图 5.3 表示的更简单模型相似。

有关的支付如下：如果民众发动一场革命，其支付由(5.12)式给出，为 $V^P(R,\mu^S)$，且 $V^r(R,\mu^S)=0$。如果权贵得以重设税率，他们将选择最偏好的税率 τ^r，支付为(5.11)式给出的 $V^P(N)$ 和 $V^r(N)$。如果他们不能重设税率，且承诺的税率 τ^N 有效，那么这两个团体的支付为(5.8)式给出的 $V(y^P\mid\tau^N)$ 和 $V(y^r\mid\tau^N)$。这意味着在权贵许诺以 τ^N 进行再分配时，期望支付为 $(V^P(N,\tau^N),V^r(N,\tau^N))$，使得：

$$V^P(N,\tau^N)=y^P+p(\tau^N(\bar{y}-y^P)-C(\tau^N)\bar{y}) \tag{5.13}$$

和

$$V^r(N,\tau^N)=y^r+p(\tau^N(\bar{y}-y^r)-C(\tau^N)\bar{y})$$

这两个等式考虑了这样一个事实，即：以税率 τ^N 进行的再分配只以概率 p 发生，而权贵将税率重设为 τ^r 的概率为 $1-p$。还要注意，我们使用了符号 $V^i(N,\tau^N)$，这是指权贵许诺以税率 τ^N 进行再分配的情形。这与在权贵不受约束时的价值 $V^i(N)$截然不同。我们在全书都使用这类符号。

因此，在观察到以税率 τ^N 进行再分配的许诺之后，民众必须在(5.13)式给出的 $V^P(N,\tau^N)$ 与(5.12)式给出的来自革命的支付 $V^P(R,\mu^S)$之间进行比较。显然，由于 $\mu^L=1$ 这一事实，对于任意的 τ^N，都有 $V^P(N,\tau^N)>V^p(R,\mu^S)$。因此，在低威胁状态下，$\mu^S=\mu^L$，权贵不会遭遇革命；预料到这一点，他们就不会作出让步，只是制定他们最偏爱的税率 $\tau^N=\tau^r=0$(或用我们的符号表示为 $\tau^N(\mu^L)=\tau^r$。

与此相反，在高威胁状态 $S=H$ 下，革命约束可以是有约束力的。如前所述，如果 $V^p(N,\mu^H)>V^P(N)$，我们就说革命约束就是有约束力的；也就是说，在非民主，如果民众从革命中得到的支付大于从权贵制定其最偏爱的税率得到的支付，那么，由(4.7)式和(5.12)式可知，这时的革命约束就再次等于(5.4)式。如果这个革命约束不具有约束力，那么即使是在高威胁状态下，权贵也是不受约束的，他们会再次制定他们最偏好的税率。另一方面，假定革命约束有效（即 $\theta>\mu$）。那么，会发生什么？

如果可能，权贵愿意避免革命。他们是否能做到这一点，取决于他们可能许诺给民众的价值。显然，他们能提供的最有利于民众的税率为 $\tau^N=\tau^P$，如(4.11)式所给出的那样。然而，由于承诺问题的存在，这肯定不会与提供 τ^P 一样好。权贵是否能阻止革命取决于 $V^P(N,\tau^N=\tau^P)$ 是否大于 $V^P(N,\mu^H)$。更明确地说，关键条件是是否有：

$$y^P+p(\tau^N(\bar{y}-y^P)-C(\tau^P)\bar{y})\geqslant\frac{(1-\mu)\bar{y}}{1-\delta}$$

如前所述，μ^H 取特定值 μ，或者是否有：

$$\mu\geqslant\theta-p(\tau^P(\theta-\delta)-(1-\delta)C(\tau^P)) \tag{5.14}$$

如果不等式是有极限的（即 θ 相对低），或者如果权贵作出的许诺得以兑现（即 p 相对高），那么生活在非民主中对民众来说不算太糟。条件(5.14)式将成立，革命可以被避免。

为了分析这个模型，让我们来决定革命成本 μ^* 的临界值，它使(5.14)式作为等式成立：

$$\mu^*=\theta-p(\tau^P(\theta-\delta)-(1-\delta)C(\tau^P)) \tag{5.15}$$

于是，当 $\mu>\mu^*$ 时，我们有 $V^P(N,\tau^N=\tau^P)>V^P(R,\mu^N)$，或者换而言之，(5.14)式将成立。然后，我们可以定义一个使 $V^P(N,\tau^N=\hat{\tau})=V^P(R,\mu^H)$ 的 $\hat{\tau}(\hat{\tau}\leqslant\tau^P)$，权贵可以通过制定（也就是说，通过许诺）这一税率阻止革命。因此，$\hat{\tau}$ 满足

$$\mu=\theta-p(\hat{\tau}(\theta-\delta)-(1-\delta)C(\hat{\tau})) \tag{5.16}$$

与以前一样，我们用 σ^r 和 σ^P 表示一般的行动向量。在此，$\sigma^r=\{\tau^N(\cdot),\hat{\tau}\}$，$\sigma^P=\{\rho(\cdot,\cdot)\}$。策略也受制于所处状态是低威胁还是高威胁。因此，权贵的策略是函数 $\tau^N:\{\mu^L,\mu^H\}\rightarrow[0,1]$（为了表述清楚，我们用符号 $\{\mu^L,\mu^H\}$ 代替 $\{1,\mu\}$）；民众的策略是函数 $\rho:\{\mu^L,\mu^H\}\times[0,1]\rightarrow\{0,1\}$。在此，$\tau^N(\mu^S)$ 是在威胁状态为 μ^S 时，权贵的税率决策；$\rho(\mu^S,\tau^N)$ 是在状态为 μ^S，且权贵选择的税率为 τ^N 时的革命决策。在这个博弈中，权贵可以行动两次。如果没有革命，且自然选择 $v=1$，那么权贵得以重设税率；然而，因为当 $v=0$ 时，权贵未

能再次行动,我们用一个选择 $\hat{\tau}^N \in [0,1]$ 而不是 v 的函数来表示这种情形。那么,一个子博弈完美均衡就是一个策略组合 $\{\tilde{\sigma}^r, \tilde{\sigma}^P\}$,使得 $\tilde{\sigma}^P$ 和 $\tilde{\sigma}^r$ 在所有恰当的子博弈中,都是对彼此的最优反应。

当 $\theta \leqslant \mu$ 时,以下策略组合是唯一的均衡:对于权贵来说,$\tau^N(\mu^S)=0$;$\bar{\tau}^N=0$;对于民众来说,对于所有的 μ^S,$\rho(\mu^S,\tau^N)=0$。在此,在两种状态下,革命约束都不具有约束力,权贵不必做出任何让步,民众也不认为发动革命是最优的。

当 $\theta>\mu$ 且 $\mu<\mu^*$ 时,以下策略组合是唯一的均衡:对于权贵来说,$\tau^N(\mu^L)=0$ 且 $\bar{\tau}^N=0$;对于民众来说,对于所有的 τ^N,$\rho(\mu^L,\tau^N)=0$ 且 $\rho(\mu^H,\tau^N)=1$。在此,革命的吸引力非常大,让步不会起作用。这就是说,权贵的策略为:如果状态为 μ^L,他们就不会进行任何再分配($\tau^N=0$)。民众的策略意味着:不管制定的税率是多少,他们都不会在状态为 μ^L 时发动革命($\rho=0$)。如果状态为 μ^H,那么,权贵制定的税率是什么就不重要了,因为在这种情况下,不管税率是怎样的,民众都会发动革命($\rho=1$)。为了说明这些策略构成了一个均衡,要注意的是,不论是权贵还是民众,都不能改变策略,提高支付。例如,在民众采取 $\rho(\mu^L,\tau^N)=0$ 的行动的情况下,权贵不能通过制定任何不为零的税率来提高他们的支付,所以 $\tau^N(\mu^L)=\tau^r=0$ 是最优反应。同理,在 $\mu^L=1$ 的情况下,民众不能通过革命来提高他们的支付。

当 $\theta>\mu$ 且 $\mu \geqslant \mu^*$ 时,以下组合构成了唯一的子博弈完美均衡:$\tau^N(\mu^L)=0$,$\tau^N(\mu^H)=\hat{\tau}$,其中 $\hat{\tau}\in[0,\tau^P]$,由 $V^P(N,\tau^N=\hat{\tau})=V^P(R,\mu^H)$ 定义,且 $\bar{\tau}^N=0$,对于民众来说,对于 $\tau^N \geqslant \hat{\tau}$,有 $\rho(\mu^L,\tau^N)=0$ 且 $\rho(\mu^H,\tau^N)=0$。此外,在脱离均衡路径时,对于 $\tau^N<\hat{\tau}$,有 $\rho(\mu^H,\tau^N)=1$。

现在我们用下面的命题来总结这一博弈的均衡:

命题 5.3:在图 5.3 描述的博弈中,存在一个唯一的子博弈完美均衡 $\{\tilde{\sigma}^r, \tilde{\sigma}^P\}$。令 μ^* 和 $\hat{\tau}$ 由(5.15)式和(5.16)式给出;在这一均衡中:

- 若 $\theta \leqslant \mu$,那么对于所有的 τ^N 和 μ,有 $\tau^N(\mu)=0$ 和 $\rho(\mu,\tau^N)=0$。
- 若 $\theta>\mu$,那么:

(1)如果 $\mu<\mu^*$,对于所有的 τ^N,有 $\tau^N(\mu^L)=0$,$\bar{\tau}^N=0$ 和 $\rho(\mu^L,\tau^N)=0$,但 $\rho(\mu^H,\tau^N)=1$。

(2) 如果 $\mu \geqslant \mu^*$，对于 $\tau^N \geqslant \hat{\tau}$，有 $\tau^N(\mu^L)=0, \tau^N(\mu^H)=\hat{\tau}, \bar{\tau}^N=0$，和 $\rho(\mu^L,\tau^N)=0, \rho(\mu^H,\tau^N)=0$；在脱离均衡路径时，对于 $\tau^N<\hat{\tau}$，有 $\rho(\mu^H,\tau^N)=1$。

这一命题对均衡策略做了一个完整的描述，包括了脱离均衡路径的行动。为了避免对命题的陈述过于繁复，我们可以将命题 5.3 写成另一种更为直观的形式，这对本书的其余部分也是有用的。在改写时，我们抽象掉脱离均衡路径的行动。

命题 5.3(另一种形式)：在图 5.3 描述的博弈中，存在一个唯一的子博弈完美均衡$\{\tilde{\sigma}^r, \tilde{\sigma}^P\}$。令 μ^* 和 $\hat{\tau}$ 由(5.15)式和(5.16)式给出；在这一均衡中：

- 若 $\theta \leqslant \mu$，那么革命约束就不具有约束力，权贵不会进行再分配，民众也不发动革命。
- 若 $\theta > \mu$，那么革命约束在高威胁状态下是具有约束力的。在这种情况下：

(1) 如果 $\mu < \mu^*$，权贵许诺的可信度不足以避免一场革命。在低威胁状态下，权贵不会进行再分配，也没有革命发生；但在高威胁状态下，不管权贵制定怎样的税率，革命都会发生。

(2) 如果 $\mu \geqslant \mu^*$，权贵在低威胁状态下不会进行再分配，在高威胁状态下会制定恰足以阻止革命的税率 $\hat{\tau}$。民众不反叛。

我们分析的最重要结论如下：当权贵再分配的许诺仅是部分可信时(即，p 的值小)，在民众解决集体行动问题的非常时期，将会有一个均衡革命。一个低 p 意味着权贵做出的许诺不是非常可信，因为权贵兑现这些许诺的概率小；而一旦革命威胁消失，权贵重设税率的概率则相对较大。这就是因为权贵拥有法定政治权力，所以他们关于未来再分配的许诺不可信的情形。正式地说，μ^* 是 p 的减函数。p 越大，权贵做出让步的许诺越可信，革命的成本就必须更低，才能吸引民众。

我们也要注意 μ^* 是 θ 的增函数。为了理解这一点，再一次使用隐函数定理，将(5.15)式两边对 θ 求导：

$$\frac{d\mu^*}{d\theta}=1-p\tau^P-p((\theta-\delta)-(1-\delta)C'(\tau^P))\frac{d\tau^P}{d\theta}>0$$

为了理解这个表达式为什么大于零，首先要注意的是，根据定义 τ^P 的一阶条件(4.11)式,我们有$(1-\delta)C'(\tau^P)=\theta-\delta$;因此$d\mu^*/d\theta$中的第二项为零。这是应用包络定理的一个例子(Green, Mas-Colell and Whinston,1995, pp. 964—966)。因为p和τ^P都小于1,所以$1-p\tau^P>0$,注意到这一点,结果就出来了。这意味着一个更不平等社会有更高的临界值,它明确反映了这一事实,即在更不平等的社会中,革命更有吸引力,所以,权贵需要让他们关于未来的承诺必须高度可信,才能避免革命。

命题5.3的一个重要预测是,在其他条件不变的情况下,革命发生于不平等的社会和权贵的政治权力使之难以做出关于未来让步的可信承诺的社会。

如果能采用如第4章所述的有针对性的转移支付,这些结果会有什么变化?我们有必要对此做一些思考。在这种情况下,权贵能在非民主中对民众征税。这一点的第一个影响是改变革命约束。(4.14)式给出了权贵最偏好的税率,革命约束变为:

$$\frac{(1-\mu)\bar{y}}{1-\delta}>(1-\tau^{rT})y^P$$

因为民众纳了税,却没有得到任何再分配。这意味着:

$$\theta>\frac{\mu-\tau^{rT}}{1-\tau^{rT}}$$

因为$(\mu-\tau^{rT})/(1-\tau^{rT})<\mu$,这直接意味着对处于与以前相比不平等程度更低的社会中的民众,革命是有吸引力的。有针对性的转移支付还有另一个含义:它们使权贵能够对民众做更多的转移支付,进而使μ^*降低,使权贵能在更大的参数空间避免革命。

本节分析的静态博弈说明了承诺的可信度如何,民众的选择:是偏好生活在政治权力掌握在富有的权贵手中的非民主中,还是发动革命?这个博弈的另一个重要特征是,它有与我们用于分析民主创建及其巩固的许多博弈一样的结构。在那些博弈,完全像在这个博弈中一样,那些拥有政治权力的人试图做出让步,如果那些让步是可信的,现有体制就会存续。如果它们不可信,体制就不会存续;它会毁于革命还是政变,或者是否存在权贵为避免革命而安排的向民主的均衡过渡,这些都取决于博弈的细节和试图分析的环境。

5.6 一个动态模型

上一节的分析表明权贵承诺的可信度如何影响非民主能否挣脱革命，特别是在民众解决集体行动问题的非常时期的革命威胁对它施加的束缚。然而，权贵无力承诺未来再分配的模型是通过引入后续博弈、用简化形式的方法建立的。在这一后续博弈中，权贵能够以某种概率背弃诺言，重新设定税率。

现在我们分析一个动态博弈，它准确反映了上一节的更简单的博弈。这个动态博弈的优点是它以一种看上去更为合理的、更为吸引人的方式说明了相同的问题。并且，正如第 2 章提及的和第 6 章详细讨论的那样，在我们的理论中，制度的作用在根本上是跨期性的——它们决定权力的未来配置。因此，为了对此建立模型，我们需要一种跨时期的设置，现在开始讨论这一问题。

权贵现在能够保持他们在一个时期内制定的当前税率，但他们不能承诺未来的再分配——除非未来也出现了有效的革命威胁。因此，承诺问题采取了一种更为自然的形式，因为它是由那些拥有政治权力的人无力在将来约束自己的权力，除非他们放弃其政治权力这一问题所引发的。这个博弈也是一种动态模型和本书全书分析的动态博弈原形的第一个例子。如同那些博弈一样，这一博弈有一个相对简单的递归结构，我们通过集中考察马尔可夫完美均衡使之进一步简化。马尔可夫完美均衡是相对容易描述的子博弈完美均衡的一个子集(Fudenberg and Tirole，1991，pp. 501－535)。一般来说，主要的区别在于：在一个重复博弈中，一个参与者在任一时点采取的行动可以是这一博弈直至该时点为止的全部历史的函数。在一个马尔可夫均衡中，我们限制这一历史依赖因素——的确，在特定时点的行动能够仅决定于博弈在该点时的"状态"(稍后我们将讨论如何界定这种状态)。不论怎样，限于马尔可夫均衡确实是对该模型的一个简化。为了说服读者，我们将在下一节考察非马尔可夫策略，描述非马尔可夫子博弈完美均衡，并将其与本节分析的马尔可夫均衡进行比较。

把总人口标准化为 1，富有的权贵和贫穷的民众与以前一样占总人口的 δ 和 $1-\delta$。但是，我们现在置身于一个动态的世界，所以以前概述的生产结构适用于每个时期。特别是，所有时点的税前收入是固定不变的，由(4.7)式给出。个人效用现在被定义为贴现的税后收入的总和，贴现因子 $\beta\in(0,1)$；因此，在时间 $t=0$ 时，个人 i 的效用为：

$$U^i=E_0\sum_{t=0}^{\infty}\beta^t\hat{y}_t^i \tag{5.17}$$

它简单地给出了个人收入流的贴现总和，E_0 是基于时间 $t=0$ 可得到的信息集所做出的预期。

如果我们将自己限于革命从未发生过的事件序列，那么，(5.17)式可以改写为包含更多信息的形式：

$$U^i=E_0\sum_{t=0}^{\infty}\beta^t((1-\tau_t)y^i+(\tau_t-C(\tau_t))\bar{y}) \tag{5.18}$$

其中，第二个等式采用了税后收入的表达式(4.5)，考虑了税率可能随着时间的变化而变化，因此是与 t 挂钩的。然而，(5.18)式仅适用于沿着均衡路径的没有革命发生的情况。更一般地说，我们应该有：

$$U^i=E_0\sum_{t=0}^{\infty}\beta^t[(1-\bar{\rho}_t)((1-\tau_t)y^i+(\tau_t-C(\tau_t))\bar{y})+\bar{\rho}_t y_R^i]$$

其中，如果在 t 之前的任何时间有过革命，$\bar{\rho}_t=1$；否则，$\bar{\rho}_t=0$。y_R^i 是个人 i 在革命之后的收入。

我们将此处考虑的无限重复的贴现博弈用标准符号记为 $G^{\infty}(\beta)$ 表示。

如同在前面几节中一样，$1-\delta$ 的贫穷民众有事实政治权力，能形成革命威胁。它们能在任一 $t\geqslant 0$ 的时期推翻现有体制。革命一经发动，总会取得成功，但在这一过程中，μ_t 部分的经济生产能力被永久性地毁灭了。因此，如果在 t 时期有革命，那么在所有未来的时期，每个民众都得到每一时期的报酬 $(1-\mu^S)\bar{y}/(1-\delta)$：经济的总收入是 $(1-\mu^S)\bar{y}$，由 $1-\delta$ 个行动者分享。在此，革命过后，μ^S 是革命发生(μ^H 或 μ^L)时 μ_t 的值。这意味着，一旦革命发生，状态不会波动。μ 在两个值 $\mu^H=\mu$ 与 $\mu^L=1$ 之间变化，$Pr(\mu_t=\mu)=q$，不论 μ_{t-1} 是等于 μ^H 还是 μ^L。

μ 是波动的这一事实对建立关于权贵许诺未来再分配的有限能力的模型是至关重要的。μ 的变化相当于基本环境的变化，所以在非民主中掌权的权贵会再次优化。结果，由于明天所处环境的变化，他们今天承诺的再分配也许不会兑现。μ 的高数值意味着革命的成本高昂，而 q 的低数值意味着革命威胁是罕见的，这也许是因为民众没有组织起来。革命威胁的波动是来自政治权力的承诺问题的根源。

可以对一个时期内(例如 t 时期)事件的时序做如下总结：

(1)μ_t 被显示出来。

(2)权贵制定税率 τ_t^N。

(3)民众决定是否要发动革命，用 ρ_t 表示，$\rho_t=1$ 就相当于 t 时期的革命。如果有革命发生，他们获得在将来所有时期产量的剩余份额 $1-\mu_t$。

对马尔可夫完美均衡而言，关键的概念是博弈或体系的“状态”，它是对所有与支付相关的信息的完全的界定。在此，体系的状态由当前的革命机会构成，用 μ^L 或 μ^H 表示。设 $\sigma^r=\{\tau^N(\cdot)\}$ 为权贵在状态 $\mu_t=\mu^H$ 或 μ^L 时采取的行动。它由税率 τ^N 构成，$\tau^N:\{\mu^L,\mu^H\}\rightarrow[0,1]$。类似地，$\sigma^P=\{\rho(\cdot,\cdot)\}$ 是民众的行动，由发动革命的决策 ρ 构成，ρ 取决于权贵当前的行动($\rho=1$ 代表革命)。因此，与前一个模型一样：$\rho:\{\mu^L,\mu^H\}\times[0,1]\rightarrow\{0,1\}$。于是，一个马尔可夫完美均衡便是一个策略组合，$\{\tilde{\sigma}^r,\tilde{\sigma}^P\}$ 使得对于所有的 μ，$\tilde{\sigma}^P$ 和 $\tilde{\sigma}^r$ 都是对彼此最优的反应。马尔可夫完美均衡是子博弈完美均衡的一个子集，因为它们不包括以非马尔可夫策略为特点的子博弈完美均衡。

马尔可夫完美均衡概念的优点是，它用一种简单的方式分析了承诺问题：给定体系的状态，在此是 μ_t 的值，不论以前做出的许诺如何，也不论博弈过去是如何进行的，每一方都选择了最优策略。因此，这一均衡概念已经是承诺问题的一部分：所有参与人都知道，每一方都在未来采取最符合其自身利益的行动。关于这一均衡概念另一个方便之处是，它适用于一种使用贝尔曼方程的易于处理的分析(即，简单的动态规划方法；有关动态规划及其在经济学中应用得非常好的介绍，参见 Sargent，1987 和 Stokey，Lucas and Prescott，1989)。

让我们从革命一旦发生的支付开始。将 $V^P(R,\mu^S)$ 定义为：在革命在威胁状态 $\mu^S\in\{\mu,1\}$ 下发生时，贫穷的民众所得到的支付。如前所述，只有在革命发生时的 μ^S 的值才是重要的；革命过后，经济的生产能力的一部分 μ^S 被永久性地毁灭了。这意味着，革命在状态 μ^S 中发生的支付为：

$$V^P(R,\mu^S)=\frac{(1-\mu^S)\bar{y}}{1-\delta}+\beta\frac{(1-\mu^S)\bar{y}}{1-\delta}+\beta^2\frac{(1-\mu^S)}{1-\delta}\cdots \tag{5.19}$$

上式以复利计算了所有未来收益，考虑了未来以贴现因子 $\beta < 1$ 贴现的因素。我们有：

$$V^P(R,\mu^S)=\frac{(1-\mu^S)\bar{y}}{(1-\delta)(1-\beta)}$$

为理解这一点，我们可以把(5.19)式写成：

$$V^P(R,\mu^S)=\frac{(1-\mu^S)\bar{y}}{1-\delta}+\beta\left[\frac{(1-\mu^S)\bar{y}}{1-\delta}+\beta\frac{(1-\mu^S)\bar{y}}{1-\delta}+\cdots\right]$$

然后，观察该表达式右边方括号内的项无非就是 $V^P(R,\mu^S)$ 本身，因此，(5.19)式可以写成：

$$V^P(R,\mu^S)=\frac{(1-\mu^S)\bar{y}}{1-\delta}+\beta V^P(R,\mu^S) \tag{5.20}$$

解出 $V^P(R,\mu^S)$，就得到了我们前面写出的、在下面(5.21)式中使用的公式。

注意无限期界在分析上如何帮助我们是很重要的。我们在这里用到的是在革命发生之后观察未来，加总民众从革命得到的支付这一事实。(5.20)式说明的是：从明天开始观察无限的未来与今天观察无限的未来看起来是完全相同的。

同样，因为富有的权贵失去了所有的东西，所以 $V^r(R,\mu^S)=0$。接下来回想一下，我们也假定了 $\mu^L=1$；在 $\mu_t=\mu^L$ 的时候，民众不会发动革命。因此，唯一相关的价值就是从状态 $\mu^H=\mu$ 开始的价值：

$$V^P(R,\mu^H)=\frac{(1-\mu)\bar{y}}{(1-\delta)(1-\beta)} \tag{5.21}$$

接下来转向权贵的决策。首先，考虑状态 $\mu_t=\mu^L$，其中不存在革命的威胁，我们试着计算在这种状态下权贵和民众得到的支付，用 $V^r(N,\mu^L)$ 和 $V^P(N,\mu^L)$ 表示。为便于说明，在价值函数中保留 μ 的上标 H 和 L。马尔可夫完美均衡的概念表明不论过去的许诺如何，在这一状态下，权贵选择在这一点上最符合其利益的政策。因为不存在革命的威胁，权贵肯定会制定 $\tau^N=\tau^r$，不会进行任何再分配。然而，在非民主中，状态 $\mu_t=\mu^L$ 是不会持久的。下一个时期，我们可能转到 $\mu_t=\mu^H$，在这种情况下，权贵也许会不得已地进行再分配或者也许有一场革命发生。

用 $V^r(N,\mu^H)$ 和 $V^P(N,\mu^H)$ 表示在状态 $\mu_t=\mu^H$ 下，权贵和民众的价值。

这意味着决定 $V^r(N,\mu^L)$ 和 $V^P(N,\mu^L)$ 的贝尔曼方程可以写成：

$$V^r(N,\mu^L)=y^r+\beta[qV^r(N,\mu^H)+(1-q)V^r(N,\mu^L)] \tag{5.22}$$
$$V^P(N,\mu^L)=y^P+\beta[qV^P(N,\mu^H)+(1-q)V^P(N,\mu^L)]$$

这些价值函数有一种在本书的动态分析中反复出现的形式，所以，理解它们背后的推理是很重要的。为了具体一些，我们集中考察权贵。

(5.22)式中的价值函数表明，在非民主中，在状态 $\mu_t=\mu^L$ 下，权贵中的一员的价值由两项构成：(1)今天所发生的价值，第一项 y^r；(2)预期明天发生的价值或后续价值，用第二项 $\beta[qV^r(N,\mu^H)+(1-q)V^r(N,\mu^L)]$ 表示。今天，给定决策 $\tau^N=\tau^r$，不会有任何再分配，权贵的一员会得到 y^r，这是第一项。第二项乘以 β，因为它从明天开始，所以是由贴现因子 β 贴现的。明天，从 μ 的分配中会有新的抽取，状态 μ^L 以 $1-q$ 的概率重现，所以我们有 $\mu_{t+1}=\mu^L$。在这一情况下，与今天完全相同的推理过程意味着一个权贵从那一时点开始的价值为 $V^r(N,\mu^L)$。因此，这一项乘以 $1-q$，被作为未来价值的一部分包含其中。价值 $V^r(N,\mu^L)$ 再次出现，因为从状态 $\mu_t=\mu^L$ 望向无限未来的世界与从状态 $\mu_{t+1}=\mu^L$ 望向无限未来的世界看起来完全相同[回想一下等式(5.20)]。状态会以概率 q 发生变动，我们有 $\mu_{t+1}=\mu^H$；在这一情况下，一个权贵在明天会有不同的价值，我们用 $V^r(N,\mu^H)$ 表示。

同样的观点也适用于民众，给出相对应的 $V^P(N,\mu^L)$ 的表达式，它也由两项构成：今天所得 y^P，以及明天将要得到的 $\beta[qV^P(N,\mu^H)+(1-q)V^P(N,\mu^L)]$。

关于(5.22)式价值函数的优势是它们的"递归"结构。基本上，未来与现在是十分相似的，所以在状态 μ^L 下适用于今天的价值也适用于明天，如果状态仍为 μ^L。

自然，(5.22)式不足以描述均衡，因为我们不知道在 $\mu_t=\mu^H$ 的状态下会发生什么，或者，换而言之，我们不知道 $V^r(N,\mu^H)$ 是什么。同理，我们也不知道 $V^P(N,\mu^H)$ 是什么。在这种状态下，或许存在有效的革命威胁。所以，必须首先检查革命约束是否具有约束力。为此，我们将 $V^r(N)$ 和 $V^P(N)$ 定义为在社会一直保持非民主(即没有革命)且权贵绝不会向民众再分配(即 $\tau^N=\tau^r$)时的支付。显然，我们有：

$$V^r(N)=y^r+\beta y^r+\beta^2 y^r+\cdots$$
$$=\frac{y^r}{1-\beta}$$

因为权贵的收入一直是 y^r，因为没有税收。并且，未来的收入流以贴现因子 β 贴现为现值。同理：

$$V^P(N)=\frac{y^P}{1-\beta} \tag{5.23}$$

如果贫穷的民众在状态为 $\mu_t=\mu^H$ 时，偏好革命而不是生活在没有再分配的非民主中，也就是说，如果：

$$V^P(R,\mu^H)>V^P(N)$$

我们就说革命约束是具有约束力的。其中，$V^P(N,\mu^H)$ 由(5.21)式给出。若使用(4.7)式的定义，革命约束等价于：

$$\theta>\mu \tag{5.24}$$

换言之，要使革命约束有效，不平等程度必须足够高(即，θ 足够大)。如果不平等的程度不够高，使我们有 $\theta\leqslant\mu$，那么即使在状态 $\mu_t=\mu^H$ 下，即使永远都不会有再分配，也不存在革命的威胁。在这种情况下，权贵总是会制定其无约束的最佳税率，$\tau^N=\tau^r$，而且在均衡路径上，没有革命发生。

回想一下上一节中“静态”模型的分析是有帮助的。动态模型中的革命约束(5.24)式与静态模型中的革命约束(5.4)式完全相同。在这两种情况下，它们都直接将不平等与发动革命的成本联系在一起，这是在静态模型与动态模型之间进行比较的基础。

革命约束(5.24)式有约束力的情形是更为引人注目的。在这种情况下，如果权贵在状态 $\mu_t=\mu^H$ 下制定 $\tau^N=\tau^r$，那么将会有革命爆发。所以，权贵通过制定税率 $\tau^N=\hat{\tau}>0$ 做出了一些让步。当权贵制定了税率 $\hat{\tau}$ 并被预料到他们在将来也会这么做，且没有革命发生的时候，我们会用 $V^r(N,\mu^H,\tau^N=\hat{\tau})$ 和 $V^P(N,\mu^H,\tau^N=\hat{\tau})$ 来表示权贵和民众在状态 $\mu_t=\mu^H$ 下的价值。在这一税率下，一个 i 类型的行动者得到的净收入为 $(1-\hat{\tau})y^i$，加上他得到的一次性的转移支付 $\hat{T}$。根据政府的预算约束，一次性转移支付为 $\hat{T}=(\hat{\tau}-C(\hat{\tau}))\bar{y}$，其中 $\hat{\tau}\bar{y}$ 是总税收，$C(\hat{\tau})\bar{y}$ 是税收成本。

通过与前面相同的论证过程，我们可以得到价值函数 $V^r(N,\mu^H,\tau^N=\hat{\tau})$ 和 $V^P(N,\mu^H,\tau^N=\hat{\tau})$，由下式给出：

$$V^r(N,\mu^H,\tau^N=\hat{\tau})=y^r+(\hat{\tau}(\bar{y}-y^r)-C(\hat{\tau})\bar{y})+\beta[qV^r(N,\mu^H,\tau^N=\hat{\tau})+(1-q)V^r(N,\mu^L)] \quad (5.25)$$

$$V^P(N,\mu^H,\tau^N=\hat{\tau})=y^P+(\hat{\tau}(\bar{y}-y^P)-C(\hat{\tau})\bar{y})+\beta[qV^P(N,\mu^H,\tau^N=\hat{\tau})+(1-q)V^P(N,\mu^L)]$$

为了给出例证，我们集中考察权贵成员的价值函数。现在第一项是 $y^r+\hat{\tau}(\bar{y}-y^r)-C(\hat{\tau})\bar{y}$，这是他在税率为 $\hat{\tau}$ 时的税后收入。第二项仍是后续价值 $\beta[qV^r(N,\mu^H,\tau^N=\hat{\tau})+(1-q)V^r(N,\mu^L)]$。状态 μ^H 以概率 q 在明天再次出现，在这种情况下，富有的权贵们会继续制定 $\tau^N=\hat{\tau}$，得到 $V^r(N,\mu^H,\tau^N=\hat{\tau})$。状态转变为 μ^L 的概率为 $1-q$，相对应的价值为 $V^r(N,\mu^L,\tau^N=\hat{\tau})$。整个项乘以 β，使之贴现为现值。

表达式 $V^P(N,\mu^L,\tau^N=\hat{\tau})$ 背后隐藏着相似的论证过程。今天，一个公民得到了一份相对高的收入，因为存在以税率 $\hat{\tau}$ 进行的再分配。但是，未来会发生什么是不确定的。如果状态仍为 μ^H 的话，再分配会继续。然而，这是没有保证的，事实上，威胁状态可以转换为 μ^L，革命威胁会消失。正如我们在前面所看到的那样，现在，不论权贵许诺什么，他们都会停止进行再分配并令 $\tau^N=\tau^r$。因此，$V^P(N,\mu^L,\tau^N=\hat{\tau})$ 的表达式已经包含了今天所做出的关于未来再分配的许诺的“不可信性”。今天的再分配之所以出现，是因为民众拥有事实政治权力：他们有相对有效的革命威胁，如果权贵不以再分配的形式做出一些让步，他们能够推翻现有体系。因此，政治权力给他们带来了额外的收入。然而，在明天，如果给予民众政治权力的因素——革命威胁——消失，这种再分配也许就会中止。这就是这一社会中承诺问题的实质。

在这一点上也要注意推理过程与上一节简单博弈中所用推理的相似性。在那里，权贵做出了以税率 $\hat{\tau}$ 进行再分配的许诺，但在革命威胁消失以后，自然决定他们是否重新制定税率。在这里，权贵今天能成功地向民众进行再分配，但是，民众所关心的不仅仅是今天的再分配，还有明天的、后天的，等等。今天的再分配是由民众的政治权力——革命威胁支持的。权贵也许愿意许诺在明天进行再分配，但当自然决定在明天革命威胁消失（即状态以概率 $1-q$

转换到)时,他们就不会再兑现他们的承诺,并将税率削减到 0,$\tau^N=\tau^r$,因此,如在上一节中所说的那样,前一节的简单博弈是描述在此处更仔细构造了模型的动态承诺问题的一种简化形式的方法。

回到对当前博弈的分析,我们仍需要决定权贵在状态 μ^H 下决定以税率 $\hat{\tau}$ 进行再分配之后民众采取的行动。显然,他们要在不革命 $\rho=0$ 和革命 $\rho=1$ 之间作出选择。如果他们决定发动革命,那么,一旦博弈达到了这一点,革命的价值函数 $V^r(R,\mu^H)$ 和 $V^P(R,\mu^H)$ 就会适用。否则,我们会用 $V^r(N,\mu^H,\tau^N=\hat{\tau})$ 和 $V^P(N,\mu^H,\tau^N=\hat{\tau})$ 表述革命的支付。并且,显而易见的是,一个公民对 ρ 的选择取决于 $V^P(N,\mu^H,\tau^N=\hat{\tau})$ 和 $V^P(R,\mu^H)$ 哪一个更大,因此,我们有:

$$\rho\begin{cases}=0 & \text{若 } V^P(R,\mu^H)\leqslant V^P(N,\mu^H,\tau^N=\hat{\tau})\\ =1 & \text{若 } V^p(R,\mu^H)>V^P(N,\mu^H,\tau^N=\hat{\tau})\end{cases} \tag{5.26}$$

这一决策计算对所有的民众都是一样的。换而言之,如果一个公民由革命得到的收益高于今天以税率 $\hat{\tau}$ 进行再分配得到的收益,他就会参加革命。以税率 $\hat{\tau}$ 进行再分配可以再次被认为是"权贵做出的令人半信半疑的再分配许诺"——今天有以税率 $\hat{\tau}$ 进行的再分配,如果自然决定明天存在有效的革命威胁,那么明天也许还会有这一再分配。我们在(5.26)式中假定如果 $V^P(R,\mu^H)=V^P(N,\mu^H,\tau^N=\hat{\tau})$,那么 $\rho=0$,所以,无差异被不发动革命打破,以此来继续我们的分析。

在 ρ 由(5.26)式中给出的情况下,我们也有:

$$V^r(R,\mu^H)=\rho V^r(R,\mu^H)+(1-\rho)V^r(N,\mu^H,\tau^N=\hat{\tau})$$

$$V^P(R,\mu^H)=\max_{\rho\in\{0,1\}}\{\rho V^P(R,\mu^H)+(1-q)V^P(N,\mu^H,\tau^N=\hat{\tau})\} \tag{5.27}$$

如我们所知,权贵愿意避免革命,如果他们能够这样做;问题是他们是否能够这样做。为了回答这个问题,我们需要清楚权贵能许诺给民众的最大价值是多少。显然,这是他们能制定的民众最偏好的税率 τ^P,由(4.11)式给出。因此,相关的比较是在 $V^P(R,\mu^H)$ 与 $V^P(N,\mu^H,\tau^N=\tau^P)$ 之间,如果 $V^P(N,\mu^H,\tau^N=\tau^P)\geqslant V^P(R,\mu^H)$,那么革命就是能够避免的,否则就不能。

如我们所预期的那样,价值函数 $V^P(N,\mu^H,\tau^N=\tau^P)$ 决定于未来状态为 μ^H 的概率 q,因为这是再分配在未来再次出现的程度(也就是说,在某种意义上，富有的权贵能够可信地许诺多大程度的未来再分配）。为了得到$V^P(N,\mu^H,\tau^N=\tau^P)$的表达式，我们将$V^P(N,\mu^H,\tau^N=\tau^P)=V^P(R,\mu^H)$代入(5.22)式，并注意(5.22)式和(5.25)式是两个有两个未知数——价值函数$V^P(N,\mu^H,\tau^H=\tau^P)$和$V^P(R,\mu^L)$——的线性方程，解这些方程，我们发现：

$$V^P(N,\mu^H,\tau^N=\tau^P)=\frac{y^P+(1-\beta(1-q))(\tau^P(\bar{y}-y^P)-C(\tau^P)\bar{y})}{1-\beta} \tag{5.28}$$

方程(5.28)有简单明了的意义：$V^P(N,\mu^H,\tau^N=\tau^P)$等于一个公民的税前收入$y^P$的贴现值加上净再分配的预期现值。净再分配为$\tau^P(\bar{y}-y^P)-C(\tau^P)\bar{y}$，但它仅发生于状态为$\mu^H$的时候，其发生概率为$q$。然而，在(5.28)式中，$(\tau^P(\bar{y}-y^P)-C(\tau^P)\bar{y})$乘以的是$(1-\beta(1-q))$，而不是$q$。这一点反映了这样的事实：即我们在今天从状态$\mu^H$开始，在今天由于贴现（即由于$\beta<1$）比未来更重要的情况下，状态$\mu^L$（将没有任何再分配的情况）得到的权数为$\beta(1-q)$而不是$(1-q)$。于是，状态$\mu^H$得到了余下的权数$1-\beta(1-q)$。换句话说，因为我们从高威胁状态开始，民众在今天以及在未来的q部分时间中得到转移支付，所以转移支付的净现值乘以$1+\beta q/(1-\beta)=(1-\beta(1-q)/(1-\beta))$。还要注意的是，随着$\beta\to 1$（即当贴现消失时），状态$\mu^H$的权数的确向$q$收敛。

给定这一价值函数，我们可以看出，革命可以被避免，如果$V^p(N,\mu^H,\tau^N=\tau^P)\geqslant V^P(R,\mu^H)$，或者，如果：

$$\frac{y^P+(1-\beta(1-q))(\tau^P(\bar{y}-y^P)-C(\tau^P)\bar{y})}{1-\beta}\geqslant\frac{(1-\mu)\bar{y}}{(1-\delta)(1-\beta)}$$

上式可简化为：

$$\mu\geqslant\theta-(1-\beta(1-q))(\tau^P(\theta-\delta)-(1-\delta)C(\tau^P)) \tag{5.29}$$

如果这一条件不成立，那么，对公民的可信的最大化的转移支付也是不够的，在均衡路径上将会发生革命。现在我们用(5.9)式来定义μ^H的一个临界值，再次用μ^*来表示，在$\mu^H=\mu^*$或

$$\mu^*=\theta-(1-\beta(1-q))(\tau^P(\theta-\delta)-(1-\delta)C(\tau^P)) \tag{5.30}$$

时，使$V^P(N,\mu^H,\tau^N=\tau^P)\geqslant V^P(R,\mu^H)$，其中，$\mu^*<\theta$。自然而然地，我们有：当$\mu\geqslant\mu^*$时，$V^P(N,\mu^H,\tau^N=\tau^P)\geqslant V^P(R,\mu^H)$，革命得以避免。而当$\mu<\mu^*$时，$V^P(N,\mu^H,\tau^N=\tau^P)\leqslant V^P(R,\mu^H)$，未来转移支付将被预期为极少，即使制

定了对民众最为有利的税率，在未来也没有足够的再分配，民众因此偏好革命而不是生活在政治权力掌握在权贵手中的非民主之中。

有必要指出的是，(5.30)式与 $p=1-\beta(1-q)$ 的静态模型的(5.15)式是完全相同的，这再一次强调了两个模型的相似性。

如同在静态模型中一样，当 $\mu>\mu^*$ 时，权贵能够通过制定税率 $\hat{\tau}<\tau^P$ 来避免革命。该税率使得 $V^P(N,\mu^H,\tau^N=\hat{\tau})=V^P(R,\mu^H)$。也就是说，它恰好使民众对发动革命和在只有革命期间才进行再分配的非民主中生存这两者是无差异的。使用(5.21)式和(5.28)式，$\hat{\tau}$ 由下式给出：

$$\mu=\theta-(1-\beta(1-q))(\tau^P(\theta-\delta)-(1-\delta)C(\tau^P)) \qquad (5.31)$$

把所有这些部分综合起来，我们得到了本节中的关键命题，尽管更为复杂，但它在很多方面印证了命题 5.3。这也是本书分析的众多博弈的共同特点。我们从更简单的简化形式(静态)的模型开始，然后表明，在大多数情况下，我们的结果在更令人满意的动态模型中也是成立的。

为了更正式地陈述本节得出的主要结果，我们可以直接使用在命题 5.3 之前用来界定策略的符号。在那里，行动取决于 μ 的高低，现在这是一个关键的状态变量。这意味着在我们考虑的重复博弈中，一个马尔可夫策略与命题 5.3 分析的博弈的均衡策略有完全相同的形式。因此能够做出如下的陈述：

命题 5.4：博弈 $G^\infty(\beta)$ 存在唯一的一个马尔可夫完美均衡 $\{\tilde{\sigma}^r,\tilde{\sigma}^P\}$。令 μ^* 和 $\hat{\tau}$ 由(5.30)式和(5.31)式给出。那么，在这一均衡中：

- 若 $\theta\leqslant\mu$，权贵不进行再分配，民众不发动革命。
- 若 $\theta>\mu$，那么，我们有：

(1)若 $\mu<\mu^*$，权贵的许诺不足以可信到避免革命的程度。在低威胁状态下，权贵不进行再分配，不存在革命。但在高威胁状态下，不管权贵制定什么样的税率，革命总会发生。

(2)若 $\mu\geqslant\mu^*$，权贵们在低威胁状态下不进行再分配，在高威胁状态下制定恰足以阻止革命的税率 $\hat{\tau}$。民众不造反。

在此，我们使用了直观的形式陈述该命题。命题 5.3 与命题 5.4 之间的区别是关于 μ^* 的公式以及这样一个事实，即这些策略现在是一个重复博弈的马尔可夫策略，而不是一种扩展形式博弈中的策略。

把注意力放在 $\theta>\mu$ 的情形上是重要的。从掌权的权贵开始，如果 $\mu<\mu^*$，那么当 $\mu^t=\mu^L$ 时，他们会制定一个零税率；然而，当状态转换到 μ^H 时，他们就会被革命扫荡出局。问题是，尽管权贵愿意通过向民众提供再分配来保持权力，但他们在今天不能提供足以使非民主对民众的现值和革命的现值一样大的再分配。为了避免革命，他们必须不仅在今天，而且在明天进行再分配。然而，遗憾的是，他们不能可信地许诺在未来进行足够的再分配，结果，民众发现造反是最优的选择。相反，当 $\mu\geqslant\mu^*$ 时，权贵能够用再分配避免革命。所以，在状态 $\mu_t=\mu^L$ 下，他们制定税率为 $\tau^N=0$；当 $\mu_t=\mu^H$ 时，他们制定税率为 $\tau^N=\hat{\tau}$，该税率恰足以阻止革命。

因此，这一命题表明，在一个动态环境中，权贵向民众转移资源的能力——换言之，其许诺的"可信度"——如何决定于政治权力的未来配置。当 q 非常低的时候，因为革命威胁，民众在当前也许拥有事实政治权力，但是他们不太可能在将来仍拥有它。在这种情况下，权贵做出的任何承诺都是不可信的，民众偏好运用他们的政治权力使社会向着有利于他们自己的方向变革。只有在 q 非常高，使得民众将来有可能再次拥有事实政治权力的时候，权贵作出的许诺才足以可信到能够避免一场革命的程度。

这里有一个耐人寻味的悖论。当 q 高，使得民众更长期地拥有事实政治权力时，更容易避免革命。这是从下面的事实中得出来，即按照(5.30)式的定义，μ^* 是 q 的减函数，正如按照(5.15)式的定义，μ^* 是 p 的减函数一样。这是因为，如果民众的政治权力不是暂时性的，权贵作出可信的关于未来再分配的许诺就更容易。这在某种程度上是违背直觉的，因为一个简单的直觉是，当民众更好地组织起来，更为强势的时候，革命就不仅仅是一个威胁那么简单了。之所以并非如此，是因为未来革命威胁同样使权贵能够做出更可信的承诺以阻止革命。一旦我们把民主纳入这个模型，均衡的这一特点使我们能够为一些关于民主出现的史实提供耐人寻味的解释。(参见第 7 章)

同样，如在上一节中一样，μ^* 的临界值取决于社会不平等的程度。特别是，社会越不平等(即 θ 越高)，μ^* 就越高，革命的可能性就越大。原因很简单：不平等的程度越高，革命就越吸引民众，于是要避免一场革命就需要更大量的可信的再分配。

5.7 激励兼容的承诺

上一节中的分析集中于马尔可夫完美均衡,并说明革命如何能作为均衡的结果出现。因为民众在未来的政治权力是有限的,所以,当权贵把持政治权力时,权贵做出的任何承诺都是不完全可信的,而且民众也许偏好在今天通过革命夺取政权。这种情景中的一个重要因素就是承诺问题:一旦革命的威胁消失,权贵便发现恢复他们最偏好的税率是最优方案。这是我们把注意力限于马尔可夫策略的结果,因为我们硬性规定,一旦革命的威胁消退,权贵总是选择最符合其眼前利益的策略。

然而,可能的是,权贵是能够做出某些其他许诺的——例如,他们可以许诺在将来进行再分配,即使这并不符合他们的直接利益。他们能够用默契的理解来支撑这个承诺:如果他们违背了诺言,一旦革命威胁重现,民众就会发动革命,使权贵得到很低的支付。换句话说,这些许诺可以由未来惩罚的威胁或"重复博弈"策略来支持。惩罚对应的是民众在将来要采取的行动(即革命),一旦权贵偏离了其规定行为(也就是背弃他们的诺言),这些行动将有损权贵的利益。当我们允许参与人实施非马尔可夫策略时,结果是:非民主能在更大的参数值的集合下存续。马尔可夫策略与非马尔可夫策略之间的重要区别是,后者允许参与者在 t 时点采取的行动不仅仅取决于该时点的状态,还取决于这一博弈到该点为止的历史。

本书不介入关于重复博弈理论的长篇大论的讨论,所以我们的分析是简短的(有关更多重复博弈的内容,参见 Fudenberg and Tirole,1991,Chapter 5;关于惩罚策略在何种场合下可以解决与此处研究相近的博弈中的承诺问题的分析,参见 Powell,2004)。在这里,我们想指出的是,这种类型的诺言能在某种程度上解决承诺问题,但是基本的承诺问题仍然存在。在不存在革命威胁的状态下,权贵仍然不可能可信地许诺任意数量的再分配。因此,命题 5.4 的精神甚至适用于参与人采取非马尔可夫策略的情况。

现在来分析命题 5.4 中 $\theta>\mu$ 且 $\mu<\mu^*$ 中的情形,在限于马尔可夫完美均衡时,唯一的均衡包含了革命。我们来看权贵是否能用由未来惩罚支撑的激

励兼容的许诺来避免革命。为此，一旦考虑潜在的惩罚策略，我们首先要找出权贵能够给予民众的最大价值，因为，一般来说，重复博弈有许多子博弈完美均衡，我们集中考察对权贵最有利的子博弈完美均衡。这一子博弈完美均衡将在最大的参数值集合下阻止革命；然而，在同样的参数值集合下既能阻止革命，又给予民众更多的其他子博弈完美均衡。不过，这一对特定均衡的分析已足以表明在非马尔可夫均衡中何种结果能受到支持。

假定仍然从状态为 μ^L 的时候开始。首先计算权贵在状态 $\mu_t=\mu^H$ 下，以税率 $\tau^N=\tau^H\leqslant\tau^P$ 进行再分配，以及在状态 $\mu_t=\mu^L$ 下，以税率 $\tau^N=\tau^L\leqslant\tau^P$（因为我们不再着眼于马尔可夫策略，所以现在 $\tau^L>0$ 是可能的）进行再分配能获得的价值。我们现在也假定民众不发动革命（稍后，将这一点作为对税收向量的约束）。通过与前一节相同的论证过程，这一支付由下式给出：

$$
\begin{aligned}
V^r(N,\mu^L,[\tau^L,\tau^H])=y^r&+(\tau^L(\bar{y}-y^r)-C(\tau^L)\bar{y})\\
&+\beta[qV^r(N,\mu^H,[\tau^L,\tau^H])]\\
&+(1-q)V^r(N,\mu^L,[\tau^L,\tau^H])
\end{aligned}
\tag{5.32}
$$

现在，我们使用的是一个不同的符号 $V^r(N,\mu^L,[\tau^L,\tau^H])$，而不是在上一节中用到的 $V^r(N,\mu^L)$。这是因为，在马尔可夫完美均衡中，权贵在状态为 $\mu_t=\mu^L$ 时，总是制定 $\tau^N=0$；但这一点现在不再成立了。特别是，我们现在考虑的是这样一种情形：权贵在 $\mu_t=\mu^L$ 时，会作出税率为 τ^L 的可信许诺；在 $\mu_t=\mu^H$ 时，会许诺制定税率 τ^H。这一新的符号表现了这一点。μ^L 项表示的是我们正处于状态 $\mu_t=\mu^L$ 中的事实，$[\tau^L,\tau^H]$是许诺税收的向量，它从状态 $\mu_t=\mu^L$ 下的税率开始。

(5.32)式在直观上是简单明了的：第一项 $y^r+(\tau^L(\bar{y}-y^r)-C(\tau^L)\bar{y})$ 仍是在税率为 τ^L 的情况下，权贵的当前收益。第二项为后续价值，考虑了如果状态转换为 μ^H，那么税率会变为 τ^H 的事实。使用同样的符号，从状态 μ^H 开始的价值如下：

$$
\begin{aligned}
V^r(N,\mu^H,[\tau^L,\tau^H])=y^r&+(r^H(\bar{y}-y^r)-C(\tau^H)\bar{y})\\
&+\beta[qV^r(N,\mu^H,[\tau^L,\tau^H])\\
&+(1-q)V^r(N,\mu^L,[\tau^L,\tau^H])]
\end{aligned}
$$

将这两个表达式联立，我们得到：

$$V^r(N,\mu^L,[\tau^L,\tau^H])$$
$$=\frac{y^r+(1-\beta q)(\tau^L(\bar{y}-y^r)-C(\tau^L)\bar{y})+\beta q(\tau^H(\bar{y}-y^r)-C(\tau^H)\bar{y})}{1-\beta} \quad (5.33)$$

(5.33)式是权贵遵守他们的由税率向量$[\tau^L,\tau^H]$所概括的“许诺的”行为将得到的价值。关键是这一行为对他们而言是否是“激励兼容的”——也就是说，他们是否希望在现在或将来偏离这一行为。

一旦他们偏离这一行为，会发生什么？显然，答案取决于民众如何反应。我们想知道是否能使权贵做出的在状态μ^L下以税率$\tau^L>0$进行再分配的许诺可信。当偏离不那么有利可图或当偏离规定行为受到严重的惩罚时，许诺可能更为可信。最严重的惩罚是民众在机会重现时发动革命（对于民众来说，在状态$\mu_t=\mu^L$下发动革命是无利可图的，因为$\mu^L=1$，所以在状态$\mu_t=\mu^L$下发动革命的威胁是不可信的，因此它绝不是一个子博弈完美均衡的组成部分）。因此，确保权贵不违背他们诺言的最好办法是用尽可能严重地惩罚（可信地）威胁他们——也就是说，状态一转换到$\mu_t=\mu^H$就革命。所以，状态变为$\mu_t=\mu^H$，就会发生革命。在这一点之前会发生什么？权贵正偏离他们许诺的行为，与此同时，他们采取对他们最有利的政策，所以$\tau^N=\tau^r=0$。于是，我们得到的是对权贵的价值$V^r_d(N,\mu^L)$，其中下标d表示他们已经偏离了其规定的行为。这一支付由以下的递归式给出：

$$V^r_d(N,\mu^L)=y^r+\beta[qV^r(R,\mu^H)+(1-q)V^r_d(N,\mu^L)]$$

其中，我们知道$V^r(N,\mu^L)=0$。由这一事实，我们有：

$$V^r_d(N,\mu^L)=\frac{y^r}{1-\beta(1-q)} \quad (5.34)$$

这一分析直接说明了在状态$\mu_t=\mu^L$下，只有以税率τ^L进行的再分配是可信的，它使得：

$$V^r(N,\mu^L,[\tau^L,\tau^H])\geqslant V^r_d(N,\mu^L) \quad (5.35)$$

如果把不等式颠倒过来，那么权贵在状态μ^L下会偏好偏离，不向民众进行再分配，承担后果而不是在现在以税率τ^L对自己征税（当状态变为高威胁时，税率为τ^H）。因此，(5.35)式是使以税率τ^L进行的再分配对权贵是“激励兼容的”，从而对民众是可信的许诺的必要条件。在状态$\mu_t=\mu^H$下，税率$\tau^H\leqslant\tau^P$自动就是可信的，因为我们考察的是参数空间中$\mu<\mu^*$的部分。因此，

在高威胁状态下，权贵对已承诺行动的背弃会立即受到惩罚。

对权贵最有利的、从状态 μ^L 开始的子博弈完美均衡可以被描述为以下最大化问题的解：

$$\max_{\tau^L,\tau^H} V^r(N,\mu^L,[\tau^L,\tau^H]) \tag{5.36}$$

以(5.35)式为条件，且

$$V^P(N,\mu^H,[\tau^L,\tau^H])\geqslant V^P(R,\mu^H) \tag{5.37}$$

其中，$V^P(N,\mu^H,[\tau^L,\tau^H])$是民众从状态 μ^H 开始由税收向量$[\tau^L,\tau^H]$得到的价值，与前面一样，$V^P(R,\mu^H)$是民众在状态 μ^H 下由革命得到的价值，由上一节中的(5.21)式给出。

第一个约束保证权贵不愿背弃诺言，第二个约束要求民众在高威胁状态下不愿发动革命。

用与得到权贵价值的方法相类似的方法，我们可以得到 $V^r(N,\mu^H,[\tau^L,\tau^H])$。特别地，我们有如下的民众的价值函数。在低威胁状态下：

$$\begin{aligned}V^P(N,\mu^H,[\tau^L,\tau^H])=y^P&+(\tau^L(\bar{y}-y^P)-C(\tau^L)\bar{y})\\&+\beta[qV^P(N,\mu^H,[\tau^L,\tau^H])\\&+(1-q)V^P(N,\mu^L,[\tau^L,\tau^H])]\end{aligned}$$

在高威胁状态下：

$$\begin{aligned}V^P(N,\mu^H,[\tau^L,\tau^H])=y^P&+(\tau^H(\bar{y}-y^P)-C(\tau^H)\bar{y})\\&+\beta[qV^P(N,\mu^H,[\tau^L,\tau^H])\\&+(1-q)V^P(N,\mu^L,[\tau^L,\tau^H])]\end{aligned}$$

联立这两个表达式，我们得到：

$$V^P(N,\mu^H,[\tau^L,\tau^H])=\frac{y^P+\beta(1-q)(\tau^L(\bar{y}-y^P)-C(\tau^L)\bar{y})+(1-\beta(1-q))(\tau^H(\bar{y}-y^P)-C(\tau^H)\bar{y})}{1-\beta} \tag{5.38}$$

在给出这个最大化问题的完全的解法之前，将 μ^H 的最小值描述为使革命得以避免的数值是简单明了的。我们用 μ^{**} 表示这一临界值，这与上节中的临界值 μ^* 相类似。正式地说，这一临界值对应于使最优化问题的约束集为非空的 μ^H 的最小值。当约束集为空集时，这意味着不存在可信的同时又能说服民众不发动革命的税率向量$[\tau^L,\tau^H]$，所以，在状态μ^H下不得不存在一个均衡革命。

为了计算这一临界值，注意τ^H能取的最大值为τ^P。直观地说，在高威胁状态下，权贵愿意提供最大化的再分配以避免革命。τ^L如何？一旦$\tau^H=\tau^P$，将权贵的激励兼容约束(5.35)式视为等式，就得出了τ^L。因此，能够可信地许诺的再分配的最大数量来自在状态$\mu_t=\mu^L$下以税率$\bar{\tau}'$征收的税收，它使得$V_d^r(N,\mu^L)=V^r(N,\mu^L,[\bar{\tau}',\tau^P])$且$\bar{\tau}'\leqslant\tau^P$，或$\bar{\tau}'=\tau^P$。更具体地说，设$\bar{\tau}''$使得

$$\frac{y^r+(1-\beta q)(\bar{\tau}''(\bar{y}-y^r)-C(\bar{\tau}'')\bar{y})+\beta q(\tau^P(\bar{y}-y^r)-C(\tau^P)\bar{y})}{1-\beta}$$

$$=\frac{y^r}{1-\beta(1-q)}$$

消去y^r并化简，我们得到：

$$\bar{\tau}''(\theta-\delta)+\delta C(\bar{\tau}'')=\frac{\beta q}{(1-\beta q)}\left[\frac{\theta}{1-\beta(1-q)}-(\tau^P(\theta-\delta)+\delta C(\tau^P))\right] \tag{5.39}$$

于是，最大的可信税率$\bar{\tau}'=\min\{\bar{\tau}'',\tau^P\}$。

能够证明这一税率$\bar{\tau}'$是β的增函数；未来越有价值，对于权贵来说偏离他们许诺的行为就越不具有吸引力，所以他们能够许诺的税率的最大值就越高。这是显而易见的，事实上，这也是重复博弈分析的一个根本原则。为了让参与人不采取符合他们眼前利益的行动，来自这一行动的收益就需要其他一些未来的考虑来冲抵。参与人越是低估未来或预期惩罚越轻微，说服他们兑现诺言就越困难。

(5.39)式突出的重要一点是权贵不具有做出承诺的无限制的权力：他们有有限的能力，由未来惩罚的威胁来支持。他们做出的许诺只有在当时兑现这些许诺符合他们的利益时才是可信的。这里，一些大于零的再分配甚至在没有革命威胁的情况下也符合他们的利益，因为他们知道，若不这样的话，以后他们将不得不容忍革命的爆发。然而，这种未来惩罚的威胁能够支持的只是有限的再分配(也就是说，在低威胁状态下，权贵不能可信地许诺一个大于$\bar{\tau}'$的税率)。

这一分析于是意味着革命能否避免的问题简单地归结为民众在状态 $\mu_t=\mu^L$ 下从以税率 $\bar{\tau}'$ 进行的再分配和在状态 $\mu_t=\mu^H$ 下以税率 τ^P 进行的再分配中得到的支付是否好过革命对民众的支付。或者，换句话说，这相当于税率向量$[\bar{\tau}',\tau^P]$是否在不等式(5.35)式和(5.37)式给出的最大化问题的约束集合内。

类比于上一节的分析，我们可以看到对于所有的 $\mu\geqslant\mu^{**}$，税率向量$[\bar{\tau}',\tau^P]$在约束集合内，其中，当 $\mu^H=\mu^{**}$ 时，μ^{**} 会使得 $V^P(N,\mu^H,[\bar{\tau}',\tau^P)]=V^P(R,\mu^H)$。更明确地说，临界值 μ^{**} 是下面方程的解：

$$\begin{aligned}\mu^{**}=\theta-\beta(1-q)(\bar{\tau}'(\theta-\delta)-(1-\delta)C(\bar{\tau}'))\\-(1-\beta(1-q))(\tau^P(\theta-\delta)-(1-\delta)C(\tau^P))\end{aligned}\tag{5.40}$$

其中，$\bar{\tau}'$由(5.39)式给出。可以证明 $\mu^{**}>0$。

回想一下，用本节使用的符号，μ^* 是由 $V^P(N,\mu^H,[0,\tau^P])=V^P(R,\mu^H)$ 定义的，所以，对于所有的 $\bar{\tau}'>0$，我们有：

$$\mu^{**}<\mu^*$$

根据(5.30)式和(5.40)式，这是显而易见的。

这意味着，一旦我们虑及惩罚策略的使用，就会出现激励兼容的承诺能够避免革命的情形；否则则不然。当 $\mu\in[\mu^{**},\mu^*]$时，情况是如此。然而，由于 $\mu^{**}>0$，仍然会有权贵可能做出的最好许诺也不足以避免革命的情形(即当 $\mu<\mu^{**}$ 时)。

这一讨论得出了本节的重要结果，我们非正式地陈述如下：

结果：当我们允许非马尔可夫策略时，对于所有的 $\mu\geqslant\mu^{**}$，革命是能够避免的。在此，$\mu^{**}<\mu^*$，表示现在进行更大量的再分配是可能的，但 $\mu^{**}>0$，意味着如果 μ 充分小，革命能够发生。

为了更仔细地陈述本节的结果，完成对均衡的描述，我们必须定义这个博弈中的策略。与上一节的主要区别是我们已经取消了对马尔可夫策略的限定，现在一个策略不仅取决于任意时点 t 的状态，而且还取决于博弈到这一时点为止的过去。设 H^{t-1} 表示博弈所有可能的截止到 $t-1$ 时点的所有可能历史的集合，用 $h^{t-1}\in H^{t-1}$ 表示一个特定的历史。权贵和民众的行动现在由 $\sigma^r=\{\tau^N(\cdot,\cdot)\}$和 $\sigma^P=\{\rho(\cdot,\cdot,\cdot)\}$表示，其中 $\tau^N(\mu_t,h^{t-1})$是权贵在 t 时点制定的税率，当时状态为 $\mu_t=\mu^H$ 或 μ^L，且观察到的历史为 h^{t-1}。因此，τ^N：$\{\mu^L,\mu^H\}\times H^{t-1}\to[0,1]$。类似地，$\rho(\mu_t,\tau^N,h^{t-1})$是民众发动革命的决策，它取决于当前的状态、权贵当前的行动以及过去的历史。我们有：ρ：$\{\mu^L,\mu^H\}\times[0,1]\times H^{t-1}\to\{0,1\}$。于是，一个子博弈完美均衡就是一个策略组合$\{\hat{\sigma}^r,\hat{\sigma}^P\}$，使得$\hat{\sigma}^r$ 和$\hat{\sigma}^P$ 对所有可能的历史$h^{t-1}\in H^{t-1}$ 和在博弈同一阶段内采取的先前行动，是对彼此的最优反应。

当 $\mu<\mu^{**}$ 时，以下的策略组合是唯一的子博弈完美均衡：对于 $\mu_t\in\{\mu^L,\mu^H\}$ 和任意的 h^{t-1}，有 $\tau^N(\mu_t,h^{t-1})=0$；对于任意的 h^{t-1}，有 $\rho(\mu^H,\cdot,h^{t-1})=1$。对这一参数值集合，革命对民众有足够的吸引力，让步不会起作用；不论以前的历史或当前的税率是怎样的，只要 μ^H 出现就会爆发革命。因为权贵了解这一点，所以他们在 μ^L 出现时制定零税率。

为了理解 $\mu\geqslant\mu^{**}$ 时子博弈完美均衡的性质，有必要注意，在这种情况下，对于权贵而言存在着一个额外的动机："税收平滑"。直观地说，权贵希望以对自己最小的成本为民众提供既定数量的再分配。因为由函数 $C(\cdot)$给出的税收成本是凸的，这意味着税收应尽可能少地呈现可变性——换而言之，它们应该是平滑的。[1] 这一思想是巴罗(Barro，1979)在讨论最优财政政策时首次提出的，但在这里同样适用。这样的税收平滑在以前是不可能的，因为权贵从未能许诺在状态 μ^L 下进行再分配。既然这种再分配是可能的，税收平滑也就作为一种可能性出现了。

税收平滑的观点清楚地表明，对于权贵来说，提供效用 $V^P(R,\mu^H)$的最廉价的办法就是制定一个固定不变的税率 τ^S，使得：

$$V^P(N,\mu^H,[\tau^S,\tau^S])=V^P(R,\mu^H) \tag{5.41}$$

或者，更明确地说，τ^S 由下式给出：

$$\mu=\theta-\beta(1-q)(\tau^S(\theta-\delta)-(1-\delta)C(\tau^S))$$

---

〔1〕 更明确地说，考虑两个满足(5.37)式的税率 τ^L 和 $\tau^H>\tau^L$。现在想象我们构造这两个税率的一个加权平均税率 $\tilde{\tau}=[\beta(1-q)\tau^L+(1-\beta(1-q))\tau^H]$。对(5.38)式和 $C(\cdot)$(严格)凸性的考察即刻表明 $V^P(N,\mu^H,[\tilde{\tau},\tilde{\tau}])>V^P(N,\mu^H,[\tau^L,\tau^H])$，所以税率向量$[\tilde{\tau},\tilde{\tau}]$也避免了革命。并且，由 $C(\cdot)$的凸性，有 $V^r(N,\mu^L,[\tilde{\tau},\tilde{\tau}])>V^r(N,\mu^L,[\tau^L,\tau^H])$，所以税率向量$[\tilde{\tau},\tilde{\tau}]$也给权贵带来更高的效用。这表明了税收平滑是更可取的(如果它是激励兼容的)。

$$-(1-\beta(1-q))(\tau^S(\theta-\delta)-(1-\delta)C(\tau^S)) \quad (5.42)$$

因此,以这一税率进行再分配对于权贵来说是最佳的可行策略。问题是,这个税率向量是否是激励兼容的——也就是说,它是否满足(5.35)式?相同的论证过程立即意味着只要 $\tau^S \leqslant \bar{\tau}^S$,向量$[\tau^S,\tau^S]$就是激励兼容的,其中 $\bar{\tau}^S$ 由下式给出:

$$\bar{\tau}^S(\theta-\delta)+\delta C(\bar{\tau}^S)=\frac{\beta q}{(1-\beta q)}\left[\frac{\theta}{1-\beta(1-q)}-(\bar{\tau}^S(\theta-\delta)+\delta C(\bar{\tau}^S))\right] \quad (5.43)$$

它与(5.39)式类似,只是用$(\bar{\tau}^S,\bar{\tau}^S)$替换了$(\bar{\tau}',\tau^P)$。

于是,能否实现彻底的税收平滑的问题可以简单地归结为:任意税率 $\tau^S \leqslant \bar{\tau}^S$ 是否满足(5.41)式。同样,类似的论证过程马上就表明存在着一个 μ^H 的值,在此用 $\bar{\mu}^S$ 表示,由下式给出:

$$\bar{\mu}^S=\theta-\beta(1-q)(\bar{\tau}^S(\theta-\delta)-(1-\delta)C(\bar{\tau}^S)) \quad (5.44)$$
$$-(1-\beta(1-q))(\bar{\tau}^S(\theta-\delta)-(1-\delta)C(\bar{\tau}^S))$$

使得在 $\mu \geqslant \bar{\mu}^S$ 时,一个可信的完全平滑的税率政策将阻止革命。

显然,$\bar{\mu}^S>\mu^{**}$;另一方面,$\bar{\mu}^S$ 可能大于或小于 μ^*。当 $\mu \geqslant \bar{\mu}^S$ 时,对于权贵来说最好的可能的子博弈完美均衡是与税率向量$[\tau^S,\tau^S]$(它以最低的可能成本阻止革命)对应的策略组合。更明确地说,让我们定义历史 $\hat{h}^t$,使得 $h^t=\hat{h}^t$,如果对于所有的 $s \leqslant t$,$\tau^N(\mu^L,h^S)=\tau^S$,其中 τ^S 由(5.41)式给出,那么子博弈完美均衡就由下面的策略组合给出。对权贵而言:

$$\tau^N(\mu_t,h^{t-1})=\begin{cases}\tau^S & 若\ h^{t-1}=\hat{h}^{t-1}\\ 0 & 若\ h^{t-1}\neq\hat{h}^{t-1}\end{cases} \quad (5.45)$$

对 $\mu_t \in \{\mu^L,\mu^H\}$,对民众而言:$\rho(\mu^L;h^{t-1})=0$,且:

$$\rho(\mu^H,\tau^N,h^{t-1})=\begin{cases}0 & 若\ h^{t-1}=\hat{h}^{t-1},且\ \tau^N \geqslant \tau^S\\ 1 & 若\ h^{t-1}\neq\hat{h}^{t-1},或\ \tau^N<\tau^S\end{cases}$$

在这种情况下,如前所述,策略界定一个参与人,即使是在脱离均衡路径的时候,是如何行动的,现在均衡路径包括了所有截止到那时的历史。特别是,在此 $\hat{h}^{t-1}$ 表示均衡路径。于是,只要行动是在这一路径上,权贵就会在两种状态下都制定 τ^S,而且民众不造反。然而,如果权贵制定小于 τ^S 的税率,我

们就会沿某一历史 $h^{t-1} \neq \hat{h}^{t-1}$ 移动，且这些策略表示只要状态为 $\mu_t = \mu^H$，民众就会发动革命。我们如何知道民众在这样的一种情形下发动革命是可信的？这是由(5.45)式得出的，该式表明如果权贵发现他们在不同于 $\hat{h}^{t-1}$ 的某一历史之后制定税率，他们就会把税率定为零。因此，穷人明白，在这场博弈中，如果他们不在权贵偏离规定行为后发动革命，从那时起他们将得不到任何再分配。因此，只要革命约束 $\theta > \mu$ 有效，在权贵偏离规定行为后发动革命就是最优的。

最后，当 $\mu \in [\mu^{**}, \bar{\mu}^S]$ 时，革命能够避免，但是完全的税收平滑就不再可能了。在这种情况下可以看出，对于权贵来说，最好的子博弈完美均衡是税率向量 $[\hat{\tau}^L, \hat{\tau}^H]$，它是(5.36)式的解并满足：

$$\hat{\tau}^L(\theta-\delta)+\delta C(\hat{\tau}^L)=\frac{\beta q}{(1-\beta q)}\left[\frac{\theta}{1-\beta(1-q)}-(\hat{\tau}^H(\theta-\delta)+\delta C(\hat{\tau}^H))\right] \tag{5.46}$$

且：

$$\begin{aligned}\mu=&\theta-\beta(1-q)(\hat{\tau}^L(\theta-\delta)-(1-\delta)C(\hat{\tau}^L))\\&-(1-\beta(1-q))(\hat{\tau}^H(\theta-\delta)-(1-\delta)C(\hat{\tau}^H))\end{aligned} \tag{5.47}$$

相应的子博弈完美策略如下：

$$\tau^N(\mu^L, h^{t-1})=\begin{cases}\hat{\tau}^L & 若\ h^{t-1}=\hat{h}^{t-1}\\ 0 & 若\ h^{t-1}\neq\hat{h}^{t-1}\end{cases} \qquad \tau^N(\mu^H, h^{t-1})=\begin{cases}\hat{\tau}^H & 若\ h^{t-1}=\hat{h}^{t-1}\\ 0 & 若\ h^{t-1}\neq\hat{h}^{t-1}\end{cases}$$

$\rho(\mu^L, \cdot, h^{t-1})=0$，且：

$$\rho(\mu^H, \tau^N, h^{t-1})=\begin{cases}0 & 若\ \hat{h}^{t-1}=\hat{h}^{t-1}，且\ \tau^N \geq \tau^H\\ 1 & 若\ h^{t-1}\neq\hat{h}^{t-1}，或\ \tau^N < \tau^H\end{cases}$$

总结这一讨论，我们有下述命题：

命题 5.5： 假定 $\theta > \mu$。μ^{**}，$\bar{\mu}^S > \mu^{**}$ 由(5.40)式和(5.44)式给出。那么，从权贵的视角来看，博弈 $G^{\infty}(\beta)$ 的最好的子博弈完美均衡为 $\{\hat{\sigma}^r, \hat{\sigma}^p\}$，使得：

(1)若 $\mu < \mu^{**}$，那么，对于 $\mu_t \in \{\mu^L, \mu^H\}$ 和任意的 h^{t-1}，有 $\tau^N(\mu_t, h^{t-1}) = 0$；对于任意的 $h^{t-1} \in H^{t-1}$，有 $\rho(\mu^L, \cdot, h^{t-1}) = 0$ 和 $\rho(\mu^H, \cdot, h^{t-1}) = 1$。

(2)若 $\mu \geq \bar{\mu}^S$，对于 $\mu_t \in \{\mu^L, \mu^H\}$ 且 $h^{t-1} = \hat{h}^{t-1}$，有 $\tau^N(\mu_t, h^{t-1}) = \tau^S$，其中 τ^S 由(5.42)式给出；对于 $\mu_t \in \{\mu^L, \mu^H\}$，有 $\tau^H(\mu_t, h^{t-1}) = 0$，对于 $h^{t-1} \neq$

$\hat{h}^{t-1}$，有 $\rho(\mu^L,\tau^N,h^{t-1})=0$；对于任意的 $h^{t-1}=\hat{h}^{t-1}$ 且 $\tau^N \geqslant \tau^S$，有 $\rho(\mu^H,\tau^N,h^{t-1})=0$；且对于任意的 $h^{t-1}\neq\hat{h}^{t-1}$ 或 $\tau^N<\tau^S$，有 $\rho(\mu^H,\tau^L,h^{t-1})=1$。

(3) 若 $\mu\in[\mu^{**},\bar{\mu}^S]$，那么对于 $h^{t-1}=\hat{h}^{t-1}$，有 $\tau^N(\mu^L,h^{t-1})=\hat{\tau}^L$ 和 $\tau^L(\mu^L,h^{t-1})=\hat{\tau}^H$，其中 $\hat{\tau}^L$ 和 $\hat{\tau}^H$ 由(5.46)式和(5.47)式给出；对于 $\mu_t\in\{\mu^L,\mu^H\}$ 和 $h^{t-1}\neq\hat{h}^{t-1}$，有 $\tau^N(\mu_t,h^{t-1})=0$；$\rho(\mu^L,\cdot,h^{t-1})=0$；若 $h^{t-1}=\hat{h}^{t-1}$ 且 $\tau^N\geqslant\hat{\tau}^H$，则 $\rho(\mu^H,\tau^N,h^{t-1})=0$；若 $h^{t-1}\neq\hat{h}^{t-1}$ 或 $\tau^N<\hat{\tau}^H$，则 $\rho(\mu^H,\tau^N,h^{t-1})=1$。

命题 5.5 中的重要之处是，现在有更大的参数值集合使权贵能够避免革命。换而言之，在 $\mu^{**}\leqslant\mu<\mu^*$ 这样的社会中，如果我们不允许权贵作出激励兼容的在将来低革命威胁状态时期的再分配许诺，将会出现均衡革命；然而，一旦我们允许这种许诺，革命就能避免。并且，甚至在 $\mu\geqslant\mu^{**}$ 的时候，由于使用激励兼容许诺的可能性，权贵能通过平滑税收为他们自己达成更好的结果。

无论如何，重要的是要强调权贵仍然有有限的作出可信许诺的能力。只有以满足不等式 $V^r(N,\mu^L,[\tau^L,\tau^H])\geqslant V_d^r(N,\mu^L)$ 的税率 τ^L 进行再分配的许诺才是激励兼容的。这意味在 $\mu<\mu^{**}$ 的社会，与命题 5.4 相同的考虑适用，可信的再分配不足以说服民众在非民主中生活，他们将偏好另一条路线。这里，他们面临的唯一选择就是革命。在第 6 章，我们说明权贵如何能通过改变政治制度，使未来的再分配更可信，说服民众不发动革命。民主化赋予了民众政治权力，从而使更高水平的未来再分配可信。

5.8 结　论

在本章中，我们提出了关于非民主政治的基本模型，并介绍了在很大程度上支撑我们方法的基本的政治承诺问题。我们研究了一个非民主体制在面对集体行动和革命的威胁时如何希望做出让步以避免被剥夺。然而，由于革命威胁有其固有的暂时性，让步的许诺也许不足为信。正如我们用一些历史的事例所说明的那样，当革命的威胁消失时，政府也许会背弃它的许诺。如果民众预期非民主体制将背弃其诺言，该体制也许就会被革命推翻。

我们首先用静态的扩展式博弈阐释了这些思想。在其中，我们引入了一个政府兑现其许诺的外生的概率。尽管这个模型有用且容易处理，但外生的背弃诺言的概率是过于简化的形式。由于这一原因，我们提出了一个内容更为丰富的动态模型，其中政府能够对今天做出许诺但不能对未来许诺。我们说明该动态模型的定性结果与静态模型是完全相同的。

然而，到目前为止我们允许考虑的选择是有限的。例如，除了收入再分配的让步政策之外，政府是否有可以使用的其他手段？答案是肯定的，在第 6 章将论证民主化正是作为权贵为阻止革命而做出的可信让步而出现的。通过民主化，权贵允许民众不但制定今天的税率，而且制定未来的税率，这一点使得他们的让步可信。然而，即使在那里我们的讨论也是不完全的。权贵可能试图用镇压避免革命或实行民主化，而不是做出任何类型的让步。因此，我们在第 6 章也讨论让步、民主化和镇压之间的相互作用问题。第 6 章还将详细讨论我们关于民主化的方法的概念基础——特别是强调为什么制度变革可能有助于解决承诺问题。

第三篇

民主的创立和巩固

6 民主化

6.1 引 言

在这一章中，我们将提出并发展关于民主化的基本模型。人们对不同的政治体制有偏好，是因为他们预料政治行动者在这些制度下会采取不同的行动，从而产生不同的政策和社会选择。在这一意义上，我们的分析以我们在前两章中建立的关于民主和非民主的模型为基础。

6.2 政治制度的作用

我们为什么需要讨论制度？为什么不直接说，权贵和民众对不同的政策有偏好，他们之间的政治冲突导致有利于一个或另一个团体的政策？我们认为，不同社会团体之间的冲突还有更多的内容。关于政策的冲突是静态的——关于今天发生了什么。理性的行动者还关心未来。这就是政治制度——政治制度是持久性的，因此有影响未来政治行动和政治均衡的能力——发挥作用之处。因此，我们需要在动态的背景下认真考虑政治制度；通过这一过程，我们便能提出民主的建立以及巩固的理论。对此至关重要的是有关政治制度作用的思想。

我们强调政治制度调节法定政治权力的配置。政治权力是在对实行何种政策存在冲突时，一个特定的团体（或个人）在政治领域中所具有的影响力的量度。如果权贵是有钱人，且是有权力的，那么，我们就会预料有更低的税率、更少的再分配和一般说来偏袒有钱人而不是穷人的一系列政策。因此，政治权力内在于每一种关于加总相互冲突的偏好的讨论之中。各种民主模型以不同的方式加总这些偏好，因此，如第4章所讨论的那样，它们自然会将不同的政治权力分配给不同的团体。然而，对我们的分析至关重要的是这一假定：通常来说，多数民众在民主中而不是在非民主中拥有更大的政治权力。

前瞻性的理性经济行动者所关心的不只是今天的经济配置及政策，而且还关心未来的经济配置和政策。因此，政治权力是有价值的，所有团体都希望在某种程度上保证自己在未来拥有更大的政治权力。政治制度因其持久性能够影响法定政治权力在未来的配置。我们关于制度的方法以这样一个假定为基础：一般说来，政策比制度更容易逆转，即使有时难以逆转。因此，民主化使得民众与在非民主中相比不仅在今天有更大的权力，而且在未来也有更大的权力。因此，民主化是使政治权力向多数民众转移的一种方式。如果民众能在今天获得民主，他们将在未来增加自己的法定政治权力，因为只要民主存续，他们就将在经济政策和社会政策的决定方面拥有更大的发言权。

民众如何保证社会变为民主？他们只有在拥有足够的政治权力的时候才能做到这一点。显然，从一种非民主的情况开始，民众被排除在选举之外，至少是他们的偏好没有很大作用。所以，他们如何能拥有政治权力？答案是，政治权力不仅仅是由正式规则授予的，它还可以采取事实政治权力的形式。如果民众形成了一种可信的损害掌握着法定政治权力的权贵的经济和社会利益的革命或重大的社会动荡威胁，那么，他们就能在非民主中拥有政治权力。在本书中，当我们讨论政治权力时，既包括来自政治制度的权力，也包括和民众挑战体系的能力或权贵发动政变的能力——也就是说，事实上的获得权力的方式。换句话说，对我们的目的而言，政治权力是使一个社会团体接近其偏好的政策的任何东西，不论是法定的，还是事实的。

然而，我们的叙述仍然是不完整的。到目前为止，我们所论证的内容可以图解的形式总结如下：

政治权力$(t)\Rightarrow$*政治制度*$(t)\Rightarrow$*政治制度*$(t+1)\Rightarrow$*法定政治权力*$(t+1)$

今天拥有政治权力的团体能够设立——或迫使其他团体设立——有利于他们的政治制度。这些政治制度持续下来并调节着未来政治权力的分配。因此，民主化使民众有能力在将来增强他们的政治权力，但是，为什么民众需要政治制度来确保他们明天的政治权力？毕竟，他们在今天是拥有政治权力的。

在我们的理论中，当事实政治权力只是暂时性的时候——也就是说，今天拥有更大政治权力的人，通常不是明天将拥有它的人——政治制度是特别有用的。这种暂时性也许是由对制度的多种经济、社会和政治冲击造成的。的确，我们在第5章看到，关于集体行动问题的经验文献强调，即使这一问题能够解决，解决的办法也往往是暂时性的。一个团体今天解决了集体行动问题的事实并不能保证它明天也能设法解决这一问题。今天也许存在着一种衰退，它造成了政治上的不稳定，使要利用事实政治权力影响政治结果的任一方处于有利地位。然而，衰退经常是暂时性的，明天或许会有繁荣。

现在设想一种民众今天拥有事实政治权力，但他们预期明天不会持有类似政治权力的情形。在这种情况下，他们会要求一组将他们的政治权力锁定的制度。这正是民主制度可以做的事情。通过采用相对自由和公平的选举（在这样的选举中，所有公民而不仅仅是权贵的选票都有意义），民众来自非同寻常事件（诸如政治危机或战争结束）的事实政治权力变得制度化了，并转换成了未来的政治权力。

在我们的论证中还有最后一步。民主化是由非民主向民主的运动。在非民主中，权贵制定决策。因此，当权贵决定“推广公民权”并将更广泛的社会阶层纳入决策过程时，民主化就发生了。这不仅仅是一个理论上的陈述。如在导论和第2章中所说明的那样，几乎所有发生于19世纪欧洲和19～20世纪美洲的向民主的重大运动都是现有政治体系将公民权向以前被排斥在外的社会阶层的扩展。

为什么他们会这样做？答案是：在非民主中，民众暂时的、事实政治权力来自他们可以采取的对现有体系代价惨重的行动，如革命或巨大的社会动荡。权贵愿意阻止这一切，并为此做出让步。但是，民众关心的不仅是今天的分配和政策，而且还有将来的分配和政策。因此，在通常情况下，权贵不仅要在当前让步，还要做出关于未来的许诺。然而，一旦革命的威胁消退——事实政治权力的至关重要的暂时性！——这些许诺也许就会被背弃。因此，权贵愿意做出可信的承诺。这就是制度的承诺价值有意义之处。民主化保证了政治权力移交给多数民众的可信性，增加了权贵的承诺得以兑现的可能性。因此，当权贵愿意对未来政策做出可信的承诺时，民主化就发生了，而且权贵只有把(他们部分的)政治权力——法定政治权力——移交给民众才能做到这一点。

我们的理论可以以图形的形式概括如下：

民众拥有的 来自革命或社会动荡威胁的 暂时的政治权力	⇒	权贵需要 对未来政策 做出承诺	⇒	引入民主	⇒	民众在未来 更大的政治权力

6.3 对政治制度的偏好

在这一节中，我们要说明关于政治制度的基本冲突，特别是民主与非民主之争。出于这一目的，我们回到第 4 章所讨论的基本的两阶级模型。将总人口标准化为 1，行动者中的一部分，$1-\delta>1/2$，是收入为 y^p 的穷人，其余部分 δ，是收入为 $y^r>y^p$ 的富人。富人是权贵，穷人为民众。平均收入用 $\bar{y}$ 表示，如前所述，我们用符号 θ 把不平等的程度参数化。(4.7)式给出了贫穷的民众和富有的权贵的收入，且一个穷人偏好的税率满足(4.11)式。

我们也使用在第 4 章引入的表示间接效用的符号：当政策由 τ 给出时，$V(y^i|\tau)$表示一个收入水平为 y^i 的行动者的效用。现在，把 $V^p(D)\equiv V(y^p|\tau^p)$定义为在税率为 τ^p 时，一个穷人的间接效用。等价地说，在民主中，所有民众有相同的政治偏好，他们将会投票支持 τ^p，所以民主中的均衡税率为 τ^p。因此，$V(y^p|\tau^p)$也是一个公民在民主中的间接效用 $V^p(D)$(D 代表民主)。类似地，$V^r(D)\equiv V(y^r|\tau^p)$是一个权贵在民主中的间接效用。在非民主中，一个权贵最偏好的税率将是 $\tau^r=0$。因此，$V^p(N)\equiv V(y^p|\tau^r)$是一个公民在非民主中的间接效用($N$ 代表非民主)，非民主中的均衡税率为 $\tau^r=0$。最后，$V^r(N)\equiv V(y^r|\tau^r)$是一个权贵在非民主中的间接效用。

我们有：

$$V^p(D)>V^p(N) \quad \text{而} \quad V^r(D)<V^r(N) \tag{6.1}$$

换而言之，民众在民主中得到更高水平的效用和收入，而权贵在非民主中得到更高水平的收入。这一观察得出的一个直接含义是：存在着关于政治制度——也就是说，关于社会应该是民主的还是非民主的——的冲突。在民主中，民众得到相对更丰厚的利益；权贵则受益于非民主。

6.4 政治权力和制度

6.4.1 制度与政策

制度与政策之间有什么区别？不论是在政治学还是在其他社会科学中，都有一种暗含的理解，即制度与政策有着重大的不同。例如，几乎没有人会认为税收政策是一项“制度”，而有没有宪法或社会是不是民主的则通常被认为与制度有关。那么，区别是什么呢？

诺贝尔奖获得者经济史学家道格拉斯·诺思将制度定义为“一个社会的游戏规则，或更正式地说，是由人设计的制约人类互动的约束”(North，1990，p. 3)。当我们讨论广义的制度，包括支持经济决策的形形色色的社会、政治方面和经济、社会活动的组织时，这一定义是有用的。然而，对于我们的目的来说，它可能过于宽泛了。在我们看来，政策与制度之间的主要区别是制度的“持久性”和制度影响未来政治权力分配的能力。政策更容易逆转，而制度则较为持久。并且，制度决定着各种团体的政治偏好是如何被加总为社会选择的。因此，当前采用的一组制度不仅在今天而且还在明天影响各社会团体的政治权力状况。

持久性和影响未来权力分配的能力使制度作为一种承诺机制具有重大意义。回想一下，在第 5 章讨论的政治中的承诺问题，它的出现是由于掌握权力的团体(权贵)对未来做出了许诺，但在以后兑现这些许诺却不符合他们的利益。他们将背弃诺言，转向另一条不同的行动路线或选择别的政策。我们将这种现象称为承诺问题，因为掌握权力的团体不可能可信地许诺某些政策。承诺问题与以下事实有着密切联系：在未来，政治权力将掌握在一个特定团体的手中，他们能利用这一政治权力实施另外的而不是他们许诺的政策。这一说明也意味着制度作为一种承诺机制是有用的，因为它们影响着政治权力在未来的分配。简单地说，如果某一特定团体要做出关于行动过程的承诺，要使这一承诺可信，还有比将更大的权力授予希望看到该行动过程落实的一方更好的办法吗？换言之，承诺问题之所以出现，是因为在那些拥有政权的人与那些从许诺的政策受益的人之间的“不一致”。改变掌握权力的人的身份，许诺就会变得可信。

我们不是最先强调制度的承诺价值的人。这一主题出现于许多著作中，也包含在其他的著作中(例如，有关结构诱发均衡的文献；参见 Shepsle，1979；Romer and Rosenthal，1978；Shepsle and Weingast，1984)，但最明确的似乎是与诺思和温加斯特(North and Weingast，1989)的有重大影响的论文相联系的。他们指出，英国 1688 年光荣革命之后确立的立宪政体提供了王室不废除其债务的承诺，从而提高了其借贷能力。这一点使得财政制度发生了根本性变化，为工业革命的到来提供了部分先决条件。

这一制度变革在实践中相当于什么？它是如何实现这一承诺的？考虑这两个问题就会清楚制度在这一特定环境下的作用，更普遍地说，它们在我们分析政治制度和民主化的方法中的作用。第一个重要方面是制度是持久性的。光荣革命之后，统治者无法回到那段可以不经议会同意、随心所欲地操纵债务和税收政策的时期了。光荣革命建立了定期召开的议会(这以前必须听从国王的“召唤”)并授予议会对财政事务的控制权。第二，这些制度约束了统治者的行为。正是制度的这一方面使清偿债务成为一个可信的承诺。

诺思和温加斯特的解释是有说服力的，对欧洲历史上的一次重大制度变革的例子涉及的各种问题作了非常好的描述。为什么这些新的制度使偿还债务的承诺变得可信？如果议会强大到足以罢免合法的国王詹姆斯二世，它为什么还需要改变制度以保证未来的国王不会背弃偿还债务诺言呢？对答案的全面探讨将我们引向政治权力以及政治权力与制度之间的关系。当议会废除詹姆斯二世的王位时，它利用其事实政治权力和曾派军队援助过它的荷兰的权力。然而，这种情况是暂时的；荷兰并不打算在议会每次求助时都派遣军队(一个原因是荷兰正忙于与法国作战)。所以，在英国，议会改变政治制度，试图锁定其暂时性的事实政治权力。新的制度将法定政治权力分配给议会——虽然不够彻底，但与以前相比，议会权力要大得多了。并且，对权力的新的配置保证国王将无法拖欠其债务，因为大部分债务都是对议会的债务，所以确保债务偿清对议会是有利的(Stasavage，2003)。

类似的问题在我们关于民主化的理论中也是重要的：权贵被迫实行民主

化以阻止被剥夺了公民权的民众发动的革命。民主一经确立，就会在政治领域造成持久性的变化，这些变化将构成一个充分可信的承诺，给民众在未来想要的权力和政策。

6.4.2 制度和承诺

我们关于诺思和温加斯特（North and Weingast，1989）的讨论提出了一个根本性的问题：为什么制度提供了承诺？在我们的模型中，这是因为法定政治权力决定着谁可以在何时采取何种行动。例如，在民主中，政策是由多数人的投票决定的，这意味着如果权贵不拥有挑战民众的事实政治权力，民众能得到他们想要的任何政策。当民主创立的时候，民众认为该制度将赋予他们法定政治权力，作为对更亲多数政策的承诺，即使他们在未来不享有事实政治权力。

并且，在民主建立之后，取消民主是有成本的，这有很自然的原因——最明显的是各团体对特定的制度进行了投资（Brainard and Verdier，1997；Coate and Morris，1999；Acemoglu and Robinson，2001）。举个例子来说，在英国1867年通过第二改革法案之后，保守党和自由党就开始把自己作为群众性政党组织起来，并创建了作为全国性组织参与竞争所必需的制度。他们创建了保守党和自由党的俱乐部以及动员新的群众选民所必需的全国性的网络组织。这些都是特定的投资，如果民主停止发挥作用，其价值就会被破坏掉。这就使民主得以持续，因为它使人们有更大的动力捍卫民主。并且，这些为民主特别创建的组织，一经创立，便使集体行动问题更容易解决。这些就是民主一旦创立就难以（尽管不是不可能）逆转，以及它作为一组政治制度拥有承诺力量的根本原因。

6.4.3 政治权力

到此为止的讨论强调政治权力有着不同的方面。显而易见，政治制度授予了那些控制总统职位和立法机构的人以政治权力。例如，美国宪法分配建议和制定法律的权力，使在选举中获胜的团体具有制定对他们自己有利的政策的权力。然而，除了这些之外，政治权力还有更多的方面。考虑一下委内瑞拉的情形。1998 年，乌戈·查韦斯以压倒性的多数当选为总统，1999 年，他牢牢控制了改写宪法的过程，这大大增加了他的权力。查韦斯因此拥有了大量的法定政治权力。然而，其他的团体既不控制总统职位，也没有对重新改写宪法的过程以任何的影响力，但拥有重要的事实政治权力。反对查韦斯所偏好政策的力量（例如，国家石油公司的经理）可以组织罢工，使经济疲软，如同他们在 2002 年 12 月之后组织了两个月的罢工那样。政治对手也可能组织街头的示威游行，要求政府改变其政策，即使他们没有任何能影响这些政策的法定政治权力。这样的经济决策和集体行动对政府来说是成本很高的。

然而，从本质上说，这种挑战体制的权力是暂时性的。尽管罢工的石油工人对经济造成了沉重的成本，打击了现有体制，但他们同时也危害他们自己及其家人。罢工因此必然是暂时性的。并且，罢工是难以组织和维持的，其力量取决于其他随着时间的流逝而改变的因素，例如世界石油的价格。委内瑞拉石油工人的力量也取决于地缘政治因素以及美国 15%的石油是从委内瑞拉进口的事实。这促使美国政府对委内瑞拉的政治进行干预，以保持石油的流量。然而，这种干预的实质取决于美国政府的特点，这是随着时间而改变的，从而再次使得事实政治权力暂时化。

有人会认为罢工和示威的威胁频繁地呈现，足以促使查韦斯改变他的政策。然而，查韦斯显然直到这些威胁实际表现为罢工和示威后，才做出让步。一般来说，组织罢工的威胁是否可信是不清楚的，因为必须协调许多人的行动；而且，由于政府能组织破坏罢工的活动，罢工可能失败。即使已经出现了罢工或示威，也不能保证在未来就很容易组织另外一次罢工或示威。这些因素表明了查韦斯的反对者不满意政策让步的原因，因为他们预料这些政策会被逆转。他们只有在罢免了这位总统、从而改变了法定政治权力的配置之后才会感到满意。

在民主化的语境中，关于暂时性的冲击与政治权力变更之间关系的最佳例子之一是由瑟尔伯恩（Therborn，1997）指出的，他观察到许多民主化都紧随战争其后。这与我们的理论完全一致，因为在战争期间，民众组成了武装部队，他们拥有巨大的暂时性的权力。这种威胁在第一次世界大战后德国这样的国家里是显而易见的。

因此,关于事实政治权力的一个要点是,它不一定是“静止的”——由于经济的、政治的冲击和社会变革,哪一团体拥有政治权力是随着时间发生变化的。此前,我们在关于专制的简单模型中讨论过一个暂时性政治权力的例子。耐人寻味的是,事实政治权力的暂时性本质已被奥唐纳尔和施密特(O'Donnell and Schmitter,1986)关于过渡的文献明确注意到了,他们对反对权威主义体制的集体行动的动力学做了如下描述:

……这一浪潮迟早要达到顶点……随后,随着一些个人和团体因耗尽了资源或变得幻灭再次使自己非政治化,一些人变得非激进化,某一正常态会重新确立……还有些干脆厌倦了持续的动员及其对他们私人生活的侵扰。(p. 26)

6.5 一个静态的民主化模型

现在,我们建立一个包含关于民主化的方法的所有要素的模型。除了政治冲突和制度的承诺作用之外,这一方法强调了被剥夺公民权的民众所拥有的来自革命威胁的暂时性政治权力。在特定的场合下,权贵为避免一场革命而实施民主化,以此作为对未来亲民众政策的一项可信承诺。在本章中,我们假定民主一旦建立就得以巩固,将对反民主的政变的分析推迟到下一章。

有两个团体——富人和穷人,分别占总人口的 δ 和 $1-\delta$。权贵是富人,民众是穷人,尽管在 6.9 节我们会表明,这一分析的结果对于政治身份的其他结构来说也是很有力的。个人偏好是对税后收入的偏好,由下式给出:

$$\hat{y}^i=(1-\tau)y^i+(\tau-C(\tau))\bar{y}$$

社会开始时是非民主,政府政策由权贵决定。

回想一下,当权贵拥有无人争夺的政治权力时,他们选择零税率,不进行任何收入再分配(即 $\tau^r=0$)。相反,对民众来说最可取的税率是由(4.11)式给出的 $\tau^p>0$。τ^p 的比较静力学也发挥着重要的作用。回忆一下我们之前的讨论,即团体间不平等程度的加剧(即,θ 的更高水平)会提高民众想要的税率,因此 $d\tau^p/d\theta>0$。

现在,让我们总结一下权贵与民众之间其行动序列由图 6.1 中的博弈树描述的扩展式博弈的分析。按照对图 5.3 所描述的博弈的讨论,我们可以设想最开始的选择是由“自然”做出的，它决定一次冲击（它影响着对体制进行挑战的吸引力的大小）的价值。然而，正如第 5 章所讨论的那样，在静态模型中，略去状态 L，把这一枝从树上折去，把注意力完全集中在非民主受到挑战的状态，是没有损失的。既然如此，我们也像以往一样略去符号 H。图 6.1 与图 5.3 的不同在于博弈树的左端，沿着 L 枝，被折去了。

开始时是权贵拥有政权，并在民众之前行动。他们首先决定是否实行民主。“是”是标记为 D 的枝，“否”是标记为 N 的枝。与上一章一样，我们用 τ^N 表示权贵在非民主中制定的税率，用符号 τ^D 表示中位选民在民主中制定的税率。如果权贵选择 D，民主就会建立，中位选民——一个穷人——制定税率。如果他们不实行民主化，那么税率就由权贵制定。在这一政策决策之后，民众决定是否发动革命。依据我们在第 5 章的讨论，革命为其参加者带来了私人利益，因此不存在集体行动问题。如果革命开始，且有人数为 $\xi^p \leqslant 1-\delta$ 的民众参加，那么革命总是会成功的。革命之后，贫穷的民众剥夺了权贵的收入。然而，在革命期间，经济中的一部分（$\mu > 0$）收入被破坏了。μ 的高数值意味着革命的成本相对更高。

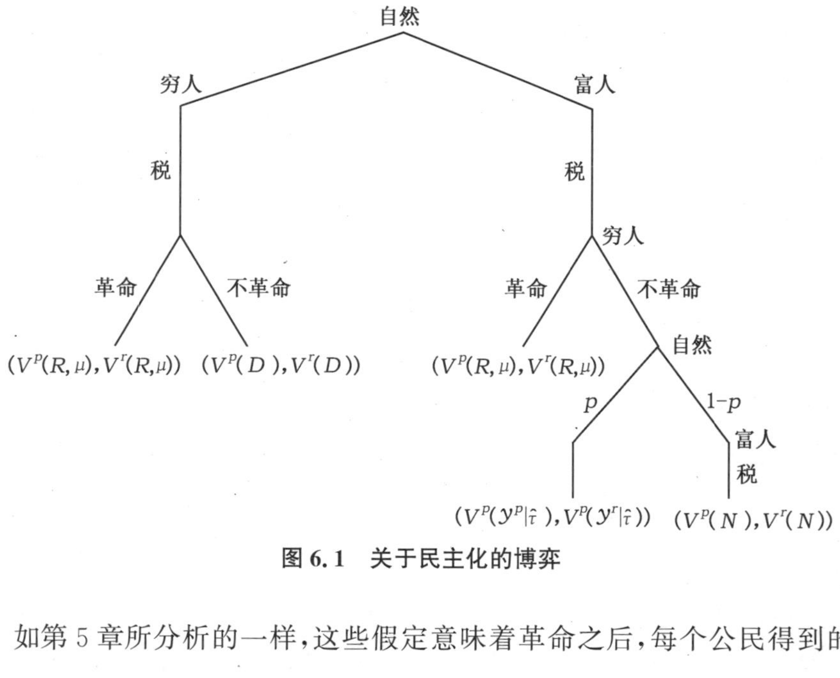

图 6.1　关于民主化的博弈

如第 5 章所分析的一样，这些假定意味着革命之后，每个公民得到的支付为：

$$V^{P}(R,\mu)=\frac{(1-\mu)\bar{y}}{1-\delta} \tag{6.2}$$

权贵在革命中被剥夺，假定他们一无所获（即 $V^{r}(R,\mu)=0$）。

我们同样说，如果民众在革命中得到的比在权贵实行其理想政策 τ^{r} 时得到的更多，那么，革命约束就是有约束力的。因此，如果 $V^{p}(R,\mu)=(1-\mu)\bar{y}/(1-\delta)>y^{P}$，或如果：

$$\theta>\mu \tag{6.3}$$

革命约束是有约束力的。正如第 5 章所述，不平等的加剧（即更高的 θ）使革命约束更可能有约束力。自然而然地，μ 的值小（即，民众在革命后的收入更多）也会使得革命更具有吸引力，革命约束（6.3）式更可能有约束力。如果民众发动革命——进入 R 枝，那么在博弈结束时民众和权贵的支付为（$V^{p}(R,\mu)$，$V^{p}(R,\mu)$）。

如果民主创立了，且没有革命，那么，我们沿着（D，NR）枝行进。在这种情况下，博弈结束时执行的是中位选民偏好的税率。在这种情况下，民众和权贵得到的支付为（$V^{p}(D)$，$V^{r}(D)$），如前所述：

$$V^{p}(D)=V(y^{p}\mid\tau^{D}=\tau^{p})=y^{p}+\tau^{p}(\bar{y}-y^{p})-C(\tau^{p})\bar{y} \tag{6.4}$$

且 $$V^{r}(D)=V(y^{r}\mid\tau^{D}=\tau^{p})=y^{r}+\tau^{p}(\bar{y}-y^{r})-C(\tau^{p})\bar{y}$$

对于权贵来说，另一种选择是不实行民主化，自己制定税率。在这种情况下，问题是权贵能否可信地承诺做出某些让步。我们再次通过引进一个“后续博弈”，以一种简单的方式对这一情形建立模型。在后续博弈中，权贵重设税率的概率为 $1-p$，不能这样做，实行革命决策之前选定税率的概率为 p。这一点使我们能对这样的一种思想建立模型，即在一个非民主社会中，权贵可以做出将来进行大量再分配的承诺，但是却不一定兑现承诺——事实政治权力的至关重要的暂时性。

如在第 5 章讨论的那样，一个更令人满意的方法是采用一个重复博弈，其中权贵可以实行他们今天许诺的政策，然而，一旦革命的威胁消失，他们就不能对未来政策做出任何许诺。这正是我们在第七节提出的模型，我们会发现当前的设置与之相类似，但在许多方面又比那一动态博弈更简单。因此，我们倾向于从这个更简单的模型开始，强调一些基本的问题，稍后再回到更令人满意的框架。

为了阻止革命，权贵可能试图将税率定为与其理想税率不同的 $\tau^N=\hat{\tau}$。这是在权贵不实行民主化且无法重设税率时有效的税率。因此，如果权贵许诺以税率 $\hat{\tau}$ 进行再分配，民众会选择不造反，自然不允许权贵重设税率。博弈结束时的支付为 $V(y^p\mid\tau^N=\hat{\tau})$ 和 $V(y^r\mid\tau^N=\hat{\tau})$。相反，如果自然允许税率被重设，权贵就会把税率定为他们最偏好的 τ^r。在这种情况下，支付为 $V^p(N)$ 和 $V^r(N)$。其中：

$$V^p(N)=V(y^p\mid\tau^N=\tau^r)=y^p \quad 且 \quad V^r(N)=V(y^r\mid\tau^N=\tau^r)=y^r$$

结果，来自收入再分配的许诺的预期支付，可以写为 $(V^p(N,\tau^N),V^r(N,\tau^N))$，使得：

$$V^p(N,\tau^N)=y^p+p(\tau^N(\bar{y}-y^p)-C(\tau^N)\bar{y})$$

且

$$V^r(N,\tau^N)=y^r+p(\tau^N(\bar{y}-y^r)-C(\tau^N)\bar{y})$$

它考虑了以税率 τ^N 进行再分配的概率为 p 这一事实。（注意符号 $V^i(N)$ 和 $V^i(N,\tau^N)$ 的区别，前者是当社会为非民主社会且不受约束时的支付；后者是社会为非民主社会，但权贵被迫制定税率以避免革命的情形。我们后面也使用这种符号。）

现在我们分析这个扩展式博弈的子博弈完美均衡。为此，与第5章一样，我们从博弈树的末端开始，并应用反向归纳法。我们用 $\sigma^r=\{\phi,\tau^N,\bar{\tau}^N\}$ 和 $\sigma^p=\{\rho(\cdot),\tau^D\}$ 来表示权贵和民众的行动。权贵决定一个税率 $\tau^N\in[0,1]$，并决定是否实行民主 $\phi\in\{0,1\}$，其中 $\phi=1$ 表示实行民主。如果没有革命且自然选择 $v=1$，那么权贵就得以重设税率。因为权贵在 $v=0$ 时不做决策，我们选择 $\bar{\tau}^N\in[0,1]$ 表示这一点。民众决定是否发动革命，$\rho\in\{0,1\}$（$\rho=1$ 表示革命）。这一决策取决于权贵的行动，因此，$\rho:\{0,1\}\times[0,1]\rightarrow\{0,1\}$。在此，$\rho(\phi,\tau^N)$ 是权贵作出民主化决策 ϕ 并把税率定为 τ^N 时的革命决策。最后，若 $\phi=1$，民主创立，穷人便得以制定税率 $\tau^D\in[0,1]$。那么，一个子博弈完美均衡就是一个使 $\tilde{\sigma}^p$ 和 $\tilde{\sigma}^r$ 在所有恰当子博弈中都是对彼此最优反应的策略组合 $\{\tilde{\sigma}^r,\tilde{\sigma}^p\}$。

首先，考虑这样一种情形：权贵不实行民主，承诺特定的税率 $\tau^N=\hat{\tau}$，没有革命发生。这种情况的预期支付为：

$$V^p(N,\tau^N=\hat{\tau})=y^p+p(\hat{\tau}(\bar{y}-y^p)-C(\hat{\tau})\bar{y}) \quad (6.5)$$

和

$$V^r(N,\tau^N=\hat{\tau})=y^r+p(\hat{\tau}(\bar{y}-y^r)-C(\hat{\tau})\bar{y})$$

如果 $V^p(N,\tau^N=\hat{\tau})\geqslant V^p(R,\mu)$，那么这样的一个让步会阻止革命。根据在第5章的分析，我们可以定义 μ^*，使得在 $\mu=\mu^*$ 时，我们有 $V^p(R,\mu^*)=V^p(N,\tau^N=\tau^p)$；也就是说，民众从革命中得到的支付与从权贵许诺给他们的最优税率 τ^p 中得到的支付一样多。（当然，$V^p(N,\tau^N=\tau^p)<V^p(D)$，因为在前一种情形中，权贵只能许诺这一税率，他们的许诺兑现的概率也只是 p。）根据方程 $V^p(R,\mu^*)=V^p(N,\tau^N=\tau^p)$，革命成本的这一临界值 μ^*，由下式给出：

$$\mu^*=\theta-p(\tau^p(\theta-\delta)-(1-\delta)C(\tau^p)) \quad (6.6)$$

当 $\mu<\mu^*$ 时，革命的成本不高，根据 μ^* 的定义，我们有 $V^p(R,\mu)=V^p(N,\tau^N=\tau^p)$。所以，即使权贵承诺最好的税率，也不足以避免革命。因此，权贵必须实施民主化以阻止革命。如果民主产生足够的再分配使民众在民主建立后不反叛，民主化的策略就是可行的。这就是 $V^p(D)\geqslant V^p(R,\mu)$ 的情形，它等价于：

$$\mu\geqslant\theta-(\tau^p(\theta-\delta)-(1-\delta)C(\tau^p)) \quad (6.7)$$

当 $\mu\geqslant\mu^*$ 时，革命的成本充分高，权贵能够通过再分配阻止民主化。在这种情况下，他们把税率定在穷人恰对反叛与否无差异的水平，也就是说，$\hat{\tau}$ 满足 $V^p(R,\mu)=V^p(N,\tau^N=\hat{\tau})$，这意味着

$$\mu=\theta-p(\hat{\tau}(\theta-\delta)-(1-\delta)C(\hat{\tau}))$$

就能保持权力，他们不实行民主化。

现在我们可以看到，存在着一个唯一的子博弈完美均衡；然而，这一均衡的特点取决于参数情况。首先，当 $\theta>\mu$ 且 $\mu\geqslant\mu^*$ 时，权贵把税率定为 $\hat{\tau}$，就能保持权力。更耐人寻味的是，当 $\theta>\mu$ 且 $\mu<\mu^*$［而且(6.7)式也成立］时，构成均衡的唯一的一组策略包含了权贵为避免革命而实行的民主化。将这种情形的策略组合完整地写出来是有必要的。在此，以下的策略组合是唯一均衡：对于权贵，$\tau^N=0$，$\phi=1$，$\bar{\tau}^N=0$。对于民众，$\rho(\phi=0,\cdot)=1$，$\rho(\phi=1,\cdot)=0$，且 $\tau^D=\tau^p$。在这个均衡中，权贵创立民主，民众将税率定为 $\tau^D=\tau^p$。如果实行了民主，民众就不会造反（$\rho(\phi=1,\cdot)=0$）；但是，脱离了均衡路径，民众采取

行动 $\rho(\phi=0,\cdot)=1$——也就是说，如果不实行民主，民众就会选择发动革命。正是这一可信的革命威胁诱使权贵实行民主化。

现在，我们有以下结果：

命题 6.1：图 6.1 描述的博弈存在着一个唯一的子博弈完美均衡$\{\tilde{\sigma}^r,\tilde{\sigma}^p\}$，它使得：

● 若 $\theta\leqslant\mu$，那么，革命约束不具有约束力，权贵不用民主化或再分配收入就能保持权力。

● 若 $\theta>\mu$，那么，革命约束具有约束力。此外，令 μ^* 由(6.6)式定义。于是：

(1)若 $\mu\geqslant\mu^*$，权贵不实行民主化，定税率为 $\hat{\tau}$，实行足以避免革命的收入再分配。

(2)若 $\mu<\mu^*$ 且(6.7)式成立，让步不足以避免一场革命，权贵实行民主化。

(3)若 $\mu<\mu^*$ 且(6.7)式不成立，没有革命发生。

从命题 6.1 中得出的最重要的结论是：当权贵做出的亲民政策不足以令民众相信时，为避免革命的发生，民主出现了。注意，p 越低，这样的许诺就越不可信；μ^* 越高，让步将避免革命的可能性就越小。因此，正是可信性的缺乏迫使权贵实行民主化。并且，不平等的程度必须足够严重($\theta>\mu$)，才能使革命具有吸引力。在详细研究这个模型的比较静力学和讨论其更多的含义之前，我们先引入镇压。

6.6 民主化还是镇压？

到此为止，我们研究了当民众能挑战一个非民主体制的权力时，权贵在让步与民主化之间进行的权衡。然而，如在第 2 章所提到的那样，非民主为了阻止政治变革，经常用武力作为回应而不是做出任何类型的让步。这样的例子有很多。1989 年 9 月，罗马尼亚的齐奥塞斯库政权企图用军队来阻止民主化。这一策略产生了适得其反的结果，当时军队决定站在示威者这一边，结果只有秘密警察忠于政府。现在，我们将镇压引入前一节的模型，研究当镇压是一种选择的时候，民主会在什么情况下出现。这一分析首先从假定如果权贵决定镇压民众，镇压总会成功开始。与这一假定一致，奥唐纳尔和施密特(O'Donnell and Schmitter，1986)写道：

……没有一种过渡能纯粹地由反对者强加于一个保持着实施镇压的凝聚力、能力以及倾向的体制。(p. 21)

然而，稍后我们在本章中会考虑镇压可能失败的情形，在这种情形下，革命可以在均衡中发生。

税前收入由(4.7)式给出，只是现在出现了由镇压产生的影响净收入的成本。特别是，行动者 i 的税后净收入为：

$$\hat{y}^i=\omega\Delta y^i+(1-\omega)((1-\tau)y^i+(\tau-C(\tau))\bar{y}) \tag{6.8}$$

其中，Δ 是由于镇压产生的成本，$\omega=0$ 表示没有镇压，$\omega=1$ 表示镇压。我们像对革命成本建立模型一样对镇压成本建立模型。如果权贵决定镇压，那么在镇压期间，所有行动者都会损失一部分收入。我们假定 $\Delta=1-\kappa$，这使得镇压的有效成本为 κy^i。我们采用民众收入损失的部分与权贵一样多的假定，仅仅是为了对称。这一点在分析中不起重要作用，因为镇压决策由权贵制定。

除了一点以外，这一博弈与图 6.1 描述的博弈完全相同。这一不同之处是现在权贵首先要在许诺再分配、镇压或创立民主之间做选择——参见图 6.2。如果他们使用镇压，镇压总会成功，博弈树是以支付($V^p(O|\kappa)$，$V^r(O|\kappa)$)结束，其中字母 O 代表“镇压”(oppression)(因为 R 已表示革命了)。使用镇压，权贵维持其权力，并能制定他们最偏好的税率：

$$V^p(O|\kappa)=(1-\kappa)y^p \quad 且 \quad V^r(O|\kappa)=(1-\kappa)y^r$$

如果权贵决定反对镇压的话，他们可能选择民主，博弈树的其余部分也就与图 6.1 一样。

这一分析与前一节的分析非常接近。首先，计算 μ^* 的方法不变，所以如以前一样，如果 $\mu\geqslant\mu^*$，权贵就能用让步维持其权力；如果 $\mu<\mu^*$，则不能。然而，不管 μ 的值是多少，权贵都拥有镇压的选择。为了理解在均衡中会发生什么，我们需要将权贵从镇压得到的支付和从民主或让步得到的支付进行比较。记住这一点，我们可以定义镇压成本的两个临界值 $\hat{\kappa}$，$\tilde{\kappa}$，使得权贵在这些临界值的水平上，对他们的各种选择是无差异的。更明确地说，令 $\hat{\kappa}$ 满足：

$$V^r(O|\hat{\kappa})=V^r(N,\tau^N=\hat{\kappa})$$

或

$$\hat{\kappa}=\frac{p}{\theta}(\delta C(\hat{\tau})-\hat{\tau}(\delta-\theta)) \tag{6.9}$$

因此，在 $\hat{\kappa}$ 上，权贵对再分配和镇压是无差异的。结果，对于所有的 $\kappa<\hat{\kappa}$，权贵宁愿镇压而不愿承诺再分配。回想一下，κ 是收入被镇压毁灭的部分，所以它的值越低，镇压就越具有吸引力。这意味着出现镇压所对应的参数集合是 $\mu\geqslant\mu^*$ 且 $\kappa<\hat{\kappa}$。

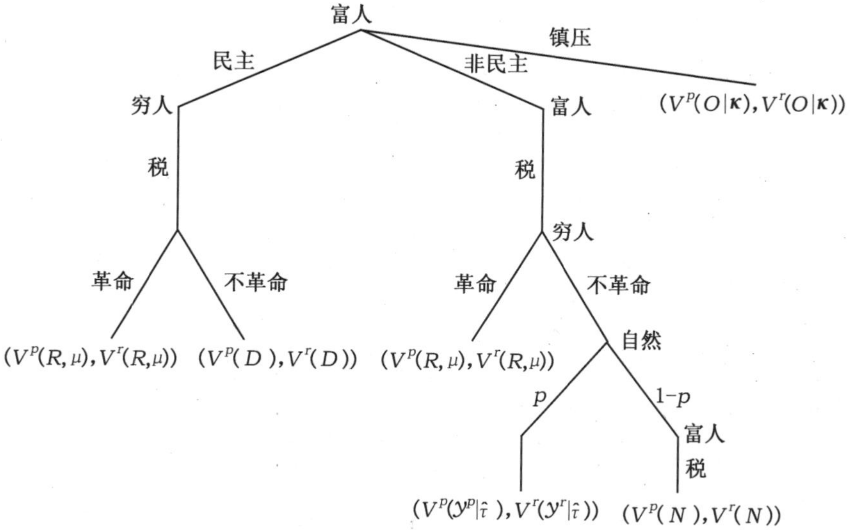

图 6.2 民主化还是镇压

接下来，我们定义 κ 的另一个临界值，使之满足：

$$V^r(O|\tilde{\kappa})=V^r(D)$$

或者，更明确地，

$$\tilde{\kappa}=\frac{1}{\theta}(\delta C(\tau^p)-\tau^p(\delta-\theta)) \tag{6.10}$$

在 $\tilde{\kappa}$ 上，权贵对民主化和镇压是无差异的。结果，对于所有的 $\kappa<\tilde{\kappa}$，他们宁愿镇压而不愿实施民主化。因此，镇压出现在均衡结果中的另一参数集是 $\mu<\mu^*$ 且 $\kappa<\tilde{\kappa}$。

$\hat{\kappa}$ 和 $\tilde{\kappa}$ 这两个临界值都是不平等的增函数——也就是说，随着 θ 的增加而

增加。例如,对(6.10)式两边全微分,我们有:

$$\frac{d\tilde{\kappa}}{d\theta}=-\frac{\delta}{\theta^2}(C(\tau^p)-\tau^p)+\frac{1}{\theta}(\delta C'(\tau^p)-\delta+\theta)\frac{d\tau^p}{d\theta}>0$$

为了理解为什么是这样,注意$(\tau^p-C(\tau^p))\bar{y}$ 是来自政府预算约束的人均转移支付;我们必须有 $C(\tau^p)-\tau^p<0$,这就保证了$-\delta(C(\tau^p)-\tau^p)/\theta^2>0$。然后,由 $y^r<y^p$ 得到$-\delta+\theta>0$,我们还知道 $d\tau^p/d\theta>0$。所以,$d\tilde{\kappa}/d\theta>0$。

不平等的加剧会提高$\hat{\kappa}$ 和$\tilde{\kappa}$,这一点很直观。更严重的不平等使得再分配对权贵的成本上升,并在其他条件不变的情况下,使得镇压相对于民主和许诺再分配对权贵更有吸引力。这时权贵更愿意使用镇压,即使它的成本更大。

现在我们可以陈述一个命题,它概括了这个博弈的均衡的性质。为此,我们再次采用了直观的方法。这些策略的性质与定理 6.1 所述相似,唯一的区别在于:权贵在开始时必须决定是否镇压,$\omega\in\{0,1\}$,民众的革命决策除了取决于 ϕ 和 τ^p 之外,还视 ω 而定。同样,一个子博弈完美均衡是一个策略组合$\{\tilde{\sigma}^r,\tilde{\sigma}^p\}$。当 $\theta>\mu$,$\mu<\mu^*$ 且 $\kappa\geqslant\tilde{\kappa}$ 时,民主就产生了。

我们现在有以下结果:

命题 6.2:在图 6.2 描述的博弈中,有一个唯一的子博弈均衡$\{\tilde{\sigma}^r,\tilde{\sigma}^p\}$,它使得:

- 若 $\theta\leqslant\mu$,那么,革命约束不具有约束力,权贵不用镇压、再分配或民主化就可以保持权力。
- 若 $\theta>\mu$,那么,革命约束具有约束力。此外,令 μ^* 由(6.6)式定义,$\hat{\kappa}$ 和$\tilde{\kappa}$ 由(6.9)式和(6.10)式定义。那么:

(1)若 $\mu\geqslant\mu^*$,且 $\kappa\geqslant\hat{\kappa}$,镇压成本相对更大,权贵为避免革命会进行收入再分配。

(2)若 $\mu<\mu^*$,且 $\kappa<\tilde{\kappa}$ 或 $\kappa\geqslant\tilde{\kappa}$ 且(6.7)式不成立,或若 $\mu\geqslant\mu^*$ 且 $\kappa<\hat{\kappa}$,那么,权贵会使用镇压。

(3)若 $\mu<\mu^*$,(6.7)式成立,且 $\kappa\geqslant\tilde{\kappa}$,让步不足以避免革命,而镇压的成本相对更大,所以,权贵实施民主化。

如命题 6.1 所述,民主是作为一种使政策更为亲民的可信方式出现的。民主化是否会发生,取决于 μ 和 κ 的值。当 $\theta>\mu$ 且 $\mu<\mu^*$ 时,革命是相对吸

引人的，在权贵做出的许诺仅部分可信的情况下，他们在革命之前许诺的任何税率都不可能实行。在这种情况下，甚至在权贵提供最合意的可能税率 τ^p 时，民众也偏好革命。权贵预料到这一点，为了避免在革命中被剥夺，必须要么使用镇压，要么实行民主化。当 κ 值相对更低时，镇压是具有吸引力的，所以，当革命足以补偿民众，且镇压对权贵的成本足够高时，民主就出现了。当民主的创立不足以避免革命时，镇压也会被使用。

当让步由于不可信而不起作用时，权贵必须实行民主化或镇压。在阿塞莫格鲁和罗宾逊(Acemoglu and Robison，2000b)中，我们指出，让步之所以不起作用，可能还有另外一个重要原因。我们提出了一个权贵的实力和镇压能力是私人信息的模型。其中，强大型的能够很容易地镇压革命，而弱小型的则不能。我们指出，在面对革命时，存在着这样的情形：没有进行镇压，相反却做出了收入再分配等让步的权贵可以被推断为是弱小型的。在这种情况下，让步实际上可以助长革命。因此，我们指出，让步因为可以向民众传达信息而不被采用，权贵必须进行镇压或实行民主化。

6.6.1 比较静力学

现在，我们更详细地研究均衡的比较静力学。分析不平等与民主化之间的关系是很耐人寻味的。

在低水平的不平等之下，特别是在 $\theta \leqslant \mu$ 时，民主化不可能发生，因为革命威胁不具有约束力。因此，民主化需要社会的不平等充分严重(即 $\theta > \mu$)，达到让革命成为威胁的程度。直观地说，在高度平等的社会里，民众在资产分配的现状下生活得很好，他们从不想争夺权力，民主化也从未发生(除非如我们在本章稍后讨论的那样，权贵也许对民主有一种强烈的内在偏好，甚至超过了再分配所遭受的损失)。并且，不平等的程度必须充分高，使再分配的许诺不足以赶走革命的威胁；特别是，$\theta > \theta^*$，其中：

$$\mu = \theta^* - p(\tau^p(\theta^*)(\theta^* - \delta) - (1-\delta)C(\tau^p(\theta^*)))$$

此处，我们使用了符号 $\tau^p(\theta^*)$，强调中位选民偏好的税率取决于不平等的程度。在计算比较静力学结果时需要考虑到这一点。显然，$\theta^* > \mu$，因为 $p(\tau^p(\theta^*)(\theta^* - \delta) - (1-\delta)C(\tau^p(\theta^*))) > 0$。因此，不平等程度从低水平开始的上升使民主化更加可能。由(6.7)式我们可以定义 θ 的另一个临界值 $\hat{\theta}$，使得：

$$\mu=\hat{\theta}-p(\tau^p(\hat{\theta})(\hat{\theta}-\delta)-(1-\delta)C(\tau^p(\hat{\theta})))$$

其中，$\hat{\theta}>\theta^*$。该不等式是从 $p<1$ 且 $\tau^p(\theta)(\theta-\delta)-(1-\delta)C(\tau^p(\theta))$ 是 θ 的增函数这一事实得出的。为了理解后面的这个结果，注意该式的导数是：

$$\frac{d\tau^p(\theta)}{d\theta}(\theta-\delta-(1-\delta)C'(\tau^p(\theta)))+\tau^p>0$$

之所以如此，是因为由包络定理(即，定义 τ^p 的一阶条件)可知，$(\theta-\delta-(1-\delta)C'(\tau^p(\theta)))+\tau^p=0$，而且 $\tau^p>0$。因此，不平等的程度 $\theta\in(\theta^*,\hat{\theta}]$ 有一个变化的范围，在这个范围内，民主将得到承认，革命得以避免。

然而，当不平等程度非常高的时候，$\hat{\kappa}$ 和 $\tilde{\kappa}$ 的值也相对高，权贵宁愿镇压也不愿承受高水平的再分配。因此，民主化只有在不平等为中等程度时才发生。在此，理论上的重点是：民众偏好民主而不是非民主，是因为民主是更为再分配性的，而且这一偏好会随着不平等的加剧而越来越强烈。出于同样的原因，权贵偏好非民主，且不平等的程度越高，并预料在民主中会有更大量的对他们不利的再分配时，他们就越是如此。因此，在一个高度不平等的社会，权贵会用他们的资源来积蓄力量、阻止革命，而不实行民主化。

对既定的镇压成本 κ，我们可以隐性地定义不平等的一个临界值 $\tilde{\theta}(\kappa)$，使得

$$\kappa=\frac{1}{\tilde{\theta}(\kappa)}(\delta C(\tau^p(\tilde{\theta}(\kappa))(\delta-\tilde{\theta}(\kappa)))-\tau^p(\tilde{\theta}(\kappa))(\delta-\tilde{\theta}(\kappa)))$$

于是，民主化要求不平等的程度要小于这一临界值，或 $\theta\leqslant\tilde{\theta}(\kappa)$。定义 $\theta^{\min}=\min\{\hat{\theta},\tilde{\theta}(\kappa)\}$。现在我们有：

推论 6.1：不平等与民主化之间存在着非单调的关系。特别是，当 $\theta\leqslant\theta^*$ 时，社会保持非民主，且权贵继续当权；当 $\theta>\theta^{\min}$ 时，社会用镇压保持其非民主。当 $\theta\in(\theta^*,\theta^{\min})$ 时，民主化出现。

如果 $\hat{\theta}\leqslant\tilde{\theta}(\kappa)$，那么，在镇压变得有吸引力之前，(6.7)式不成立——给定 $\theta>\theta^*$，所以让步不起作用——权贵为避免革命，被迫使用镇压。如果 $\hat{\theta}>\tilde{\theta}(\kappa)$，那么当不平等达到了临界水平 $\tilde{\theta}(\kappa)$ 时，虽然民主化对避免革命是可行的，但权贵会发现镇压是更具有吸引力的。

命题 6.2 中的结果，尤其是推论 6.1 中的结果，可以帮助我们理解在第 1 章和第 3 章讨论的民主化的一些比较模式。尽管所有的西欧国家在 20 世纪早期之前就都实行了民主化，但是，如巴拉圭、尼加拉瓜和萨尔瓦多等一部分拉丁美洲国家，其专制政权用镇压避免民主化，几乎存续于整个 20 世纪。在一些非洲国家，例如，1980 年前的津巴布韦(罗得西亚)和 1994 年前的南非，情况也是如此。在我们的模型中，这样的结果是可以解释的，因为在这些社会，不平等的程度使民主化对权贵的成本过高，令他们选择镇压。

在这些国家——例如，在中美洲国家——镇压成本可能也相对低，因为被剥夺了公民权的人是印第安人，他们在种族上就不同于主要是西班牙人后代的权贵。类似地，在罗得西亚和南非，享有公民权的是白人，而被剥夺公民权、被镇压的是非洲黑人。在第 2 章的 2.6.1 节中，我们讨论了市民社会的组织对民主化的重要性。如果市民社会缺乏组织、力量微弱，那么，也许就难以解决集体行动问题，形成对现有体制的威胁，而且任何这样的企图都更容易被镇压下去。不论是中美洲还是南非，其漫长的种族统治历史对解释市民社会的演变可能都是重要的。例如，在危地马拉，强迫劳动直到 1945 年还在实行，政府政策限制劳动力流动和劳动者组织集体的能力(McCreery，1994)。在南非，种族隔离政权发布禁令，通过法律限制非洲黑人受教育和工作的机会。在这两个国家，这些因素都促使市民社会支离破碎，使非民主体制得以存续。

当模型内容更加丰富的时候，镇压成本可能也受权贵持有财富的形式等因素的影响。我们在后面会说明，有一点也许很重要，那就是在所有这些国家中，权贵主要是土地所有者。的确，民主在这些国家的创立也许都是与权贵资产的重要变化同时发生的。

命题 6.2 也指出了新加坡政治变革压力似乎很少的原因。例如，凯斯(Case，2002)指出，

……“尽管出现了一个庞大的中产阶级，而且有迹象表明社会总的来说变得越来越具有参与性了，但社会力量没有积累任何强大的民主压力。”(p. 81)

我们的分析表明，在新加坡之所以不存在民主压力，也许是因为不平等的程度低。图 6.3 表示了来自丹宁格和斯奎尔(Deininger and Squire)数据库的新加坡不平等程度的数据。这一数据库由世界银行编制，因为新加坡自殖民

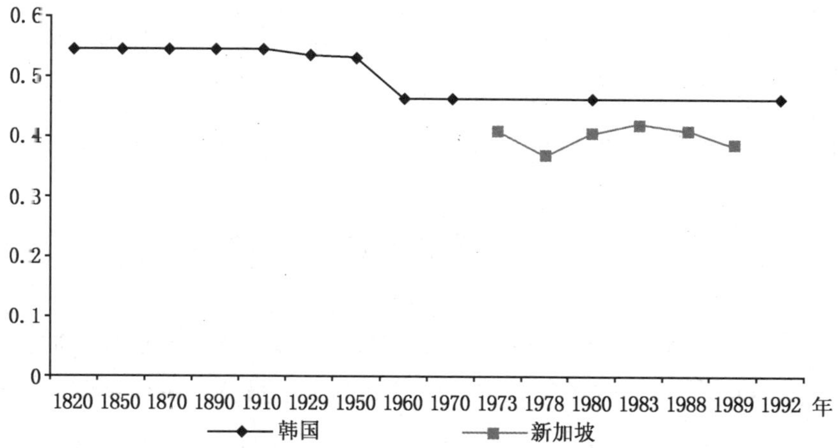

资料来源：新加坡：经济增长研究，Deininger and Squire 数据库；韩国：Bourguignon and Morrison(2002)。

图 6.3 基尼系数

地时期起，没有关于不平等的历史数据，所以只给出了从 1973 年开始的不平等程度的量度。数据表明，新加坡自独立以来，不平等的程度始终都很低，而且没有表现出任何上升的趋势。图 6.3 也表示了来自布尔吉农和莫里森(Bourguignon and Morrisson，2002)关于韩国历史上不平等模式的数据，这是经历了推迟的民主化的另外一个亚洲国家。情景与新加坡类似，只是在 1950 至 1960 年间实施土地改革时，不平等程度大幅度下降。

最后，爱普斯坦、贝茨、戈德斯通、克里斯腾森和奥哈罗兰(Epstein, Bates, Goldstone, Krisensen and O'Halloran，2004)以及帕帕伊奥努和西努鲁尼斯(Papaioannou and Siourounis，2004)的两篇经验研究论文为我们在阿塞莫格鲁和罗宾逊(Acemoglu and Robinson，2001)中首次提出的民主化与不平等之间的非单调关系找到了初步的依据。

税收的成本也影响均衡的形式以及民主化是否会出现。当 $C(\cdot)$特别是 $C'(\cdot)$低的时候，τ^p 可能会更高，在民主中就会有更多的再分配。尽管这一点使民主对民众更有吸引力，但多少有些矛盾的是，这一点也许也减小了民主在均衡中出现的可能性。这是因为，随着权贵所能许诺的税率的上升，权贵不用实行民主化就能阻止革命。

最后，思考一下(6.7)式在命题6.2中所起的作用是很重要的。当民主威胁实行非常亲民的政策时，镇压对权贵是有吸引力的。然而，如果政策不完全是多数主义的，(6.7)式不可能成立。因此，当$\mu<\mu^*$时，由于民主不会避免革命，权贵将被迫实行镇压。

6.7 一个动态的民主化模型

现在，我们提出一个无期限的民主化模型，主要是因为它能让我们以一种更令人满意的方式，建造关于未来政策承诺问题的模型。民众之所以要求民主和政治制度的结构性变革，是因为这种变革影响着政治权力在未来的分配。因此，我们正考虑的问题本来就是动态的和跨期的。在前面的静态模型中，为了对这一问题建立模型，我们不得不使用了一个十分随意的假定：在权贵在开始时已选择其政策后，他们也许还能再度最优化。我们现在要说明，与利用这一粗略的假定所得到的结果大致相同的结果可以自然而然地从重复博弈的时间结构导出。

这一模型是对第5章5.6节和前一节提出模型的一个直接推广。我们采用同样的符号，再次用$G^{\infty}(\beta)$表示无限期界的有贴现的重复博弈。仍将总人口标准化为1，富人和穷人也如前所述，分别占总人口的δ和$1-\delta$。在开始时，存在的是非民主，但民众能通过集体行动角逐权力，在民主中，中位选民是一个穷人。事实政治权力的结构如在第5章5.6节中一样，所以革命的成本为μ_t，其中$\mu_t\in\{\mu^L,\mu^H\}$，而且，不论$\mu_{t-1}=\mu^H$还是μ^L，$\Pr(\mu_t=\mu^H)=q$。我们再次使用标准化，令$\mu^L=1$，并使用符号$\mu^H=\mu$。

阶段博弈的分时是相似的。在每一时期，权贵可以决定是否实行民主和是否镇压。如果民主建立，中位选民——一个穷人——制定税率。我们假定一旦民主建立，就不可能逆转，所以社会总是保持民主。与以前一样，我们假定如果选择了镇压，就不能发动革命，阶段博弈在这一时期结束，行动者得到了镇压的支付。

结果，效用现在由$U^i=E_0\sum_{t=0}^{\infty}\beta^t\hat{y}_t^i$给出，其中，与前一节一样，收入由(6.8)式给出。而且，与在第5章中一样，U^i仅适用于在均衡中没有革命的时候。

阶段博弈的行动分时如下：

(1)状态 $\mu_t \in \{\mu^L, \mu^H\}$ 被显示出来。

(2)权贵决定是否实行镇压，$\omega \in (0,1)$。如果 $\omega=1$，穷人就不能发动革命，阶段博弈结束。

(3)如果 $\omega=0$，权贵决定是否实行民主化，$\phi \in \{0,1\}$。如果他们决定不实行民主化，制定税率 τ^N。

(4)民众决定是否发动革命，$\rho \in \{0,1\}$。如果 $\rho=1$，他们永远分享剩余的收入。如果 $\rho=0$ 且 $\phi=1$，那么税率 τ^D 由中位选民(一个穷人)制定。如果 $\rho=0$ 且 $\phi=0$，税率为 τ^N。

我们在开始时描述的是这个博弈的马尔可夫完美均衡，其中，参与者的行动限于采取仅仅是博弈当前状态的函数的马尔可夫策略。尽管在这一背景下，把注意力放在马尔可夫均衡上是很自然的，但是为了下一节的完整性，我们放弃对马尔可夫策略的限定，讨论非马尔可夫子博弈完美均衡。与在第 5 章一样，我们说明这一点并不会改变一般结果的性质。

博弈的状态是由革命的当前机会(用 μ^L 或 μ^H 来表示)和政治状态(用 P 表示，或者是 N——非民主，或者是 D——民主)构成。更正式地说，令 $\sigma^r=\{\bar{\omega}(\cdot),\phi(\cdot),\tau^N(\cdot)\}$ 表示权贵采取的行动，$\sigma^p=\{\rho(\cdot),\tau^D\}$ 表示穷人的行动。σ^r 由一个镇压决策 $\bar{\omega}:\{\mu^L,\mu^H\}\to\{0,1\}$，或者在 $P=N$ 时创建民主的决策 $\phi\in\{\mu^L,\mu^H\}\to\{0,1\}$ 和 $\phi=0$ 时(也就是还没有实行民主时)的税率 $\tau^N:\{\mu^L,\mu^H\}\to[0,1]$ 组成。显然，如果 $\phi=0$，P 保持在状态 N，如果 $\phi=1$，P 永久性地转换为 D。因此，我们没有将这些策略表示为政治状态的显函数。民众的行动由发动革命的决策 $\rho:\{\mu^L,\mu^H\}\times\{0,1\}^2\times[0,1]\to\{0,1\}$ 和政治状态为 $P=D$ 时可能制定的税率 $\tau^D\in[0,1]$ 构成。在此，$\rho(\mu,\bar{\omega},\phi,\tau^N)$ 是民众的革命决策，它取决于权贵当前的行动和状态，因为在这个阶段博弈中，权贵按照前一事件的分时在民众之前采取行动。于是，一个马尔可夫完美均衡就是一个策略组合 $\{\tilde{\sigma}^r,\tilde{\sigma}^p\}$，它使得 $\tilde{\sigma}^p$ 和 $\tilde{\sigma}^r$ 对于所有的 μ_t 和 P 都是对彼此的最佳反应。

我们可以通过写出适当的贝尔曼方程来描述该博弈的均衡。定义

$V^p(R,\mu^S)$为民众在有从状态 $\mu^S\in\{\mu^L,\mu^H\}$开始的革命时的收益。这一价值自然由下式给出：

$$V^p(R,\mu^S)=\frac{(1-\mu^S)\bar{y}}{(1-\delta)(1-\beta)} \tag{6.11}$$

它是在无限未来中来自革命的每一时期收益的现值。而且，由于权贵失去了一切，不论 μ^S 如何，$V^r(R,\mu^S)=0$。此外，如前所述，我们假定 $\mu^L=1$，所以 $V^p(R,\mu^L)=0$，并且当 $\mu_t=\mu^L$ 时，民众不会试图发动革命。

在状态(N,μ^L)下，权贵掌握权力，而且没有任何革命威胁。因此，在任一马尔可夫完美均衡中，有 $\phi=\bar{\omega}=0$ 和 $\tau^N=\tau^r=0$。这明确说明当权贵掌权而且民众还不能威胁他们时，权贵不进行镇压，并制定他们偏好的税率——零税率。因此，民众和权贵($i=p$ 或 r)的价值由下式给出：

$$V^i(N,\mu^L)=y^i+\beta[qV^i(N,\mu^H)+(1-q)V^i(N,\mu^L)] \tag{6.12}$$

现在，(6.12)式表明当没有革命威胁的时候，行动者 i 在非民主中得到的支付等于今天的支付 y^i 加上贴现为现值的预期后续支付(这就是为什么乘以 β 的原因)。今天的支付为 y^i，因为税率被定为零，而且人人都消费他们的收入。后续支付由两项构成：第一项$(1-q)V^i(N,\mu^L)$是 μ^L 在明天出现的概率乘以在 μ^L 状态下的支付 $V^i(N,\mu^L)$。在这种情况下，明天与今天是一样的，这就是同一价值"递归"的原因。第二项 $qV^i(N,\mu^L)$是 μ^H 在明天出现的概率乘以 μ^H 状态下的支付 $V^i(N,\mu^H)$。这一价值是不同的，因为现在对体制有潜在的威胁。为了理解它如何发生，我们需要理解 $V^i(N,\mu^H)$是什么样子。

考虑状态(N,μ^H)，在此状态下，存在非民主，但是，发动革命是相对有吸引力的。假定权贵采取 $\phi=\bar{\omega}=0$ 且 $\tau^N=\tau^r$；也就是说，他们既不实行民主，也不进行镇压，也不对民众进行再分配。于是，我们有：

$$V^p(N,\mu^H)=\frac{y^p}{1-\beta}$$

革命约束等价于 $V^p(R,\mu^H)>V^p(N,\mu^H)$，所以，没有任何再分配或民主化，当 $\mu_t=\mu^H$ 时，民众偏好发动革命。这相当于 $\theta>\mu$，与上一节中的(6.3)式完全一致，它说明当 θ 充分高的时候(即当不平等的程度足够高的时候)革命具有吸引力。

因为革命对于权贵来说是个最坏的结果，所以他们将试图阻止革命。他

们能以三种不同的方式这样做：首先，权贵可以选择保持政治权力，$\phi=0$，但是通过税收进行再分配。在这种情况下，穷人获得 $V^p(N,\mu^H,\tau^N)$，其中 τ^N 是权贵选定的特定税率。其次，权贵可以实行民主。最后，权贵可以进行镇压。令 $V^i(C,\mu|\kappa)$ 为行动者 $i(i=p,r)$ 在状态 μ 下，当权贵实施镇压策略，镇压成本为 κ 时的价值函数。我们将这些价值表示为 κ 的显函数，以强调镇压成本的重要性，并在我们稍后定义临界值的时候，简化符号。

如果权贵实行民主或试图通过再分配保持权力，民众也许仍偏好革命。因此：

$$V^p(N,\mu^H)=\bar{\omega}V^p(O,\mu^H|\kappa)+(1-\bar{\omega})\max_{\rho\in\{0,1\}}\rho V^p(R,\mu^H)$$
$$+(1-p)(\phi V^p(D)-(1-\phi)V^p(N,\mu^H,\tau^H))$$

其中，$V^p(D)$ 是民众在民主中的收益（注意此处民众的价值如何取决于权贵的决策变量 $\bar{\omega}$ 和 ϕ）。如果 $\bar{\omega}=1$，权贵选择镇压；民众就不能造反，得到后续价值 $V^p(O,\mu|\kappa)$。如果 $\bar{\omega}=0$，那么民众将 $V^p(R,\mu^H)$ 与何者做比较取决于权贵做出的关于实行民主的决策。如果 $\phi=1$，他们在革命与民主之间选择；如果 $\phi=0$，他们在革命与接受以税率 τ^N 进行再分配的许诺之间选择。

我们首先集中考察权贵对再分配和民主化作出的权衡，然后再将镇压纳入分析。当权贵选择再分配策略时，民众的收益为：

$$V^p(N,\mu^H,\tau^N)=y^p+\tau^N(\bar{y}-y^p)-C(\tau^N)$$
$$+\beta[qV^p(N,\mu^H,\tau^N)+(1-q)V^p(N,\mu^L)] \tag{6.13}$$

权贵以税率 τ^N 对所有的收入征税，向民众进行再分配。因此，民众的收入来自自己的工作收入 y^p 和净转移支付 $\tau^N(\bar{y}-y^p)-C(\tau^N)\bar{y}$。如果在下一个时期，我们仍处于状态 $\mu_{t+1}=\mu^H$，再分配继续进行。但是，如果状态转换到 $\mu_{t+1}=\mu^L$，再分配就会停止，民众得到 $V^p(N,\mu^L)$。这表现了我们直观的想法，权贵不能承诺未来的再分配，除非未来也具有有效的革命威胁。

第二种阻止革命的策略是民主化，$\phi=1$。因为 $1-\delta>1/2$，所以，在民主中，中位选民是一个穷人，均衡税率为 τ^p 且 $T=(\tau^p-C(\tau^p)\bar{y})$。因此，民众和权贵在民主中的收益为：

$$V^p(D)=\frac{y^p+\tau^p(\bar{y}-y^p)-C(\tau^p)\bar{y}}{1-\beta} \tag{6.14}$$

且 $$V^r(D)=\frac{y^r+\tau^p(\bar{y}-y^r)-C(\tau^p)\bar{y}}{1-\beta}$$

这些表达式是成立的，因为在本章中，我们假定民主一旦建立就会巩固，没有任何政变发生。

民主化会阻止革命吗？答案不是显而易见的。也许状态 $\mu_t=\mu^H$ 下的革命对民众太有吸引力了，就连民主化也不足以阻止它。显然，民主化阻止革命的条件是 $V^p(D)\geqslant V^p(R,\mu^H)$，正是我们在 6.5 节[即(6.7)式]中得出的条件。

为了决定权贵是否能用再分配策略阻止革命，令 $V^p(N,\mu^H,\tau^N=\tau^p)$ 表示在没有民主化的情况下，民众能得到的最大效用。这一最大效用是通过在(6.13)式中令 $\tau^N=\tau^p$ 得到的。因此，联立(6.12)式和(6.13)式，我们得到：

$$V^p(N,\mu^H,\tau^N=\tau^p)=\frac{y^p+(1-\beta(1-q))(\tau^p(\bar{y}-y^p)-C(\tau^p)\bar{y})}{1-\beta} \quad (6.15)$$

(6.15)式有一个很好的解释。它说明 $V^p(N,\mu^H,\tau^N=\tau^p)$ 等于民众的税前收入 y^p 的贴现值加上权贵对民众净再分配的预期现值。净再分配由表达式 $(\tau^p(\bar{y}-y^p)-C(\tau^p)\bar{y})$ 给出，但是这只在今天出现，状态为 μ^H 的未来时间比例为 q。[这一点导致表达式 $(1-\beta(1-q))/(1-\beta)$ 的原因与在第 5 章(5.28)式之后所讨论的完全相同。]

如果 $V^p(N,\mu^H,\tau^N=\tau^p)<V^p(R,\mu^H)$，那么在 $\mu_t=\mu^H$ 时，能够做出的最大量的转移支付都不足以阻止革命。只要(6.7)式成立，$V^p(D)\geqslant V^p(R,\mu^H)$。显然，$V^p(N,\mu^H=1,\tau^N=\tau^p)>V^p(R,\mu^H=1)$，因为革命给民众带来的总是零支付。这意味着当 $\mu^H=1$ 时，民众在状态 μ^H 下接受以税率 τ^p 进行的再分配所得到的价值一定大于革命的价值。同样注意：

$$\begin{aligned}V^p(N,\mu^H=0,\tau^N=\tau^p)&=y^p+(1-\beta(1-q))(\tau^p(\bar{y}-y^p)-C(\tau^p)\bar{y})\\&<V^p(R,\mu^H=0)=\frac{\bar{y}}{1-\delta}\end{aligned} \quad (6.16)$$

所以，在 $\mu^H=0$ 的时候，从革命得到的支付一定更大。因为 $V^p(R,\mu^H)$ 关于 μ 单调递增且连续，由中值定理可知，存在着一个唯一的 $\mu^*\in(0,1)$，使得当 $\mu^H=\mu^*$ 时，

$$V^p(N,\mu^H,\tau^N=\tau^p)=V^p(R,\mu^H) \quad (6.17)$$

当 $\mu<\mu^*$ 时，让步是不起作用的，所以权贵被迫实行民主化或进行镇压。当 $\mu\geqslant\mu^*$ 时，他们可以通过暂时的再分配阻止革命。对于权贵来说，在另一种选择是民主化的时候，再分配总是更可取的（因为在民主化的情况下，再分配不是暂时性的，而是持久性的）。在这种情况下，权贵制定的税率（我们用 $\hat{\tau}$ 表示）将恰好使民众对革命和接受在非民主中的让步无差异——也就是说，$\hat{\tau}$ 满足等式 $V^p(N,\mu^H,\tau^N=\hat{\tau})=V^p(R,\mu^H)$。

为了决定均衡行动，我们需要将权贵从使用再分配保持权力的支付、从民主得到的支付和镇压的成本进行比较。在不失一般性的情况下，我们把注意力集中于这样的情形，即权贵一直采取的是镇压的策略，而不是时而镇压、时而采用再分配的更为复杂的策略（由于"一次性偏离"原理，这也不具有一般性，我们在下一章会更详细讨论这一原理，也可参见 Fudenberg and Tirole，1991，pp. 108－110）。通过标准的论证，这些价值满足贝尔曼方程：

$$V^i(O,\mu^H|\kappa)=\Delta y^i+\beta[qV^i(O,\mu^H|\kappa)+(1-q)V^i(N,\mu^L)] \quad (6.18)$$

$$V^i(O,\mu^H|\kappa)=y^i+\beta[qV^i(O,\mu^H|\kappa)+(1-q)V^i(N,\mu^L)]$$

它们考虑了仅在革命威胁有效的状态下——也就是当 $\mu_t=\mu^H$ 时发生的镇压成本。

结合对 Δ 的定义，可以同时解这两个贝尔曼方程，得到权贵和民众从镇压获得的支付：

$$V^r(O,\mu^H|\kappa)=\frac{y^r-(1-\beta(1-q))\kappa y^r}{1-\beta} \quad (6.19)$$

且

$$V^p(O,\mu^H|\kappa)=\frac{y^p-(1-\beta(1-q))\kappa y^p}{1-\beta}$$

价值函数 $V^r(O,\mu^H|\kappa)$ 有一个明确的解释：权贵从镇压策略得到的支付是他们收入的贴现总额 $y^r|(1-\beta)$，减去预期的镇压成本。对于权贵来说，镇压成本的净现值是 $(1-\beta(1-q))\kappa y^r/(1-\beta)$，因为他们要在今天和未来的 q 部分时间内支付这一成本。

为了理解镇压何时发生，我们需要将 $V^r(O,\mu^H|\kappa)$ 和 $\mu<\mu^*$ 时的 $V^r(D)$ 以及 $\mu\geqslant\mu^*$ 时的 $V^r(N,\mu^H,\tau^N=\hat{\tau})$ 进行比较。如同在上一节的扩展式博弈中一样，我们现在要确定镇压成本的两个临界值——这一次用 κ^* 和 $\bar{\kappa}$ 表示——使得权贵在这些临界值水平上对各个选择无差异。更具体地说，令 κ^*

使得权贵对许诺以税率 $\tau^N=\hat{\tau}$ 进行再分配和镇压无差异，即令 $V^r(O,\mu^H|\kappa^*)=V^r(N,\mu^H,\tau^N=\hat{\tau})$，这一等式意味着：

$$\kappa^*=\frac{1}{\theta}(\delta C(\hat{\tau})-\hat{\tau}(\delta-\theta)) \tag{6.20}$$

类似地，令 $\bar{\kappa}$ 使得在这一镇压成本上，权贵对民主化和镇压无差异——也就是说，$V^r(O,\mu^H|\bar{\kappa})=V^r(D)$，这意味着：

$$\bar{\kappa}=\frac{1}{\theta(1-\beta(1-q))}(\delta C(\tau^p)-\tau^p(\delta-\theta)) \tag{6.21}$$

容易看出 $\bar{\kappa}>\kappa^*$；也就是说，如果权贵偏好镇压而不是再分配，他们也会偏好镇压而不是民主化。因此，当 $\mu\geqslant\mu^*$ 且 $\kappa<\kappa^*$ 以及 $\mu<\mu^*$ 且 $\kappa<\bar{\kappa}$ 的时候，权贵偏好镇压。

在我们前面分析的情况下，在参数空间的不同部分构成均衡的策略很容易构造出来。因此，我们有(如在命题 6.1 和命题 6.2 中一样，我们的陈述没有界定全部策略集合)：

命题 6.3：在博弈 $G^{\infty}(\beta)$ 中，存在一个唯一的马尔可夫完美均衡 $\{\tilde{\sigma}^r,\tilde{\sigma}^p\}$，它使得：

- 如果 $\theta\leqslant\mu$，那么，革命约束不具有约束力，权贵不用镇压、再分配或民主化，就能保持权力。
- 如果 $\theta>\mu$，那么，革命约束具有约束力。此外，令 μ^* 由(6.17)式给定，κ^* 和 $\bar{\kappa}$ 由(6.20)式和(6.21)式给定，那么：

(1)如果 $\mu\geqslant\mu^*$ 且 $\kappa\geqslant\kappa^*$，镇压成本相对高，权贵在状态 μ^H 下再分配收入以避免革命。

(2)如果 $\mu<\mu^*$ 且 $\kappa<\bar{\kappa}$ 或 $\kappa\geqslant\bar{\kappa}$ 且(6.17)式不成立，或者，如果 $\mu\geqslant\mu^*$ 且 $\kappa<\kappa^*$，那么，权贵在状态 μ^H 进行镇压。

(3)如果 $\mu<\mu^*$，(6.7)式成立且 $\kappa\geqslant\bar{\kappa}$，让步不足以避免革命，而且镇压成本相对高。在这种情况下，权贵在状态 μ^H 下实行民主化。

民主只有在 $\mu<\mu^*$，镇压的成本相对高(即 $\kappa\geqslant\bar{\kappa}$)且(6.7)式成立时才会出现。镇压成本的临界值 $\bar{\kappa}$，会随着不平等的加剧而增大(即随着 θ 的增大而增大)。更具体地说，我们可以用与上节相同的论证过程说明：

$$\frac{d\bar{\kappa}}{d\theta}>0$$

直观地说，当不平等的程度加剧时，民主是更具有再分配性质的（也就是说，τ^{p} 更高），从而对富有的权贵成本更高，他们因此就更愿意进行镇压。

也如上节中的静态模型所说明的一样，民主作为一个均衡结果仅出现于不平等程度居中的社会。在非常平等或非常不平等的社会，民主不会作为一种均衡现象出现。在非常平等的社会，被剥夺公民权的民众几乎没有动力角逐权力，权贵不必做出让步，也不必实行民主化。在非常不平等的社会，权贵不能用再分配保持权力；然而，由于在这样的社会，民主对权贵极其不利，所以他们进行镇压而不是不得已地放弃权力。因此，民主往往出现于不平等程度居中的社会。在这里，不平等高到了足以出现对政治现状的挑战，但还不足以使镇压对权贵具有吸引力的程度。因此，推论 6.2 背后的直觉直接适用于这个模型。

我们在下一节会说明即使不限于马尔可夫完美均衡，也会得到类似的结果：当 $\mu\geqslant\bar{\mu}^{**}$，其中 $\bar{\mu}^{**}<\mu^{*}$——因此，在更大的参数范围下，革命可以用暂时的再分配阻止。但是，如果 $\mu<\bar{\mu}^{**}$，权贵不能用让步避免革命。

也许自相矛盾的是，一个高数值的 q 会使公民权扩展的可能性更小。高数值的 q 对应于民众容易组织起来，所以他们常常形成革命威胁的经济。或者，如果 μ^{L} 远远小于 1，那么即使是在这一状态下，权贵也必须对民众进行再分配。在这种情况下，μ^{L} 的低数值也会导致相同的结果。在这种情况下，一种朴素的直觉也许是，公民权扩展的可能性更大。然而，情况并非如此，因为随着革命威胁的频繁出现，未来的再分配变得可信了。当民众有权力监督向他们做出的许诺时，权贵进行制度变革，扩大民众未来政治权力的必要性就降低了。

这一结果可以解释为什么在 19 世纪，德国在建立福利国家的同时只承认一个极其受限制的民主，而英国和法国更加无条件地实行了民主化。反对当时体系的社会动荡在德国与在英国、法国一样强烈。然而，从当时体制下工人阶级的力量来看，这三个国家有显著的不同。在英国和法国没有强大的社会主义政党，工会的重要性很小；而德国的社会民主党却是当时欧洲最大的左翼政党，而且工人运动的声势浩大（尽管由于投票上的限制，不被允许有效地参加选举）。例如，诺兰（Nolan，1986，p. 354）对德国工人运动的力量有这样的说法："尽管英国经历了第一次工业革命，法国建立了第一个重大的社会党联盟，但是德国却在 19 世纪晚期产生了规模最大、组织最完善的工人运动。"一种完全基于工人阶级力量的民主化理论会预测德国公民权的扩展要早于英国和法国。与此相反，命题 6. 3——构造了将民主化作为一种政治权力转移的理论——却预测德国权贵在用许诺未来再分配解决社会动荡方面，应该具有更大的灵活性。这在一定程度上也是与实际证据相一致的。英国和法国实行了民主化，然后扩大了向穷人的再分配，德国实行了再分配却没有改变其非民主体制。似乎毋庸置疑的是，这些再分配措施被视为对来自工人阶级的潜在革命威胁的反应。例如，威廉姆森（Williamson，1998，p. 64）写道："（德国）福利计划的主要目标是要通过及时的社会改革避免革命并使工人阶级顺从国家的权威。"

此外，对高、低两种威胁状态的区别强调体制变化发生于非常时期，也许是经济危机或萧条时期。这也是与我们在第 3 章讨论的证据一致的（另见 Acemoglu，Johnson，Robinson，and Yared，2004）。尽管我们在本书中用简化形式的参数 μ 来描述这些想法，因此革命的成本直接波动，但在阿塞莫格鲁和罗宾逊（Acemoglu and Robinson，2001）中，我们说明的是如何从镇压成本不变，但全要素生产率波动的模型——如标准的经济周期模型——得出相同的结果。在那一个模型中，生产率的变化改变革命（和政变）的机会成本，这一点有相同的影响。

6. 8　子博弈完美均衡

在上一节中，我们描述了 $G^{\infty}(\beta)$ 的子博弈完美均衡的一个子集。在这一节中，我们会在不限于马尔可夫策略的情况下分析关于民主化的基本动态模型。更具体地说，我们寻找子博弈完美均衡。一般来说，这一博弈有许多子博弈完美均衡，由各种具有历史依赖性的策略支持。我们的分析与第 5 章的分析是对应的。我们对弄懂惩罚策略在多大程度上能够使得 μ^L 状态下的再分配可信感兴趣。因此,我们寻找对权贵最优的可能均衡,它将是在更大的参数值集合下阻止民主化的均衡。所以,我们间接地对非民主中向民众进行的可信再分配的最大可能数量感兴趣。为了简化,我们抽象掉对镇压的使用,这可以很容易地添加进来。如在第 5 章 5.7 节中一样,本节的分析集中说明存在着 μ 的一个临界水平,$\tilde{\mu}^{**}<\mu^{*}$,使得当 $\mu\geqslant\tilde{\mu}^{**}$ 时,出现没有民主化的再分配,阻止革命。相反,当 $\mu<\tilde{\mu}^{**}$,$\mu_t=\mu^H$ 时,均衡会包含民主化。

与在第 5 章中的分析完全相同,我们研究权贵在何种情况下能在状态 μ^L 下以某一税率 $\tau^L>0$ 进行再分配,从而甚至在 $\mu<\mu^{*}$ 的情况下避免从非民主向民主的过渡。在第 5 章,我们知道对这种再分配的限制是:对于权贵而言,它必须是激励兼容的——也就是说,它必须使得权贵按向量$(\tau^L,\tau^H]$从再分配得到的支付——由价值 $V^r(N,\mu^L,[\tau^L,\tau^H])$给出——一定要大于来自偏离的支付 $V_d^r(N,\mu^L)$。

我们在第 5 章研究的博弈与这一博弈之间仅有一个重要的区别:只要(6.7)式成立,当非民主体制瓦解时,将会有向民主的过渡。因此,支付 $V_d^r(N,\mu^L)$在这里考虑了这一事实:当权贵在状态 μ^L 下违背诺言时,他们在状态 μ^H 下的"惩罚"是民主化而不是如前所述的革命。这是因为对于民众来说,在权贵实施了民主化之后,威胁要发动革命不是一个子博弈完美策略,因为他们从民主中得到的支付大于从革命中得到的支付。因此,如果权贵实行民主化,就会阻止革命。这意味着权贵的价值 $V_d^r(N,\mu^L)$由下面的递归式给出:

$$V_d^r(N,\mu^L)=y^r+\beta[qV^r(D)+(1-q)V_d^r(N,\mu^L)]$$

其中,$V^r(D)$与在(6.14)式中一样。

如前所述,只有以使得 $V^r(N,\mu^L,[\tau^L,\tau^H])\geqslant V_d^r(N,\mu^L)$的税率向量$[\tau^L,\tau^H]$进行的再分配才是可信的。此外,显而易见的是,在第 5 章(5.38)式中导致 $V^p(N,\mu^H,[\tau^L,\tau^H])$的偏离仍然适用。所以,对于权贵来说,激励兼容性的约束只是由于 $V_d^r(N,\mu^L)$的变化才与以前不同。

如同在第 5 章中一样,对权贵最优的均衡需要考虑使税收随着时间平滑化的动机。然而,为了简化讨论,也是因为税收平滑化的概念不是分析的重心,所以我们集中描述使权贵能够避免民主化的 μ^H 的最小值。我们用 $\tilde{\mu}^{**}$ 表示这一最小值，当 $\mu \geqslant \tilde{\mu}^{**}$ 时，非民主可以用再分配的许诺来维持。在状态 μ^H 下，最大税率仍是 τ^p。所以，我们只需要找到在状态 μ^L 下最大化的激励兼容的再分配，我们现在用 $\tilde{\tau}'$ 表示。根据同一论证过程，它由下式给出：

$$V^r(N,\mu^L,[\tilde{\tau}',\tau^p])=V_d^r(N,\mu^L)$$

因为 $V^r(D)>0$，所以，当权贵可能实行民主化的时候，民众更难惩罚其偏离行为，这意味着偏离对权贵更有吸引力。结果，立即有 $\tilde{\tau}'<\bar{\tau}'$，它满足(5.39)式。

此外，因为革命带给民众的支付还是相同的，所以关于革命成本临界值 $\tilde{\mu}^{**}$ 的公式一定与在第 5 章中导出 μ^{**} 的公式相同，只是在那里导出的 $\bar{\tau}'$ 值由新的 $\tilde{\tau}'$ 值所代替。因此，临界值 $\tilde{\mu}^{**}$ 可以很容易地找出，在 $\mu^H=\tilde{\mu}^{**}$ 时，它满足 $V^p(N,\mu^H,[\tilde{\tau}',\tau^p])=V^p(R,\mu^H)$。这也就是：

$$\begin{aligned}\tilde{\mu}^{**}=\theta-\beta(1-q)(\tilde{\tau}'(\theta-\delta)-(1-\delta)C(\tilde{\tau}'))\\-(1-\beta(1-q))(\tau^p(\theta-\delta)-(1-\delta)C(\tau^p))\end{aligned} \tag{6.22}$$

(6.22)式中 $\tilde{\mu}^{**}$ 的值要大于在第 5 章中的 $\tilde{\mu}^{**}$ 的值，因为在这里，对权贵的可能惩罚的严重程度降低了。

更为重要的是，显然，$\tilde{\mu}^{**}<\mu^*$［由(6.17)式给出］，与以前一样，我们有如果 $\mu \geqslant \tilde{\mu}^{**}$，权贵能通过再分配保持权力。同样重要的是，当 $\mu<\tilde{\mu}^{**}$ 时，与第 5 章的情况相反，没有革命发生，因为权贵有另外的手段——他们可以实行民主化。

概括地说，在这一模型中，允许权贵和民众采取非马尔可夫策略具有与第 5 章中的那些相似的含义。民众进行惩罚的威胁——特别是他们将要发动革命的威胁——意味着在状态 μ^L 下某一数量的再分配可以继续。耐人寻味的是，这一数量实际上在此更低，因为权贵实行民主化的可能性限制了民众能对他们施加的惩罚。然而，更重要的是，第 5 章的分析的主要方面仍然适用。尽管采用惩罚策略的能力增加了权贵通过让步保持权力的可能性，但这并没有消除可信性问题。当 $\mu<\tilde{\mu}^{**}$ 时，让步不起作用，因为缺乏足够的未来可信度，权贵将被迫实行民主化。

6.9 其他的政治身份

我们现在回到第 4 章 4.4.4 节的模型，考虑政治冲突并非发生在社会经济阶级，而是发生在 X 团体与 Z 团体之间的情况。设想一下，在 X 团体占多数，税收和转移支付的形式都由多数表决相继决定的情况下，存在两种子博弈完美均衡。在两种情况下，再分配都是从 Z 团体向人数更多的 X 团体分配，而且，如果 $\delta_X^p > 1/2$，均衡税率将会是 X 团体中穷人的理想点；如果 $\delta_X^p < 1/2$，均衡税率会是 X 团体中富人的理想点。现在我们要讨论的是那一模型如何能纳入我们在本章第六节介绍的关于民主化的静态模型。

我们将非民主视为 Z 团体的统治，将这一团体看作权贵。显然，权贵的统治不再是富人的统治，因为 Z 团体中的一些成员是相对贫穷的。第一个问题是非民主中税率和转移支付率的决定，以及镇压和民主化这样的关键性决定是如何做出的。我们假定它们是由 Z 团体中的多数表决来决定的，这意味着要考虑两种情形：一种是 $\delta_Z^r > \delta_Z/2$ 的情形，另一种是与此相反的情形。在本节中，我们不打算对所有可能情况作全面分析；我们通过假定 $\delta_Z^r > \delta_Z/2$ 继续分析，这一假定意味着，在非民主中，决定社会选择的是 Z 团体中富人的偏好。我们也假定 $\delta_X^p > 1/2$，因此只讨论第 4 章概述的民主均衡的一种。此外，我们仍用符号 τ^N 表示非民主中的税率。

Z 团体中的所有成员都偏好设定 $T_X = 0$，如果不存在革命的威胁，那么不受约束的税率会是由 Z 团体的中位成员——一个富人——制定的税率。因此，非民主中的税率是 Z 中的一个富人的理想点 τ_Z^r，它满足一阶条件：

$$C'(\tau_Z^r) = 1 - \frac{\delta_Z \alpha_Z^r \alpha}{\delta_Z^r} \tag{6.23}$$

我们假定上式有一个内点解，并在其中利用了 $y_Z^r = \alpha_Z^r \alpha \bar{y} / \delta_Z^r$ 这一事实。

因此，在这种情况下，再分配是以均衡的收入所得税税率 τ_Z^r，从 X 团体向 Z 团体进行的。并且，没有向 X 团体进行的再分配，$T_X = 0$ 且 $T_Z = (\tau_Z^r - C(\tau_Z^r))\bar{y}/\delta_Z$。显然，$Z$ 团体的成员偏好非民主而不是民主，X 团体的成员则相反。

如果权贵选择镇压，我们假定——按照在本章前面的分析——Z 团体和 X 团体都要承受镇压的成本。镇压之后，Z 团体中的成员得到的支付为：

$$V_Z^p(O \mid \kappa) = (1 - \tau_Z^r)(1 - \kappa) y_Z^p + T_Z \tag{6.24}$$

和

$$V_Z^r(O \mid \kappa) = (1 - \tau_Z^r)(1 - \kappa) y_Z^r + T_Z$$

这两个方程之所以成立，是因为如果权贵继续镇压，他们就能保持政治权力，也会有能力把收入从 X 团体转移到他们名下。最优税率 τ_Z^r 与 κ 无关。镇压之后，X 团体的成员得到的支付为：

$$V_X^p(O|\kappa)=(1-\tau_Z^r)(1-\kappa)y_X^p \text{ 和 } V_x^r(O|\kappa)=(1-\tau_Z^r)(1-\kappa)y_X^r$$

现在设想 X 团体的成员能够参加集体行动，并发动反非民主的革命。假定这会导致对 Z 团体中所有人的剥夺，但是，如在我们的主要分析中那样，革命是有成本的。假定革命之后，所有收入(不仅仅是 Z 的收入)在 X 团体的成员之间平分。现在，因为在 X 团体内部存在着多样性，所以我们必须决定如何解决该团体面对的社会选择问题。为了理解这一问题产生于何处，首先注意 X 团体的所有成员从革命得到的支付为：

$$V_X^i(R,\mu)=\frac{(1-\mu)\bar{y}}{\delta_X}$$

$i=p,r$，反之，如果没有革命，X 中的穷人和富人得到的支付为 $(1-\tau_Z^r)y_X^p$ 和 $(1-\tau_Z^r)y_X^r$。因而，现在存在着两个革命约束：

$$\text{对穷人的约束}\frac{(1-\mu)\bar{y}}{\delta_X}>(1-\tau_Z^r)y_X^p$$

和

$$\text{对富人的约束}\frac{(1-\mu)\bar{y}}{\delta_X}>(1-\tau_Z^r)y_X^r$$

回想一下，收入被定义为 $\delta_X^r y_X^r=\alpha_X^r(1-\alpha)\bar{y}$ 和 $\delta_X^p y_X^p=(1-\alpha_X^r)(1-\alpha)\bar{y}$，所以 α_X^r 是在 X 团体的收入中该团体的富人所得到的部分。把这些代入革命约束，我们发现：

$$\text{对穷人的约束}\frac{1-\mu}{\delta_X}>\frac{(1-\tau_Z^r)(1-\alpha_X^r)(1-\alpha)}{\delta_X^p} \tag{6.25}$$

和

$$\text{对富人的约束}\frac{1-\mu}{\delta_X}>\frac{(1-\tau_Z^r)(1-\alpha_X^r)(1-\alpha)}{\delta_X^r}$$

从假定即可得出 $y_X^r>y_X^p$，这意味着 $\alpha_X^r\delta_X^p>(1-\alpha_X^r)\delta_X^r$，革命约束首先对穷人具有约束力。因此，能够出现这样的情形：X 团体中的穷人赞成革命，而富人则不同意。我们通过假定 X 团体按照多数表决制定决策解决这一社会选择问题。这意味着穷人的偏好(因为他们的人数更多)决定着革命是否发生。一个等价的假定是 X 团体中的穷人可以自己发动革命。

面对着 X 团体的造反威胁，Z 团体的中位选民希望通过减少对其本人的再分配的数量，甚至对 X 团体再分配（即令 $T_X>0$）来做出让步。与前面一样，我们可以计算 Z 团体能可信地许诺给 X 团体的最大效用量。这意味着令 T_Z 为零；制定 X 团体中的穷人偏好的税率 τ_X^p；并令 $T_X=(\tau_X^p-C(\tau_X^p))\bar{y}/\delta_X$。考虑任何再分配的许诺被兑现的概率只是 p，X 团体的成员的预期支付为：

$$V_X^p(N,\tau^N=\tau_X^p)=y_X^p+\frac{P}{\delta_X}(\tau_X^p(\bar{y}-\delta_X y_X^p)-C(\tau_X^p)\bar{y})-(1-p)\tau_Z^r y_X^p$$

和 $$V_X^r(N,\tau^N=\tau_X^p)=y_X^r+\frac{P}{\delta_X}(\tau_X^p(\bar{y}-\delta_X y_X^r)-C(\tau_X^p)\bar{y})-(1-p)\tau_Z^r y_X^r$$

这些表达式考虑了这一事实：权贵将有能力重设税率的概率为 $1-p$，因此，由于革命威胁已消失，他们将能制定他们最偏好的税率 τ_Z^r，X 团体的成员将得不到任何再分配。

我们可以以此来定义一个新 μ^*，使得在 $\mu<\mu^*$ 时，让步不会阻止革命。μ^* 由方程 $V_X^p(N,\tau^N=\tau_X^p)=V_X^p(R,\mu^*)$ 定义，这意味着：

$$\mu^*=1-\frac{1}{\delta_X^p}[\delta_X(1-\alpha_X^r)(1-\alpha)+p(\tau_X^p(\delta_X^p-\delta_X(1-\alpha_X^r)(1-\alpha))$$
$$-\delta_X^p C(\tau_X^p)-(1-p)\delta_X\tau_Z^r(1-\alpha_X^r)(1-\alpha)] \quad (6.26)$$

我们要强调的第一个要点是：与在贫富冲突的情形下的分析相类似，如果 $\mu<\mu^*$ 由(6.26)式定义，那么权贵就不能通过提供再分配或让步保持权力；他们要么必须镇压，要么实行民主化。因此，作为本书中心的基本机制——在政治权力的结构没有发生根本性变化的情况下，许诺也许是不可信的——总是起作用的，不论政治身份的性质如何。

所有其他权衡在性质上也与前面讨论的一样。例如，当 $\mu<\mu^*$ 时，权贵是否实行民主化，取决于民主相对于镇压的成本大小；而如果 $\mu\geqslant\mu^*$，权贵必须决定是做出让步还是进行镇压。

主要的不同是这一模型的比较静力学，特别是关于不平等的比较静力学。如第 4 章所述，团体间不平等程度的上升可以用 α 的增加来表示。考虑 α 的影响。如果 $\mu<\mu^*$，权贵在民主化与镇压之间进行权衡。一个更高的 α 会使 X 团体的中位选民支持更高的税率，这使得民主对 Z 团体的成员更加不利，于

是他们支持镇压。如果 $\mu \geqslant \mu^*$，更高的 α 会提高权贵必须对 X 团体提供的再分配数量，使其对革命和非民主无差异，所以权贵也会支持镇压。这些关于团体间不平等的结果，与 6.5 节得出的结果基本相同。然而，在本节中团体间不平等程度的变化不一定反映为观察到的不平等量度的变化。

并且，现在考虑在 α 和 α_X^r 保持不变的情况下，Z 团体中的富人收入份额 α_Z^r 上升的影响。α_Z^r 的上升明确提高了测量的不平等程度。首先，注意当 α_Z^r 上升时，在非民主中征税的均衡税率下降了。其次，由于(6.25)式的左边没有变化，来自发动革命的收益也没有变化。因此，由于在非民主中征税的均衡税率下降，革命就变得不那么有吸引力了，虽然测量的不平等无疑有所加剧。

对两个非经济团体间冲突的这一简短的分析，说明民主化的基本机制适用于任一相关的政治身份，也强调了关于不平等的比较静力学也许会有很大不同的特点。这强调了我们分析的有力预测是那些关于政治制度在许诺不可信时，影响未来权力分配方面的结论。

6.10 有针对性的转移支付

现在我们来简短地讨论引入有针对性的转移支付(参见第 4 章 4.4.3 节)如何改变在 4.5 节的静态模型中得出的结果。我们在该处和第 5 章说明，考虑有针对性的转移支付加重了民主对权贵的负担，使民主对权贵更为不利，对民众却更为有利。与此同时，权贵在非民主能够从民众向权贵自身再分配的事实又加剧了这一影响。因此，非民主对民众的负担加重。民众更加不喜欢非民主，而权贵却更喜欢非民主，且更加恐惧民主。更一般地说，当转移支付有针对性时，社会就会有更大的分配冲突(不仅是在贫富之间的，也在任意团体之间)，因为那些掌握权力的人可以更有效地利用财政体系，使资源再分配给自己。

在我们的框架中，冲突加剧造成的影响是显而易见的。首先，有针对性的转移支付使革命对民众更有吸引力，因为在非民主中，民众现在要缴纳被再分配给权贵的税，同样的论点也意味着非民主对权贵是更具有吸引力的，他们更愿意进行镇压。

更普遍地说，这意味着不论转移支付是否能有针对性，社会财政再分配的形式将对均衡政治制度产生重大影响。然而，我们的框架对有针对性的转移支付使民主产生的可能性更大还是更小，没有做出明确的预测。因为它们使革命威胁更有力，所以在不存在有针对性的转移支付的情况下暂时的再分配已经足够的时候，它们也许迫使民主化发生。然而，因为它们使非民主对权贵更有吸引力，它们也许导致镇压，从而阻止向民主的和平过渡。

6.11 权贵在民主中的权力

现在让我们回到能讨论各种赋予民众不同数量权力的民主的模型。回想一下，在关于民主政治的一个相当普遍的模型中，在民主中政党之间的政治竞争使不同团体效用的加权和最大化。在两团体模型中，这一点给出了民主中的均衡税率，它是表示权贵效用权数的参数 χ 的函数。在第 4 章中，我们用符号 $\tau(\chi)$ 表示这一税率，且 $\tau(\chi=0)=\tau^p$，$d\tau(\chi)/d\chi<0$。也就是说，随着民众在民主中权力的下降，均衡税率以及民主向民众再分配收入的程度也随之下降。由此得出：

$$\frac{dV^p(D)}{d\chi}<0 \text{ 且 } \frac{dV^p(D)}{d\chi}>0$$

革命和镇压对权贵和民众的价值没有受到在对民主政治建立模型时这一修正的影响。

为了研究这一模型的一些含义，我们回到 6.6 节简单的静态模型。首先注意，这一新的民主模型并没有改变权贵在 $\mu\geqslant\mu^*$ 时对镇压和许诺再分配的权衡。因此，我们可以集中研究 χ 对 $\tilde{\kappa}$ 的含义，$\tilde{\kappa}$ 是镇压成本的临界值，在这一数值上，权贵对镇压和民主是无差异的。如前所述，镇压成本的临界值 $\tilde{\kappa}(\chi)$（我们现在用 χ 来标记）的定义满足下式：

$$V^r(O|\tilde{\kappa})=V^r(D)$$

我们有：

$$\tilde{\kappa}(\chi)=\frac{1}{\theta}(\delta C(\tau(\chi))-\tau(\chi)(\delta-\theta)) \tag{6.27}$$

这与(6.10)式相似，只是用有可变政治权力的政治竞争导致的均衡税率 $\tau(\chi)$

替代了民众最偏好的税率 $\tau(\chi)$。注意：

$$\frac{d\tilde{\kappa}(\chi)}{d\chi}=\frac{1}{\theta}(\delta C'(\tau(\chi))-(\delta-\theta))\frac{d\tau(\chi)}{d\chi}<0$$

由于权贵的收入高于民众，且 $d\tau(\chi)/d\chi<0$，所以，通过使民主不那么多数主义，χ 的增大使得镇压对权贵的吸引力降低。这意味着在民主中权贵扩大权力的能力，经常通过减少镇压对权贵的吸引力，使得向民主的和平过渡成为可能。然而，χ 的增大是一柄双刃剑，因为随着权贵在民主中权力的上升，民主变得不那么亲民众了。只是民主增进民众福利这一点使民主化成为避免革命的可行的制度变革。当 χ 变得过高时，民主不再是对亲民政策的可信承诺；为了避免革命，权贵别无选择只好进行镇压。总结这一讨论：

命题 6.4：在有可变权力的模型中，χ 由低向高的变化减少了民主的再分配性质，降低了镇压对权贵的吸引力。这增加了民主发生的可能性。然而，随着 χ 的进一步增大，(6.7)式成立的可能性减小，因此，民主化会阻止革命的可能性也变小，致使权贵再次选择镇压。

许多耐人寻味的例子都表明了命题 6.4 的重要性。例如，权贵无力在民主政治中竞争成功经常导致政变。如第 1 章所讨论的那样，许多学者指出在阿根廷实施了《萨恩斯·佩尼亚法》之后，保守派无力与激进派竞争似乎是造成 1930 年政变的因素之一。传统的权贵愿意承认充分的民主，部分的原因是他们以为在新的制度下他们将支配大量的权力。保守党的失败后来表明 χ 比在民主化时期设想的值要低。相反，在哥伦比亚，甚至在 1936 年实行了男性全普选之后，传统的政治精英成功地操纵政治制度，维持了他们自己的权力。特别是，通过以一种阻挠第三方（特别是社会主义者）进入的方式制定选举规则，他们能将持不同政见的派别保持在党内，并限制对激进的再分配政策的要求（参见 Mazzuca and Robinson，2004）。如前所述，在哥伦比亚，其他因素也促进了这一策略，特别是土地的分配要比其他拉丁美洲国家更加平均这一事实。因此，存在着一个重要的、对再分配兴趣不大的中产阶级（参见 Bergquist，2002）。

哥伦比亚的例子表明，对制度的操纵，至少在某种程度上可以使 χ 成为内生的。为此，佩尼亚还通过引进一种被称为“不完全名单”的制度，设法操纵选举体系。在该体系下,国会会员的候选人在三个成员选区选举;但是,只有两人是从票数最多的党中选举出来的,把第三个名额分配给票数第二多的党。史密斯(Smith,1978,p. 11)指出,这种“对小党的严重歧视,阻挠了新政治运动的形成,照顾了既定利益”。这一体系是为避免与保守党稳获三分之二多数的预期的进一步冲突,作为一种让步,保证激进党三分之一席位的方式建立的。

一个显然成功地操纵了民主的清晰易懂的例子是皮诺切特制定的1989年宪法。皮诺切特曾在一次全民公决中失败,他本想要进一步扩大军政府。他面临着是真正实行民主化,还是相反,无视表决的结果,用武力保持权力的抉择。最后,他决定民主是更好的选择,但是他的选择显然受到了他成功地“设计民主”的影响。特别是,他设法把一个过度代表保守派的系统改变选区的规定写进了选举规则(Londregan,2000)。在我们的模型中,这会使 χ 增大,使镇压的吸引力降低。

另一个可能是重要的例子来自罗坎(Rokkan,1970),他指出,在许多西欧国家,比例代表制是在保守党为维持其权力而实行大规模民主化的时候引进的。在我们的框架中,如果罗坎是对的,选举规则的这一转变或许会对保护瑞典、比利时和挪威等国家的民主起重要作用(虽然罗坎没有说明为什么一旦社会主义者取得政权,这种制度变革就成为永久性的,就像在瑞典和挪威那样;参见 Mazzuca and Robinson,2004)。

本节的结果也对比较政治学文献中关于政治精英如何“管理”过渡的主张(Linz and Stepan,1996)提供了一些耐人寻味的解释。例如,经常有人指出,由于阿根廷的专制在1983年福克兰战争之后瓦解,它几乎没有能力影响对民主制度的设计。另一方面,由于巴西的专制在1985年设法组织了向民主的相对有序的过渡,它显著地影响了新生民主下的政治制度的形式及结果。我们的模型表明:操纵民主的能力也许会导致向民主的和平过渡,否则发生的会是镇压。因此,巴西军队能在20世纪80年代控制民主化过程的这一事实也许实际上推动了这一过程。

为什么在有些地方权贵能建立一个有限的民主,而在其他地方则不能?为什么在有些情况下,多数人愿意设计限制他们自己权力的制度?

首先,在许多情况下,有关制度也许基本上是由历史决定的,难以改变。

从其性质上看，制度往往长期持续（Acemoglu，Johnson and Robinson，2001，2002），而且，出于理解体制动力学的目的，制度必须被视为既定。这一方面的一个耐人寻味的例子是这一事实：所有的拉丁美洲国家都有总统。对拉丁美洲总统制起源的共识是：当这些国家独立时，它们都把美国政治制度的形式作为如何组织一个共和国的蓝图。因此，它们采取了持续多年的总统制的民主形式。

其次，设计制度既有成本也有收益，这两个方面都是不确定的。例如，以非洲人国民大会将对白人的保证写入南非宪法的决策为例。这一点限制了其本身的权力，在其他条件不变的情况下，对它是不可取的。这些让步的一部分是采用比例代表制。雷诺兹（Reynolds，1999）指出，

在整个谈判过程中，争议最少的问题之一就是几乎所有的关键参与人都同意采用比例代表制来选举 1994 年的制宪大会。全部由白人组成的议会继承了英国单一成员选区多数体系……长期以来，人们一直认为，非洲人国民大会将设法维持这一体系……因为他们这样做将获得选举上的优势。（p. 183）

然而，非洲人国民大会也清楚：一项选举制度，如果对白人的代表不足，它就会具有不稳定的危险。雷诺兹（Reynolds，1999，p. 184）指出，“1980 年的人口普查表明，白人仅在五个……选区占多数……非洲人国民大会理解比例代表制能够促成一个包容性的政体，将可能反体系的少数党转变为支持体系的、具有发挥其民主作用动力的政党”，而且“非洲人国民大会迅速认识到现有的单一成员选区多数体系有可能破坏其赢得席位的能力”（Reynolds，1999，p. 185）。非洲人国民大会不仅担心对白人的代表可能不足，它也担心对其代表过度。例如，单一成员选区体系的一个问题就是“它付给了非洲人国民大会足够多的‘席位奖金’，推动他们的人数超过三分之二的阈值，给他们足够的席位，使他们能够独自制定永久性的宪法”（Reynolds，1999，p. 185）。如我们在第 5 章所述，非洲人国民大会认识到，能够独立地改写宪法并不是什么好事。于是，非洲人国民大会很快便同意转换到比例代表制。

非洲人国民大会是否要做出这样的让步取决于它对少数白人可能采取的行动的看法。例如，如果它预期白人支持反民主的政变或携他们的财产逃出南非，那么把保证写入宪法将是更具有吸引力的。实际上，任何特定的制度保

证是否起作用也是不确定的。例如,在津巴布韦,罗伯特·穆加贝体制便能够无视 1980 年宪法对其施加的大多数制衡,包括旨在支持白人政治权力的条款。

6.12 对体制的意识形态偏好

到目前为止,在我们的分析中,行动者关心政治制度的唯一原因是政治制度的不同经济后果。一种替代性和补充性的观点是承认个人对体制也许有意识形态的偏好。例如,在欧洲的启蒙运动之后,权贵偏好民主而不是非民主也许就是出于纯粹意识形态的原因。

把这种意识形态的考虑加进来会使我们的分析发生怎样的变化?在某一水平上,变化会很大——在另一水平上,变化则不是很大。当然,如果意识形态是第一位的,我们的很多分析就不相干了。然而,如果意识形态偏好出现,但还不足以重要到完全否定个人的相关的经济考虑时,我们的分析的大部分和到目前为止提出的许多见解就继续适用。

让我们将意识形态的考虑纳入在 6.5 节中使用的关于民主化的没有镇压的基本模型。特别是,设想人们的效用函数对消费是可加的,而且是一个表示对民主的固有偏好的术语。在民主中,一个穷人和一个富人各自消费的收入为 $y^p+B_p\bar{y}$ 和 $y^r+B_r\bar{y}$,其中,我们用平均收入来使其标准化。在此,$B_p>0$ 和 $E_r>0$ 表示生活在民主制度下的正的效用。相反,如果社会是非民主,行动者不会得到这些额外效用"收益"。所有行动者都以最大化其预期效用为目标。

在这一模型中,革命的威胁不是民主化可以出现的唯一方式。如果 B_r 相对大,权贵就偏好实行民主化,即使他们可以通过再分配收入避免这么做。这是一个我们此前从未能得出的结果,因为对于权贵来说民主化总是比做出让步更为不利。这对应于"纯粹意识形态的"民主化,它由权贵的社会价值观推动.在 $V^r(D)\geqslant V^r(N,\tau^N=\hat{\tau})$ 时出现。

要理解这一新的特征如何影响该模型,注意,由于不论是革命约束还是决定 μ^* 的方程都不取决于来自革命的支付,所以,它们在引进意识形态偏好后没有变化。唯一的不同是：在前面，只有在 $\theta > \mu$ 和 $\mu < \mu^*$ 时，民主才出现。而现在即使在 $\mu \geqslant \mu^*$，因此民主化可以被让步避免时，权贵也实行民主化。并且，即使在 $\theta \geqslant \mu$，因此革命约束无效时，B_r 也可以充分大，保证 $V^r(D) \geqslant V^r(N)$，因此产生意识形态驱动的民主化。

决定性的问题自然是权贵对民主是否有足够强烈的偏好。为了研究这一点，我们需要定义两个临界值。$\bar{B}$ 是使得在 $B_r \geqslant \bar{B}$，甚至在 $\theta \leqslant \mu$，因此革命威胁不具有约束力时，权贵实行民主化的临界值。它显然由下式给出：

$$\bar{B} = \frac{1}{\delta}(\delta C(\tau^p) - \tau^p(\delta - \theta))$$

其右端是当税率是将在民主中被选择的税率 τ^p 时出自权贵的净转移支付。这是权贵在民主中作为净转移支付要付出的，但是，作为回报，他们得到了实行民主的意识形态收益 B_r。

然而，当 $\theta > \mu$ 时，比较不是在不征税与民主之间，而是在有限的税收与民主之间进行，因此，相应的临界值是：

$$\tilde{B} = \frac{1}{\delta}(\delta C(\tau^p) - \tau^p(\delta - \theta) + p(\hat{\tau}(\delta - \theta) - \delta C(\hat{\delta})))$$

它考虑了即使在没有民主的时候，也会有向民众进行的净再分配，即概率为 p 的 $\hat{\tau}(\delta - \theta) - \delta C(\hat{\tau}) < 0$。显然，我们有：

$$\tilde{B} < \bar{B}$$

对这些方程的分析表明，$\tilde{B}$ 和 $\bar{B}$ 都是 θ 的增函数。换而言之，不平等程度越高，$\tilde{B}$ 和 $\bar{B}$ 就越高。例如：

$$\frac{d\bar{B}}{d\theta} = \frac{1}{\delta}(\delta C'(\tau^p) - (\delta - \theta))\frac{d\tau^p}{d\theta} - \frac{1}{\delta}(\delta - \theta) > 0$$

注意 $-(\delta - \theta) > 0$ 且 $d\tau^p / d\theta > 0$，即可得出上式的结果。这是因为不平等越严重，民主对于权贵来说成本就越高（因为由他们支付的再分配越多），因此，对于他们来说，对民主而不是非民主的意识形态偏好必须更强烈。

最后，需要注意的是，与(6.7)式相比，民主阻止革命的条件还是比较容易满足的，因为有来自民主的额外效用收益，而如果发生革命，这些收益就不会出现。考虑到这一点，我们可以把(6.7)式改写为：

$$\mu \geqslant \theta - (\tau^p(\theta - \delta) - (1 - \delta)C(\tau^p)) - B_p \qquad (6.28)$$

现在,我们有以下的结果:

命题 6.5:存在一个唯一的子博弈完美均衡,使得:

- 如果 $\theta\leqslant\mu$ 且 $B_r\leqslant\bar{B}$,革命约束不具有约束力,权贵在不实行民主化或再分配收入的情况下保持权力。如果 $B_r>\bar{B}$ 且(6.28)式成立,那么,权贵实行民主化。

- 如果 $\theta>\mu$,革命约束具有约束力。此外,令 μ^* 由(6.6)式定义。那么:

(1)如果 $\mu\geqslant\mu^*$ 且 $B_r\leqslant\tilde{B}$,权贵不实行民主化,将税率定为 $\hat{\tau}$,再分配足够的收入以避免革命。

(2)如果 $\mu<\mu^*$ 或 $\mu\geqslant\mu^*$ 且 $B_r>\tilde{B}$,而且(6.28)式成立,那么,权贵实现民主化。

(3)如果(6.28)式不成立,没有革命发生。

有两个引人关注的要点:(1)如果意识形态考虑的因素不重要的话,我们之前的分析就完全适用,因为这意味着 B_r 足够小,所以,$B_r\leqslant\bar{B}$ 和 $B_r\leqslant\tilde{B}$ 将是参数空间相应的组成部分,其中命题 6.5 的含义变得与命题 6.1 一样。(2)当意识形态考虑的因素十分重要的时候,它们也许会引发向民主的过渡,而如果纯粹是由于经济上的原因,这些过渡是不会发生的。然而,即使在这种情况下,经济动力可能也是重要的。例如,当不平等的程度较低时,不论是 $B_r>\bar{B}$ 还是 $B_r>\tilde{B}$,可能性都更大。随着不平等程度的加剧,在民主中,出自权贵的再分配会更多,对于民主的既定的意识形态收益,这两个条件成立的可能性减小了。

6.13 民主化图示

现在我们的框架已经充分丰富,可以更精确地绘制第 2 章的图 2.1 了。在图 6.2 的静态模型的背景下这样做,假定民主的再分配程度总是足以阻止革命。考虑图 6.4,横轴表示不平等的程度,纵轴是镇压的成本。首先注意,当不平等的程度更低——特别是 $\theta>\mu$ 的时候——不存在革命的威胁;这就是图 6.4 中 μ 点处垂线左侧的部分。接下来,注意,一个非民主体制是否能通过政策让步和收入再分配来保持权力也与 κ 无关,从而有另一条垂线。这是从

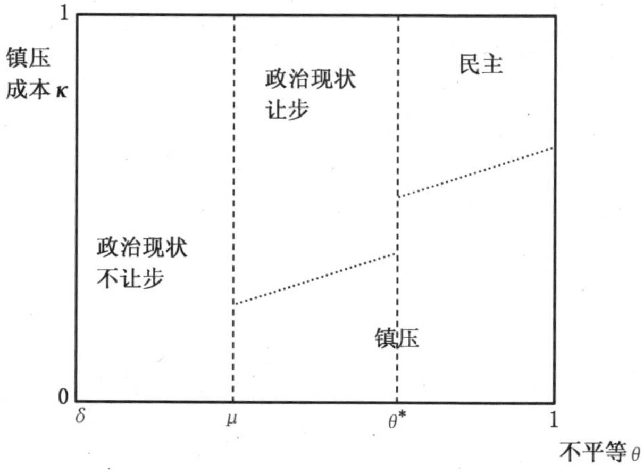

图 6.4 让步、镇压还是民主？

(6.6)式得出的。我们用 6.1 节中的符号 θ^* 表示这一方程满足的不平等的临界值，图 6.4 画出了这一点。因此，有两条垂线将方盒分成三个部分。左边一部分是没有镇压的政治现状。然后是有让步但是没有必要实行民主的部分。最后，是不平等程度非常高，除非实行民主化或进行镇压，将会爆发革命的部分。

现在我们只需要决定权贵什么时候会希望进行镇压，考虑权贵能通过再分配保持权力的部分。当 $\kappa<\hat{\kappa}$ 的时候，他们会选择镇压，其中 $\hat{\kappa}$ 由(6.9)式定义。$\hat{\kappa}$ 是 θ 的增函数。一旦不平等的程度提高，权贵在做出让步的时候就必须进行更多的再分配，镇压更有吸引力。类似地，在民主或镇压之间选择时，如果 $\kappa<\tilde{\kappa}$，镇压就是最优的，其中 $\tilde{\kappa}$ 由(6.10)式定义。最后，为了完成该图，应当注意，对于 θ 的任一数值，都有 $\tilde{\kappa}>\hat{\kappa}$。之所以如此，是因为民主总是比让步的许诺更具有再分配性质。为了清楚起见，图中只画出了这些函数的一部分。

用这些图，我们可以做一些有趣的思想实验。例如，我们可以引进专制能够操纵民主，削弱民主的亲民性质的可能性。在图中，这一点的唯一影响是 $\tilde{\kappa}$ 下移，这意味着要使镇压为最优选择，镇压的成本必须更小——民主一旦能够被操纵，它对权贵的威胁就减小了。这一影响扩大我们获得民主的区域。图 6.5 表示了这一可能性。

最后注意，图 6.4 是第 2 章中图 2.1 的基础。唯一的不同是略去了非民主体制能通过再分配收入保持权力的可能性，因此简化了图 2.1。如果在图 6.4 中不考虑这一可能性，就会抹去 θ^* 上的垂线，还需要延长表示 $\tilde{\kappa}$ 是 θ 函数的向上的斜线。这便产生了与图 2.1 一致的图 6.6。

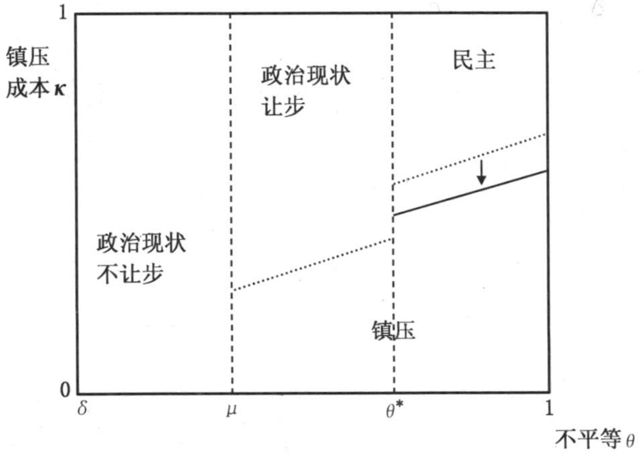

图 6.5 操纵民主。减弱民主的再分配程度扩大了民主化部分

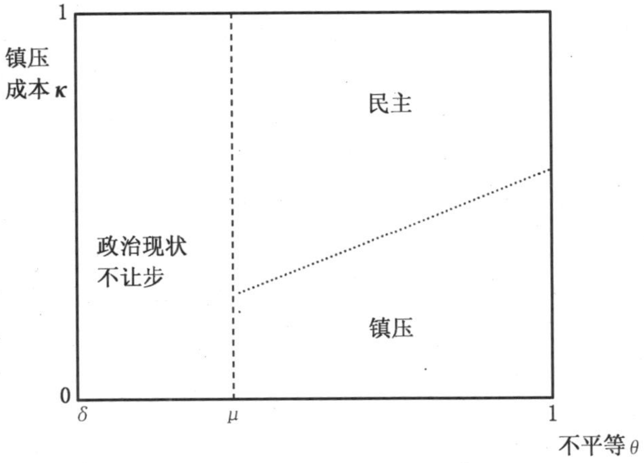

图 6.6 民主还是镇压?

6.14 均衡革命

到目前为止，我们一直假定镇压确定无疑地起作用，会阻止革命。历史上充满了心狠手辣的、加强了革命威胁并最终导致革命或重大动乱的镇压。在本节中，我们简要讨论镇压不总是起作用的可能性；特别是，假定在镇压之后，民众也许会以概率 r 起来造反。因此，我们考虑到镇压失败。为此，我们再次讨论第六节中扩展式博弈的静态模型，而不是完全动态的模型。图 6.7 的博弈树描述了这个博弈。这一限定自然不会影响在没有镇压的情况下，从民主和非民主得到的支付。而且，它也不影响权贵通过许诺使政策更加亲民来保持权力的情形。于是，关于 μ^* 的公式不变。然而，允许镇压失败不改变来自镇压的支付。特别是，来自镇压的价值函数现在由下式给出：

$$V^p(O|\kappa)=(1-r)(1-\kappa)y^p+r\frac{(1-\mu)\bar{y}}{1-\delta}$$

和

$$V^r(O|\kappa)=(1-r)(1-\kappa)y^r$$

也就是说，镇压在该状态下失败，爆发革命的概率为 r。在这种情况下，双方都会从革命得到各自的支付。

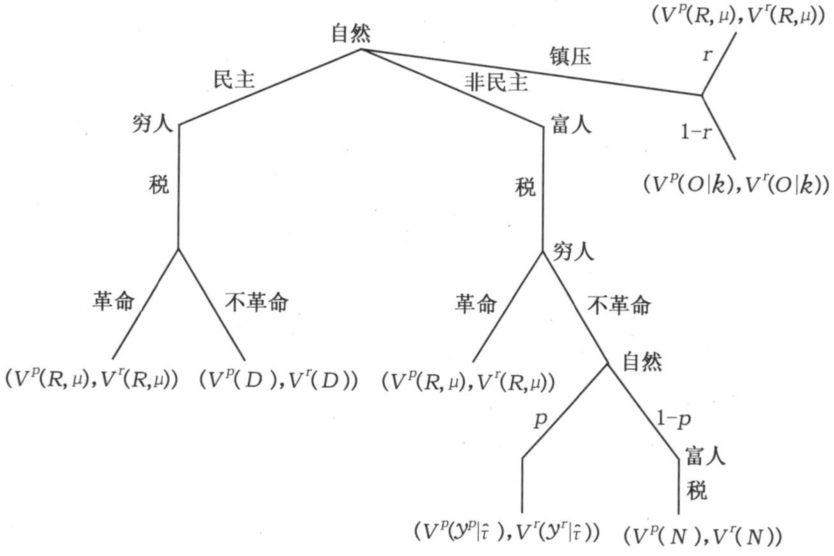

图 6.7　民主化还是革命

这一点以一种显而易见的方式改变了镇压成本的临界值。更具体地说，令 $\hat{\kappa}(r)$ 为使权贵对镇压和再分配无差异的临界值。因而：

$$V^r(O|\hat{\kappa}(r))=V^r(N,\tau^N=\hat{\tau})$$

或者，换言之：

$$\hat{\kappa}(r)=-\frac{r}{1-r}+\frac{p}{(1-r)\theta}[\delta C(\hat{\tau})-\hat{\tau}(\delta-\theta)] \tag{6.29}$$

接下来，定义权贵对镇压和民主化无差异的临界值为：

$$V^r(O|\hat{\kappa}(r))=V^r(D)$$

或者，更明确地：

$$\hat{\kappa}(r)=-\frac{r}{1-r}+\frac{p}{(1-r)\theta}[\delta C(\tau^p)-\tau^p(\delta-\theta)] \tag{6.30}$$

其中，我们用 r 标记这一临界值。显然，$\hat{\kappa}(r)<\hat{\kappa}$ 且 $\tilde{\kappa}(r)<\tilde{\kappa}$，其中 $\hat{\kappa}$ 和 $\bar{\kappa}$ 由(6.9)式和(6.10)式定义。当镇压有可能失败的时候，要让它成为权贵的最优选择，其成本甚至必须更低。

然而，这些临界值决定于镇压失败的概率这一事实并不会完全改变我们的分析。特别是可以用以下的与命题 6.2. 相似的命题来描述这一博弈的均衡。两者之间的主要区别是，在权贵选择镇压的情况下，革命爆发的概率为 r。

我们现在的分析有以下的结果：

命题 6.6：在图 6.7 描述的博弈中存在一个唯一的子博弈完美均衡$\{\tilde{\sigma}^r, \tilde{\sigma}^p\}$，使得：

- 若 $\theta\leqslant\mu$，那么，革命约束不具有约束力，权贵不用镇压、再分配或民主化就可以保持权力。

- 若 $\theta>\mu$，那么，革命约束具有约束力。此外，令 μ^* 由(6.6)式定义，$\hat{\kappa}(r)$和 $\tilde{\kappa}(r)$由(6.29)式和(6.30)式定义。那么：

(1)若 $\mu\geqslant\mu^*$ 且 $\kappa\geqslant\hat{\kappa}(r)$，镇压的成本相对更高，权贵再分配收入以避免革命。

(2)若 $\mu<\mu^*$ 且 $\kappa<\tilde{\kappa}(r)$或 $\kappa\geqslant\tilde{\kappa}(r)$且(6.7)式不成立，或若 $\mu\geqslant\mu^*$ 且 $\kappa<\hat{\kappa}(r)$，那么，权贵进行镇压。镇压失败，革命发生的概率为 r。

(3)若 $\mu<\mu^*$，(6.7)式成立且 $\kappa\geqslant\tilde{\kappa}(r)$，让步不足以避免革命，而镇压的成本相对更高，所以权贵实行民主化。

这一扩展表明了均衡革命如何能作为一种权贵为避免民主化计算的风险而出现。它也预测当社会非常不平等时，革命更有可能发生，所以尽管有革命的风险，权贵仍会选择镇压而不是民主化。

6.15 结 论

在本章中，我们建立了关于民主化的基本模型。为此，我们一般性地讨论为什么政治制度而不干脆是政治权力具有重要性。我们指出，为了理解政治制度所发挥的作用，必须认识到人们计算的明确是动态的方面。制度的重要性在于它们影响法定政治权力的未来分配；政治行动者之所以要控制和改变制度，是因为他们要锁定他们当前的政治权力。由于制度影响未来政治权力的分配，他们也提供了承诺——制度对于我们理论至关重要的一个方面。

在民主一旦建立就会巩固这一工作假定之下，我们得出了一些关于导致民主的因素的基本预测。所以，什么时候会出现民主化？一个重要的因素可能是不断加剧的团体间不平等。我们指出，当不平等的程度高到足以使被剥夺公民权的人要争夺政权，但又没有高到使权贵发现进行镇压的吸引力时，民主就出现了。在不平等程度低的情况下，我们往往不会看到民主。在不平等程度更高的情况下，我们仍然看不到民主，因为非民主能够通过暂时的政策让步，冲淡潜在的挑战，保持他们的权力。当不平等程度进一步提高时，我们看到了民主。即使在非民主中权贵愿意用政策让步来保持权力，在缺乏许诺的未来让步时，当前的让步是不足以避免革命的。然而，如果权贵继续独占权力，他们便不能可信地许诺这种未来的让步。因此，他们必须放弃他们的权力——实行民主化——以避免革命的发生。然而，随着不平等程度变得更高，民主对于权贵来说开始变得危险起来，因为如果他们实行民主化，就要面对非常不利的政策，例如，惩罚性的再分配比率。于是，镇压开始具有吸引力。因此，民主化并不是对团体间不平等单调递增的，我们预期在不平等与民主之间具有一种倒 U 形关系，民主发生于中等的不平等水平。

然而，团体间不平等只是故事的一部分，我们开始看到其他因素是如何影响民主的建立的。例如，我们发现权贵在非民主中的权力，也许还有他们操纵民主形式的能力，能够影响民主化的进程。随着分析的延伸，许多其他的因素将进入这一图景。权贵持有其财富的形式、全球化的程度和世界经济的发展以及中产阶级的重要角色，等等，都起着重要的作用。

本章的分析表明在不平等与民主之间存在着耐人寻味的动态关系。这是我们在阿塞莫格鲁和罗宾逊(Acemoglu and Robinson,2000a,2002)中研究的方面。在那里,我们说明上升的不平等如何能够(通过收紧革命约束)在开始时迫使权贵实行民主化。在民主建立之后,它的再分配性质可能与资本积累过程相互作用,使得不平等程度随后下降。因此,这些论文说明了资本积累、不平等和民主化的一个内生过程是如何说明如在本书第3章讨论的不平等模式的库兹涅茨曲线的。

民主化是否会促进效率不是我们研究的重点,但对此做一简短考虑还是有必要的。如第4章所述,对此进行讨论的最有用的方法是从总剩余入手。如果简单地采用帕累托标准,我们将不能把民主与非民主进行比较。在民主中,民众状况更好;在非民主中,权贵的状况更好。帕累托标准不能对这两种制度排序。然而,如果我们着眼于总剩余,我们可以取得一些进步。考虑唯一类型的政策是再分配性税收的最简单模型,显然,在没有镇压时,非民主中的总剩余更大。再分配由于成本更高,会减少总收入,从而减少总剩余。因为权贵不支持再分配,他们在非民主中为所欲为,所以,民主化导致效率更低的结果。在一定程度上,这一结论是我们用来表达基本思想的简化模型的结果。首先,如果再分配采取的是投资于公共物品而不是财政再分配的形式,权贵会希望让公共物品供给不足(而民众则想让它们供给过度)。当存在不平等时,两者的理想点都不符合剩余最大化的供给水平。在这种情况下,民主化也许通过增加公共物品的供给提高了效率。其次,一旦非民主通过镇压保持了权力,从效率的角度来看,民主就更具有吸引力。镇压浪费资源,影响权贵与民众之间的资源分配。在这种情况下,民主也许是有效率的,即使再分配性的税收导致了大量扭曲。

7 政变和巩固

7.1 引 言

到目前为止，我们研究了民主一旦建立就可以无限期持续的情形——在向民主的行进过程中，没有反复。然而，现实情况是截然不同的。国家变得不民主，民主体制被军事政变推翻，专制复辟的例子比比皆是。

特别是，许多拉丁美洲国家的近期历史都因在民主与非民主之间的反反复复而伤痕累累。例如，在阿根廷，男性普选权在1912年生效，但不久就被1930年的一场政变废除了(参见第1章)。1946年民主恢复，但1955年又陷入政变。1973年再度建立，1976年又被推翻，并最终于1983年恢复。在此期间，几个半民主体制在1943年、1962年和1966年陷入政变。为什么会发生反民主的政变？为什么大众民主在许多北欧国家稳定持久？为什么在欠发达国家(那些拉丁美洲国家)这样一组政治制度一直难以巩固？

本章提供一个分析反民主政变的框架，然后我们将这些想法与第6章提出的模型结合起来，建立一个分析民主的建立、巩固以及民主与非民主之间可能的转换的框架。

在构建关于政变的理论时，我们同样强调那些在理解民主创立时十分突出的经济和政治动力。到目前为止，我们强调：在民主社会中，多数民众能按照对民众有利、对权贵不利的方式改变政策。这使得民众支持民主，与此同时，却给了权贵反对民主的动力。这些形成鲜明对比的动力决定着民主出现的时间和方式。同样的基本力量也决定着政变的动力。因为权贵偏好非民主而不是民主，他们可能——在某些情况下——支持反民主的政变，它会导致在未来对他们自己更为有利的政策。

为什么要发动政变而不是要求更亲权贵的政策？答案与我们讨论向民主过渡时给出的答案一样：权贵不仅关心今天的政策，而且也关心未来的政策，在民主中，未来政策是由中位选民决定的，而他不是权贵的成员。因此，民主能许诺迎合权贵的今天的政策，但是不能承诺未来的亲权贵政策，特别是当权贵拥有的政治权力是暂时性的时候。因此，政治制度的变化再次作为一种通过改变(法定)政治权力的分配而影响未来政策的方式出现。

我们分析的一个结果是，在权贵与民众之间的不平等更严重的社会，政变更有可能发生。出自权贵的再分配数量是不平等程度的增函数。因此，在一个不平等的社会，权贵通过改变体制得到的收益会比在一个平等的社会得到的更多。与前面一样，这一主张是否能转换为关于以通常方法测量的不平等的陈述取决于权贵和民众的身份。

当我们将关于政变的理论和关于民主化的模型结合起来的时候，得到了一个考虑均衡民主化和政变的动态框架。在这一框架中，高度不平等的社会可能会经历民主与专制之间的频繁转换。在非民主中，民众通过挑战体系受益良多，这使得民主化频频不断；在民主中，权贵由于高度的再分配而不快，因此他们可能会发动反民主体制的政变。这一见解指出了为什么民主在拉丁美洲(其中许多社会都存在着显著的经济不平等)一直难以巩固的一个原因。

我们的分析也显示了在完全巩固的民主与不完全巩固民主之间的一个有用的区分。当不存在任何有效的政变威胁时，我们说民主是完全巩固的。经合组织国家是完全巩固的民主的例子。一个不巩固的民主是沦为政变的民主。一个不完全巩固的民主可以阻止政变，但要做到这一点，要改变在没有政变威胁的情况下得出的均衡政策。因此，不完全巩固的民主生存在政变的阴影下，这与完全巩固的民主不同。在后一情况下，选民和政党在制定其政策选择时可以有效地忽略政变的威胁。

另一个耐人寻味的结果是不平等与收入再分配之间的非单调关系。更高的不平等通常会导致更大量的再分配(考虑第 4 章讨论的限制)。然而，在一个可能存在政变的模型中，高度不平等的社会在民主与专制之间摇摆不定，因而其再分配不像在不平等程度更低的社会那样多。

令人感兴趣的还有，在巩固的民主中，因为政变的威胁不重要，所以再分配的数量很少或没有可变性。与此相反，高度不平等的社会要么是不完全巩固的，要么是不巩固的。在不巩固的体制中，由于社会在不同的政治体制之间摇摆不定，财政政策更加不稳定，财政再分配的数量不断变化。在不完全巩固的民主中，不存在均衡政变，但再分配的数量为了避免政变发生而波动。这一模式与加文和佩罗迪(Gavin and Perotti，1997)提供的证据是一致的，财政政策在拉丁美洲比在欧洲更容易变化。

关于如何定义民主巩固的问题存在着重大的学术争论，引发了熊彼特式的民主定义是否正确的问题。林茨和斯蒂潘(Linz and Stepan，1996)指出，

……所谓巩固的民主，我们是指一种政治状况，在其中……民主成了“城里唯一的游戏”。在行为上，当没有重要的政治团体认真地企图推翻民主体制时，民主就成了城里唯一的游戏。(p. 5)

然而，尽管提出了这一初始的定义，林茨和斯蒂潘——与大多数近来的政治学文献一致——接下来添加了一些民主要巩固所必须满足的其他条件。要成为一个巩固的民主，一个国家必须有：

一个国家……如果一个运行良好的国家存在，其他五个相互联系、互相加强的条件也必须存在，一个民主才是巩固的。首先，必须存在一个自由、活跃的市民社会发展的条件。第二，必须存在一个相对自治和受到重视的政治社会。第三，必须存在法治……第四，必须存在适用的国家官僚机构……第五，必须存在一个制度化的经济社会。(p. 7)

关于巩固问题的争论围绕着应该从这样的名单上增加或减少什么的问题展开(对“民主”应用什么样的形容词修饰的问题，参见 Collier and Levitsky，1997)。显然，在这一基础上，许多我们认为是民主的体制都是不巩固的(关于拉丁美洲——用这些条件来衡量也许不存在巩固的民主，参见 Philip，2003)。尽管林茨和斯蒂潘最初的定义与我们的方法是一致的，但是，他们随后加上去的条件就与我们不一致了。

相反，我们关于“巩固”一词的用法以熊彼特式的民主定义为基础。如前所述，这似乎是构建一个民主理论的自然而然的起点，这一观点呼应了谢德勒(Schedler，1998)的说法：

“民主的巩固”一语应该指对体制连续性的预期——仅此而已。相应地，“巩固的民主”的概念应该描述相关的观察者预期在未来会很好地持续的民主体制——仅此而已。(p. 103)

7.2 政变的动力

我们现在考虑一个民主已经建立、中位选民的偏好决定税率的社会。继续使用我们的两团体模型，并将权贵与富人相联系、民众与穷人相联系。因此，在民主中，中位选民是一个穷人。然而，与我们前面的分析不同，现在考虑民主也许不会永远持续，事实上，也许会反民主的政变的可能性。由于亲民众的政策——例如，民主政治包含的收入再分配——所以在民主中民众的境况相对更好，权贵的境况却相对更坏。这一推理表明对民主的最大的威胁来自权贵。因此，我们集中考察权贵通过从民主向非民主过渡减少再分配的动力，构造关于政变的模型。

许多政变，特别是在拉丁美洲，将减少再分配作为其主要目标之一，而且在大多数情况下，减少了再分配并显著地改变了收入分配(参见第 3 章讨论的证据)。在政变通常是由军队发起的情况下，我们的方法假定由于各种各样的原因，军队更多地代表权贵的利益而不是民众的利益。我们认为，这是一个合理的初步近似；然而，事实上，军队的目标并不总是完全与一个单一团体的目标一致，也许对民主的存续有重要影响。将军队在民主巩固中的作用纳入关于政治的正式模型是一个重要的未来研究领域，在本书的结论部分我们会简要地讨论这个问题。

在本章，我们简单地将这一可能性视为理所当然，即权贵能以某种成本控制军队，发动反民主的政变，我们研究他们在什么情况下会愿意这么做。从构造模型的角度来看，一个耐人寻味的现象是，民众要民主的原因与权贵要非民主的原因是相似的。如前所述，民众要求对未来亲多数政策的可信承诺，因而要求向民主的过渡(权贵被迫给他们民主)，因为他们关心今天的政策和社会选择，也同样关心未来的政策和社会选择，而且他们仅仅拥有暂时性的事实政治权力。类似的推理也适用于从民主向非民主过渡的情形。权贵希望有不那么亲民众的政策，他们暂时拥有实现这一目标的政治权力。然而，他们也关心未来的政策，他们知道一旦其暂时的事实政治权力消失，民主就会再次实行它所偏好的政策，如高税率和收入再分配。因此，权贵不仅在今天，而且也在未来获得其所偏好政策的方法是改变政治制度，拥有更多的法定政治权力，也就是说，从民主向非民主过渡。

有大量证据表明，为了避免政变，民主人士愿意向权贵以及军队做出让步，但是，这些让步由于缺乏可信性，有效性有限。诺德林格（Nordlinger，1977）写道：

……军队已经介入，尽管有旨在阻止政变的预算增加，就如在 1973 年反对智利总统阿连德的政变中那样。尽管有超过同级别文官工资涨幅的军俸的增加、更好的额外福利和其他设备的购买，阿连德还是被推翻了。〔1〕 (p. 71)

我们从非民主向民主过渡的模型与向非民主过渡的模型的构造方式有一点不同：在第一种情况下，民众有发动革命的选择，权贵创立民主来避免革命。在此，权贵实际上是利用它们的政治权力发动政变并改变体系。这看起来似乎是不对称的，但对于我们的结果来说，这不是必不可少的。我们之所以采用这一特定的方式来建立关于这两种过渡的模型，是因为我们相信它对现实提供了一种良好的近似：在大多数情况下，民主是由权贵实行的民主化产生的，而由民主向专制的运动却几乎从来不是双方一致同意的。

7.3 一个静态的政变模型

为了建立关于反民主政变的模型，考虑第 4 章的基本两阶级模型，并考虑权贵能够发动一场有成本的政变的可能性。对行动者及其收入我们做完全相同的假定，但现在要考虑政变产生的成本。特别是，我们有：

$$\hat{y}^i = \zeta\iota(S)y^i + (1-\zeta)((1-\tau)y^i + (\tau - C(\tau))\bar{y}) \tag{7.1}$$

其中，使用 $\zeta=0$ 来表示没有政变；$\zeta=1$ 表示政变的约定。符号 $\iota(S)$ 表示在状态 S 下由于政变产生的成本。我们建立政变成本模型与建立革命与镇压成本

〔1〕 其他例子，参见 Schmitter，1971，p. 484；Cox，1976，pp. 207—208。

模型的方式完全相同——一部分收入被破坏。如在前一章的静态模型中一样，我们仅仅把注意力集中在政变是威胁的状态上；因此，我们略去符号 S。如果没有政变，就没有成本。因此，如果 $\zeta=0$，则 $\iota=1$。所以，相关的成本就是当 $\zeta=1$ 时的 ι 值，用 $1-\varphi$ 来表示，其中 $0<\varphi<1$。

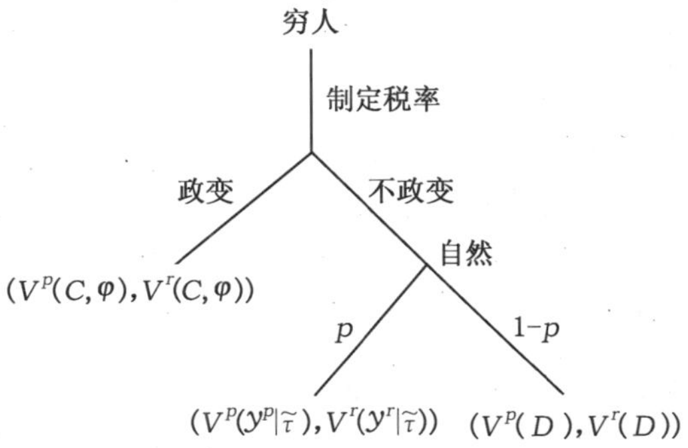

图 7.1 政变博弈

图 7.1 表示用来分析政变的博弈。在开始时，由于处于民主中，中位选民制定税率 τ^D。如果没有来自权贵的政变威胁，民众制定他们最偏好的税率 τ^p，它由(4.11)式给出。这导致(6.4)式给出的支付 $V^p(D)$ 和 $V^r(D)$。权贵是否发动政变取决于民主和非民主中的后续价值。由于政变的威胁，我们允许民众在开始时选择的税率不同于 τ^p。在此之后，权贵决定是否发动政变。如果他们发动政变，社会就转变为非民主，权贵制定税率。他们自然会选择他们最偏好的税率 $\tau^N=\tau^r$。结果，博弈以民众和权贵各自的支付结束[1]：

$$V^p(C,\varphi)=(1-\varphi)y^p \text{ 和 } V^r(C,\varphi)=(1-\varphi)y^r \tag{7.2}$$

反过来，如果权贵决定不发动政变，政治体系保持为民主。在这种情况下，自然再次行动，决定中位选民——在民主中在政治上具有决定性作用的行动者——是否能重设民众在前一阶段许诺的税率。与在我们关于民主化的简单模型中一样，这一点描述了我们在下一节更详细地对之建立模型的想法：一

〔1〕 我们可以把这些价值写为 $V^p(C,\varphi,\tau^N=\tau^r)$ 和 $V^r(C,\varphi,\tau^N=\tau^r)$，以强调政变过后权贵得以制定税率并选择他们的理想点。然而，由于在任何子博弈完美均衡中都直接有 $\tau^N=\tau^r$，我们略去这个符号。类似的考虑也适用于价值 $V^p(D,\tau^D=\tilde{\tau},\bar{\tau}^D=\tau^p)$ 和 $V^r(D,\tau^D=\tilde{\tau},\bar{\tau}^D=\tau^p)$，其中，民众以概率 $1-p$ 再次选择税率并规定为 $\bar{\tau}^D$。我们也从这些价值函数中略去 $\bar{\tau}^D=\tau^p$。

个体制(甚至一个民主体制)不可能可信地承诺未来税收。具体地说,自然以概率 p 决定以 $\tilde{\tau}$ 表示的许诺的税率保持不变,民众和权贵得到价值 $V(y^p \mid \tau^D = \tilde{\tau})$,$V(y^r \mid \tau^D = \tilde{\tau})$,其中,与前面一样:

$$V(y^r \mid \tau^D = \tilde{\tau}) = y^p + \tilde{\tau}(\bar{y} - y^p) - C(\tilde{\tau})\bar{y}$$

和

$$V(y^r \mid \tau^D = \tilde{\tau}) = y^r + \tilde{\tau}(\bar{y} - y^r) - C(\tilde{\tau})\bar{y}$$

另一方面,如果自然允许民主重设税率,中位选民会选择新税率,我们用 $\bar{\tau}^D$ 表示,由此产生的价值为 $V^p(D)$ 和 $V^r(D)$ 。因此,在民主中,民众许诺的仅以税率 $\tilde{\tau}$ 进行的更少再分配所产生的支付为 $V^p(D, \tau^D = \tilde{\tau})$ 和 $V^r(D, \tau^D = \tilde{\tau})$,使得:

$$\begin{aligned} V^p(D, \tau^D = \tilde{\tau}) &= y^p + p(\tilde{\tau}(\bar{y} - y^p) - C(\tilde{\tau})\bar{y}) \\ &\quad + (1-p)(\tau^p(\bar{y} - y^p) - C(\tau^p)\bar{y}) \\ V^r(D, \tau^D = \tilde{\tau}) &= y^r + p(\tilde{\tau}(\bar{y} - y^r) - C(\tilde{\tau})\bar{y}) \\ &\quad + (1-p)(\tau^p(\bar{y} - y^r) - C(\tau^p)\bar{y}) \end{aligned} \tag{7.3}$$

这些表达式考虑了民众以概率 $1-p$ 得以重设税率的情形,这时他们是不受约束的,并选择他们最偏好的税率 $\bar{\tau}^D = \tau^p$。

现在,我们可以用反向归纳法来描述这一博弈的子博弈完美均衡。基本上,这一博弈与我们在第 6 章提出的静态的民主化模型有着相同的结构。关键的问题是发动政变是否符合权贵的利益以及民众是否能够以许诺做出让步来阻止政变(在这种情况下,减少对他们自己较少的再分配)。策略为 $\sigma^r = \{\zeta(\cdot), \tau^N\}$ 和 $\sigma^p = \{\tau^D, \bar{\tau}^D\}$。在开始时,民众先行,其行动由税率 $\tau^D \in [0,1]$ 组成;同样,如果没有政变,自然允许重设税率,其中我们再次使用符号 $v=1$,另一个税率 $\bar{\tau}^D \in [0,1]$。在此,上标 D 再次表示民主。权贵的行动是政变决策 $\zeta:[0,1] \to \{0,1\}$,其中 $\zeta(\tau^D)$ 是中位选民制定税率 $\tau^D \in [0,1]$ 时的政变选择,如果 $\zeta=1$,是一个关于制定什么税率的决策,我们表示为 $\tau^N \in [0,1]$。于是,一个子博弈完美均衡就是一个策略组合 $\{\tilde{\sigma}^r, \tilde{\sigma}^P\}$,使得 $\tilde{\sigma}^P$,$\tilde{\sigma}^r$ 在所有恰当的子博弈中,都是对彼此的最优反应。

对于权贵来说,在政治现状既定时,政变是否具有吸引力取决于政变约束 $V^r(C, \varphi) > V^r(D)$ 是否有约束力。这一约束表示政变比生活在无约束的非民主中更有吸引力。这一政变约束可以表示为:

$$(1-\varphi)y^r > y^r + (\tau^p(\bar{y}-y^r) - C(\tau^p)\bar{y})$$

或

$$\varphi < \frac{1}{\theta}(\delta C(\tau^p) - \tau^p(\delta-\theta)) \tag{7.4}$$

当这一约束不具有约束力时，民主的再分配程度不够高，或政变的成本充分高，使得权贵发现政变是无利可图的。在这种情况下，我们称民主是完全巩固的：对民主的稳定不存在任何有效的威胁。由(7.4)式，可以得到政变成本的一个临界值，用 $\hat{\varphi}$ 表示，使得在 $\varphi \geqslant \hat{\varphi}$ 时，民主是完全巩固的。它满足：

$$\hat{\varphi} = \frac{1}{\theta}(\delta C(\tau^p) - \tau^p(\delta-\theta)) \tag{7.5}$$

相反，当这一约束具有约束力时，民主就不是完全巩固的：如果民众不采取行动，会存在沿着均衡路径的政变。民众所采取的行动就是降低税率。然而，问题是，他们不能完美地承诺这么做，因为政变威胁一旦平息，就存在重设税率的可能性。考虑这一可能性，民众制定税率 $\tilde{\tau}$ 时，对权贵的价值为 $V^r(D, \tau^D=\tilde{\tau})$。这一许诺更少再分配的策略只有在这一价值大于权贵从政变得到的收益时，即 $V^r(D, \tau^D=\tilde{\tau}) \geqslant V^r(C, \varphi)$，也就是说，仅当下式成立时：

$$y^r + p(\tilde{\tau}(\bar{y}-y^r) - C(\tilde{\tau})\bar{y}) + (1-p)(\tau^p(\bar{y}-y^r) - C(\tau^p)\bar{y}) \geqslant (1-\varphi)y^r$$

才会阻止政变的发生。现在，可以定义政变成本的一个临界值 φ^*，使得在 $\varphi < \varphi^*$ 时，民众做出的有限分配的许诺不足以阻止权贵发动政变。当然，民众能向权贵做出的最有吸引力的许诺就是完全停止出自权贵的再分配——也就是说，$\tilde{\tau}=0$——因此，在 φ^* 处，我们一定有 $V^r(D, \tau^D=0) = V^r(C, \varphi^*)$，解这个方程，给定 φ^* 的临界值如下：

$$\varphi^* = \frac{1-p}{\theta}(\delta C(\tau^p) - \tau^p(\delta-\theta)) \tag{7.6}$$

给定这一讨论，我们可以将这一博弈的子博弈完美均衡总结如下：

命题 7.1： 在图 7.1 描述的博弈中，存在唯一一个子博弈完美均衡 $\{\tilde{\sigma}^r, \tilde{\sigma}^P\}$。令 $\hat{\varphi}$ 和 φ^* 由(7.5)式和(7.6)式定义。那么，在这一唯一均衡中，我们有：

- 若 $\varphi \geqslant \hat{\varphi}$，则民主是完全巩固的，民众制定他们偏好的税率 $\tau^p > 0$，如(4.11)式所给出的那样。

- 若 $\varphi \in [\varphi^*, \hat{\varphi}]$，则民主是不完全巩固的。民众会将税率定为 $\tau^D = \tilde{\tau}$，其中，$\tilde{\tau} \leqslant \tau^p$，使得 $V^r(D, \tau^D = \tilde{\tau}) = V^r(C, \varphi)$。
- 若 $\varphi < \varphi^*$，则民主是不巩固的。政变发生，权贵执政并制定他们最偏好的税率，$\tau^N = \tau^r$。

这一分析表明均衡政变如何能作为权贵限制未来再分配的一种方式发生。引人注目的是，政变之所以发生（当 $\varphi < \varphi^*$ 时）正是因为民主对承诺在未来进行更少的再分配只有有限潜力。于是，权贵利用他们当前的（也是暂时的）政治权力改变政治制度，以减少未来的再分配。与关于民主化的讨论的相似之处是显而易见的：同样，政治制度的均衡变化是作为一种调节未来政治权力配置的方式而发生的。镇压与政变也有共同点——两者都动用武力来避免实行民主，但是它们始于不同的政治状态。这就是为什么政变的比较静力学与镇压相似的原因。

区分完全巩固和不完全巩固的民主对我们是有帮助的。如果政变的威胁从未出现，民主没有真正受到挑战，民众能够制定他们最偏好的（不受约束的）税率 τ^p，民主就是完全巩固的。另一方面，一个不完全巩固的民主如果将税率规定为 τ^p，就会沦为政变。只有向权贵做出让步，阻止他们发动政变，民主才能存续。在经验上，不完全巩固民主的概念也许会有助于我们解释一些令人迷惑的行为。例如，万彻康（Wantchekon，1999）认为，在 20 世纪 90 年代，在萨尔瓦多，代表多数民众的政党就曾因害怕引发政变，试图在选举中减少他们提供的再分配数量。

把我们的分析与普热沃斯基（Przeworski，1991）的主张做一对比是有趣的。普热沃斯基（Przeworski，1991）认为巩固的民主需要所有的团体，甚至以前的权贵，都要有充分大的当权机会。如普热沃斯基（Przeworski，1991）所述，

> ……在民主制度内，服从取决于获胜的可能性。一个特定的行动者……将会服从，如果在民主竞争中获胜的可能性……大于某一最小值……当所有相关的政治力量在特定的制度体系下都有某一特定的最小可能性活得不错时，民主就会产生普遍的服从。（pp. 30—31）

根据这一论证，要使民主稳定下来，所有的团体都必须有充分大的行使权力的机会。一旦某一团体被完全排除在外，他们就可能为权力而战。这种观

点为政治学家普遍接受(例如,Weingast,1997)。克洛默(Colomer,2000,p. 10)重申了这一观点,他写道:“民主的建立看来是对新的政治游戏规则的一种约定性的协议。协议之所以可能,是因为民主给予不同的行动者在某一不确定的未来得到或分享权力的合理期望。”

相反,在我们的民主模型中,权贵是绝不能赢得权力的,因为政策总是迎合中位选民的偏好。然而,这并不意味着权贵在一个民主政体里得不到他们想要的,因为即使他们没有法定政治权力,他们也许拥有实际政治权力。例如,在民主是不完全巩固的情况下,民众的政策是要迎合权贵的,尽管权贵不组成政府。的确,这是具有讽刺意味的,因为根据普热沃斯基的说法,如果权贵不能组成一个政府,他们会设法发动政变,因此,民主是不巩固的。然而,如果权贵能用武力推翻现有的体系,他们一定拥有有效的实际政治权力;这正是他们能从政府得到他们所想要的而不必推翻政府的情形。当权贵没有实际政治权力的时候,他们不能从民主中得到其所想要的,但他们也不能发动政变。因此,在我们的模型中,普热沃斯基的说法是不成立的。

现在我们来考虑政变关于不平等的比较静力学。首先,可以隐性地定义不平等的临界值 $\tilde{\theta}$:

$$\varphi=\frac{1}{\tilde{\theta}}(\delta C(\tau^{p}(\tilde{\theta}))-\tau^{p}(\tilde{\theta})(\delta-\tilde{\theta}))$$

使得,当 $\theta\leqslant\tilde{\theta}$ 时,政变约束(7.4)式不具有约束力。换句话说,这是不平等的临界值,当不平等的程度小于这一水平时,民主是完全巩固的。

然后,利用对 φ^{*} 的定义,我们能决定 $\bar{\theta}$,使得:

$$\varphi=\frac{1-p}{\bar{\theta}}(\delta C(\tau^{p}(\bar{\theta}))-\tau^{p}(\bar{\theta})(\delta-\bar{\theta}))$$

当 $\theta\leqslant\bar{\theta}$ 时,民主是不完全巩固的。此外,容易看出 $\bar{\theta}>\tilde{\theta}$。这一讨论导致以下的推论:

推论 7.1:假定一个有固定不变的 φ 和 p、不平等程度由 θ 给出的社会。则存在着 $\bar{\theta}$,且 $\tilde{\theta}<\bar{\theta}$,使得:

- 当 $\theta\leqslant\tilde{\theta}$ 时,民主是完全巩固的,均衡税率总是 τ^{p}。
- 当 $\theta\in(\tilde{\theta},\bar{\theta}]$ 时,民主是不完全巩固的。在这种情况下,为防止政变发

生，民主把税率定为 $\tilde{\tau}$。

● 当 $\theta>\bar{\theta}$ 时，民主是不巩固的。政变发生，权贵执政，将税率定为 $\tau^N=\tau^r$。

上述分析表明政变往往发生于更加不平等的社会。在不平等程度更低但是仍然非常不平等的社会，民主是不完全巩固的，只有以更低税收的形式向权贵做出让步，民主才会存续。为什么不平等程度对政变非常重要？原因是非常直观的：在这一模型中，政变是作为权贵减少未来再分配的一种手段而发生的。不平等越严重，民主越具有再分配性质，对于权贵来说，其成本也就越高。因此，在一个不平等的社会，政变对权贵变得更有吸引力。

这些比较静力学与第 3 章的证据是一致的，这些证据用各国横断面的数据讨论了不平等的量度与民主的关系，发现更民主的国家，其不平等程度往往更低。在前一章我们已经指出这也许是因为在更平等的社会，镇压的吸引力更小，因此，权贵更可能实行民主。现在我们可以看到，在一个更加平等的社会，民主一旦创立，它就更可能巩固。

7.4 一个动态的民主创建及巩固的模型

到目前为止，我们的分析对民主化和民主的巩固是分别处理的。特别是，我们在分析民主化时的简化假定是民主一旦建立就是完全巩固的，而且从不遭受挑战。相反，我们发现权贵如何可能对推翻民主以减少对他们自己不利的再分配感兴趣。如果行动者意识到民主可以被推翻时，我们的分析会发生怎样的变化？

正如第 6 章里所分析的情形一样，我们希望离开前一节所分析的博弈的静态结构。在那里，我们通过假定许诺的税率被重设的概率对无力承诺未来行动的情况建立模型。

更重要的是，前一节中的静态模型不能分析在不同政体之间的均衡波动如何出现。为了解决这些问题，我们回到在第 5 章首次提出的无限期界模型，考虑革命、民主化和政变。

和以前一样，我们考虑一个无限期界模型，用 $G^{\infty}(\beta)$ 表示，人口数量为 1。

其中 $1-\delta>1/2$ 是贫穷的民众，其余的 δ 是富有的权贵。在开始时，政治权力集中在权贵的手中，但是中位选民是一个穷人。一个行动者的预期效用在时间 $t=0$ 时再次为 $U^i=E_0\sum_{t=0}^{\infty}\beta\hat{y}_t^i$。这时，如果是非民主，税后收入由(6.8)式给出；如果是民主，税后收入由(7.1)式给出。

民众用来发动革命的集体行动技术和革命的支付与以前界定的完全相同。在民主中，权贵们可以图谋政变。政变之后，所有的当事人都失去了其收入的一部分 φ^S，其中威胁的状态为 $S=H,L$ 和 $\varphi^H<\varphi^L$，政治局势回到在开始时权贵掌控政治权力的状态。与对革命威胁的分析相类似，我们假定，在低威胁状态下，政变威胁是不起作用的，我们也假定 $\varphi^L=1$。因此，相关的成本是权贵在状态 $S=H$，$\varphi^H=\varphi$ 下的成本，只有在这一状态下，权贵才会发动政变。假定 $\Pr(\varphi_t=\varphi)=s$ 且 q 和 s 都小于 1/2，所以，推动事实政治权力行使的危机是相对罕见的事件。

如果政变发生，首先是 $\mu_t=\mu^L$，所以不存在直接的革命。类似地，如果民主化发生，民主就会从政变成本为 1 的情况开始。这意味着在政变发生之前，民主至少是有机会得以创建的。最后，在每一非民主的时期，权贵都必须决定是否要实行民主化；如果他们决定实行民主化，社会就会变成民主，而且中位选民，即公民，制定税率。

在一个时期内的事件分时可以总结如下：

(1)状态 μ_t 或 φ_t 被揭示。

(2)民众制定税率 τ^D，如果我们是处于民主中。否则，权贵制定税率 τ^N。

(3)在一个非民主体制中，权贵决定是镇压 ω，还是民主化 ϕ。在民主中，他们决定是否要发动政变 ζ。如果他们实行民主化或发动政变，执政的政党决定是继续保持第二阶段制定的税率 τ 还是制定一个新的税率。

(4)如果 $P=N$ 且 $\omega=0$，民众决定是否发动革命 ρ。如果革命爆发，他们分享经济的其余收入。如果没有革命，在第二阶段或第三阶段决定的税率会得以执行。

(5)收入实现，消费发生。

我们描述这一博弈马尔可夫完美均衡的特征，其中，策略只取决于当前的世界状态。[1] 状态或者是(D,φ^H)，(D,φ^L)，(N,μ^L)，或(N,μ^H)，其中N表示权贵掌权（也就是非民主体制），D表示民主。令$\sigma^r=\{\tilde{\omega}(\cdot),\phi(\cdot),\tau^N(\cdot),\zeta(\cdot),\tau^N\}$表示权贵采取的行动，$\sigma^p=\{\rho(\cdot),\tau^D(\cdot),\tau^D\}$表示民众的行动。$\sigma^r$包括一个当$P=N$时，是镇压$\tilde{\omega}:\{\mu^L,\mu^H\}\to\{0,1\}$，还是创建民主$\phi:\{\mu^L,\mu^H\}\to\{0,1\}$的决策和当$\phi=0$时（即民主不被创建）的税率$\tau^N:\{\mu^L,\mu^H\}\to[0,1]$。显然，如果$\phi=0$，$P$就仍处于$N$，如果$\phi=1$，$P$就会转换到$D$。当$P=D$时，权贵制定政变决策，这一决策是一个函数$\zeta:\{\varphi^L,\varphi^H\}\times[0,1]\to\{0,1\}$，其中，$\zeta(\varphi,\tau^D)$是当状态为$\varphi$且中位选民制定税率$\tau^D$时的政变决策。如果$\zeta=1$，政治状态转换到$P=N$，权贵得以重设税率，$\tau^D\in[0,1]$。民众的行动包括一个发起革命的决策$\rho:\{\mu^L,\mu^H\}\times\{0,1\}^2\times[0,1]\to\{0,1\}$。在此，$\rho(\mu,\tilde{\omega},\phi,\tau^N)$是民众的革命决策，它取决于权贵当前的行动与状态。当$P=D$时，民众制定税率$\tau^D:\{\varphi^L,\varphi^H\}\to[0,1]$。

于是，一个马尔可夫完美均衡是一个策略组合$\{\tilde{\sigma}^r,\tilde{\sigma}^P\}$，使得对所有的$\mu_t$，$\varphi_t$和$P$，$\tilde{\sigma}^p$和$\tilde{\sigma}^r$都是对彼此的最优反应。与以前一样，我们通过写出适当的贝尔曼方程来描述马尔可夫完美均衡。

令$V^i(D,\varphi^L)$表示当存在民主且发动政变的成本为φ^L时，行动者$i(i=p,r)$的价值。类似地，令$V^i(\varphi^H)$表示当成本为φ^H时（在这种情况下，政变可能会导致向非民主体制的转变）行动者i的价值。

当状态为(D,φ^L)的时候，对中位选民不存在约束，所以，他会选择税率$\tau^D=\tau^p$。对于$i=p,r$，民众和权贵的收益为：

$$V^i(D,\varphi^L)=y^i+\tau^p(\bar{y}-y^i)-C(\tau^p)\bar{y}+\beta[sV^i(\varphi^H)+(1-s)V^i(D,\varphi^L)] \tag{7.7}$$

与前面一样，$\tau^p(\bar{y}-y^i)-C(\tau^p)\bar{y}$表示行动者$i$所面对的以税率$\tau^p$进行的再分配净额。

接下来，考虑状态(D,φ^H)，其中穷人也许会制定一个与他们在试图阻止政变时所偏好的税率不同的税率。用$V^i(D,\varphi^H,\tau^D)$表示当税率为τ^D时在状态(D,φ^H)下的支付，它由下式给出：

---

〔1〕 在本章，我们不考察非马尔可夫均衡。对此处表述模型的一个简化版本的子博弈完美均衡的研究，参见 Powell，2004。

$$V^i(D,\varphi^H,\tau^D)=y^i+\tau^D(\bar{y}-y^i)-C(\tau^D)\bar{y} \qquad (7.8)$$
$$+\beta[sV^i(D,\varphi^H,\tau^D)+(1-s)V^i(D,\varphi^L)]$$

显然，对 $\tau^D\leqslant\tau^p$，有 $\tau^D(\bar{y}-y^p)-C(\tau^D)\bar{y}\leqslant\tau^p(\bar{y}-y^p)-C(\tau^p)\bar{y}$ 和 $\tau^D(\bar{y}-y^r)-C(\tau^D)\bar{y}\geqslant\tau^p(\bar{y}-y^r)-C(\tau^p)\bar{y}$。

在观察到税率 τ^D 后，权贵也许仍会决定发动政变，所以，在状态(D,φ^H)下的价值不一定等于 $V^i(D,\varphi^H,\tau^D)$。相反，我们用 $V^i(\varphi^H)$来表示这一价值，使得：

$$V^r(\varphi^H)=\max_{\zeta\in\{0,1\}}\{\zeta(V^r(N,\mu^L)-\varphi y^r)+(1-\zeta)V^r(D,\varphi^H,\tau^D)\} \qquad (7.9)$$
$$V^p(\varphi^H)=\zeta(V^p(N,\mu^L)-\varphi y^p)+(1-\zeta)V^p(D,\varphi^H,\tau^D)$$

其中，如前所述，$\zeta=1$ 意味着政变。(7.9)式的第一行表示权贵在高威胁状态下的价值 $V^r(\varphi^H)$取决于他们自己是否发动政变的选择。在制定这一决策时，他们将不发动政变，接受民众制定税率 τ^D 的让步得到的价值 $V^r(D,\varphi^H,\tau^D)$与发动政变得到的价值进行比较。这一价值为 $V^r(N,\mu^L)-\varphi y^r$，这是当不存在革命威胁时，处于非民主中的价值 $V^r(N,\mu^L)$减去政变成本 φy^r。第二行表示民众在这一状态下的价值 $V^p(\varphi^H)$也取决于权贵的行动。如果 $\zeta=1$，那么，民众就会发现他们自己处于非民主中，他们的后续价值是 $V^p(N,\mu^L)$减去政变的成本 φy^p；如果 $\zeta=0$，就没有政变发生，民主会继续存在，民众的价值为 $V^p(D,\varphi^H,\tau^D)$。

现在我们得到了政变约束，这是在前一节中博弈的静态政变约束在动态背景下的推广。这一约束直接来自(7.9)式，假定中位选民将其偏好的税率定为 $\tau^D=\tau^p$，检查政变何时具有吸引力，即可得出。因此，我们有

$$V^r(N,\mu^L)-\varphi y^r>V^r(D,\varphi^H,\tau^D=\tau^p) \qquad (7.10)$$

这一政变约束说明如果权贵夺取政治权力，减少税收的收益 $V^r(N,\mu^L)-V^r(D,\varphi^H,\tau^D=\tau^p)$大于政变的成本 φy^r，政变就会出现。

我们现在可以决定 φ 的一个临界值，用 $\hat{\varphi}$ 来表示，使得只要 $\varphi\geqslant\hat{\varphi}$，政变便不会对权贵有利，即使是民众在状态$(D,\varphi^H)$下把税率定为 $\tau^D=\tau^p$。这一临界值显然满足不等式(7.10)式在 $\tau^D=\tau^p$ 时的等式情况。因此：

$$\hat{\varphi}=\frac{V^r(N,\mu^L)-V^r(D,\varphi^H,\tau^D=\tau^p)}{y^r} \qquad (7.11)$$

换而言之，这一方程规定，这一关键的临界值使得权贵当前收入的损失等于永远生活在税率定为民众最偏好水平的民主中的贴现损失 $V^r(D,\varphi^H,\tau^D=\tau^p)$ 减去发动政变向非民主体制转换的价值 $V^r(N,\mu^L)$。

然而，除非我们得到关于 $V^r(N,\mu^L)$ 和 $V^r(D,\varphi^H,\tau^D=\tau^p)$ 的表达式，否则(7.11)式没有很大的意义。简单地说，权贵总是生活在税率 $\tau^D=\tau^p$ 的民主中的收益是：

$$V^r(D,\varphi^H,\tau^D=\tau^p)=\frac{y^r+\tau^p(\bar{y}-y^r)-C(\tau^p)\bar{y}}{1-\beta} \tag{7.12}$$

接下来，我们计算非民主对权贵的价值 $V^r(N,\mu^L)$。首先，由标准的论证过程，我们有：

$$V^i(N,\mu^L)=y^i+\beta[qV^i(N,\mu^H)+(1-q)V^i(N,\mu^L)] \tag{7.13}$$

$i=p,r$，其中 $V^i(N,\mu^L)$ 表示当 $\mu_t=\mu^H$ 时的非民主价值。在这一式子中，我们已经用到了在 $\mu_t=\mu^L(=1)$ 的时候，权贵在非民主中选择不进行再分配的事实。

然后，由于社会从非民主开始，如果曾经发生过政变，那么在此之前一定出现过民主化。因此，可以很自然地假定我们处于参数空间的这样一个部分，即如果发生政变，状态就会转换到 $\mu_t=\mu^H$，紧随政变之后，一定会发生第二次的民主化，因此当 $\mu_t=\mu^H$ 时，它一定会再次发生。所以，我们可以规定 $V^r(N,\mu^L)=V^r(D,\varphi^L)$。

然而，问题是，一旦民主再次实现，状态 (D,φ^H) 也将出现，我们不得不对是否会出现另一场政变做出猜想。然而，动态规划的逻辑决定了关于未来政变的猜想是不重要的。换而言之，我们可以用两种不同的方法计算 $V^r(N,\mu^L)$ 和 $V^r(D,\varphi^L)$，但它们对临界值 $\hat{\varphi}$ 的含义是相同的。在第一种方法，而且可能是更自然的方法下，我们假定一旦达到 (D,φ^H)，就会出现另一场政变。第二种方法仅仅着眼于“一次性偏差”(参见 Fudenberg and Tirole, 1991, pp. 108－110)，假定权贵今天能发动政变，但在未来他们永远不能再这样做，民主即使在状态 (D,φ^H) 下也会存续。

为了说明模型的运行和这一原理，现在用两种方法导出临界值 $\hat{\varphi}$。让我们从第一种方法开始；在这种情况下，相关的价值可以写成：

$$V^r(N,\mu^L)=y^r+\beta[qV^r(N,\mu^H)+(1-q)V^r(N,\mu^L)] \qquad (7.14)$$

和

$$V^r(D,\varphi^L)=y^r+\tau^p(\bar{y}-y^r)-C(\tau^D)\bar{y} \qquad (7.15)$$
$$+\beta[sV^r(N,\mu^L)-\varphi y^r)+(1-s)V^r(D,\varphi^L)]$$

注意(7.14)式出于前面讨论过的原因(即我们处于参数空间中存在着向民主的均衡转换的部分)规定了向民主的转换。另一方面,(7.15)式规定只要状态(D,φ^H)出现,就有政变发生;从而存在向非民主的转换,给权贵带来价值$V^r(N,\mu^L)-\varphi y^r$,这考虑了他们承受政变成本 φy^r 的事实。为了解出$V^r(N,\mu^L)$,我们把(7.14)式和(7.15)式视作两个有两个未知量$V^r(N,\mu^L)$和$V^r(D,\varphi^L)$的方程,我们可以从中解出$V^r(N,\mu^L)$。

将解出的$V^r(N,\mu^L)$代入(7.10)式,利用(7.12)式,解出 φ,就得到了$\hat{\varphi}$ 的临界值:

$$\hat{\varphi}=\frac{1}{\theta}\left(\frac{\delta C(\tau^p)-\tau^p(\delta-\theta)}{1-\beta(1-q)}\right) \qquad (7.16)$$

着眼于一次性偏离的第二种方法通常更简单一些。在这种情况下,因为政变只发生一次,绝不会发生第二次,所以,在民主实现的时候,绝不会再有政变,尽管有民众总是将税率规定为 τ^p 的事实。这意味着在(7.14)式中,我们有:

$$V^r(D,\varphi^L)=\frac{y^r+\tau^p(\bar{y}-y^r)-C(\tau^p)\bar{y}}{1-\beta}$$

将这一表达式代入(7.14)式,我们就可以解出$V^r(N,\mu^L)$:

$$V^r(N,\mu^L)=\frac{(1-\beta(1-q))y^r+\beta q(\tau^p(\bar{y}-y^r)-C(\tau^p)\bar{y})}{(1-\beta)(1-\beta(1-q))}$$

将这一式子代入(7.10)式,利用(7.12)式,解出 φ,便得到了与(7.16)式相同的临界值。

当 $\varphi\geqslant\hat{\varphi}$ 时,政变威胁不起作用,民主是完全巩固的。税率 $\tau^D=\tau^p$ 总是由中位选民惯有的权衡(权衡转移支付和税收的纯粹损失)来决定。注意 $d\hat{\varphi}/d\theta>0$,这意味着一个更不平等的社会更难以实现完全巩固的民主。因为更高水平的不平等使民主对于权贵的吸引力更小,这是很直观的,并推广了来自静态模型的结果。

接下来我们可以决定政变的成本 φ^*，使得若 $\varphi \geqslant \varphi^*$，民众就能通过在状态$(D, \varphi^H)$下制定一个足够低的税率来阻止政变（或者，反过来说，当 $\varphi < \varphi^*$ 时，即使在状态 φ^H 下令 $\tau^D = 0$ 的政策也不能阻止政变）。由于民众能制定的最低税率是 $\tau^D = 0$，φ^* 由 $V^r(N, \mu^L) - V^r(D, \varphi^H, \tau^D = 0) = \varphi^* y^r$ 给出。

联立(7.7)式和(7.8)式，令 $V^r(\varphi^H) = V^r(D, \varphi^H, \tau^D = 0)$，我们便能计算出权贵一直处于民主中所得到的价值。由此，我们将：

$$V^r(D, \varphi^H, \tau^D = 0) = \frac{y^r + \beta(1-s)(\tau^p(\bar{y} - y^r) - C(\tau^p)\bar{y})}{1-\beta}$$

定义为中位选民在民主中能对权贵可信地承诺的最大价值。

为了解出 $V^r(N, \mu^L)$，我们再次使用一次性偏离方法。为此，我们利用(7.14)式，并代换 $V^r(N, \mu^H) = V^r(D, \varphi^L)$。与以前一样，我们假定政变只发生一次，如果再次出现民主化，不会再发生政变。然而，因为民主在政变之后再次建立时，在民主中，当 $\varphi_t = \varphi^H$ 时，中位选民规定 $\tau^D = 0$，所以，关于 $V^r(N, \mu^L)$的公式会有不同。因此：

$$V^r(N, \mu^L) = \frac{y^r + (1-\beta s)(\tau^p(\bar{y} - y^r) - C(\tau^p)\bar{y})}{1-\beta}$$

在(7.14)式中使用此式，我们发现：

$$V^r(N, \mu^L) = \frac{(1-\beta(1-q))y^r + \beta q(1-\beta s)(\tau^p(\bar{y} - y^r) - C(\tau^p)\bar{y})}{(1-\beta)(1-\beta(1-q))}$$

因此，$V^r(\varphi^H) = V^r(N, \mu^L) - \varphi y^r$ 意味着：

$$\varphi^* = \frac{1}{\theta}\left(\frac{\beta(q+s-1)(\tau^p(\delta-\theta) - \delta C(\tau^p))}{1-\beta(1-q)}\right) \tag{7.17}$$

其中，$\tau^p(\delta-\theta) - \delta C(\tau^p) < 0$ 且 $q+s-1<0$，所以 φ^* 是 q 和 s 的减函数。如果 q 数值大，那么政变之后的非民主体制就是短命的，因为革命的威胁很快就再次出现。这便减少了政变的预期收益。类似地，如果 s 的数值大，政变约束通常是有效的，因为在这一状态下权贵支付相对低的税收，民主对他们成本更低。同样，显然有 $\varphi^* < \hat{\varphi}$。

对本章的重点来说，更为重要的是 $d\varphi^*/d\theta > 0$：更高的不平等程度较高会降低临界值 φ^*，增加政变发生的可能性，因为在一个不平等的社会，权贵在民主中损失更大。

如果 $\varphi \geqslant \varphi^*$，民主是不完全巩固的：民众可以在状态 (D,φ^H) 下将税率降低到 τ^p 以下，以此避免政变，并令 $\tau^D=\tilde{\tau}\leqslant\tau^p$，使得：

$$V^r(N,\mu^L)-\varphi y^r=V^r(D,\varphi^H,\tau^D=\tilde{\tau}) \tag{7.18}$$

尽管社会一直保持民主，但是，政变的威胁仍是重要的并影响税收：税率 $\tilde{\tau}$ 小于 τ^p，后者是民众在不存在这一威胁时制定的税率。现在，$V^r(D,\varphi^H,\tau^D=\tilde{\tau})$ 由以下方程解出：

$$\begin{aligned}V^r(D,\varphi^H,\tau^D=\tilde{\tau})&=y^r+\tilde{\tau}(\bar{y}-y^r)-C(\tilde{\tau})\bar{y}\\&\quad+\beta[sV^r(D,\varphi^H,\tau^D=\tilde{\tau})+(1-s)V^r(D,\varphi^L)]\end{aligned} \tag{7.19}$$

$$\begin{aligned}V^r(D,\varphi^L)&=y^r+\tau^p(\bar{y}-y^r)-C(\tau^p)\bar{y}\\&\quad+\beta[sV^r(D,\varphi^H,\tau^D=\tilde{\tau})+(1-s)V^r(D,\varphi^L)]\end{aligned}$$

可以得出：

$$V^r(D,\varphi^H,\tau^D=\tilde{\tau})=\frac{y^r+(1-\beta(1-s))(\tilde{\tau}(\bar{y}-y^r)-C(\tilde{\tau})\bar{y})}{1-\beta}+\frac{\beta(1-s)(\tau^p(\bar{y}-y^r)-C(\tau^p)\bar{y})}{1-\beta}$$

为了计算出 $V^r(N,\mu^L)$，我们再次使用(7.14)式。一次性偏离方法意味着我们应该用当民众在 $\varphi_t=\varphi^H$ 时制定税率 $\tau^D=\tilde{\tau}$ 和在 $\varphi_t=\varphi^L$ 时制定 $\tau^D=\tau^p$ 时民主对权贵的价值替换掉(7.14)式中的 $V^r(D,\varphi^L)$。这一价值即 $V^r(D,\varphi^L)$，由(7.19)式计算：

$$V^r(D,\varphi^L)=\frac{y^r+\beta s(\tilde{\tau}(\bar{y}-y^r)-C(\tilde{\tau})\bar{y})+(1-\beta s)(\tau^p(\bar{y}-y^r)-C(\tau^p)\bar{y})}{1-\beta}$$

利用上式从(7.14)式中解出 $V^r(N,\mu^L)$，我们有：

$$V^r(N,\mu^L)=\frac{(1-\beta(1-q))y^r+\beta^2qs(\tilde{\tau}(\bar{y}-y^r)-C(\tilde{\tau})\bar{y})}{(1-\beta)(1-\beta)(1-q)}+\frac{\beta q(1-\beta s)(\tau^p(\bar{y}-y^r)-C(\tau^p)\bar{y})}{(1-\beta)(1-\beta(1-q))}$$

将这些计算结果代入(7.18)式，我们发现税率 $\tilde{\tau}$ 由以下方程隐性地给出：

$$\varphi=\frac{1}{\theta}\left(\frac{(\beta(1-q-s)-1)(\tilde{\tau}(\delta-\theta)-\delta C(\tilde{\tau}))}{1-\beta(1-q)}\right)$$

$$+\frac{\beta(q+s-1)(\tau^p(\delta-\theta)-\delta C(\tau^p))}{1-\beta(1-q)}\Bigg)$$

隐函数的微分表明 $\tilde{\tau}$ 是 θ 的减函数：$d\tilde{\tau}/d\theta<0$，所以，更高程度的不平等降低阻止政变所需要的税率。

如果 $\varphi<\varphi^*$，民主是不巩固的；甚至连民众令 $\tau^D=0$ 的策略都不能阻止政变发生。在这种情况下，社会在 $\varphi_t=\varphi$ 时会返回非民主体制。民众愿意阻止这样的结果发生，如果可能，他们会许诺在未来制定更低的税率。然而，这样的许诺是不可信的，因为未来的税率决定于未来的政治均衡；一旦政变的威胁消失，税率会回升到 τ^p。认识到这一点，有远见的权贵偏好发动政变，即使对整个社会来说这是个成本很高的结果。

这一讨论概括了 7.3 节所描述的政变发生的情形。完全巩固和不完全巩固民主的概念自然也出现于动态的背景下。然而，现在有了一个完全动态的模型，我们可以把对政变的分析与对民主化的分析结合起来，这是我们在静态模型中做不到的。

考虑状态 (N,μ^H)。如果民众在这种状态下没有发动革命，权贵就会永远当权并令 $\tau^N=0$，所以民众将得到等于 $y^p/(1-\beta)$ 的效用。相反，在爆发革命的 $\mu_t=\mu^H$ 状态下，他们将得到 $V^p(R,\mu^H)=(1-\mu)\bar{y}/(1-\delta)(1-\beta)$，这是在无限未来中来自革命的每一期收益的贴现值。如前所述，一旦发生革命，社会就会永远保持在那种状态，在这一意义上，革命是一种有吸引力的状态，重要的只是革命发生时的 μ 的数值。因此，每一期收益不随着时间的变化而变化[这也意味着在状态 $\mu_t=\mu^L(=1)$ 下，革命不会发生]。为了减少要考虑的情况的数量，我们现在令 $\theta>\mu$，这意味着当 $\mu_t=\mu^H(=\mu)$ 的时候，革命威胁是具有约束力的。

在革命的情况下，权贵会丧失一切；也就是说，$V^r(R,\mu^H)=0$。因此，他们会不惜一切代价阻止革命。他们能以三种不同的方式做到这一点。第一，他们可以实行民主化 $\phi=1$，让民众在民主中得到收益 $V^p(D,\varphi^L)$。第二，他们可以进行镇压，给民众带来的价值为 $V^p(O,\mu^H|\kappa)$，这与我们在前一章得到的价值相同。第三，他们可以选择保持其政治权力，$\phi=0$，但是要通过税收进行再分配。在这种情况下，权贵会强制执行税率 τ^N，民众相应的收益为 $V^p(N,$

$\mu^H,\tau^N)$，其中：

$$V^p(N,\mu^H,\tau^N)=y^i+\tau^N(\bar{y}-y^i)-C(\tau^N)\bar{y} \quad (7.20)$$
$$+\beta[qV^i(N,\mu^H,\tau^N)+(1-q)V^i(N,\mu^L)]$$

所以，行动者 i 从其个人收入中得到收入 y^i，还有净收入转移支付 $\tau^N(\bar{y}-y^i)-C(\tau^N)\bar{y}$。如果在下一时期我们仍处于状态 $\mu_{t+1}=\mu^H$，再分配会停止。这表现了除非未来也存在有效的革命威胁，否则权贵不能承诺未来再分配的观点。再者，$\tau^N\leqslant\tau^p$；也就是说，权贵不会以大于 τ^p 的税率征税，因为这是使对民众的再分配最大化的税率。如果这一税率都不足以阻止革命，就没有税率 $\tau^N\in[0,1]$能够阻止革命。

在权贵要么实施民主化要么进行再分配的情况下，民众也许仍偏好革命。因此，给定权贵的行动为 ϕ 和 τ^N，民众在状态(N,μ^H)下的价值为：

$$V^p(N,\mu^H)=\omega V^p(O,\mu^H|\kappa)+(1-\omega)\max_{\rho\in\{0,1\}}\rho V^p(R,\mu^H)$$
$$+(1-\rho)(\phi V^p(D,\varphi^L)+(1-\phi)V^p(N,\mu^H,\tau^N))$$

联立(7.13)式和(7.20)式，我们计算在不实行民主化时民众能够获得的最大效用。这与在存在革命威胁时，权贵制定税率 $\tau^N=\tau^p$ 有关，因此民众的后续价值为 $V^p(N,\mu^H,\tau^N=\tau^p)$。这一价值满足：

$$V^p(N,\mu^H,\tau^N=\tau^p)=\frac{y^p+(1-\beta(1-q))(\tau^p(\bar{y}-y^p)-C(\tau^p)\bar{y})}{1-\beta} \quad (7.21)$$

当然，这与在前一章中得到的(6.15)式是相同的。民众比较(7.21)式和 $V^p(R,\mu^H)$，这便定义了 μ^H 的临界值：

$$\mu^*=\theta-(1-\beta(1-q))(\tau^p(\theta-\delta)-(1-\delta)C(\tau^p)) \quad (7.22)$$

使得当 $\mu^H=\mu^*$ 时，$V^p(N,\mu^H,\tau^N=\tau^p)=V^p(R,\mu^H)$。对 $0<\mu<\mu^*$，在状态 $\mu_t=\mu^H$ 下，革命的吸引力如此之大，以至于权贵的最大数量的再分配也不能阻止革命。因此，民主化就成了权贵的唯一选择。此外：

$$\frac{d\mu^*}{d\theta}=1-(1-\beta(1-q))\frac{d(\tau^p(\theta-\delta)-(1-\delta)C(\tau^p))}{d\theta}>0$$

使得更高水平的不平等提高了革命的临界值，因为民众在不平等的体制下境况更差。民众现在愿意在革命成本更高的情况下发动革命。

对 $\mu\geqslant\mu^*$，通过在状态(N,μ^H)下对民众进行再分配，民主化可以避免。在这一情况下，权贵为避免革命必须重设的税率为 $\tau^N=\hat{\tau}$，使得 $V^p(N,\mu^H,\tau^N$

$=\hat{\tau})=V^p(R,\mu^H)$，它是 μ 的减函数，θ 的增函数（即对不平等水平递增）。

在确定了非民主体制能通过再分配保持权力的条件和民主何时巩固和不巩固的条件之后，我们还要考虑镇压的影响。关于镇压的假定与前面一样，来自镇压的支付由(6.18)式给出。同样，我们要考虑两种状态。如果 $\mu \geqslant \mu^*$，那么，一个非民主体制便永远不需要实行民主化，在这种情况下，在均衡中，镇压会被使用，如果其成本低于进行政策让步的成本。出现这种情况的条件，以及使权贵对许诺以税率 $\hat{\tau}$ 进行再分配和镇压无差异的临界水平 κ^*，与前面是相同的。特别是，κ^* 仍由(6.20)式给出。如果 $\mu<\mu^*$，那么，权贵不能通过做出让步保持权力，他们比较镇压和民主化的成本。在前面的分析中，民主的成本有唯一的定义，因为我们假定民主是完全巩固的。然而，现在情况却不是这样了，民主对权贵的成本，从而镇压对权贵的吸引力，决定于民主的性质。

如果 $\varphi \geqslant \hat{\varphi}$，因此民主是完全巩固的，那么，权贵恰对镇压和民主化无差异的临界值 $\bar{\kappa}$ 由(6.21)式给出。如果 $\varphi \in [\varphi^*,\hat{\varphi})$，民主是不完全巩固的，当出现政变威胁时，税率会被降低。在这一情况下，我们可以定义一个临界水平 $\kappa(\varphi)$，使得权贵恰对进行镇压和建立不完全巩固民主无差异。为了写出关于这一点的公式，如前面所述，镇压的价值是 $V^r(O,\mu^H|\kappa)$ 在第6章中由(6.19)式给出。生活在不巩固的民众中的价值为 $V^r(D,\varphi^L)$，满足(7.14)式和(7.15)式。因此，$\kappa(\varphi)$ 使得 $V^r(O,\mu^H|\kappa(\varphi))=V^r(D,\varphi^L)$。$\varphi$ 越高，政变的成本越高，在这一状态下的税越高，实行民主对权贵的成本越高。因此，$\kappa(\varphi)$ 是 φ 的严格的增函数，因为随着 φ 的提高，民主对权贵的负担加重，他们因此更倾向于进行镇压。最后，如果 $\varphi<\varphi^*$，民主是不巩固的，我们可定义临界值 $\bar{\kappa}$，使得权贵恰对进行镇压和建立不巩固的民主无差异。

我们将注意力限于参数空间中民主化能阻止革命的部分，也就是说，$V^p(D,\varphi^L) \geqslant V^p(R,\mu^H)$。由于民主不一定是有吸引力的状态，价值函数 $V^p(D,\varphi^L)$ 考虑了未来政变的可能性。一个不完全巩固的民主对民众的价值大于一个遭受政变的民主的价值，因此足以保证一个不巩固的民主对民众的价值大于 $V^r(R,\mu^H)$。为了得到不巩固的民主对民众的价值的公式，我们使用(7.7)式和(7.13)式以及 $V^p(N,\mu^H)=V^p(D,\varphi^L)$ 和 $V^p(\varphi^H)=V^p(N,\mu^L)$，给出：

$$V^p(N,\mu^L)=y^p+\beta[qV^p(D,\varphi^L)+(1-q)V^p(N,\mu^L)]$$

$$V^p(D,\varphi^L)=y^p+\tau^p(\bar{y}-y^p)-C(\tau^p)\bar{y}+\beta[sV^p(N,\mu^L)-\varphi y^p +(1-s)V^p(D,\varphi^L)]$$

这些与从民众角度看的(7.14)式和(7.15)式是相同的。解出 $V^p(D,\varphi^L)$，我们有：

$$V^p(D,\varphi^L)=\frac{y^p((1-\varphi\beta s)(1-\beta(1-q))+\beta s)+(1-\beta(1-q))(\tau^p(\bar{y}-y^p)-C(\tau^p)\bar{y})}{(1-\beta(1-s))(1-\beta(1-q))-\beta^2 sq}$$

于是，条件 $V^p(D,\varphi^L)\geqslant V^p(R,\mu^H)$ 等价于：

$$\frac{(1-\beta+\beta(q+s))(1-\theta)(1-\varphi\beta s)+(1-\beta(1-q))(\tau^p(\theta-\delta)-(1-\delta)C(\tau^p))}{1-\beta+\beta(q+s)}\geqslant 1-\mu$$

这是对我们简单假定的参数成立的条件。与第 6 章中的相对应的条件一样，当民主的再分配程度充分高时，这一条件是成立的。这导致了一个耐人寻味的消长关系：高度再分配的民主导致政治不稳定，但如果再分配的潜力过于有限，民主化又不能阻止革命。

我们现在可以确立以下的结果：

命题 7.2：在博弈 $G^\infty(\beta)$ 中存在一个唯一的马尔可夫完美均衡 $\{\tilde{\sigma}^r,\tilde{\sigma}^P\}$。令 $\hat{\varphi},\varphi^*,\kappa^*,\bar{\kappa},\kappa(\varphi)$ 定义如前。那么，在这一均衡中：

- 如果 $\mu\geqslant\mu^*$，社会保持为非民主。当 $\mu_t=\mu^L$ 时，$\tau^N=\tau^r$，而且没有再分配。如果 $\kappa<\kappa^*$，那么，当 $\mu_t=\mu^H$ 时，富人就会进行镇压。如果 $\kappa\geqslant\kappa^*$，那么当 $\mu_t=\mu^H$ 时，$\tau^N=\hat{\tau}$ 使得 $V^p(N,\mu^H,\tau^N=\hat{\tau})=V^p(R,\mu^H)$。

- 如果 $\mu<\mu^*$，那么：

(1) 如果 $\kappa\geqslant\bar{\kappa}$ 且 $\varphi\geqslant\hat{\varphi}$，我们处于完全巩固的民主。社会在首次出现 $\mu_t=\mu^H$ 时转换为民主，并从此保持为民主，而且税率一直由 $\tau^D=\tau^p$ 给出。

(2) 如果 $\varphi^*\leqslant\varphi<\hat{\varphi}$ 且 $\kappa\geqslant\kappa(\varphi)$，我们处于不完全巩固的民主。社会在首次出现 $\mu_t=\mu^H$ 时转换为民主，并从此保持为民主。当 $\varphi_t=\varphi^L$ 时，$\tau^D=\tau^p$。当 $\varphi_t=\varphi^H$，民主将税率规定为 $\tau^D=\tilde{\tau}<\tau^p$，使得 $V^r(N,\mu^L)-\varphi\bar{y}=V^r(\varphi^H,D,\tau^D=\tilde{\tau})$。

(3)如果 $\varphi<\varphi^*$ 且 $\kappa\geqslant\breve{\kappa}$,我们处于不巩固的民主。社会不断转换体制。在非民主中,当 $\mu_t=\mu^L$ 时,权贵规定 $\tau^N=\tau^r$;当 $\mu_t=\mu^H$ 时,他们实行民主化。在民主中,当 $\varphi_t=\varphi^L$ 时,$\tau^D=\tau^p$;当 $\varphi_t=\varphi^H$ 时,发生政变。

(4)如果 $\varphi\geqslant\hat{\varphi}$ 且 $\kappa<\bar{\kappa}$,或 $\varphi^*\leqslant\varphi<\hat{\varphi}$ 且 $\kappa<\kappa(\varphi)$,或如果 $\varphi<\varphi^*$ 且 $\kappa<\breve{\kappa}$,当 $\mu_t=\mu^L$ 时,$\tau^N=\tau^r$,没有再分配;当 $\mu_t=\mu^H$ 时,权贵进行镇压来保持权力。

来自命题 7.2 的主要点是民主会再次出现,因为在权贵继续垄断政治权力的时候,他们不能承诺未来的政策。然而,民主在建立后,不一定就是巩固的。尽管理性的个人预料反民主的政变会在未来发生,但民主的建立也会以与第 6 章所描述的相同的方式阻止革命。这是因为要发动政变,权贵必须拥有事实政治权力,而他们在未来是否会拥有是不确定的。既然如此,即使民众理解民主也许是不会持久的,他们也会重视民主的建立,民主使法定政治权力向他们转移。

现在我们要更详细地讨论命题中的条件。在 $\mu\geqslant\mu^*$ 的第一种均衡中,革命的成本充分高,以至于给定不平等的程度和 q 的大小,权贵便能通过再分配避免革命。因此,在状态 $\mu_t=\mu^L$ 下,权贵制定他们最偏好的零税率(即 $\tau^N=\tau^r=0$),而在状态 μ^H 下,如果镇压的成本充分高,他们会通过制定恰足以阻止革命的税率 $\tau^N=\hat{\tau}$ 进行再分配。然而,如果镇压的成本相对低,权贵会镇压民众来应对革命的威胁。在这一均衡中,不存在民主化,如果权贵选择镇压的话,再分配的数量相对有限(或为零)。如果再分配发生,不平等还是会提高该体制中的再分配水平,因为权贵被迫选择更高的税率以避免状态(N,μ^H)下的革命。

考虑当 $\mu<\mu^*$ 的时候会发生什么。当社会过渡到状态 μ^H,权贵不再能够通过再分配保持其政治权力,而是必须进行镇压或实行民主化。存在着由 φ 和 κ 的数值决定的四种均衡。第一种可能性是 $\varphi\geqslant\hat{\varphi}$ 且 $\kappa\geqslant\bar{\kappa}$。民主一旦建立就是完全巩固的,镇压的成本充分高,以至于民主将被创立,即使权贵知道民众从那时起会一直规定 $\tau^D=\tau^p$。在这种社会,再分配的数量达到了其最高水平,很少或没有财政不稳定性,而且一旦社会变为民主,政变威胁不起任何作用。我们认为这是与大多数经合组织国家相似的情形。它更可能出现在 θ 低的时候——也就是说,当社会相当平等的时候,只要 $\theta>\mu$,革命威胁具有约束力。

第二种可能是 $\varphi^*\leqslant\varphi<\hat{\varphi}$ 且 $\kappa\geqslant\kappa(\varphi)$。于是,民主是不完全巩固的,而且

只有通过在某些状态下做出让步，民主才会幸存下来。特别是，如果在民主中，民众要在状态(D,φ^H)下制定税率τ^p，政变就会发生。在该状态下，民众会制定一个更低的税率$\tau^D=\tilde{\tau}$来避免政变，这一税率恰好足以劝阻权贵政变。尽管社会一直保持民主，但在某种意义上它还是处于“政变的阴影之下”，因为政变威胁将全部再分配保持在完全巩固的民主水平之下。

第三种均衡包含着$\varphi<\varphi^*$且$\kappa\geqslant\breve{\kappa}$，所以民主是不巩固的：当状态过渡到$\varphi^H$的时候，政变对权贵是相对有吸引力的，减税不能阻止其发生。结果，经济就在民主与非民主之间随机波动。更具体地说，当镇压不具有吸引力的时候，经济从权贵掌权的情况开始，他们规定$\tau^N=\tau^r$。只要状态过渡到μ^H，他们就会实行民主化，此后，民众规定$\tau^D=\tau^p$。但是，一旦状态从(D,φ^L)转换到(D,φ^H)，权贵就会发动政变，重获政治权利并规定$\tau^N=0$。因此，在这一均衡中，政策的可变性是最高的，再分配数量比第二种和第三种情形要小，但比第一种情形要大。在这一体制中，当存在民主时，更高的不平等会提高再分配的水平，因为它会提高税率，而在非民主中不存在任何再分配。在这种情况下，当民众掌权的时候，他们会制定最大税率，完全预料到再分配会由于政变的原因最后终止。这个结果或许有助于我们解释拉丁美洲高度再分配性的、但相对短命的民粹主义体制的存在（例如，Kaufman and Stallings，1991）。

最后一种均衡包含权贵为维持非民主体制所进行的镇压。它出现在镇压成本充分低的各种情况下。因为$\bar{\kappa}>\kappa(\varphi)>\breve{\kappa}$，当权贵预料到他们将必须创立完全巩固的民主时，镇压对他们是最有吸引力的。因此，耐人寻味的是，我们的分析表明不巩固的民主而不是完全巩固或不完全巩固的民主建立的可能性更大。

与民主化的情形一样，政变只发生于高威胁状态，这可以理解为一种不太可能发生或非常的状态。就此而言，一种有吸引力的解释是高威胁状态对应于萧条或经济危机的时期。在这些危机期间，发动政变的成本也许不高，因为社会处于混乱之中，由动乱和政治不稳定所造成的收入或产出损失也许也没那么严重，因为产出水平已经很低。这一解释——它意味着体制的变动，特别是政变，在萧条期间更有可能发生——与数据显示的主要模式是一致的。许多政变发生于萧条或经济困难时期，例如1964年的巴西、1973年的智利和

1976 年的阿根廷的政变(参见第 3 章的证据)。这种变动性与政变之间的关系表明,更富裕的国家在巩固民主方面之所以更为成功,一个可能原因就是它们在经济上的稳定性(Acemoglu and Zilibotti,1997)。

从这一分析还可以得出另外四个结论。第一个结论把不平等与体制变化联系起来。θ 的增大会增大 μ^*,φ^*,$\hat{\varphi}$,κ^*,$\bar{\kappa}$,$\kappa(\varphi)$ 和 $\breve{\kappa}$。因此,更严重的不平等会使得革命、政变和镇压都更具有吸引力。如在第 6 章的模型中一样,假定民主一直是巩固的,在不平等的程度与民主化之间存在着倒 U 形的关系。高度平等或高度不平等的社会都不可能实行民主化。相反,我们在不平等程度居中的社会观察到民主化。本章的模型预测,在实行民主化之后,民主在更平等的社会更有可能巩固。因此,我们或许期望看到非常平等的社会,例如新加坡,仍保持非民主。不平等程度高的社会将实行民主化,变为完全巩固或不完全巩固的民主,而不平等程度更高的社会也许会民主化但却是不巩固的。这两种情况也许符合英国和阿根廷的历史发展。最后,非常不平等的社会一开始也许绝不会实行民主化,这符合南非的经验。当然,这些陈述只适用于其他条件不变的情况。

第二个结论与不平等和再分配之间的联系有关。为了理解这一点,设政变的成本固定并定义 $\theta^H > \theta^L$,使得 $\varphi = \hat{\varphi}(\theta^J)$ 且 $\varphi = \varphi^*(\theta^H)$。并且,假定 $\mu < \mu^*(\theta^H)$。当 $\theta < \theta^L$,$\varphi \geqslant \hat{\varphi}(\theta)$ 时,不平等程度充分低,使得民主是完全巩固的。现在假定不平等的程度增大(即 θ 增加)。由于 $d\tau^p/d\theta > 0$,这首先会使再分配增加,如同在对再分配投票的标准模型中一样(例如,Meltzer and Richard,1981)。然而,随着 θ 的增长超过 θ^L,民主就不再是完全巩固的而是不完全巩固的了(即:$\varphi \in [\varphi^*(\theta), \hat{\varphi}(\theta)]$)。在这种情况下,民众在状态 (D, φ^H) 下会被迫把税率 τ^p 削减到 $\tilde{\tau}$,所以,总体再分配下降了。事实上,在不完全巩固的民主中,不平等与税收之间的关系是不明确的。平均税率为 $\tau^a = (1-s)\tau^p + s\tilde{\tau}$。随着不平等的加剧,税率 τ^p 会提高,而 $\tilde{\tau}$ 会下降。如果税收成本 $C(\tau)$ 是高度凸性的,那么第二种影响占支配地位,平均税率会随着不平等的上升而下降。直观地说,更高的不平等会使得政变权贵更有吸引力,所以,为了避免政变的发生,民众不得不在状态 φ 下大幅度地降低税率,导致再分配性税收平均更低。随着不平等的进一步加剧,我们有 $\theta > \theta^H$,所以 $\varphi < \varphi^*$,民主现在是

不巩固的，其再分配的整体水平就小于完全巩固和不完全巩固民主中的再分配水平。因此，在不平等与再分配之间存在着非单调的关系，不平等程度居中的社会所进行的再分配要超过非常平等和非常不平等的社会。

我们分析的第三个推论与财政的不稳定性相关。财政不稳定性与不平等之间的关系可能是递增的。在每一体制内部，更高的不平等都会导致更大的可变性。并且，更高的不平等造就不巩固的民主，不巩固的民主可能有最大限度的财政可变性。这也许有助于说明为什么财政政策在拉丁美洲比在经合组织国家更易变(Gavin and Perotti，1997)。

我们分析的第四个推论是再分配的成本也对政治体系的均衡有影响。假定税收的成本曲线的凸性减弱，因此 $C(\tau^p)$ 保持不变，但是 $C'(\tau^p)$ 降低。因为税收的纯粹损失现在更低了，中位选民会选择一个更高水平的税收。然而，随着 τ^p 的提高，$-(\tau^p(\bar{y}-y^r)-C(\tau^p)\bar{y})$ 也会上升。因此，民主对权贵的成本变得更大，巩固的可能性也就更小。这意味着在税收造成的经济扭曲更小的社会——例如，很大一部分的国内生产总值都是由自然资源产生的社会——民主可能更难以巩固。这一结论与我们后面要讨论的一个结论相似；即，有针对性的转移支付使政变的可能性更大。这两个结论合起来意味着：考虑财政体系对政治均衡的影响，更高效或者更灵活的财政体系也许并不总是可取的。

我们在本书中没有考虑社会流动性对体制过渡的影响，但是列文图格鲁(Leventoglu，2003a，b)利用本章提出的模型，在赖特(Wright，1996)以及本纳布和欧克(Benabou and Ok，2001)工作的基础上研究了这一问题。她指出，当存在社会流动性时——即一个在 t 时期穷困潦倒的人，在 $t+1$ 时期可能就是富人，反之亦然——还有当税收决策为“黏性”时——即今天制定的税率会影响未来的税率——社会流动的速度对体制过渡有重要的影响。考虑在民主中一个贫穷的中位选民偏好的税率。此处的主要结论是：一个预期在未来变富的穷人要比预期仍然一贫如洗的穷人所偏好的税率低。因此，社会流动程度越大，在政治上对高税率的支持越小，民主的再分配性也就越弱。于是，权贵更愿意向民主做出让步，民主也更有可能巩固，因为政变在流动率高的社会吸引力更小。这也许有助于解释为什么在 19 世纪美国这样的社会流动性很高的国家能巩固(白人男性)民主。

7.5　其他的政治身份

现在,我们回到第 4 章的模型,其中我们假定政治冲突并非发生在社会经济阶级之间,而是发生在 X 团体与 Z 团体之间。在前一章中,关于导致民主的机制以及民主得以创建的条件的基本结果在这一状态下没有变化。主要的区别是一些比较静力学,特别是在不平等方面的比较静力学有所不同。

这个模型可以直接推广到政变以及对民主巩固的研究。当 X 团体为多数时,民主的再分配从 Z 团体走向 X 团体,再分配的均衡数量由 X 团体中的穷人还是富人的偏好决定取决于 δ_A^p 是大于还是小于 1/2。非民主体制是由 Z 团体统治的,为了简化,我们假定在非民主体制中,税率是由 Z 团体中的多数投票决定的。均衡税率是 Z 团体中位选民偏好的税率;在第 6 章,我们考虑了中位选民为富人的情形。显然,Z 团体的成员偏好非民主而不是民主,X 团体的成员则相反。

现在设想我们处于民主中(由 X 团体统治),但是 Z 团体的成员可以发动政变重建非民主体制——Z 团体的统治。本章模型的机制也可以适用于这种情形。想象政变的决策是由 Z 团体内部的多数表决做出的,所以 Z 的中位选民,一个富人,将制定这一决策。在政变的威胁面前,X 团体中的穷人和富人都希望减少从 Z 向 X 的再分配数量,以此做出让步。然而,出于与我们分析的相同的原因,这种让步不一定可信。因此,Z 团体也许希望发动政变,重获权力,产生对亲 Z 政策的可信承诺。因此,导致政变的基本机制与政治身份的性质无关。然而,很容易找出在测量的不平等方面的比较静力学与我们在本章目前所强调的不同的例子。

7.6　有针对性的转移支付

现在,我们简要地讨论一下有针对性的转移支付对政变和民主巩固的含义。在第 6 章,我们说明考虑有针对性的转移支付将导致更大程度的政治不稳定,因为它加大了政治博弈的赌注。民主对民众有利,对权贵不利。与此同时，非民主对权贵有利，对民众不利。

就政变而言，这意味着有针对性转移支付的出现加强了权贵发动政变的欲望，往往使民主更加不巩固。例如，在本章的静态模型中，有针对性转移支付的引进就提高了临界值 $\hat{\varphi}$ 和 φ^*，这意味着权贵将更愿意发动政变即使政变的成本更高。之所以如此，是因为如果没有政变，民众就会向权贵征收更多的税，而权贵一旦通过政变夺取政权，他们就能对民众征税——这是他们以前无法做到的，这增加了发动政变的收益。

引人注目的是，与前一章关于民主的讨论不同，现在，有针对性的转移支付明确加大了反民主政变的可能性。这是因为团体间不平等削弱了民主对权贵的吸引力。相反，团体间不平等对民主化的含义是不明确的，因为它既影响革命约束也影响权贵进行镇压的意愿

最后，有针对性的转移支付对政变的影响意味着：更为灵活的财政体系，由于其对政治均衡的影响，也许是"反生产性的"。

7.7 民主和政变中的权力

我们的基本分析意味着反民主政变的起源在于民主的再分配性的政策。因此，一个耐人寻味的问题是，在民主中其他安排如何影响政变的可能性。为了回答这个问题，我们要回到第三节的静态模型，并引进我们关于民主的更丰富的、给予权贵一些权力的模型。在我们的两阶级模型的背景下，这给出了税率 $\tau(\chi)$，其中 χ 是权贵的权数。当 $\chi=0$ 的时候，我们有我们关于民主的静态模型，其中穷人是中位选民并选择他最偏好的税率，所以 $\tau(\chi=0)=\tau^p$。在第 4 章，$\tau(\chi)$ 由一阶条件(4.6)式隐性地定义，这意味着 $d\tau(\chi)/d\chi<0$。也就是说，随着民众在民主中权力的削弱，均衡税率以及民主再分配出自权贵的收入的程度也随之下降。

这一模型以及第 6 章分析的重要推论是，随着 χ 的增加，权贵在民主政治中的权力加大，他们在民主中得到的价值也更大。所以，我们有 $dV^p(D,\chi)/d\chi<0$ 且 $dV^r(D,\chi)/d\chi>0$。因此，容易看出，在我们基本的扩展式政变博弈中，可变权力的加入对政变约束有重大影响。如前所述，政变约束是 $V^r(C,\varphi)$

$>V^r(D,\chi)$或(7.4)式。χ 的值越大,民主对权贵越有利,(7.4)式具有约束力的可能性越小。因此,χ 在 0 以上的提高,可以使不巩固的民主变为不完全巩固的民主。并且,χ 的进一步增大可以使社会变为一个完全巩固的民主。我们也可以看出(7.6)式如何决定于 χ,可以导出一个新的关键性临界值 $\varphi^*(\chi)$:

$$\varphi^*(\chi)=\frac{1-p}{\theta}(\delta C(\tau^p(\chi))-\tau(\chi)(\delta-\theta))$$

因为 $\varphi^*(\chi<1)<\varphi^*(\chi=1)$,所以,随着权贵权力增长,发动政变的吸引力减小,民主巩固的可能性增加。

命题 7.3:在有可变政治权力的模型中,χ 的增加使政变约束具有约束力的可能性下降,使社会拥有巩固的民主的可能性增加。

这一该结论意味着在一个不巩固的民主中,民众也许希望限制他们自己的权力并加强权贵的权力。尽管这会减少他们的收入,但在其他条件不变的情况下,它也能消除政变的威胁。为此,对于民众来说,一个显而易见的方法是改变制度,使权贵在民主中得到更多的代表——给予他们超过按其人数本身应该拥有的更多权力。然而,即使这对于民众来说是可行的,但也不意味着他们会选择这么做。实际上,如果政变被策划,其发生或成功是不确定的。面对这一不确定性,民众也许不想扩大权贵在民主中的权力,因为它会永远减少民众的支付,而政变也许会失败,威胁在未来会消失。所以,在设计避免政变的制度问题上,存在一种权衡。这意味着即使当制度可以自由设计以扩大权贵在民主中的权力时,采取这一行动对民主派却并不总是最优的;结果,政变有时在均衡中发生。

然而,如在第 6 章所强调的那样,许多相应的制度都是长期历史过程的结果,而且都非常持久。就其性质而言,制度是难以改变的,因此,设想民主派或甚至非民主派可以在任一时期在政治制度的结构上实现最优化是不现实的。的确,引人注目的是,加强权贵权力的制度设计的例子,如津巴布韦 1980 年宪法或是终结南非种族隔离制度的谈判地解决方案,都只发生于相当重大的社会分裂背景之下。其他重新设计制度的企图,如巴西在军事专制结束后,从总统制向议会制的转换一样,通常都是失败的。

制度结构与民主巩固之间的关系同样为政治学文献所强调。例如，卢希梅尔、斯蒂芬斯和斯蒂芬斯(Rueschemeyer，Stephens，and Stephens，1992)写道：

民主一旦建立，党派体系，对保护统治阶级的利益，从而避免他们做出权威主义的选择，就变得至关重要了。民主只有在有两个或更多激烈竞争的政党，其中至少有一个政党有效地保护了统治阶级的利益，或者是党派体系允许统治阶级直接进入国家机器的情况下，才能巩固。(p. 9)

他们稍后指出(p. 10)，“只有当资产阶级的利益不直接受到民主的威胁时，民主……才能是巩固的”。我们已经讨论了两个重要的历史例子：党派体系和民主巩固在 1930 年政变之前的阿根廷和在解释哥伦比亚长期的民主历史方面的重要性。这显然是未来一个重要的研究领域。

在这一方面，吸引了最多注意的思想是总统制民主国家更容易爆发政变(Linz，1978，1994)。普热沃斯基等人(Przeworski，et al.，2000)发现了支持这一主张的证据；他们得出结论说：

总统制民主显然没有议会制民主持久。这一区别不在于实行这些制度的国家的财富，不在于这些国家的经济绩效，也不在于这些制度发挥作用所需要的政治条件。在所有经济和政治条件下，总统制民主都是更为脆弱的。(p. 136)

因此，这一经验证据与以下思想是非常一致的：因为总统往往代表中位选民的偏好，所以总统制民主是不稳定的。在议会制下，经常存在着联合政府，民众的偏好不一定会在均衡政策中得到充分的体现。这意味着议会制对权贵的威胁不是非常大。相反，在总统制下，更激进的政策可以进入政治议程，因为它们对努力获得多数人支持的总统候选人具有吸引力。

7.8 图示巩固

我们现在可以严格地导出引言中用到的图 2.2。该图表示不平等与政变成本之间的关系。在第 2 章中，为了简化，我们没有区分完全巩固的民主和不完全巩固的民主，所以，在第 6 章的讨论中，我们首先要构造完整的图示，然后说明如何简化以得到第 2 章中的图形。考虑图 7.2，横轴为 θ，纵轴为 φ。首先要画出的是政变约束。我们现在可以把这一约束写成：

$$\varphi=\frac{1}{\theta}(\delta C(\tau^{p})-\tau^{p}(\theta-\delta)) \tag{7.23}$$

如果 $\theta=\delta$，因此有完全的平等，那么(7.23)式就意味着 $\varphi=0$。在不存在不平等的情况下，即使政变成本为零，权贵对政变和民主也是无差异的。直观地说，在不存在不平等的情况下，没有任何的收入再分配，因此，不存在政变的动力，即使政变是无成本的。因此，(7.23)式从原点开始并逐渐递增——随着不平等程度的上升，政变变得具有吸引力，为了使权贵中立，政变的成本必须增加。可以看出，当不平等增加到 $\theta=1$ 的时候，我们有 $\varphi=\delta C(\tau^{p}(\theta=1))-\tau^{p}(\theta=1)(1-\delta)=\delta(C(1)+1)-1<1$，因为 $\tau^{p}(\theta=1)=1$。在这条线的右边，与政变的成本相比，不平等相对高，于是，政变具有吸引力。在这条线的左边是完全巩固的民主的区域。为了区分不完全巩固的民主与不巩固的民主，考虑函数：

$$\varphi=\frac{1-p}{\theta}(\delta C(\tau^{p})-\tau^{p}(\theta-\delta))$$

它表示权贵恰好对发动政变和接受在民主中可能最好的让步许诺二者无差异的 θ 和 φ。容易看出，这一函数，也通过原点，是递增的，而且当 $\theta=1$ 时，我们有 $\varphi=(1-p)(\delta C(1)+1)-1<1$。在图 7.2 中，这一含义用两个新的区域来表示。很容易由图 7.2 得到图 2.2；我们只需要去除决定不完全巩固民主与不巩固民主之间分界线的函数就可以了。

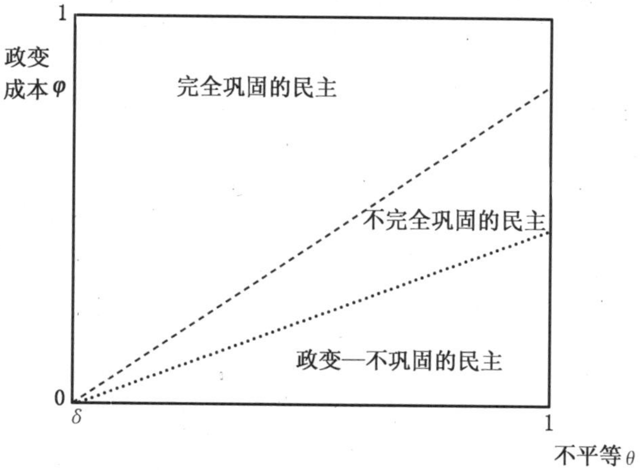

图 7.2 巩固还是政变?

7.9 防御性的政变

到目前为止，我们集中考察了旨在民主中限制出自权贵的再分配的政变。另外，一个言之成理的观点是，当权贵担心民主沦为革命的时候，他们会支持政变。我们可以把这样的政变看成是“防御性的”，也就是说，支持政变的权贵把政变看作是对革命这一对他们自己远为更坏的结果的防御。这样的情形也许会出现在反民主的革命比反非民主的革命更容易的时候。现在，我们来讨论一个展示这些特征的模型。

为了建立关于防御性政变的模型，考虑我们基本静态模型的一个变种。同样，在民主中控制政治的民众先行，决定税率。在此之后，权贵决定是否发动政变。然而，我们现在假定，在权贵的决策之后，民众也许会决定发起一场革命，这与以前不同。来自革命的收益在两种状态中是有区别的，但也取决于是否出现政变。所以，当政变决策为 ζ 时，我们就用 $\mu(\zeta)$ 表示这一收益。

我们认为可以接受的决定性假定是：

$$\mu(\zeta=0)<\mu(\zeta=1)$$

这意味着采取反民主的革命行动要比反非民主的革命行动更容易，也更有效（回想一下，革命的成本为 μ）。虽然可能有例外——例如，当一种非民主体制不公平且残暴，从而帮助民众解决了应对其不公正的集体行动问题时——但通常说来，推翻民主政权一定比推翻一个组织完备的军事体制更容易。

这一点如何影响我们的结论？首先，我们通过假定 $\mu(\zeta=1)\to 1$ 来简化分析，所以，在政变之后，不存在有约束力的革命威胁。我们现在可以写出相关的价值函数。当民主无约束时，有(6.4)式给出的价值 $V^p(D)$ 和 $V^r(D)$。在政变之后，由 7.3 节给出的(7.2)，为了当前的目的，它考虑了革命威胁在政变之后会消失的事实。在民主中更少再分配的许诺的价值与(7.3)式的表达式完全相同。另外，我们有来自革命的价值，这与第 6 章中的那些价值相似：

$$V^p(R,\mu(\zeta))=\frac{(1-\mu(\zeta))\bar{y}}{1-\delta}$$

它表示来自革命的收益决定于是否存在政变。

在这里，我们非正式地概述从这一模型得出的结果。首先，如果 $\mu(\zeta=0)\to 1$，那么，我们的基本定理——定理 7.1 仍是适用的。不存在有效的反民主的革命威胁，政变决策完全由对再分配的成本和政变成本的比较决定。

然而，如果 $\mu(\zeta=0)<1$，那么，我们就可以从这一模型得出新的结果。自然而然的是，只要曾经出现过政变，都可能还会出现政变，但在其他一些情形下，也会出现政变。为了说明这一点，首先比较：

$$V^p(R,\mu(\zeta=0))=\frac{(1-\mu(\zeta=0))\bar{y}}{1-\delta}$$

和

$$\begin{aligned}V^p(D,\tau^D=\tilde{\tau})=&y^p+p(\tilde{\tau}(\bar{y}-y^p)-C(\tilde{\tau})\bar{y})\\&+(1-p)(\tau^p(\bar{y}-y^p)-C(\tau^p)\bar{y})\end{aligned}$$

其中，$\tilde{\tau}$ 为阻止政变的税率。税率的这一削减是必要的，否则，权贵必然会发动政变。然而，给定税率的这一削减，民主对于民众的吸引力下降，可能出现的情形是：

$$V^p(R,\mu(\zeta=0))>V^p(D,\tau^D=\tilde{\tau})$$

如果是这种情形，权贵会预料民众将发起革命而不是生活在这一对他们自己没有足够再分配的民主中；因为对于权贵来说，革命是最坏的结果，所以他们偏好发动政变来阻止革命。

我们可以将这一政变视为一场“防御性的政变”，因为权贵发动政变不是为了减少再分配，而是要阻止革命。在拉丁美洲，许多反民主的军事政变都声称他们是为了保护资本主义体系，甚至是保护来自革命的民主——一个突出的例子是 1973 年的智利。这一模型表明这些声称中可能有一些真实的成分。

然而，耐人寻味的是在政变与再分配之间仍有着重要的相互作用。我们有：

$$V^p(R,\mu(\zeta=0))>V^p(D,\tau^D=\tilde{\tau})$$

但也可能是这种情形：

$$V^p(R,\mu(\zeta=0))<V^p(D)$$

也就是说，如果民主不试图防御自己免于政变，革命对民众本来是没有吸引力的！因此，革命之所以可能在一开始变成一种威胁，是因为政变约束阻止民主政治满足民众意愿这一事实。

7.10 结 论

在本章,我们介绍了一个政变模型,说明了如何将这个政变理论与第 6 章的民主化理论相结合。这一扩展的模型为我们研究在何种条件下,民主不仅建立而且巩固(无疑是一个同等重要的问题)提供了可能。许多民主一经建立,就迅速瓦解了,所以,我们在此构建了一个框架来理解为什么会这样。我们指出,在建立民主化模型时出现的许多问题,同样会在研究民主巩固的过程中出现。特别是,因为民主派不能可信地许诺不使用其权力颁布亲民众、反权贵的立法和政策,所以会出现政变。为了避免民主派的失信,权贵唯一的解决办法就是夺取政权——发动政变。

我们说明了民主是否巩固如何取决于团体间不平等,尽管这一比较静力学是否能用观测的不平等量度来表示,取决于政治身份的性质。例如,当政治冲突发生在贫富之间时,我们预期更高的不平等会导致更多的政变。我们也说明了权贵的权力对民主的巩固有重要影响。如果权贵拥有足够的权力,他们就不必发动政变。这意味着也许存在制度的解决办法来避免政变发生,正如我们曾经指出的民主是避免革命的一种制度的解决办法一样。也许民主派可以改变制度,通过这种做法在民主中给予权贵更多的权力。这将限制民主的权力,但也许有利于民主的巩固;民主会得到巩固,但也受到限制。不过,这样的一种策略,即使是可行的,也存在固有的危险。如果民主派在其巩固民主愿望的驱动下,给予权贵过多的权力,他们巩固的民主改变社会的能力就极其有限,以至于变得不稳定,因为民众也许会推动革命和更激进的社会和政治改革。

这些只是从该模型中得出的初步的经验性结论。在接下来的三章,我们要讨论对决定民主巩固与否可能非常重要的许多其他因素。

第四篇

运行模型

8　中产阶级的作用

8.1　引　言

在第四篇，我们在一些不同的背景下，运行关于民主化和政变的基本模型。为了简化起见，我们只使用基本的扩展式的静态博弈，其中，以一种简化形式的方法建立了承诺问题的模型。我们的目标是说明为了思考为什么有些国家是民主的，有些则不是而提出的框架的效用，并说明该框架得以丰富和扩展的一些方法。我们也将对结果的分析和陈述保持在比本书此前部分更不正式的形式上。例如，不对策略作正式的界定，尽管从已经表述的分析补充细节是直截了当的。

在本章中，我们通过加入第三个团体来扩展我们的框架，这一团体的利益介乎权贵与广大民众之间。为了简化起见，我们称该团体为中产阶级。我们的模型一直集中考察权贵与民众之间的政治冲突。显然，现实社会与我们仅有两个团体的简单模型不一致。就如权贵与民众、富人与穷人之间的区分可用作形成思想的易处理的手段一样，三阶级的模型也是如此(奥卡姆剃刀的又一应用)。因为许多人把自己视为“中产阶级”的一分子，既不同于富人，也不同于穷人，因为政治学家相信在民主中有决定权的选民通常来自中产阶级，我们相信这一方法是有用的。

在社会科学中，一个包括摩尔(Moore，1966)的《民主和专制的社会起源》在内的悠久传统将诸如中产阶级等第三阶级——或者，按照马克思主义的术语，摩尔所谓的资产阶级——视为最终导致民主过程中的关键行动者。摩尔指出，只有资产阶级足够强大的社会才会转变为民主，而土地所有者充分强大，使新兴的资产阶级不得不与之结盟的社会则转变为专制。沿袭现代化传统的学者也强调中产阶级的重要性（例如，Lipset，1959；Dahl，1971）。亨廷顿（Huntington，1991）认为，中产阶级在减少使民主不稳定的分配冲突方面起着关键作用。他指出，

……经济发展促进了中产阶级的壮大……民主是以……多数规则为前提的，在一种集中的不平等状态下，其中大量的、贫困的多数人对抗着少数富有的寡头集团，民主是困难的。（p. 66）

类似地，关于拉丁美洲的专制和民主巩固的文献也强调中产阶级发挥的重要作用。在讨论激进党在阿根廷民主历史中的作用时，我们已看到了这一点，还讨论了这样一种观点，在诸如哥伦比亚和哥斯达黎加这样的国家中，相对庞大的中产阶级也许有助于解释这些国家与其大多数邻国相比，有着不同寻常的民主政治历史的原因。

在这些问题的推动下，在本章通过包括中产阶级，扩展以民众对权贵为基础的政治冲突的分析。我们说明这一变化如何改变我们的基本方法得出的主要结论，以及在何种意义上中产阶级在民主的创建和巩固的过程中发挥重要作用。在这一章中，我们不再谈论权贵和民众，而是讨论富人、中产阶级和穷人这三个团体。我们采用这种表达方式是因为我们研究各种情形，在某些情况下，可以把中产阶级看作与穷人结成联盟来对抗富人，在某些情况下，中产阶级是与富人结成联盟对抗穷人，从而成为“权贵”的一分子。在这种情况下，权贵的组成是可以把中产阶级包含在内的，所以，为了避免混淆，从这一章开始，我们不再采用原来的表达方式。

我们从对不完全民主——也就是说，一种仅有有限的社会成员参与投票的状况——的出现的分析开始。[1] 这部分人通常包括权贵和中产阶级，而穷人则由于投票对收入和文化水平的限制被排除在外。尽管民主在某些拉丁美洲或非洲国家是以一种由非民主直接过渡到大众普选的形式出现的（参见第1

---

〔1〕 因为不完全民主的民主程度小于完全民主，我们可以视之为非民主的一种形式。然而，回顾一下第2章的内容，我们分析的焦点是要理解推动一个社会走向或背离民主的力量。尽管我们的分析大多集中于完全民主与某些权贵统治的比较，但我们因此还是能够将由富人的政治控制向不完全民主——它也包括中产阶级——的发展作为民主化的一个例子进行分析。

章和第3章),但欧洲的民主却是更为渐进地出现的。我们的三阶级模型能分析这种渐进的民主化进程。特别是,当被剥夺公民权的人所形成的革命威胁是中产阶级与穷人联盟的结果时,通过将投票权扩展到中产阶级,来打破这种联盟,也许对富有的权贵是有利的。因为,按照定义,中产阶级比穷人更为富有,所以,更容易被劝阻。

接下来的一步是分析从不完全民主向完全民主的运动。在这里,我们要区分两种不同的方法。第一种方法,通常被用来解释英国1867年第二改革法案,是权贵间的竞争(例如,在富人与中产阶级之间)导致一个团体扩展民主权利,增加其保持权力的可能性。按照这种说法,托利党首相迪斯雷利实行了一次激进的改革,授予了更多人以公民权,在与格拉斯通领导的自由党的竞争中加强托利党的力量。我们说明如何能在这一框架内对这种权贵内部的竞争建立模型,然后指出这种方法不可能为英国或其他从不完全民主向完全民主过渡的例子提供满意的解释。相反,如同在第6章提出的基准模型中一样,被剥夺了公民权的穷人所形成的革命威胁,不论是对英国还是我们研究过的其他例子,似乎都是重要的。

受这一点的启发,我们采用三阶级模型来分析不完全民主对来自穷人的革命威胁的反应。更具体地说,我们把这种情形视为富人和中产阶级拥有投票权,而穷人挑战体系。同样,现有体制做出的关于未来再分配的许诺不是完全可信的,因为法定政治权力掌握在富人和中产阶级手中,一旦革命威胁平息,他们就会恢复他们所偏好的政策。因此,完全民主是作为改变政治权力的未来分配,从而创造关于未来支持穷人政策的可信承诺的一种方式出现的。这个例子的新结果包含了中产阶级的作用:如果中产阶级充分贫穷,那么,即使不完全民主也会带来接近穷人偏好的政策(例如,再分配性的税率)。在这种情况下,穷人预期在未来会实行相对支持穷人的政策,即使权贵在存在有效的革命威胁时对他们做出的准确的许诺未被兑现。在这里,以相对贫穷的中产阶级的形式表现的更为严重的不平等可以通过使现有政权承诺更吸引穷人的政策,而不必给予穷人民主权利的方式,降低完全民主出现的可能性。

当引入进行镇压的选择时,我们关于中产阶级作用的分析产生了最引人注目的新结论。在第6章我们指出,一个高度不平等的社会也许不会实行民主化，因为在高度不平等的情况下，民主会采用完全不同于富人偏好的政策。预料到这一点，富人会愿意进行镇压以阻止民主化。在一个再分配性税收的模型中，在民主中构成多数的穷人支持收入再分配的高税率。然而，如果中产阶级充分庞大，完全民主中的中位选民可能是一个中产阶级的行动者；并且，如果中产阶级相对富裕，中位选民会选择仅仅有限的再分配。因此，相对庞大和富裕的中产阶级充当了富人与穷人之间的缓冲器，并限制再分配。通过保证政策不是过于背离富人偏好的政策，阻止富人进行镇压并使民主更有可能出现。

关于中产阶级充当缓冲器的讨论集中于一个这样的模型：其中，在开始时是富人掌权并考虑把投票权扩展到包括中产阶级和穷人在内的其余人。另一种情景与许多拉丁美洲的例子相关，是非民主代表富人和中产阶级的利益，决定是否走向民主（把穷人同样包含在体系内）。在这种情况下，我们也可以认为是由不完全民主向完全民主过渡的情况下，这一模型提供了一种对在政治学文献中经常讨论的温和路线者和强硬路线者的区分进行形式化的方法。根据许多定性的描述（例如，O'Donnell and Schmitter，1986），当非民主体制受到挑战时，强硬路线者和温和路线者经常会是对立的，前者希望用武力保持体系的运行，后者要实施向民主的平稳过渡。当温和路线者在现存的体制内变得更有影响的时候，就会发生向民主的过渡。在我们的框架中，在富人与中产阶级之间存在着自然的划分。因为民主采取的政策会令富人损失更多，所以，他们比中产阶级更支持镇压。对一个引人注目的参数值集合而言，当富人（相当于强硬路线者）在非民主中更有影响的时候，就会发生镇压，但是，当中产阶级（温和路线者）更有影响的时候，就会发生向民主的和平过渡。

最后，在 8.7 节分析政变。我们说明，中产阶级的作用反映在减轻富人为避免民主化而进行镇压的倾向上。如果民主中的中位选民是一个中产阶级行动者，如果中产阶级相对富裕，这会缓解民主的仇富影响，减轻政变对富人的吸引力。因此，中产阶级可以充当穷人与富人之间的缓冲器的这一事实，也许有助于巩固民主，以及在开始的时候创建民主。

因此，总的说来，本章的分析从多个方面揭示中产阶级在民主出现的过程中所发挥的重要作用：(1)它可以是民主，特别是不完全民主出现的动力；

(2)它可以有利于被包括在政治领域中的穷人,推动由不完全民主向完全民主的运动;(3)也许最引人注目的是,它可以通过保证民主不会十分仇富,劝阻富人实行镇压或发动政变,充当富人与穷人之间的缓冲器;(4)当它与富人共同执政的时候,它可以起到温和路线者的作用,反对镇压,支持向民主的过渡,民主对中产阶级要比对富人成本更低。

8.2 三阶级模型

为了考虑第三个收入团体,我们首先要推广第 4 章的基本的两阶级模型。有三个行动者团体:规模为 δ^r 的富人,规模为 δ^m 的中产阶级,规模为 δ^p 的穷人。与前面一样,我们把总人口标准化为 1,因此,$\sum_i \delta^i=1$,我们还假定 $\delta^r>\delta^m>\delta^p$;也就是说,穷人的人数最多,其次是中产阶级,富人是人口中人数最少的群体。我们还像以前一样把平均收入表示为 $\bar{y}$,并引进符号:

$$y^r=\frac{\theta^r}{\delta^r}\bar{y},\ y^m=\frac{\theta^m}{\delta^m}\bar{y}\ \text{和}\ y^p=\frac{\theta^p}{\delta^p}\bar{y} \tag{8.1}$$

这意味着 i 团体在经济总收入中所占的份额为 θ^i,自然,$\sum_i \theta^i=1$。并且,我们假定:

$$\frac{\theta^r}{\delta^r}>\frac{\theta^m}{\delta^m}>\frac{\theta^p}{\delta^p} \tag{8.2}$$

因此,富人比中产阶级更有钱,反过来,中产阶级比穷人更富裕。

与前面一样,我们假定政治体系决定着一个非负的所得税税率 $\tau\geqslant 0$,税收收益被一次性再分配,并有一个总税收成本 $C(\tau)\bar{y}$。然而,如在第 4 章所指出的那样,在不改变结果的主旨的情况下,我们可以容易地引入因团体而异的转移支付;因此,这里使用的设置仅仅是为了简化。

在这种设想下,我们可以定义富人、中产阶级和穷人最偏好的税率。对于任一团体而言,最偏好的税率是使 $\hat{y}^i$ 最大化的税率,因此,i 团体最想要的税率满足下面的条件,为了考虑角点解的可能性,我们以库恩—塔克形式写出这一条件:$-y^i+(1-C'(\tau^i))\bar{y}=0$ 且 $\tau^i>0$,或 $-y^i+(1-C'(\tau^i))\bar{y}\leqslant 0$ 且 $\tau^i=0$。将对收入的定义代入其中,我们把这两个条件写成:

$$\left(\frac{\delta^i-\theta^i}{\delta^i}\right)-C'(\tau^i)=0 \qquad \tau^i>0 \tag{8.3}$$

或
$$\left(\frac{\delta^i-\theta^i}{\delta^i}\right)-C'(\tau^i)\leqslant 0 \qquad \tau^i=0$$

因为由定义有 $y^r>\bar{y}$，就富人而言，(8.3)式作为不等式成立且同以前一样 $\tau^r=0$。并且，由于 $\bar{y}>y^p$，穷人最偏好的税率为正（即 $\tau^p>0$），由下式给出：

$$\left(\frac{\delta^p-\theta^p}{\delta^p}\right)=C'(\tau^p) \tag{8.4}$$

中产阶级最偏好的税率是零还是大于零，取决于 y^m 是大于还是小于平均收入 $\bar{y}$。在大多数现实社会的收入分配中，富人充分富有，以至于中位民众的收入低于平均数，所以，我们假定 $\theta^m/\delta^m<1$ 或 $\bar{y}>y^m$。因此，我们有 τ^m，由下式给出：

$$\left(\frac{\delta^m-\theta^m}{\delta^m}\right)=C'(\tau^m) \tag{8.5}$$

且 $\tau^m>0$。这一假定使我们能够集中考察最重要的情形。然而，由于中产阶级比穷人富裕（即 $\theta^m/\delta^m>\theta^p/\delta^p$），我们还有：

$$\tau^p>\tau^m$$

所以，中产阶级偏好的税率总是低于穷人偏好的税率。

我们可以应用第 4 章的分析，决定这一模型的民主均衡。考虑这一博弈，其中两个“唐斯式的”政党为了赢得选举，非合作地提供税收政策。选举实行多数表决。因为所有人都有单峰偏好，中位选民定理（MVT）是适用的，而且在唯一的均衡中，两个政党都提供中位选民偏好的政策。于是，民主政治的均衡性质便决定性地依赖于三个团体的相对人数。特别是，前面的假定 $\delta^r>\delta^m>\delta^p$ 直接意味着 $\delta^r<1/2$，所以，富人并不是多数。这留给我们两个耐人寻味的情况：

(1)$\delta^p<1/2$，穷人不占多数，中位选民是中产阶级行动者。在这种情况下，多数表决导致中产阶级最偏好的政策 τ^m。

(2)$\delta^p\geqslant 1/2$，穷人占多数，多数表决产生穷人最偏好的税率 τ^p。

我们现在分别来分析这两种情形。

首先，假定 $\delta^p\geqslant 1/2$。于是，穷人为多数，民主政治将产生他们最偏好的税

率 τ^p，由(8.4)式给出。该均衡的比较静力学与两阶级模型得出的相似，但现在重要的是 θ^p，它是穷人与平均收入之间差距的量度，但不一定是穷人与富人之间的差距。例如，当 θ^p 下降时，穷人变得相对更穷，他们最偏好的税率 τ^p 就会上升；也就是说，$d\tau^p/d\theta^p<0$。然而，这种情况可以发生在富人与穷人之间的差距保持不变的时候。例如，我们可以使 θ^p 和 θ^r 同时下降，并用 θ^m 的上升来冲抵。在这种情况下，穷人还会投票赞成并得到高税率，但是与富人相比，他们并没有更穷；他们只是相对于平均收入更穷。

这一观察已经说明，不平等与均衡政策之间的关系现在决定于我们所采用的不平等的量度。例如，文献中常见的量度是基尼系数或个人收入对数的标准差。现在，考虑这样一种收入变化，它使中产阶级变穷(即 θ^m 下降)，富人变得更富(即 θ^r 上升)，但对 θ^p 或 $\bar{y}$ 没有影响。在 $\delta^p \geqslant 1/2$ 的这一模型中，这对均衡税率没有影响，但按照两种不平等量度，收入不平等程度都上升了。实际上，如果 $y^m<\bar{y}$，按照更严格和要求更高的均值保留展型(mean-preserving spread)定义(Rothschild and Stiglitz，1970，1971)，我们有更不平等的分配——原有分配的均值保留展型，这意味着与原有分配相比分配现在在尾部有更大的权数。类似地，如果我们使用表示贫富之间差距的不平等量度(例如，经常使用的收入分配的第 90 个百分组和第 10 个百分组的比率)，不平等程度同样上升了，但对选择的均衡政策没有影响。相反，这一模型做出了一个具体预测：这一均衡政策应该取决于穷人收入与平均收入之间的差距。然而，这一预测不一定能转换为政策与不平等的标准量度之间的关系。

接下来，考虑 $\delta^p<1/2$ 的情形，这时穷人就不是绝对的多数，中位选民来自中产阶级。在这种情况下，政治均衡由使一个中产阶级行动者的间接效用最大化的税率决定。这一政治均衡的税率由(8.5)式给出。这一均衡税率的比较静力学与穷人最偏好税率的比较静力学相似。特别是，我们有：

$$\frac{d\tau^m}{d\theta^m}<0$$

所以，当中产阶级相对于平均收入者来说变得更穷了的时候，它会要求更高的税率。

现在，不平等的量度与税率之间的关系甚至更为复杂了。例如，考虑这样一种分配变化，它减小了 θ^p，因此，穷人变得更穷了，与此同时，增加了 θ^m 和 θ^r。大多数量度都会把这种现象表示为不平等的加剧，但均衡税率实际上下降了。

现在，我们采用这一三阶级的框架来考察中产阶级会给关于民主的创建和巩固的研究带来什么新的因素。

8.3 不完全民主的出现

正如已经讨论的那样，西欧的经验说明了向民主的渐进运动：首先是中产阶级被纳入政治体系，然后是穷人。第 6 章分析了一个拥有公民权者与被剥夺公民权者之间的简单博弈。所以，在某种水平上，这可以被认为是一个从非民主开始向民主激进运动的模型。尽管拉丁美洲的经验或许可以用这样的博弈近似，但西欧的经验也表明这样一种分析是有用的：民主如何渐进地出现，哪些因素对给予中产阶级公民权起了作用，哪些因素决定着也将选举权给予穷人的后来的民主化。甚至在拉丁美洲，都经常会有阻止没受过教育的人们投票的限制(例如，1936 年前的哥伦比亚和 1970 年前的智利)。因为受过教育的人往往比没有受过教育的人更富有，所以，投票权仅向受过教育的男性扩展类似于投票权仅向中产阶级而非向穷人扩展的情形。

现在考虑这样一种情况：中产阶级被剥夺了公民权，形成了一种革命威胁，如在第 6 章的分析中穷人所做的那样。虽然在近期内，来自中产阶级的革命威胁似乎很牵强，但欧洲早期的民主化——如 19 世纪上半期英国所经历的那些——是对来自社会中间阶层的重大社会动荡的反应。在拉丁美洲，情况经常也是相似的。例如，在 19 世纪晚期，为创建民主组织一系列的起义的阿根廷激进党基本上是以城市为基础的中产阶级运动(Alonso，2000)。

为了对这一问题建立模型，假定中产阶级和穷人联合构成了革命的威胁，但如果中产阶级从该进程中退出，穷人就不能发动一场成功的革命。因此，中产阶级和穷人的联合是革命成为威胁所必需的。这也许是因为，在许多例子中，正是中产阶级成员接受过更多的教育，接触到更多机会，从而在法外和革命活动中扮演着领导者的角色。

博弈的其他方面与第 6 章的静态博弈相似，因此，我们在此时不允许富人使用镇压。图 8.1 画出了博弈树。有两个新元素：(1)富人现在有两个民主化决策：不完全的和完全的；(2)关键的革命决策由中产阶级制定，因为如果它从革命联盟中退出，革命被假定是不会发生的。为了保持博弈树的相对简单性，我们略去了穷人的革命行动。我们也试图通过用向量来表示支付的方式使博弈树尽可能简单。因此，支付 $V^i(R,\mu)=(V^p(R,\mu),V^m(R,\mu),V^r(R,\mu))$，等等。

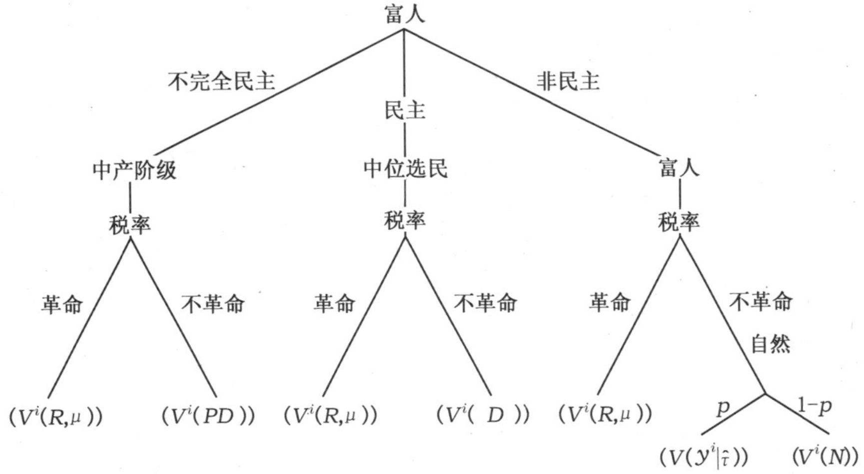

图 8.1　不完全民主与中产阶级

我们可以再次用反向归纳法来分析这个博弈，但是现在需要为所有三个团体，为革命、不完全民主和完全的民主，也为许诺的在现有制度(其中，富人控制着法定政治权力)下的再分配定义价值。

我们假定来自革命的收益与前面相似，只是现在中产阶级和穷人要分享这些收益。与前面的模型一样，我们集中分析革命是威胁的状态。因此，我们有：

$$V^p(R,\mu)=V^m(R,\mu)=\frac{(1-\mu)\bar{y}}{\delta^p+\delta^m} \tag{8.6}$$

作为穷人和中产阶级从发动革命得到的支付。如果他们发动革命，经济收入中的一部分 μ 遭到破坏，其余部分在穷人和中产阶级(两者人数总和为 δ^p+

δ^m)之间分配。与前面一样，有 $V^r(R,\mu)=0$。

如果中产阶级和穷人都偏好革命而不是现有体系下的现状，或者如果

$$V^p(R,\mu)=V^m(R,\mu)=\frac{(1-\mu)\bar{y}}{\delta^p+\delta^m}>y^p \text{ 且}>y^m$$

革命约束是有约束力的。因为 $y^m>y^p$，所以，如果革命威胁对中产阶级具有约束力，它对穷人也将具有约束力。因此，革命约束为：

$$\mu<1-\left(\frac{\delta^p}{\delta^m}+1\right)\theta^m \tag{8.7}$$

这个条件以一种直观的方式表现出来。当 θ^m 下降的时候，中产阶级的收入份额下降，在中产阶级与平均收入之间的关系的意义上，不平等的程度加剧。这会加大(8.7)式的右端，使它更可能大于 μ。

如前所述，富人也许会通过许诺再分配来应对革命的威胁，这一许诺是不完全可信的，因为一旦革命的威胁消退，他们就有机会以 $1-p$ 的概率重设税率。当富人保持政治权力并承诺以税率 τ^N 进行再分配时，三个不同团体的价值为：

$$V^i(N,\tau^N)=y^i+p(\tau^N(\bar{y}-y^i)-C(\tau^N)\bar{y}) \tag{8.8}$$

其中，$i=p,m,r$。

另一方面，如果富人选择不完全的民主 PD，只有中产阶级被赋予了选举权，而且由假定 $\delta^p>\delta^m>\delta^r$ 可知，在这个不完全的民主中，富人是少数，中产阶级偏好的税率将会被执行。一般来说，我们用符号 τ^{PD} 表示不完全民主中制定的税率。然而，现在价值 $V^i(PD)$考虑了 $\tau^{PD}=\tau^m$，后者为中产阶级的理想税率。因此，我们有：

$$V^i(PD)=y^i+(\tau^m(\bar{y}-y^i)-C(\tau^m)\bar{y}) \tag{8.9}$$

最后，民主中的价值取决于中位选民是一个穷人还是中产阶级行动者。如前所述，这取决于 δ^p 是小于还是大于 1/2。因此，我们有：

$$V^i(D)=y^i+(\tau^D(\bar{y}-y^i)-C(\tau^D)\bar{y}) \tag{8.10}$$

其中

$$\tau^D=\begin{cases}\tau^m & \text{若 } \delta^p<\dfrac{1}{2}\\[2ex] \tau^p & \text{若 } \delta^p\geqslant\dfrac{1}{2}\end{cases} \tag{8.11}$$

这直接说明如果 $\delta^p<1/2$，完全民主或不完全的民主会产生相同的税率和相同的配置。因此，在这种情况下，富人对完全民主或不完全的民主是无差异的。另一方面，当 $\delta^p\geqslant 1/2$ 时，因为富人的价值 $V(y^r\mid\tau^D)$ 是 τ^D 的严格减函数，并且，因为 $\tau^P>\tau^m$，我们有 $V^r(PD)>V^r(D)$。

三如第 6 章所分析的那样，关键的问题是再分配的许诺是否能阻止革命。如果能够阻止革命，富人偏好的就是这一许诺而不是不完全的或完全的民主。要使革命被阻止，我们需要有：

$$V^m(N,\tau^N)\geqslant V^m(R,\mu) \tag{8.12}$$

或

$$V^p(N,\tau^N)\geqslant V^p(R,\mu) \tag{8.13}$$

因为 $V^p(R,\mu)=V^m(R,\mu)$，而且根据中产阶级比穷人富有的事实，$V^m(N,\tau^N)\geqslant V^p(N,\tau^N)$，(8.12)式比(8.13)式更容易满足，富人只是设法使之满足，并说服中产阶级不要参与革命。富人能向中产阶级提供的最高价值显然是中产阶级最想要的税率 τ^m。因此，为使再分配的许诺阻止革命，我们需要：

$$V^m(N,\tau^N=\tau^m)\geqslant V^m(R,\mu)$$

$$y^m+p(\tau^m(\bar{y}-y^m)-C(\tau^m)\bar{y})\geqslant\frac{(1-\mu)\bar{y}}{\delta^p+\delta^m}$$

定义 μ^*，使得这一条件作为等式成立，或者，换句话说：

$$\mu^*=1-\frac{(\delta^p+\delta^m)}{\delta^m}(\theta^m+p(\tau^m(\delta^m-\theta^m)-\delta^m C(\tau^m))) \tag{8.14}$$

最后，当不完全或完全的民主足以阻止革命时，我们还需要一个类似于第 6 章的条件。这意味着这些选择应该使得革命无论是对中产阶级还是对穷人都没有吸引力。与以前一样的论证意味着革命对中产阶级的吸引力更小，相关的条件也是如此。并且：

$$V^m(PD)\geqslant V^m(D)$$

由于在不完全的民主中，中产阶级制定其最偏好的税率。因此，足以有 $V^m(PD)\geqslant V^m(R,\mu)$，或者：

$$\frac{1}{\delta^m}(\theta^m+\tau^m(\delta^m-\theta^m)-\delta^m C(\tau^m))\geqslant\frac{1-\mu}{\delta^p+\delta^m} \tag{8.15}$$

给定这一讨论，我们有如下的结果，这是对第 6 章结果的直接推广：

命题 8.1：在上述博弈中，存在一个唯一的子博弈完美均衡。令 μ^* 由(8.14)式定义。那么：

- 如果(8.7)式不具有约束力，富人制定他们最偏好的税率，$\tau^N=\tau^r$。
- 如果(8.7)式具有约束力，且(8.15)式不成立，革命发生。
- 如果(8.7)式具有约束力且 $\mu\geq\mu^*$，富人就会通过制定税率 $\tau^N=\hat{\tau}$，使 $V^m(N,\tau^N=\hat{\tau})=V^m(R,\mu)$，从而避免革命。
- 最后，如果(8.7)式具有约束力，(8.15)式成立且 $\mu<\mu^*$，富人实行民主化。此外，如果 $\delta^p\geq1/2$，富人会选择不完全的民主化；如果 $\delta^p<1/2$，他们对不完全民主和完全民主是无差异的。

这一命题的大多数直觉与第 6 章中的命题 6.1 相同。制度变革再次以一种把政治权力从一个团体转移到另一团体，以在未来保证特定政策的方式出现。在这里，不完全民主把权力从富人转移到中产阶级，从而保证中产阶级在未来获得再分配。新特点是在不完全民主化与完全民主化之间的选择以及这一命题有助于解释在 19 世纪早期，民主首先向中产阶级扩展而不是向全部被剥夺选举权的人扩展的原因的事实。命题 8.1 也有助于解释在许多情况下，只有受过教育的人被赋予了政治权利，而没有受过教育的人则被排除在这种权力以外的原因。

如果这一包含(8.7)式和(8.15)式，$\mu<\mu^*$，且 $\delta^p<1/2$ 的模型是对现实的一个良好近似，它就为学者赋予中产阶级的作用提供了一种证明：早期的民主化是由中产阶级充当先锋的；通过不完全的民主化，把中产阶级纳入体系是富人避免社会动荡的成本最低的方法。

关于不平等的比较静力学是值得强调的。与命题 6.1 的结果类似，中产阶级得到的收入的比例越小，革命约束(8.7)式越有可能成立，因为(8.7)式右端是 θ^m 的减函数。为了理解 θ^m 对 μ^* 的影响，我们必须对(8.14)式全微分，得到：

$$\frac{d\mu^*}{d\theta^m}=-\frac{(\delta^p+\delta^m)}{\delta^m}\left(1-p\tau^m+((\delta^m-\theta^m)-\delta^m C'(\tau^m))\frac{d\tau^m}{d\theta^m}\right)<0$$

因为据(8.5)式我们有 $(\delta^m-\theta^m)-\delta^m C'(\tau^m)=0$（包络定理的又一应用）和 $1-p\tau^m>0$，所以，$d\mu^*/d\theta^m<0$。如果中产阶级的收入份额上升，μ^* 降低，这

意味着对更大范围的参数值来说，富人可以用让步来收买中产阶级。

这突出了一个问题：相关的不平等概念不是贫富之间的差距（如在第6章那样）。现在制造了革命威胁，需要被劝阻的（边际）社会阶级是中产阶级，所以，重要的是它在现有的体制下获得了多少。因此，“不平等”的决定性的量度现在是一个中产阶级个人相对于社会其他人的富裕程度，或 θ^m。于是，中产阶级相对于平均收入越穷，他在现有体制下的处境越差，革命对他们也就更有吸引力。因此，当中产阶级更穷时，它需要得到一个关于未来再分配的可信承诺，即向不完全民主的运动。

8.4 从不完全民主到完全民主

前一节通过扩展第6章基本模型的推理，讨论了不完全民主可以如何出现。现在我们转向为什么不完全民主可以将政治权利扩展至穷人的问题。我们从关于英国第二改革法案的一些讨论所包含的一个权贵内部冲突的模型开始，然后转向一个来自穷人的革命威胁导致向完全民主过渡的模型，这一模型与我们在第6章使用的基本方法更为相似。

8.4.1 权贵内部冲突和向完全民主的过渡

认为权贵内部的冲突在向民主的过渡中有重要意义的观点，在某种程度上是受到了英国经验的启示。在英国，迪斯雷利与格拉斯通之间的竞争是政治改革的一个重要因素。

1866年，罗素的自由党政府提出放宽对投票的财产限制。这一措施受到了由迪斯雷利领导的保守党和右翼自由党[“亚杜兰分子”(Adullamites)]联盟的阻挠，他们认为条件放得太宽了。自由党政府然后瓦解，迪斯雷利组成了少数党政府（以290个议会成员对政府外的360个议会成员）。迪斯雷利然后推出了比开始时的自由党措施更为激进的扩展选举权的措施，得以通过的正是迪斯雷利的措施。

我们如何解释这些事件？一种可能性是认为政治家有强烈的保持强烈的偏好，他们扩展选举权，也许是为了让新获得选举权的选民投桃报李，投票支持这些政治家所代表的政党(参见 Himmelfarb,1966;更普遍的讨论,参见 Collier,1999)。在这种解释中,迪斯雷利扩展了选举权——他一开始反对的事情——因为他断定新获得选举权的人将投票给保守党。

另一种观点,可能更为引人注目,与我们以经济动力为基础的方法更加一致,认为:将社会的贫穷阶层纳入政治体系,可能以损害一个团体为代价强化了另一团体的力量,因此,选举权向穷人的扩展是为了影响未来政治均衡的策略性行动。在我们正在分析的这类模型中,将穷人纳入政治体系将有利于中产阶级。由于这一原因,中产阶级也许会致力于推动进一步的民主化,扩大自己的政治权力。如果将这一解释应用于英国的经验,我们也许必须认为迪斯雷利更多地代表了中产阶级而不是富有的土地所有者阶级的利益,这也许是不符合实际的。不论如何,我们认为,这种方法没有对从不完全民主向完全民主的过渡提供完全令人满意的解释。然而,它对理解如何正式地发展这一观点是有用的。

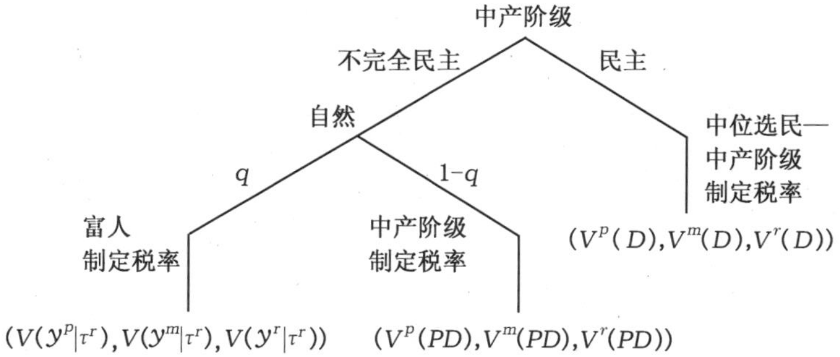

图 8.2 迪斯雷利与格拉斯通

为了正式地讨论这些思想,考虑图 8.2 所描述的博弈。基本的政治考虑是:在只有富人和中产阶级被授予选举权的一个不完全民主中,富人可能以某一概率——例如,$q>0$——获得权力。对此的动机是,在一个有限的民主中,即使中产阶级比富人的人数更多,但游说以及其他类型的影响活动对控制政治体系也是有效的,这使得富人有时能控制结果。在完全民主中,我们假定在人数上有优势的团体占支配地位(游说或贿赂一大批人是很难的),并且,我们还假定 $\delta^p<1/2$,所以,假定决定政策结果的中位选民是一个中产阶级行动者。

这一博弈从中产阶级执政开始，但是在不完全民主中，它害怕权力落入富人之手，这一概率为 q。因此，如果保持原有体系，它将以 $1-q$ 的概率得到其最偏好的税率 τ^m，但以 q 的概率得到 $\tau^N=0$。因此，相应的预期支付为：

$$V^m(PD)=y^m+(1-q)(\tau^m(\bar{y}-y^m)-C(\tau^m)\bar{y})$$

相反，如果中产阶级把选举权扩展到穷人，他们就会成为中位选民，其支付为：

$$V^m(D)=y^m+(\tau^m(\bar{y}-y^m)-C(\tau^m)\bar{y})$$

通过把穷人纳入政治体系中，他们就会成为中位选民，了解到这一点，中产阶级就会扩展选举权，实行向完全民主的过渡。这能保证他们得到其最偏好的税率。

支持着制度变革的推理同样与我们的基本观点相似：一个特定的团体（现在是中产阶级）在今天拥有权力，但是这一权力是暂时性的。因此，该团体希望改变制度以锁定其政治权力。以前，相关的制度变革是为了使穷人获得投票权，使穷人自己变得强大起来。在这里，中产阶级希望将穷人纳入体系，以便使穷人与富人抗衡，保证中产阶级变得更加强大。

虽然这一权贵内部竞争的观点是耐人寻味的，但是，它并没有得到英国历史证据的很多支持。在通过扩展选举权的法案之后，保守党立即输掉了 1868 年的选举（1884 年第三改革法案通过之后，自由党输掉了 1885 年的选举）。所以，如果这一策略的目标是赢得选举，那它显然是失败了。虽然保守党在选举中失利的事实并不证明选举权的扩展不是以赢得选举为目的，但这项改革的其他方面似乎也与最大化保守党票数的策略不一致。特别是，由于在谷物法问题上的分歧，对保守党的拥护基本上集中在农村地区，在没有不记名投票的时候，支持保守党的土地所有者对选民有实质性的控制。在迪斯雷利领导下推行的改革措施使农村投票人数增加了 45%，而市镇投票人数则增加了 145%，这便有效地保证了保守党在随后选举中的失利。

认为自由党和保守党扩展选举权就是为了保持权力的说法也不是完全有说服力。相反，两党在根本上都反对进一步扩展选举权。1859～1865 年间，反对扩展选举权的自由党首相帕默斯顿和保守党的领导人德比勋爵相勾结，使选举权问题被排斥在议会之外（Lee，1994，p. 138）。在此期间，迪斯雷利本人是政治改革的强硬的反对者。在反对 1859 年的改革时，他说：

如果你建立民主，你必定在适当的季节收获民主的果实。你将在适当的季节对在适当的季节伴随着公共支出大量增长的公共机构产生严重的不耐烦。你将在适当的季节收获这种联合的影响的果实。你将在适当的季节进入战争，不是出于理智，而是因为激情；而且，你将在适当的季节服从不光彩地寻求也不光彩地得到的和平，这将有损你的权威，或许还会危及你的独立。在民主中，在适当的季节，你将发现你的财产有更低的价值，你的自由更不完整。（转引自 Lang，1999，pp. 81—82）

总之，对 19 世纪 60 年代和 70 年代英国政党之间竞争的合理解释是：虽然两党由于日益增长的社会压力都把扩展选举权视为是不可避免的，但他们清楚地看到它可能以或多或少对他们有利的方式构建。这便产生了一个复杂的“目的博弈”。考林（Cowling，1967，p. 89）指出，保守党之所以在 1867 年支持迪斯雷利，是因为一旦法案失败，“那么自由党也许恰好会做德比和迪斯雷利在 1866 年竭力阻止他们所做的一切——按他们自己的方针实施改革”。事实上，迪斯雷利成为首相后采取的第一个措施就是推行了程度更有限的选举权扩展，但是，他意识到这不会赢得多数人的支持。然后，通过赢得自由党成分各异的群体的支持，他转向一个可以通过的更为激进的方案。对于迪斯雷利来说，1867 年改革的一个成功是它限制了席位从农村向市镇的再分配，否则，市镇的影响会更大。这一策略削弱了选举权扩展对保守党及其支持者的影响。史密斯（Smith，1966，p. 97）赞成这种说法，指出“德比和迪斯雷利……在 1867 年没有决定相信民众，或相信保守主义的民主。他们做了他们认为不得不做的事情，来消除群众的骚动，调和工人阶级上层与既有政治体系的关系”。

欧洲 19 世纪民主化的其他例子也没有为向完全民主的过渡是权贵内部的小团体增加其选票份额的一种方法的观点提供很多支持。例如，在德国的例子中，革命威胁似乎是主要因素。在德国，随着军队的反叛和 1918～1919 年的经济崩溃，原来的政治精英企图实行将给他们的利益造成最小损失的过渡来避免革命的发生。

在法国，权贵内部有更多性质不同的小集团。奥尔良派和正统王朝派在保皇派阵营内部形成了独立的派系；共和主义者，尽管是民主主义者，基本上是中产阶级，并不支持1848年的男性普选。当君主制在1848年瓦解时，这些团体不得不向革命者的要求让步。1870年之后的时期也是如此。当时的冲突，特别是公社，迫使民主沿着1848年的路线前进。尽管权贵内部没有团体坚持男性普选的立场，但他们被迫再次实行了男性普选。

瑞典的例子也许与英国最为相似。在1906年，自由党有史以来的第一届政府在未能通过一项引进男性普选的法律后垮台了。然后，在1909年，林德曼领导的保守党政府实行了改革措施。与1867年时的迪斯雷利一样，“在1906年自由党的失败一年后执政的林德曼及其保守党内阁成员，看到了根据自己的主张通过政治改革的机会”（Collier，1999，p. 84）。尽管男性普选得到一个议院的承认，但保守党还是通过保持多重投票和纳税人选举权控制了另一个议院。与英国的例子一样，这一事件模式并不是保守党企图赢得选票的结果，而是在面对不断增长的要求完全民主的社会压力时减少损失的权宜之计。

8.4.2 革命威胁以及向完全民主的过渡

所以，如果从不完全民主向完全民主的过渡不是权贵内部竞争的结果，那原因是什么呢？我们的回答也许不令人吃惊，仍是来自被剥夺了公民权的穷人所形成的革命威胁。如我们在第1章所描述的那样，在产生英国第二改革法案前的那些年，出现了重大的政治的和社会的动荡。在第3章，我们讨论的证据表明在许多其他国家，政治改革常常是由相似的力量推动的。因此，我们认为，需要一个按照第6章的路线建立起来的模型来理解从不完全民主向完全民主的过渡。

现在，让我们来分析一个社会如何能因为穷人形成有效挑战或构成革命威胁而从不完全民主向完全民主过渡。基本的经济模型仍与我们前面描述的基本的三阶级模型是一样的。

这一模型与第6章的模型有什么不同？主要的区别是在制度没有进一步变化的情况下，处于一个有不完全民主的世界；在不完全民主中，中产阶级对税率在政治上是起决定性作用的；给定 $\bar{y}>y^m$，就会有大于零的税收，因此，即使在穷人被排除在政治体系之外时，也有对穷人的再分配。图8.3画出了博

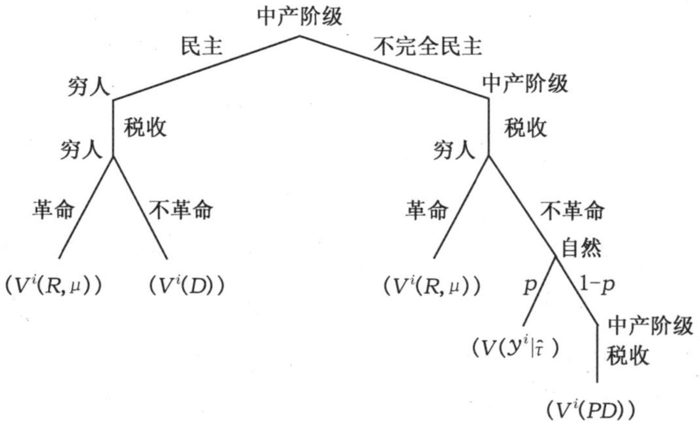

图 8.3　从不完全民主到完全民主

弈树。此时，革命威胁来自穷人，采取了与第 6 章相同的形式。革命之后，穷人分享剩余收入，中产阶级和富人一无所获。具体地说，如果有革命发生，我们有：

$$V^p(R,\mu)=\frac{(1-\mu)\bar{y}}{\delta^p}$$

且 $V^m(R,\mu)=V^r(R,\mu)=0$。

重要的是，在没有进一步民主化的情况下，我们处于不完全民主之中，所以相关的价值与(8.9)式相同。这意味着现在革命约束是不同的，因为现有体系以税率 τ^{PD} 进行再分配。特别是，在这种情况下，革命约束要求：

$$V^p(R,\mu)>V^p(PD)$$

这相当于：

$$\mu<1-\theta^p-(\tau^m(\delta^p-\theta^p)-\delta^p C(\tau^m)) \tag{8.16}$$

此外，不完全民主现在能够许诺以大于 τ^m 的税率 τ^{PD} 征税，这与富人在非民主中为阻止革命，许诺更大数量的再分配的方式是相同的。区别在于如果那些把持政治权力的人——中产阶级和富人——有机会重设税率的话，他们不会把税率降到零，而是制定被赋予选举权的中位选民(现在是一位中产阶级行动者)最偏好的税率。因此，按照现有体系的未来再分配许诺，三个社会团体的价值如下：

$$V^i(PD,\tau^{PD})=y^i+p(\tau^{PD}(\bar{y}-y^i)-C(\tau^{PD})\bar{y}) \tag{8.17}$$

$$+(1-p)(\tau^m(\bar{y}-y^i)-C(\tau^m)\bar{y})$$

$i=p,m,r$，其中，我们考虑了这一事实：如果中产阶级得以重设税率的话，它就选择其所偏好的税率 τ^m。按照前面的分析，我们现在可以决定一个关键值 μ^*，使得在 μ^* 处，我们有：

$$V^p(PD,\tau^{PD}=\tau^p)=V^p(R,\mu^*)$$

或

$$\mu^*=1-\theta^p-(p(\tau^p(\delta^p-\theta^p)-\delta^pC(\tau^p)) \qquad (8.18)$$
$$+(1-p)(\tau^m(\delta^p-\theta^p)-\delta^pC(\tau^m)))$$

有一个重要的供后面参考的新特点：μ^* 是 τ^m 的减函数。直观地说，当现有体制更具有再分配性的时候，更容易用未来再分配的许诺说服穷人，因为即使在现有体制有机会重设税率时，也会有一定的再分配。这意味着当中产阶级支持更多再分配的时候，更容易说服穷人不发动革命。结果，就更容易避免民主化。

最后，我们需要说明向完全民主的过渡阻止革命。这一讨论表明当 $\delta^p<1/2$ 的时候，完全民主也会实行中产阶级最偏好的税率。因此，在这种情况下，完全民主与不完全民主相差无几。更引人注目的情形是当 $\delta^p\geq 1/2$，所以，在完全民主中中位选民是一个穷人，民主导致穷人最偏好的税率 τ^p 的时候。在这种情况下，完全的民主化阻止革命的条件是 $V^p(R,\mu)\leq V^p(D)$，这相当于：

$$\mu\geq 1-\theta^p-(\tau^p(\delta^p-\theta^p)-\delta^pC(\tau^p)) \qquad (8.19)$$

给定以上的讨论，我们可以陈述以下命题：

命题 8.2：在图 8.3 描述的博弈中，存在一个唯一的子博弈完美均衡，使得：

- 如果(8.16)式不具有约束力，不完全民主制定中产阶级最偏好的税率，$\tau^{PD}=\tau^m$。
- 如果(8.16)式具有约束力且(1) $\delta^p\geq 1/2$ 和(8.19)式不成立，或者(2) $\delta^p<1/2$ 且 $\mu<\mu^*$，有革命发生。
- 如果(8.16)式具有约束力且 $\mu\geq\mu^*$，现有体制会通过许诺以使得 $V^p(PD,\tau^{PD}=\hat{\tau})=V^p(R,\mu)$ 的税率 $\tau^{PD}=\hat{\tau}$ 进行再分配，阻止向完全民主的

过渡。

● 最后，如果(8.16)式具有约束力，(8.19)式成立，$\delta^p \geqslant 1/2$ 且 $\mu < \mu^*$，那么，向完全民主的过渡就会作为在未来向穷人进行再分配的可信承诺发生。

该命题的结果在很大程度上与命题 6.1 相似。但是，有一个重要的新结果。从我们得出的结果可知，当中产阶级相对贫穷的时候（也就是 θ^m/δ^m 小的时候），τ^m 更高。然而，我们的分析表明 τ^m 的高水平会使得不完全民主对穷人更具有吸引力，降低 μ^*。结果，中产阶级相对穷的社会或许能避开革命的威胁，而不必实行完全的民主化。在这里，中产阶级是非民主（或不完全民主）中的核心人物，如果它背弃向穷人提供的许诺的让步，它会回到它偏好的政策 τ^m。如果中产阶级相对穷，τ^m 就不会与穷人偏好的政策 τ^p 相差太大。在这种情况下，中产阶级也许不能承诺提供 τ^p 的事实就不十分重要，革命更缺少吸引力，民主更不可能出现。因此，这一模型表明完全的民主化不仅在穷人穷的时候，而且在中产阶级相对富有的时候更有可能发生。这个结果无疑是与强调中产阶级的力量与富足在民主化中的重要性的学者相契合。

8.5　镇压：中产阶级作为缓冲器

在本节中，我们要重温 8.3 节分析的简单博弈，在该博弈中，中产阶级和穷人都被剥夺了选举权，但我们做出了另一个假设，即革命威胁是由穷人造成的。实际上，不论是中产阶级还是穷人，当他们被排除在政治权力之外的时候，就构成了威胁。重要的是哪个团体起中心作用。在上一节中，我们考虑的是中产阶级和穷人被剥夺了选举权，但是，中产阶级是核心人物的情形。在这里，我们研究另一种情形：与在第 6 章民主化的基本模型中一样，富人为了避免革命必须满足穷人的要求。然而，具有决定性意义的是，我们重新引进了富人能利用镇压阻止革命的可能性。关键的问题是：在什么时候富人偏好镇压而不是实行民主化？

在这个模型中，中产阶级的出现可以在富人与穷人之间充当缓冲器，使社会能避免镇压。因此，镇压在中产阶级人数较少或相对穷的社会更有可能出现。

基本模型与我们基本的三阶级模型是一样的。行动者仍然重视税后收入，但是，如果富人选择镇压策略，就会有潜在的镇压成本。具体地说，i 阶级的一个行动者的效用此时采取的是(6.8)式给出的形式。

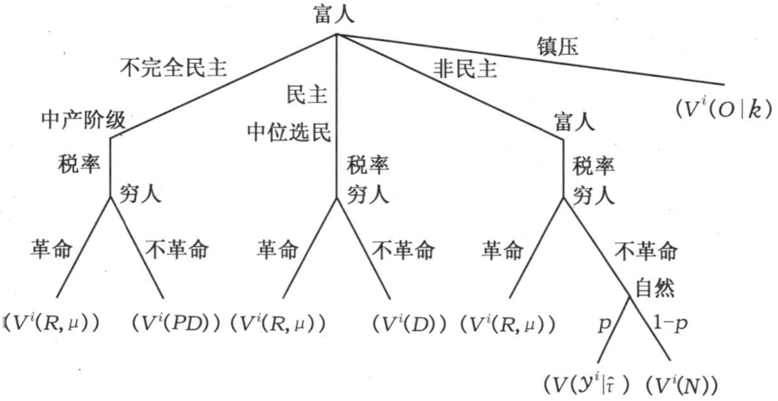

图 8.4　中产阶级作为缓冲器

图 8.4 画出了博弈树。富人有两个民主化选择：不完全的和完全的。同样，关键的革命决策是由穷人做出的(即使没有中产阶级的援助，他们也能发动革命)。此外，我们仍有富人的再分配承诺不完善的特点，因为当革命威胁以 $1-p$ 的概率平息下来之后，他们能够重设税率，这意味着任一在开始时设定的税率得以保持的概率为 p。

我们假定来自革命的收益与以前是相似的，但是由于穷人是主要的革命因素，为了简化起见，假定他们只在自己中间分享这些收益。所以，穷人从发动革命得到的收益是：

$$V^{R}(R,\mu)=\frac{(1-\mu)\bar{y}}{\delta^{p}} \tag{8.20}$$

中产阶级和富人在革命之后一无所获，所以 $V^{m}(R,\mu)=V^{r}(R,\mu)=0$。

革命约束是具有约束力的，如果穷人偏好革命而不是在现有体系下没有任何再分配的状态，或者，如果 $V^{p}(R,\mu)=(1-\mu)\bar{y}/\delta^{p}>y^{p}$。革命约束可以写为：

$$\theta^{p}<1-\mu \tag{8.21}$$

如前所述，富人也许通过许诺再分配——只是部分可信的，因为威胁一旦平息下来，他们便以 p 的概率重设税率——来应对革命的威胁。当富人保持政治权力并承诺以税率 $\hat{\tau}$ 进行再分配的时候，三个不同团体的价值由以 $\tau^N=\hat{\tau}$ 计算的(8.8)式给出。

如果富人选择不完全民主 PD，只有中产阶级被授予了选举权，由假定 $\delta^p>\delta^m>\delta^r$ 可知，在这个不完全的民主中，富人是少数，实行的是中产阶级最偏好的税率。根据假定，这个税率 τ^m 是严格大于零的。因此，我们有由(8.9)式给出的价值 $V^i(PD)$。

最后，在民主中，价值取决于中位选民是一个穷人还是一个中产阶级行动者。如前所述，这取决于 δ^p 是小于还是大于 1/2。这些价值是由(8.10)式给出，而税率由(8.11)式决定。与以前一样，如果 $\delta^p<1/2$，那么 $V^r(PD)=V^r(D)$；但如果 $\delta^p\geqslant 1/2$，$V^r(PD)>V^r(D)$。

与在第 6 章和在 8.3 节中的分析一样，关键的问题是，再分配的许诺是否能阻止革命。但是，与中产阶级是政治上的轴心团体的情况相比，为了避免革命的发生，此时需要被安抚的是穷人。因此，为了避免革命，我们需要有：

$$V^p(N,\tau^N)\geqslant V^p(R,\mu) \tag{8.22}$$

因为富人能向穷人提供的最高价值显然是穷人最偏好的税率 τ^p，这就相当于：

$$V^p(N,\tau^N=\tau^p)\geqslant V^p(R,\mu)$$

定义 μ^* 使得这一条件作为等式成立，或者，换句话说：

$$\mu^*=1-\theta^p-p(\tau^p(\delta^p-\theta^p)-\delta^p C(\tau^p)) \tag{8.23}$$

现在，富人也试图通过实行不完全的民主化来阻止革命。在不完全的民主化之后，中位选民是中产阶级的行动者，并选择税率 $\tau^{PD}=\tau^m$。这一策略会阻止革命，如果：

$$V^p(PD)\geqslant V^p(R,\mu)$$

或者，如果：

$$\mu\geqslant 1-\theta^p-(\tau^m(\delta^p-\theta^p)-\delta^p C(\tau^m)) \tag{8.24}$$

最后，需要考察来自镇压的支付，它们是：

$$V^i(O|\kappa)=(1-\kappa)y^i \qquad i=p,m,r \tag{8.25}$$

这一分析与以前的分析类似，特别是需要决定镇压成本的临界值，使得富人在镇压与其他的选择之间无差异。用 $\hat{\kappa}$ 和 $\tilde{\kappa}(\tau)$ 表示这些使得富人在各种选择之间无差异的临界值。第二个临界值决定于要么带来民主 τ^D，要么带来不完全民主 τ^{PD} 的税率。更具体地说，我们有：

$$V^i(O|\hat{\kappa})=V^r(N,\tau^N=\hat{\tau})$$

其中，$\hat{\tau}$ 是使得 $V^p(N,\tau^N=\hat{\tau})=V^p(R,\mu)$的税率。换句话说：

$$\hat{\kappa}=\frac{p}{\theta^r}(\delta^r C(\hat{\tau})-\hat{\tau}(\delta^r-\theta^r)) \tag{8.26}$$

因此，在 $\hat{\kappa}$ 处，富人对再分配和镇压无差异。结果，对于所有的 $\kappa<\hat{\tau}$，他们偏好镇压而不愿许诺再分配。这意味着出现镇压的一组参数结构是 $\mu\geqslant\mu^*$ 且 $\kappa<\hat{\kappa}$。

接下来，将使权贵在镇压与民主化之间无差异的临界值 $\tilde{\kappa}(\tau)$定义为民主中的税率的函数：

$$V^r(O|\hat{\kappa}(\tau))=V^r(D) \tag{8.27}$$

或

$$V^r(O|\hat{\kappa}(\tau))=V^r(PD) \tag{8.28}$$

这两个条件都含有同一公式：

$$\tilde{\kappa}(\tau)=\frac{1}{\theta^r}(\delta^r C(\tau)-\tau(\delta^r-\theta^r)) \tag{8.29}$$

其中，如果镇压的价值等于完全民主的价值（即(8.27)式），$\tau=\tau^D$；或者，如果相关的是不完全民主的支付（即(8.28)式），$\tau=\tau^{PD}$。

在 $\tilde{\kappa}(\tau)$的水平上，富人对镇压和不完全的或完全的民主是无差异的，这会产生税率 $\tau\in\{\tau^D,\tau^{PD}\}$。于是，对于所有的 $\kappa<\tilde{\kappa}(\tau)$，他们都偏好镇压而不愿实行民主化。因此，另一组使镇压成为一个均衡结果的参数值就是当 $\mu<\mu^*$ 且 $\kappa<\tilde{\kappa}(\tau)$。

命题 8.3：假定(8.19)式成立。图 8.4 描述的博弈存在着一个唯一的子博弈完美均衡。令 μ^*，$\tilde{\kappa}(\tau)$和 $\hat{\kappa}$ 有前面的定义。那么：

- 如果(8.21)式不具有约束力，富人制定他们最偏好的税率，$\tau^N=\tau^r$。
- 如果(8.21)式具有约束力，则：

(1)如果 $\mu<\mu^*$，(8.24)式成立，$\delta^p\geqslant1/2$ 且 $\kappa\geqslant\tilde{\kappa}(\tau^{PD})$，富人会实行不完全的民主化。

(2)如果 $\mu<\mu^*$，(8.24)式不成立，$\kappa\geqslant\tilde{\kappa}(\tau^D)$且 $\delta^p\geqslant1/2$，富人会实行完全

的民主化。

(3)如果①$\mu<\mu^*$,(8.24)式不成立且$\delta^p<1/2$;或②$\mu<\mu^*$,(8.24)式不成立,$\kappa<\tilde{\kappa}(\tau^D)$且$\delta^P\geqslant 1/2$;或③$\mu<\mu^*$,(8.24)式成立,且$\kappa<\tilde{\kappa}(\tau^{PD})$;或④$\mu\geqslant\mu^*$且$\kappa<\hat{\kappa}$,富人进行镇压。

(4)如果$\mu\geqslant\mu^*$且$\kappa\geqslant\hat{\kappa}$,富人会通过许诺制定税率$\tau^N=\hat{\tau}$,进行再分配,使得$V^p(N,\tau^N=\hat{\tau})=V^p(R,\mu)$,来阻止民主化。

为了理解这一命题的主要结果,注意,当革命约束具有约束力的时候,有几种可能性:第一,富人不能用让步来维系权力($\mu<\mu^*$),但是(8.24)式成立且$\delta^p\geqslant 1/2$。这意味着不完全的民主化基本上足以避免革命,因为中产阶级比富人更偏好再分配。并且,由于$\delta^p\geqslant 1/2$,完全的民主化会令穷人执政,这是富人要尽可能避免的。在这种情况下,如果$\kappa\geqslant\tilde{\kappa}(\tau^{PD})$,因此,镇压的成本相对高,不完全的民主就会出现。第二,因为让步和不完全民主都不起作用[即$\mu<\mu^*$,(8.24)式不成立],且镇压成本相对高(即$\kappa\geqslant\tilde{\kappa}(\tau^D)$),完全的民主化会出现。因为$\tau^p\geqslant 1/2$且(8.19)式成立,完全民主的创立会产生税率$\tau^p$,避免革命。第三种是镇压出现的情况。这会出现在四种不同的情形下。首先,向穷人做出的让步再次不起作用,(8.24)式不成立且$\delta^p<1/2$。在这种情况下,不完全民主的再分配程度不足以避免革命。并且,完全的民主化导致中位选民是中产阶级的成员,而且,因为这种情况产生税率τ^m,(8.24)式的不成立意味着这同样会导致穷人暴动。在这种情况下,富人如果想要避免革命的话,除了镇压就别无选择。其次,让步和不完全民主化仍不能避免革命的发生,但是因为$\delta^p\geqslant 1/2$且(8.19)式成立,完全的民主化可以避免革命。然而,当$\kappa<\tilde{\kappa}(\tau^D)$的时候,对镇压的偏好会超过对完全民主的偏好。再次,让步不起作用但不完全民主起作用,且$\kappa<\tilde{\kappa}(\tau^{PD})$。在这里,尽管不完全民主足以避免革命,但富人觉得镇压要比赋予中产阶级选举权更好。最后一种是让步起作用,但镇压成本更小的情形($\mu\geqslant\mu^*$且$\kappa<\hat{\kappa}$)。第四种是人们所熟悉的让步起作用,但镇压的成本相对高,富人可以制定一个足以安抚穷人的高税率来维护权力的情形。

这一命题与命题 6.2 相似。主要的区别是现在两个临界值中的一个,$\tilde{\kappa}(\tau)$,取决于中产阶级的数量和收入水平。显然$\tilde{\kappa}(\tau)$是τ的增函数;因此,在民主中，一个更高的税率水平 τ 会使得镇压对于富人更有吸引力。当中位选民是穷人的时候（即 $\delta^p \geqslant 1/2$），民主中的税率更高，这相当于中产阶级力量微弱，使穷人在民主中有决定权，或者当中位选民是中产阶级（即 $\delta^p < 1/2$），但是相对穷，并喜欢较高税率的时候。

因此，相对庞大和富裕的中产阶级也许会使得民主对于富人来说成本更低，在穷人与富人之间充当一个缓冲器，使得镇压可能性减小。相反，当中产阶级力量微弱或者贫穷的时候，富人也许更倾向于进行镇压。在这里，"也许"一词是必不可少的，因为情况并非总是如此。例如，如果 θ^m 增加，τ^m 就减少，(8.24)式就变得不大可能成立了。如果 $\mu < \mu^*$，(8.24)式不再成立且 $\delta^p < 1/2$，富人就会转而动用镇压，因为不论是不完全民主还是完全民主的再分配性程度都不足以避免革命。

8.6　镇压：温和路线者与强硬路线者

在上一节所讨论的模型中，富人必须在镇压与民主化之间做出选择，以避免来自那时仍被政治体系排除在外的穷人的革命威胁。我们也假定，中产阶级像穷人一样，是被排斥在体系外的。因此，民主化不仅给予穷人也给予中产阶级政治权力，以这种方式，中产阶级在影响镇压与民主化之间的权衡方面发挥了重要作用。在存在一个庞大的、相对富裕的中产阶级时，富人预料他们在民主中不会遇到高税率，因此更可能实行民主化而不是镇压。

在本节中，我们要分析一个类似的博弈；然而，富人和中产阶级都是统治联盟中的组成部分，他们必须一起决定是在现有体系下向穷人许诺再分配、实施民主化还是进行镇压。这一分析的关键是富人总是比中产阶级更支持镇压。这有一个简单的原因：富人从再分配性的税收中失去的比中产阶级更多。

富人和中产阶级对待镇压态度的不同提供了对常被提及的专制中的温和路线者与强硬路线者之间的区分建立模型的方式。有人指出，特别是在拉丁美洲和南欧向民主过渡的背景下，在控制着专制的权贵内部经常有一种分化：强硬路线者希望用武力延续专制，温和路线者则试图实行向民主的软着陆。

但谁是强硬路线者，谁又是温和路线者呢？非民主体制中的权贵显然是性质各异的,但这种异质性的重要源泉是什么?我们的三阶级模型通过将温和路线者与中产阶级对应,强硬路线者与富人对应,提供了一个简单的答案。我们在第 9 章会指出可以有其他的划分——例如,按同样的方法,对土地所有者和资本家的划分,但是现在我们的注意力是三阶级模型,其中唯一的差别在于收入的水平,而不在于这些收入来自哪种类型的活动。

该经济模型与前面的有三个行动者团体的模型是相同的。在非民主中,当富人和中产阶级有着不相同的偏好时,我们必须找出一种方法加总他们的不同偏好,特别是在是否镇压穷人的决策方面。在本章中,到目前为止,当我们建立关于不完全民主的模型时,我们考虑这样一种情形:中产阶级的偏好决定着政策的结果,至少是在不受革命威胁约束的时候。在这里,我们采用一种不同的方法,考虑富人和中产阶级的偏好都很重要的情况。我们假定在非民主中,政策决策是根据功利主义的社会福利函数制定的,这意味着如果镇压决策使富人和中产阶级效用的加权和最大化,镇压就会发生。

有几种不同的方法可以证明这样一种方法的正当性,但它是对第 4 章模型的一种自然的扩展,在那个模型中,参数 χ 代表权贵在民主中的权力。在第 4 章的附录中我们指出并证明,许多民主政治的模型都可以归结为关于 χ 的不同的微观基础。因此,一般来说,我们可以把民主税率视为使效用的加权和最大化的税率,中位选民模型是当 $\chi=0$ 时的特殊情形。类似的推理表明,我们可以用同样的方式处理权贵内部偏好的加总问题,想象镇压决策只是使富人和中产阶级效用的加权和最大化的决策。例如,我们可以把权贵控制视为一种有限的民主(例如,在普选权实行之前的大多数欧洲和拉丁美洲国家),其中,政党只是为权贵成员和派系的选票而相互竞争。为了简化且不影响我们主要的结论,我们假定权贵的不同小集团的偏好权数相同,所以镇压决策只是最大化权贵的效用和,以此继续我们的分析。

同样,存在着民主化的选择以及富人的再分配许诺因为权贵在革命威胁消退之后能以 $1-p$ 的概率重设税率而不完全可信的特点。

假定来自革命的收益与以前类似,穷人只在他们自己之间分享收益。穷人从发动革命得到的收益是 $V^{p}(R,\mu)=(1-\mu)\bar{y}/\delta^{p}$,而 $V^{m}(R,\mu)=V^{r}(R,\mu)=0$。

与前面一样，如果穷人偏好革命而不是现有体系，或如果$(1-\mu)\bar{y}/\delta^p>y^p$，革命约束是具有约束力的。相应的革命约束可以写成：

$$1-\mu>\theta^p \tag{8.30}$$

在本节中，我们假定这个条件成立。

当现有体系得以维持且以税率τ^{PD}进行再分配被许诺的时候，三个不同团体价值再次由(8.17)式中的$V^i(PD,\tau^{PD})$给出。因为不论是富人还是中产阶级都是统治联盟的组成部分，所以我们称该体制为不完全民主。

完全民主中的价值取决于中位选民是穷人还是中产阶级行动者。如前所述，这取决于δ^p是小于还是大于1/2。在这里，我们假定$\delta^p\geqslant 1/2$，所以：

$$V^i(D)=y^i+(\tau^p(\bar{y}-y^i)-C(\tau^p)\bar{y})$$

与我们以前的分析和在第6章中一样，再分配的许诺是不完全可信的，只有当$V^p(PD,\tau^{PD})\geqslant V^p(R,\mu)$时，这一许诺才会阻止革命。同样，可以决定一个关键值μ^*，使得在μ^*的水平上，我们有：

$$V^p(PD,\tau^{PD}=\tau^p)=V^p(R,\mu^*)$$

为了简化讨论，我们集中于$\mu<\mu^*$，再分配的许诺不足以阻止革命的情形。因此，选择是在民主化与镇压之间。从镇压得到的支付由(8.25)式给定。

我们同样要决定两个临界值，但是，现在一个与富人有关，另一个与中产阶级有关，使得两个团体分别对民主化和镇压无差异。设这两个分别与富人和中产阶级有关的关键值为$\tilde{\kappa}^r$和$\tilde{\kappa}^m$。它们由下式定义：

$$V^r(O\mid\tilde{\kappa}^r)=V^r(D)\text{且}V^m(O\mid\tilde{\kappa}^m)=V^m(D)$$

或者，更明确地：

$$\tilde{\kappa}^r=\frac{1}{\theta^r}(\delta^r C(\tau^p)-\tau^p(\delta^r-\theta^r)) \tag{8.31}$$

$$\tilde{\kappa}^m=\frac{1}{\theta^m}(\delta^m C(\tau^p)-\tau^p(\delta^m-\theta^m))$$

与前面一样，富人在$\kappa<\tilde{\kappa}^r$的时候偏好镇压而不愿实行民主化，中产阶级在$\kappa<\tilde{\kappa}^m$的时候偏好镇压而不愿实行民主化。

重要的是，根据富人比中产阶级有钱的事实，$\theta^r/\delta^r>\theta^m/\delta^m$，因此，我们有$\tilde{\kappa}^m<\tilde{\kappa}^r$；对于$\kappa\in[\tilde{\kappa}^m,\tilde{\kappa}^r)$，富人希望进行镇压，而中产阶级偏好民主化而不是镇压。因此，在这一区间，权贵的两个派别的偏好发生了分歧。在这种情况

下，镇压被选择，如果：

$$\delta^r V^r(O|\kappa)+\delta^m V^m(O|\kappa)>\delta^r V^r(D)+\delta^m V^m(D)$$

或者，如果：

$$\delta^r(1-\kappa)y^r+\delta^m(1-\kappa)y^m$$
$$>\delta^r(y^r+\tau^p(\bar{y}-y^r)-C(\tau^p)\bar{y})+\delta^m(y^m+\tau^p(\bar{y}-y^m)-C(\tau^p)\bar{y})$$

现在，将 y^r 和 y^m 的定义代入并除以 $\bar{y}$，我们发现，镇压被选择，如果：

$$\kappa<\frac{1}{(\theta^r+\theta^m)}(\delta^r C(\tau^p)-\tau^p(\delta^r-\theta^r)+\delta^m C(\tau^p)-\tau^p(\delta^m-\theta^m))$$

利用对 $\tilde{\kappa}^m$ 和 $\tilde{\kappa}^r$ 的定义，我们还有：

$$\kappa<\tilde{\kappa}^e=\frac{\theta^r\tilde{\kappa}^r+\theta^m\tilde{\kappa}^m}{(\theta^r+\theta^m)}$$

其中，$\tilde{\kappa}^e\in(\tilde{\kappa}^m,\tilde{\kappa}^r)$。如果 $\kappa<\tilde{\kappa}^e$，富人的偏好决定镇压将会被采用，而如果 $\kappa\geqslant\tilde{\kappa}^e$，中产阶级的偏好就会胜出，民主将会建立，即使在 $\kappa\in[\tilde{\kappa}^e,\tilde{\kappa}^r)$ 时富人偏好进行镇压。

与前面一样，我们也需要保证民主化阻止革命；对此，条件是(8.19)式。这一分析产生了如下命题：

命题 8.4：假定 $\delta^p\geqslant 1/2$，$\mu<\mu^*$，$1-\mu>\theta^p$ 且(8.19)式成立，所以民主化阻止革命的发生。那么，在唯一的子博弈完美均衡中：

● 若 $\kappa\geqslant\tilde{\kappa}^r$，富人和中产阶级就都偏好民主化而不是镇压，民主化作为对未来再分配的可信承诺出现。

● 若 $\kappa<\tilde{\kappa}^m$，富人和中产阶级就都偏好镇压而不是民主化，他们会为了阻止革命而进行镇压。

● 若 $\kappa\in[\tilde{\kappa}^m,\tilde{\kappa}^r)$，富人偏好镇压而不是民主化，而中产阶级则偏好民主化而不是镇压。若 $\kappa<\tilde{\kappa}^e$，权贵会用镇压避免民主化；反之，若 $\kappa<\tilde{\kappa}^e$，他们会实行民主化。

这一命题，特别是 $\kappa\in[\tilde{\kappa}^m,\tilde{\kappa}^r)$ 的情况，描述了温和路线者（这里是中产阶级）和强硬路线者（这里是富人）的不同态度。强硬路线者在民主化中会失去得更多，偏好进行镇压，即使是在温和路线者偏好向民主的过渡的时候。

这一模型可以用来分析民主化出现在权贵“分裂”之时的思想。为了明白这一点，考虑 $\kappa<\tilde{\kappa}^m$，所以，权贵的两个派系在一开始时都支持镇压的情形。

现在，考虑κ增大的情形。例如，镇压的成本也许会由于以下的原因增加：冷战的结束以一种更加支持民主的方式推动了国际社会的发展，或者邻国的民主化使得镇压更不可行。在这种情况下，κ可以进入$\kappa \in [\tilde{\kappa}^m, \tilde{\kappa}^r)$的区间。最初，富人仍支持镇压，而现在中产阶级转而支持民主。这时，权贵的不同部分偏好不同的政策，也就是说，权贵分裂了。然而，只要$\kappa \in [\tilde{\kappa}^m, \tilde{\kappa}^e)$，富人的偏好就会占优势，镇压就会出现均衡之中。然而，如果κ的增加超过$\tilde{\kappa}^e$，即使富人仍然支持镇压，中产阶级的偏好也会占优势，民主化就会发生。在这一点上，权贵的分裂导致了民主化，但只有在中产阶级的权力在权贵内部足够大的时候才能如此。在我们的偏好加总模型中(即功利主义的社会福利函数)，随着κ的增加，两个团体都变得不十分支持镇压了，这会带来权贵决策的转换，即使是在富人仍偏好镇压的时候。

同样引人注目的是，当中产阶级相对穷的时候，富人与中产阶级之间有关镇压的分歧会变得更强烈。当中产阶级相对更富的时候(即当θ^m/δ^m更高的时候)，他们在民主的再分配中会失去更多，因此变得更加支持镇压。

8.7 中产阶级在民主巩固中的作用

在本节中，我们将注意力从民主的创建转移到对中产阶级如何可以在民主巩固中发挥重要作用的考察。我们要说明一个庞大和相对富裕的中产阶级如何有助于巩固民主。直观地说，当中位选民为中产阶级行动者的时候，民主的再分配程度更低，而且随着中产阶级变得更富裕，再分配程度会变得越来越低。虽然民主的再分配程度降低，富人通过改变体制得到的也就更少，民主存续下来的可能性也变得更大。

现在让我们回到三阶级模型。其基本结构仍与以前完全相同。假定完全民主中的中位选民是中产阶级的一员，偏好税率$\tau^m > 0$。这意味着价值$V(D)$在$\tau^D = \tau^m$的时候满足(8.10)式。富人必须决定是否要发动一场政变；政变之后的支付为：

$$V^i(C, \varphi) = (1-\varphi)y^i \qquad i = p, m, r$$

与前面相同，中位选民也许通过许诺再分配来应对政变的威胁，这只是不完全可信的许诺,因为政变威胁一旦平息下来,中位选民有机会以概率 p 重设税率。当存在民主和以税率 $\tau^D \leqslant \tau^m$ 进行再分配的许诺时,对三个不同团体的价值是:

$$V^i(D,\tau^D)=y^i+p(\tau^D(\bar{y}-y^i)-C(\tau^D)\bar{y}) \\ +(1-p)(\tau^m(\bar{y}-y^i)-C(\tau^m)\bar{y})$$

在既定现状下,政变对富人是否具有吸引力是取决于政变约束 $V^r(C,\varphi)>V^r(D)$ 是否具有约束力。这一政变约束可以表述为:

$$\varphi<\frac{1}{\theta^r}(C(\tau^m)\delta^r-\tau^m(\delta^r-\theta^r)) \tag{8.32}$$

当这一约束不具有约束力时,民主的再分配程度不够高,或者政变的成本非常高,以至于富人认为政变无利可图。在这种情况下,我们称民主是完全巩固的:对民主的稳定,不存在任何有效的威胁。显然,因为 $\tau^m<\tau^p$,(8.32)式比(7.4)式更容易被满足。因为中产阶级更富,它偏好更少的税收,这使得政变对富人的吸引力更小。此外,θ^m 越大,τ^m 就越小,政变的成本必须更低,才能使政变对富人具有吸引力。

当这一约束具有约束力时,民主不是完全巩固的:如果中产阶级不采取行动,沿着均衡路径将会有政变发生。它所能采取的行动是减轻民主加在富人身上的财政负担,或者换句话说,降低税率。当中产阶级将税率定为 $\tilde{\tau}$ 时,富人得到的价值为 $V^r(D,\tau^D=\tilde{\tau})$。只有当这一价值大于富人从政变得到的收益(即 $V^r(D,\tau^D=\tilde{\tau})\geqslant V^r(C,\varphi)$)时,这一许诺更少再分配的策略才会阻止政变。也就是说,只有:

$$\varphi\leqslant\frac{p}{\theta^r}(\delta^r C(\tilde{\tau})-\tilde{\tau}(\delta^r-\theta^r))+\frac{(1-p)}{\theta^r}(\delta^r C(\tau^m)-\tau^m(\delta^r-\theta^r))$$

民主才会存续。与我们在第 7 章中对基本的静态巩固博弈的分析一样,现在我们界定一个临界值 φ^{**},使得在 $\varphi<\varphi^{**}$ 时,民主做出的有限再分配的许诺不足以劝阻富人发动政变。当然,能提供给富人最有吸引力的许诺就是停止进行对其不利的再分配(即 $\tau^D=0$)。因此,在 φ^{**} 的水平上,我们必须有 $V^r(D,\tau^D=0)=V^r(C,\varphi)$。解这一等式,我们就得到了临界值 φ^{**}:

$$\varphi^{**}=\frac{(1-p)}{\theta^r}(\delta^r C(\tau^m)-\tau^m(\delta^r-\theta^r)) \tag{8.33}$$

给定这一讨论，我们可以将这一博弈的子博弈完美均衡总结如下：

命题 8.5：在上述博弈中，存在一个唯一的子博弈完美均衡，使得：

- 如果政变约束(8.32)式不具有约束力，政变威胁微弱，民主是完全巩固的，中产阶级制定其最偏好的税率 $\tau^m>0$。

- 如果政变约束(8.32)式具有约束力且 $\varphi\geqslant\varphi^{**}$，民主是不完全巩固的。中产阶级会制定税率 $\tilde{\tau}<\tau^m$，使得 $V^r(D,\tau^D=\tilde{\tau})=V^r(C,\varphi)$。

- 如果政变约束(8.32)式具有约束力且 $\varphi<\varphi^{**}$，民主是不巩固的。会有政变发生，富人掌权，并制定其最偏好的税率 $\tau^D=\tau^r$。

该模型添加的主要见解是：现在，中产阶级偏好的税率在政变约束和(8.33)式的定义中至关重要。

并且，容易看出，$\varphi^{**}<\varphi^{*}$ 来自 7.1 节。在民主中，当中位选民为穷人的时候(即 $\delta^p\geqslant 1/2$，这相当于中产阶级力量薄弱的情形)，或者当中位选民为中产阶级行动者(即 $\delta^p<1/2$)，但相对穷并喜欢更高税率的时候，税率会更高。这两种情形都会使政变对富人更有吸引力。因此，一个相对庞大且富有的中产阶级使得民主对富人的成本更低，并充当穷人与富人之间的缓冲器，使得政变不大可能发生，从而有助于民主的巩固。

8.8 结 论

在这一章中，把一个第三团体——中产阶级——加入我们的分析。我们集中讨论了社会政治冲突发生在社会经济阶级之间的情况。我们用这个模型得出了一些重要的新见解，它们与政治学和社会学文献中一些关于中产阶级对民主的重要性的主张是一致的。尽管在这一章研究了各种现象，包括中产阶级的加入如何使我们能提出一个简单的模型来分析“权贵内的分裂”可以如何发挥作用，但我们认为有两个主要的结果，其意义也许是最重大的。

第一，一个强大的中产阶级也许会对民主化的进程起到推波助澜的作用，因为它不像穷人那样支持激进的政策。因此，如果富人确信民主受制于中产阶级的利益，他们会更少地惧怕民主，较少热衷用镇压来避免民主。这可能会因为两种原因而出现，要么是因为中产阶级在人数上的增长，从而使中位选民变成了中产阶级成员;要么因为中位选民已经是中产阶级,而且中产阶级变得更富有了(从而偏好更少的再分配)。同样引人注目的是关于权力在民主中的分配的其他理论,如在第4章的附录中所讨论的那些一样,强调中产阶级在民主中的政治权力经常大于其人数所显示的权力。在这方面,最著名的例子是“迪莱克特的收入再分配定律”(Stigler,1970),它主张,在民主中,大多数再分配政策实际上有利于中产阶级而不是穷人。虽然这种主张没有牢固的微观基础,在经验上还是有争议的,但它仍然在许多方面得到了正式的讨论。例如,佩尔松和泰贝利尼(Persson and Tabellini,2000,pp. 57—58)在一个概率投票模型中指出(参见第4章附录的第二节),如果中产阶级不像穷人和富人那样具有意识形态倾向,那么,在民主中,它的偏好对决定被采取的政策具有决定性作用。另一种方法是在一个游说模型(Grossman and Helpman,2001;第4章附录,第三节)的背景下假定:中产阶级能够比其他团体更好地解决集体行动问题。

第二个与强大的中产阶级有关的结论是,它也许会促进民主的巩固。它发挥这一作用的机制与它在促进民主化方面的机制相似。如果中产阶级在民主政治中具有充分的影响力,民主对于富人来说,其成本就不会过于高昂;于是,政变就不是非常具有吸引力了。因此,中产阶级的强大,从其数量、政治权力或者相对收入的增长来看,也许会导致一个以前不巩固的民主的巩固。当然,在此要谨慎的是:如果中产阶级变得过于富有的话,它会变得难以和富人区分开来,因此,就不能在富人与穷人之间起缓冲器的重要作用了。

总的来说,本章的模型说明:一个第三团体——中产阶级或资产阶级——在民主化中可能具有重要作用。之所以如此,是因为它能改变政治冲突的性质。虽然民主化文献的学者已经指出了中产阶级可以在民主化中起重要作用,但他们没有说明这些主张的微观基础。在这一章我们说明,将我们的框架扩展至三个团体,为赋予中产阶级的重要性提供了自然的微观基础。

9 经济结构与民主

9.1 引 言

到目前为止,我们一直把收入水平和分配的决定视为外生的。在这一章,我们使收入水平和分配内生化。人们不是直接拥有收入,而是拥有各种资产禀赋:土地、劳动力、实物和人力资本。我们引入一种技术,即总量生产函数,它决定这些生产要素可以如何组织起来生产产量。我们也将引入关键的经济制度,具体地说是产权和竞争性市场,它们决定各种资产的收益率。

这一切为什么重要?直观地说,如果经济结构和经济制度影响权贵在民主与非民主之间的权衡,或者影响民众对民主和革命收益的比较,它们便可能是重要的。之所以如此,原因有很多。首先,经济结构可能影响革命、镇压或政变的成本。其次,经济结构也可能影响不同团体之间的再分配政治的性质,我们的框架将再分配政治与民主的创立和巩固联系在一起。在这一章,我们研究这两个方面。我们分析的模型允许考虑一些在政治科学和社会文献中关于民主的最有影响的主张。例如,民主不可能在农业占首要地位的社会或者权贵是大的土地所有者的社会中持续存在,这样的观点在从摩尔(Moore,1966)和达尔(Dahl,1971)到卢希梅尔、斯蒂芬斯和斯蒂芬斯(Rueschemeyer,Stephens,and Stephens,1992)的文献中是一脉相承的。然而,这种观点的微观基础是不清楚的。本章中的模型有助于突出引致这种关系的机制。

政变和镇压成本可能与经济结构有关系,这有许多言之成理的原因。最重要的是,镇压和政变是有成本的,因为它们破坏经济生活。在现代资本主义经济中,生产需要来自许多各种各样企业的投入,其中大部分不是由中央机构或有意识地协调的，而是由市场的“看不见的手”，以及大公司的“看得见的手”来组织的。并且，这些经济关系中的大部分是基于某些暗含的信任。在最简单的层次上，雇主知道工人明天会来上班，工人也知道当他们上班时，他们有工作可做，并会得到报酬。更重要的是，每个公司都相信它的供给者将提供生产所必需的物资，它的消费者和下游企业将购买这些产品。更重要的是，对提供的物品和服务的质量有暗含的信任。雇主相信工人不仅会工作而且会付出适当的努力，供给者不仅提供物资而且提供质量足以保证生产的物资。最后，消费者相信他们会买到相当高质量的产品，而不是一些对于他们来说没有吸引力的消费品。任何突发的暴力，任何改变政治体系的骚乱，任何加重现有社会冲突的局势也会破坏经济结构、信任关系和作为资本主义生产的本质的合作。在一个相关的讨论中，达尔(Dahl，1971)强调了：

在管理发达社会时的暴力、强制和高压的巨大的局限性、成本和无效率。发达社会需要激励和复杂行为，而这些是不受暴力威胁的操纵的。

在有关军事政治的文献中也有类似的观点。例如，芬纳(Finer，1976)认为军政府不能管理复杂的工业社会，因为成本太高了。他写道：

随着经济的进步，劳动分工变得越来越普遍，随着第二、第三服务的扩张，随着社会对存在职业官僚、技师的要求……军队不再能够仅用自有的资源统治了。(p. 17)

这些观点表明了为什么镇压和政变是有成本的。这一论证强调了复杂的经济关系的破裂，对于资本主义生产，这些关系是非常重要的。尽管同样的关系网在农业生产中也是存在的，但是，显然，其重要性要小得多。质量问题，对于农产品不像在制造业生产中那样重要。在一个不太发达和工业化程度比较低的经济中，买者和卖者的关系网不是那么复杂，较少依赖对技能和关系型资本的投资。这些考虑自然而然地说明：在生产技术是资本密集型的(不论是物质资本还是人力资本)，而不是土地密集型的经济中，镇压和政变的成本更高。

同样重要的是，经济结构可能影响政治冲突的形式和民主对权贵的再分配含义。例如，在民主中，土地所有者也许会比工业家遭受更多损失。如前所述，我们的全部方法是基于这样一个假设：在民主中，民众有政治权力制定有利于他们自己的政策。在民主中，限制民众得到他们所想要政策的能力的一个因素是:权贵也许有与其人数不成比例的权力(例如,通过游说或控制政党,如我们在第 4 章附录中所分析的那样)。但是,有一个同等重要的经济因素限制民众的作为,我们在第 4 章称之为拉弗曲线。在收入再分配的背景下最容易讨论这一点。如果税收非常高,这会扼杀经济活力,造成深重的经济扭曲,以至于不会有很多剩余产出。因此,民主会自然地限制运用高税率,尽力保证这些税率对资源配置不造成太大的扭曲,不使权贵从经济活动中抽掉他们的资产,从而减少税收收入。但是,这些考虑对于资本和土地的适用程度有很大不同。对土地的高税率至多使土地所有者撂荒他们的土地,但他们不会有更多的事可做。相反,物质资本供给更有弹性也可以说更灵活,对资本课以重税,将不会有太多积累,资本持有者将会把他们的钱投资到不可征税的部门或不被征税的国家(我们在第 10 章详细讨论这一可能性)。人力资本供给弹性可能更大,因为除非人们付出努力,否则人力资本是没有用的,如果税率太高,人们将不愿再努力。这意味着民主自然地会对土地所有者征更高的税而对物质和人力资本征更低的税,努力在不产生太多扭曲的情况下,使再分配最大化。相似地,在很多不平等的社会,民主首先是再分配资产,比起物质资本,土地更容易再分配并带来较少扭曲,土地改革是解决很多严重不平等的手段。当然,人力资源是不可能再分配的。同样,土地所有者在民主中失去的比资本所有者和工业者更多。

这些观点意味着,与投资于物质和人力资本的权贵相比,大量投资于土地的权贵通常更愿意用强力保持非民主或者过渡到非民主。这可能是因为在这样的社会,镇压和政变的成本更小,因此,反对和破坏民主(即避免如再分配税收等亲民主反权贵的政策)的收益要大于成本。或者,也许是对于土地所有者来说避免民主的收益更大,因为他们预期在土地改革中他们的收入将会被课以重税,甚至他们的财产会被再分配。

一个最后的考虑也许是土地所有者比工业者和拥有人力资本的人更富有,特别是在相对贫穷的正处于实行民主的边缘,或者其经济政治发展正处于它们可以实行民主但还没有巩固民主的转折点上的国家。用我们在第 8 章中的分析来说,土地所有者相当于富人,而工业者和拥有大量人力资本的人相当于中等阶级。因为土地所有者更富有,所以他们会从税收中失去更多。因此,在其他条件相同的情况下，他们更支持阻止民主的行动。然而，在这一章，为了更加清楚地考察以前描述的其他机制，我们在不平等保持不变的前提下考察经济结构的影响。

在本章的结论部分，我们概述此处讨论的观点可能如何有助于理解经济与政治发展之间的关系。

9.2 经济结构和收入再分配

我们现在引入一种明确的能够使我们把收入再分配内生化并且讨论不同要素禀赋的政治含义的经济结构。我们希望这一结构包括劳动力（作为民主的收入来源）、物质资本和土地。为简单起见，我们在大多数分析中抽象掉人力资本，在 9.10 节再回头考察其影响。我们考虑一个拥有唯一最终消费品的完全竞争的经济，其总量生产函数为：

$$Y=F(K,L,N)$$

其中，K 表示资本存量；L 表示生产性土地的总量；N 表示劳动力；Y 表示总产出，它是人们消费的实物数量。所有这些要素都被充分利用，并且我们假设生产函数 F 具有规模收益不变的性质，所以当所有三种要素的数量倍增时，总产出也倍增。规模收益不变是重要的，因为它意味着从生产中得到的所有收入被作为生产要素（资本、土地和劳动力）的收入分配净尽。完全竞争市场意味着所有生产要素都按其边际产品得到报酬。在制度不变的情况下，不平等来自这些边际产品的不同和不同要素的不同的稀缺性。

为我们到目前为止使用的框架提供微观基础的最简单办法是假定生产函数采取特殊的柯布—道格拉斯（Cobb-Douglas）形式：

$$Y=(K+\sigma L)^{\theta}N^{1-\theta} \tag{9.1}$$

其中，$0<\theta<1$，$\sigma>0$。当我们计算这个模型中的收入分配时，将变得清楚的是，选择 $1-\theta$ 作为 N 的指数是为了表示这一模型与此前使用的模型的关系。

这个函数暗含两个特征。首先，在劳动力与其他生产要素之间存在着有限替代（更确切地说，劳动力与其他生产要素之间的替代弹性恰等于 1）。其次，在资本与土地之间存在远为更高的替代水平。这两个假定都是言之成理的。例如，它们意味着当收入随着资本积累增长时，国民收入中的劳动份额不变，土地份额下降，而资本份额上升。这一点与经验证据基本一致。

让我们更详细地考察这一点。首先，像以前一样假设有$(1-\delta)$个民众，这些行动者是挣工资者。因此$N=1-\delta$，我们可以将生产函数改写如下：

$$Y=(K+\sigma L)^{\theta}(1-\delta)^{1-\theta}$$

并且，剩下的δ个行动者（他们组成权贵）不拥有任何劳动力，他们拥有总资本存量K的δ部分，总土地存量L的δ部分。

我们假设最终产出Y是等价物（即其价格被标准化为1）。因此，所有其他价格是相对于最终产出的价格。利用在竞争市场中所有生产要素都按其边际产品得到报酬这一事实，得到如下要素价格的表达式：

$$w=(1-\theta)\left(\frac{K+\sigma L}{1-\delta}\right)^{\theta}$$

$$r=\theta\left(\frac{K+\sigma L}{1-\delta}\right)^{\theta-1} \tag{9.2}$$

$$v=\sigma\theta\left(\frac{K+\sigma L}{1-\delta}\right)^{\theta-1}$$

在这里，w代表工资率，r代表资本收益率，v代表地租率。这些价格都是“实际”价格或者说是相对价格，因为它们是用最终产品计算的。

三种要素的国民收入份额由下式给出：

$$S_N\equiv\frac{wN}{Y}=1-\theta$$

$$S_K\equiv\frac{rK}{Y}=\theta\,\frac{K}{K+\sigma L} \tag{9.3}$$

$$S_L\equiv\frac{vL}{Y}=\theta\,\frac{\sigma L}{K+\sigma L}$$

有意思的是，劳动力的国民收入份额恒等于$1-\theta$。这直接来自柯布—道格拉斯生产函数的函数形式。例如，即使资本积累增加，在(9.2)式中实际工资增加，但劳动力在国民收入中所占份额仍然不变。同时，资本在国民收入中的份额增加而土地的份额则下降。

现在，总收入是$Y=(K+\sigma L)^{\theta}(1-\delta)^{1-\theta}$，并且因为总人口为1，这也是平均收入$\bar{y}$。因此：

$$\bar{y}=(K+\sigma L)^{\theta}(1-\delta)^{1-\theta} \tag{9.4}$$

利用民众只有劳动收入这一事实，我们可以得出一个公民的收入（用 y^p 表示）表达式：

$$y^p=(1-\theta)\left(\frac{K+\sigma L}{1-\delta}\right)^{\theta}=\frac{(1-\theta)(K+\sigma L)^{\theta}(1-\delta)^{1-\theta}}{1-\delta} \tag{9.5}$$

$$=\left(\frac{1-\theta}{1-\delta}\right)y$$

这正是本书通篇使用的 y^p 的确切表达式。

回想一下，到目前为止，我们假设权贵的所有成员都是相同的，既拥有资本也拥有土地。因此，我们有如下的权贵每个成员收入的表达式：

$$y^r=\frac{rK+vL}{\delta}=\frac{\theta}{\delta}(K+\sigma L)^{\theta}(1-\delta)^{1-\theta}=\frac{\theta}{\delta}y \tag{9.6}$$

我们假定各参数使平均收入小于富人收入，或者换句话说，$\delta<\theta$，这与收入为外生的模型的假定相同。

9.3 政治冲突

我们现在来说明前面关于民主中的政策决定的分析能如何被用于这一更加复杂的经济模型。与前面一样，所有个人具有对消费是线性的效用函数，而且，因为人们把所有收入都用于消费，所以他们以收入最大化为目标。同样，我们假定有两个政策工具：一个与收入成比例的税率和所有行动者接受的一次性转移支付。与以前一样，收入再分配是有成本的。虽然我们现在有一个有更丰富的基本制度集的模型，但在本章的分析中，我们仍假定这些制度是外生的，虽然在 9.9 节我们会讨论它们可以如何进入分析。

个人 i 的效用现在是 $(1-\tau)y^i+T$，$i=p,r$，政府的预算约束同样意味着：

$$T=\delta\tau y^r+(1-\delta)\tau y^p-C(\tau)y=(\tau-C(\tau))y$$

加入税收成本，我们得到一个贫穷的行动者的间接效用。$V(y^p\mid\tau)=(1-\tau)y^p+(\tau-C(\tau))y$。这一间接效用最大化的一阶条件与我们前面得到的条件一样，并且，因为从第 4 章中我们知道偏好是单峰的，可以用中位选民定理决定(无约束的)民主中的均衡税率,再次记为 τ^p。利用穷人的收入由(9.5)式给出,平均收入由(9.4)式给出的事实,这一均衡税率 τ^p,与在第 4 章中的基准税率相同,即(4.11)式。

9.4 资本、土地和向民主的过渡

在这一节,我们把前两节中的经济和政治模型加入第 6 章 6.6 节的基本民主化模型,这个模型考虑了镇压。我们需要考察的第一个问题是经济结构如何影响镇压成本。根据前面的讨论,镇压对权贵的成本取决于其收入的来源——特别是,他们的收入主要是来自资本还是土地。如已经讨论过的那样,假定与平息民众的革命和起义威胁有关的动荡,其成本对工业者、工厂和商业来说比对土地和土地所有者更大,是言之成理的。结果,当土地对权贵重要时,他们更愿意承担镇压的成本来避免民主。在一个来自资本的收入比来自土地的收入变得更为重要的社会中,镇压的潜在成本更有可能超过民主的成本,权贵偏好把民主给予不满的民众而是不使用武力反对他们。

考虑与以前所进行的分析的相似性,我们在这里简单地概述这一模型。富有的权贵必须决定是镇压、民主化还是许诺再分配,如果没有镇压,没有民主,也没有革命,自然再一次决定权贵是否重新设置他们许诺的税率。这一模型的博弈树与图 6.2 相同。

这一基本的经济模型与我们在 9.2 节讨论过的一样。权贵拥有资本和土地;并且,所有成员拥有相同的禀赋,因此他们内部没有异质性(我们在后面会回到工业者与土地所有者之间的区分)。与以前一样,民众从革命得到的支付是 $V^p(R,\mu)=(1-\mu)y/(1-\delta)$,而权贵得到的总是 $V^p(R,\mu)=0$。

镇压对权贵是有成本的。到目前为止,因为收入是外生地决定的,我们简单地假设镇压(和政变)会破坏一部分收入。然而,先前的讨论说明想象冲突实际破坏资本也许更为有用,这也是我们在这一章所假设的。然而,只要在破坏的收入中来自资本的部分大于来自土地的部分,这一章的所有结论就都是适用的。而且,可以证实,前面各章的所有结果都可以被重新表述,如果我们假设镇压、革命或政变破坏的是资产而不是收入。

因此，如果权贵选择用镇压来避免革命和民主，他们将会失去一部分(κ_K)资本存量和一部分(κ_L)土地，并且，我们假设：

$$\kappa_K \geqslant \kappa_L$$

为减少记号，我们令 $\kappa_L = \kappa, \kappa_K = \varsigma\kappa$，其中$\varsigma \geqslant 1$。

如果实行民主，民众和权贵得到的价值由下式给出：

$$V^p(D) = w + \tau^p(\bar{y} - w) - C(\tau^p)\bar{y}$$
$$= \frac{1}{1-\delta}(1-\theta+\tau^p(\theta-\delta)-(1-\delta)C(\tau^p))(K+\sigma L)^\theta(1-\delta)^{1-\theta}$$

$$V^r(D) = \frac{rK+vL}{\delta} + \tau^p\left(\bar{y} - \frac{rK+vL}{\delta}\right) - C(\tau^p)\bar{y}$$
$$= \frac{1}{\delta}(\theta+\tau^p(\delta-\theta)-\delta C(\tau^P))(K+\delta L)(1-\delta)^{1-\theta} \tag{9.7}$$

其中，要素价格 w、r 和 v 由(9.2)式给出，民众最偏好的税率是 τ^p。这些表达式考虑了一旦实行民主，民众可以不受约束地设置他们最偏好的税率的情形。

另一方面，如果权贵选择镇压，支付是：

$$V^p(O|\kappa) = (1-\theta)\left(\frac{(1-\varsigma\kappa)K+\sigma(1-\kappa)L}{1-\delta}\right)^\theta$$
$$V^r(O|\kappa) = \frac{\theta}{\delta}(1-\varsigma\kappa)K+\sigma(1-\kappa)L)^\theta(1-\delta)^{1-\theta} \tag{9.8}$$

最后，权贵可以选择在现有体制下提供再分配而不实行民主化或进行镇压。在这种情况下，他们能达到的最好的程度是以民众最偏好的税率 τ^p 进行再分配，τ^p 由(4.11)式给出。在这种情况下，价值为：

$$(N, \tau^N = \tau^p) = \frac{1}{1-\delta}(1-\theta+P(\tau^P(\theta-\delta)-(1-\delta)C(\tau^P)))$$
$$\times(K+\sigma L)^\theta(1-\delta)^{1-\theta}) \tag{9.9}$$
$$V^r(N, \tau^N = \tau^p) = \frac{1}{\delta}(\theta+P(\tau^p(\delta-\theta)-\delta C(\tau^p)))(K+\sigma L)^\theta(1-\delta)^{1-\theta}$$

这些表达式考虑了这一许诺只以概率 p 实现的事实。

如以前一样，如果 $\theta \leqslant \mu$，革命威胁是不存在的。对于这个讨论更有意思的是 $\theta > \mu$ 的情形。为简单起见，我们假设这种情况：如果我们有 $V^p(N, \tau^N = \tau^p) \geqslant V^p(R, \mu)$，再分配的许诺就会阻止革命。根据第 6 章的论证，这等价于

$\mu \geqslant \mu^*$，μ^*由(6.6)式给出。

如果$\mu < \mu^*$，权贵不可能通过许诺再分配来阻止革命，因此他们会诉诸民主化或者镇压。我们像前面一样假设$V^p(D) \geqslant V^p(R,\mu)$，使得民主化可以阻止革命，这种情况的公式与(6.7)式相同。

什么时候权贵偏好镇压？这取决于是否有$\mu \geqslant \mu^*$。当$\mu \geqslant \mu^*$时，相关的比较是在再分配与镇压之间，因为对于权贵来说，当再分配可行时，再分配总是比民主化更为可取。更有意思的是，当$\mu < \mu^*$，因此在镇压与民主化之间存在取舍关系的时候。在这种情况下，权贵可以简单地比较 (9.7)式和(9.8)式给出的$V^r(D)$和$V^r(O|\kappa)$。显然，他们会偏好选择镇压，如果$V^r(D) < V^r(O|\kappa)$，或者

$$\theta + \tau^p(\delta - \theta) - \delta C(\tau^p) < \theta\left(\frac{(1-\varsigma\kappa)K + \sigma(1-\kappa)L}{K + \sigma L}\right)^{\theta} \qquad (9.10)$$

用资本土地比率$k = K/L$来改写(9.10)式会很有用，我们有：

$$\theta + \tau^p(\delta - \theta) - \delta C(\tau^p) < \theta\left(\frac{(1-\varsigma\kappa)k + \sigma(1-\kappa)}{k + \sigma}\right) \qquad (9.11)$$

(9.11)式是镇压发生的条件。我们说当k更高时，经济是更加资本密集型的，而低的k值对应的是相对土地密集型社会。(9.11)式清楚地说明，一个社会的资本密集度是镇压对于权贵是否具有吸引力的重要决定因素。我们在下一节讨论来自这一条件的比较静力学。现在，我们用以下命题总结我们的分析。

命题 9.1：假设(6.7)式成立，$\theta > \mu$且$\mu < \mu^*$，μ^*由(6.6)式给出。那么，我们有：

- 如果(9.11)式不成立，民主化作为权贵对未来再分配的可信承诺发生。

- 如果(9.11)式成立，权贵用镇压阻止革命。

因此，这一命题与第 6 章的主要结论是相似的。在此，有意思的是，决定镇压是否值得的条件(9.11)是否成立，取决于经济在多大程度上是资本密集型的(即k的水平)。

理解这一点的最简单的方法是考虑$\varsigma = 1$，使镇压的成本平均分配给资本和土地的情况。在这种情况下，我们有如下命题：

命题 9.2：考虑$\varsigma = 1$的博弈。那么，(9.11)式与k无关，因此，政治均衡不

受经济的资本密集度的影响。

相反，如果$\varsigma>1$，易证，随着k的增加，(9.11)式不再成立。因此，我们定义k^*，使得

$$\theta+\tau^p(\delta-\theta)-\delta C(\tau^p)=\theta\left(\frac{(1-\varsigma\kappa)k^*+\sigma(1-\kappa)}{k^*+\sigma}\right)^\theta \tag{9.12}$$

那么，我们可以说：

推论 9.1: 考虑一个由有$\varsigma>1$的博弈描述的社会，并用(9.12)式定义k^*。那么，在唯一的子博弈完美均衡中，我们有，如果$k<k^*$，权贵将用镇压应对革命的威胁；如果$k\geqslant k^*$，他们会用民主化对革命的威胁做出反应。

这一结论是这一章的主要结果。它指出一个资本密集度高的社会更加容易实行民主化。这是因为权贵对暴力的使用，在这种社会中要比在土地密集型的社会中成本更高。或者，换言之，资本投资比持有土地使权贵更支持民主化(在下一节的讨论中我们会看到工业者比土地所有者更支持民主化)。

9.5　政变对资本和土地的成本

我们现在将这些观点推广到政变。因为进行镇压和发动政变的相似性，似乎有自然而然的原因认为这些成本也取决于经济的资本密集程度。特别是，假定在一次政变中，经济中一部分生产性资本遭到破坏。如果政变发生，我们令被破坏的物质资本的比例为φ_K，被破坏的土地比例为φ_L。很自然地会认为：

$$\varphi_K\geqslant\varphi_L$$

换句话说，政变引起的动荡对资本比对土地更有破坏性。原因与前面讨论的相似。政变以及与之相伴随的动乱和动荡导致复杂经济关系的瓦解。这对资本主义生产比对农业生产更加重要。这是很自然的，因为在农业中对产品质量的关注要少于在制造业中的关注。并且，买者与卖者之间的复杂关系、对技能和关系型资本的投资在更加工业化的活动中要重要得多。因此，政变对土地的危害要小于对资本的危害。

令$\varphi_L=\varphi$，$\varphi_K=\xi\varphi$，其中，$\xi\geqslant1$。给定这一假设，我们可以写出政变后的

收入：

$$\tilde{y}_p = (1-\theta)\left(\frac{(1-\xi\varphi)K+\sigma(1-\varphi)L}{1-\delta}\right)^{\theta} \tag{9.13}$$

$$\tilde{y}^r = \frac{\theta}{\delta}((1-\xi\varphi)K+\sigma(1-\varphi)L)^{\theta}(1-\delta)^{1-\theta} \tag{9.14}$$

显然，两个表达式都小于政变前的相应表达式(9.5)式和(9.6)式，因为政变带来的动荡通常破坏了经济的一部分生产性资产。

有了对政变成本的这些界定，我们现在可以分析经济结构对政变和民主巩固的影响了。在本节中，这一模型的博弈树与图 7.1 的描述相同。

权贵是否希望发动政变取决于民主和非民主的后续价值。面对政变的威胁，中位选民希望做出让步(即令 $\tau^D < \tau^p$)，避免政变。在此之后，权贵决定是否发动政变。如果他们发动政变，社会转向非民主，权贵制定税率。自然，在成功的政变之后，他们会选择他们最偏好的税率 $\tau^N = 0$。结果，博弈以民众和权贵各自的支付 $V^p(C,\varphi) = \tilde{y}^p$ 和 $V^r(C,\varphi) = \tilde{y}^r$ 结束。在此，$\tilde{y}^p$ 和 $\tilde{y}^r$ 由(9.13)式和(9.14)式给出。反过来，如果他们选择不发动政变，政治体系仍旧保持民主，中位选民也许以 $1-p$ 的概率重新设定与民众在前一阶段许诺的税率不同的税率。因此，民众许诺的税率 τ^D 得以保持的概率为 p，民众和权贵分别得到价值 $V(y^p \mid \tau^D)$ 和 $V(y^r \mid \tau^D)$，其中

$$V(y^p \mid \tau^D) = \frac{1}{1-\delta}(1-\theta+\tau^D(\theta-\delta)-(1-\delta)C(\tau^D)) \times (K+\sigma L)^{\theta}(1-\delta)^{1-\theta}$$

和
$$V(y^r \mid \tau^D) = \frac{1}{\delta}(\theta+\tau^D(\delta-\theta)-\delta C(\tau^D))(K+\sigma L)^{\theta}(1-\delta)^{1-\theta}$$

如果，另一方面，自然允许民主重新设定税率，民众和权贵都会收到与(无约束的)民主有关的价值 $V^p(D)$ 和 $V^r(D)$，由(9.7)式给出。因此，由民主的按税率 τ^D 征收低税的许诺产生的价值是 $V^p(D,\tau^D)$ 和 $V^r(D,\tau^D)$，使得：

$$\begin{aligned} V^p(D,\tau^D) = \frac{1}{1-\delta}[1-\theta+p(\tau^D(\theta-\delta)-(1-\delta)C(\tau^D)) \\ +(1-p)(\tau^p(\theta-\delta)-(1-\delta)C(\tau^p))](K+\sigma L)^{\theta}(1-\delta)^{1-\theta} \end{aligned} \tag{9.15}$$

$$\begin{aligned} V^r(D,\tau^D) = \frac{1}{\delta}[\theta+p(\tau^D(\delta-\theta)-\delta C(\tau^D))+(1-p)(\tau^p(\delta-\theta) \\ -\delta C(\tau^p))](K+\sigma L)^{\theta}(1-\delta)^{1-\theta} \end{aligned}$$

这些表达式考虑了民众以 $1-p$ 的概率重新设定税率的情况,政变决策已成为过去,因此他们选择他们最偏好的税率 τ^{p}。

我们现在可以用反向归纳法描述这一博弈的子博弈完美均衡。政变对于权贵是否具有吸引力取决于政变约束 $V^{r}(C,\varphi)>V^{r}(D)$ 是否具有约束力。这一约束表示政变比生活在一个无约束的民主中更具有吸引力。这一政变约束可以表示为:

$$\theta+\tau^{p}(\delta-\theta)-\delta C(\tau^{p})<\theta\left(\frac{(1-\xi\varphi)k+\sigma(1-\varphi)}{k+\sigma}\right)^{\theta} \tag{9.16}$$

我们仍用资本密集度 $k=K/L$ 写出这一表达式。当这一约束不具有约束力的时候,政变的成本充分高,使权贵发现政变无利可图——民主是完全巩固的。等式(9.16)相当直观,并以人们预期的方式对参数变化做出反应。例如,更高的民主税率 τ^{p} 使这一约束更可能成立,因为只有左端取决于 τ^{p},并对 τ^{p} 递减。更高水平的 φ 使它成立的可能性更小,因为权贵的更大部分的资产将在政变过程中遭到破坏。

相反,当这一约束具有约束力时,民主体制将是不完全巩固的:如果民众不偏离他们最偏好的税率,沿均衡路径会出现政变。因此,我们可以定义在政变中被破坏的资产比例的临界值,用 φ^{*} 表示,使得当 $\varphi<\varphi^{*}$(即政变成本不是很大)时,民众的有限的再分配许诺不足以劝阻权贵不发动政变。当然,对于权贵阶层来说,民众能对权贵做出的最有吸引力的许诺是完全停止出自权贵的再分配(即 $\tau^{D}=0$)。因此,在 φ^{*} 处,我们必须有 $V^{r}(D,\tau^{D}=0)=V^{r}(C,\varphi^{*})$,或者:

$$\varphi^{*}=\left[1-\left(1+\frac{(1-p)}{\theta}(\tau^{p}(\delta-\theta)-\delta C(\tau^{p}))\right)^{\frac{1}{\theta}}\right]\left(\frac{k+\sigma}{\xi k+\sigma}\right) \tag{9.17}$$

与前面一样,这一表达式意味着更高水平的 τ^{p} 使民主对权贵更为不利,因此,增加了 φ^{*};也就是说,当 τ^{p} 很高时,权贵愿意承担成本更大的政变。我们现在有如下结果:

命题 9.3:在上述博弈中,存在一个唯一的子博弈完美均衡,使得:

● 如果政变约束(9.16)式不具有约束力,民主是完全巩固的,民众设定他们最偏好的税率 $\tau^{p}>0$。

● 如果政变约束(9.16)式具有约束力,且 $\varphi\geqslant\varphi^{*}$,民主是不完全巩固的,

民众设定税率 $\tau^D=\tilde{\tau}<\tau^P$，使得 $V^r(D,\tau^D=\tilde{\tau})=V^r(C,\varphi)$。

- 如果政变约束具有约束力，且 $\varphi<\varphi^*$，民主是不巩固的，出现政变，权贵掌权并设定他们最偏好的税率 $\tau^N=0$。

这一结果中新颖的部分是现在政变的可能性受经济结构——特别是，社会是资本密集型的还是土地密集型的——的影响。然而，资本密集度影响权贵发动政变倾向的唯一原因是在政变过程中资本和土地被破坏的不同比例（即 $\varphi_K>\varphi_L$）。为了强调这一点，我们陈述一个与命题 9.2 相似的结论：

命题 9.4：考虑这一博弈在 $\xi=1$ 时的情况。那么，(9.16)式与 k 无关，所以政治均衡不受经济的资本密集度的影响。

对这个结果的证明来自(9.17)式，因为当 $\xi=1$ 时，$\frac{k+\sigma}{\xi k+\sigma}=1$，在右端消失。这一命题表明，在这个模型中，当政变的成本对资本和土地所有者都相同时，经济结构与资本密集度没有关系。

然而，当 $\xi>1$ 时，情况有重大变化。政变对资本的成本大于对土地的成本，(9.16)式意味着随着 k 的增加，政变约束变得松弛了，从(9.17)式可知，φ^* 减少。这意味着我们可以定义两个临界水平 $\hat{k}$ 和 k^* 使得当时 $k=\hat{k}$，(9.16)式作为等式成立。另一方面，$k=k^*$，使得当民主承诺 $\tau^D=0$，权贵对政变和民主是无差异的。自然，$k^*<\hat{k}$。这一讨论得出了如下结论：

推论 9.2：考虑一个由这一博弈描述的社会，假定 $\xi>1$。令 $\hat{k}$ 和 k^* 如上述。在这一子博弈完美均衡中，我们有：如果 $k<k^*$，社会是不巩固的民主。如果 $k^*\leqslant k<\hat{k}$，社会是一个不完全巩固的民主。如果 $k\geqslant\hat{k}$，社会是完全巩固的民主。

因此，在一个 k 比较低的土地密集型社会中，在危机时期将会发生政变。然而，当生产的结构不同时，也就是说，当资本在生产过程中和在权贵资产组合中相对重要时，如资本密集度的临界水平 k^* 描述的那样，沿均衡路径不会再发生政变，民主得以存续。但是，因为 $k<\hat{k}$，民主不是完全巩固的政治制度，只有通过对形成了有效的政变威胁的权贵做出让步才能存续。当社会变得更加资本密集，k 增加时，它最终会变成不存在影响均衡税率和再分配政策的政变阴影的、完全巩固的民主。

因此,这一模型说明经济结构,特别是资本密集程度,如何影响民主巩固的倾向。基本的思想是,在一个更为工业化的、权贵资产的更大部分以物质资本形式存在的社会中,与政变相联系的动乱和动荡,与镇压引起的诸如此类的事情一样,有更大的破坏性。因此,在一个资本密集型的社会中,政变和镇压的吸引力更小。

9.6　资本、土地和民主的负担

经济结构影响民主的一个更重要的途径是权贵对民主的态度也随着经济结构的变化而不同,因为资本和土地的税收负担通常不同。在这一节,我们分析一个具有这一特征的模型。为简洁起见,我们仅仅考察政变和民主巩固。有前两节的结果,显然关于向民主过渡的分析是相似的;阻碍政变的因素也阻碍镇压,促进向民主的过渡。

这一节的关键是,因为土地供给更加无弹性,在被允许时,民众会对土地征收比对资本更高的税。于是,如果其他情况相同,在土地对权贵的收入更加重要时,权贵更加反对民主。这也给了我们另外一个关于在土地密集型的社会中更不可能巩固民主(向民主过渡)的原因。

现在来讨论这个问题。我们假设可以对来源不同的收入分别征税,特别是,对资本收入的税率为 τ_K,对土地收入的税率为 τ_L。为了简化讨论,我们通篇都假设对劳动收入不征税(即对劳动的税率 τ_N 等于 0)。显然,民众不愿意对他们自己的收入征税,更一般地说,在一个非民主体制中,权贵可能倾向于对民众征税,再分配给他们自己(如在以前各章对有针对性的转移的讨论中那样)。为了简化说明,我们通过将注意力限于 $\tau^N=0$ 的情形,略去这种可能性。

当存在对资本收入和土地收入的不同税收时,我们如何对税收成本建立模型?税收的成本在很大程度上来自生产要素的供给是有弹性的事实。例如,对劳动税收是有成本的,因为个人享受更多闲暇而不是向市场提供劳动。这些成本有两个方面,都与这里的讨论有关。首先,由于供给市场的劳动减少,计量的收入减少,因此税收减少。对使用税收的人,这便产生了成本,因为现在税收减少了。其次,也会有分配效率的成本。如果没有税收,劳动力将被配置到其最佳用途：市场工作。税收阻碍了这一配置，通过创造使时间偏离其最有效率用途，被迫用于价值更少之处，即闲暇或者家庭生产的激励，创造了一种扭曲。对资本征税也有类似的成本，因为资本可以逃到其他活动中甚至逃到国外，避免被征税。同样，资本的这一反应之所以是有成本的，既是因为有了更少的税收收入，也是因为资本在各种活动中的配置被扭曲了。更一般地说，在所有情况下，税收之所以造成扭曲，是因为努力避税的行为，每一种要素在避税的努力中，都没有被配置到其最为生产性的用途上，被作为课税对象的计量的市场收入减少了。同样很重要的是这些成本都与各种因素的"供给弹性"有关。当一种要素的供给缺乏弹性时，它难以从市场活动中退出，因此，计量的收入不变，扭曲更少。将供给弹性作为决定税收成本的重要因素将立即显示对资本征税的成本比对土地征税的成本更大。毕竟，资本能很容易地进入其他部门，但土地只能固定在原处，最多只是荒废掉而已。

受这些考虑的推动，我们设想当对资本的税率为 τ_K 时，相应的税收成本为 $C_K(\tau_K)rK$；当对土地的税率为 τ_L，成本为 $C_L(\tau_L)vL$。与以前一样，我们假定这些函数是连续的、可导的、凸的。并且，我们规定通常的边界条件 $C'_L(0)=C'_K(0)=0$，以及稍微不同的边界条件 $C'_L(1)>1$ 和 $C'_K(1)>1$（产生这一不同的原因稍后会得到说明）。我们的关键假定是：

$$C'_L(\tau)<C'_K(\tau)\text{对所有 }\tau>0$$

这一假定意味着对资本征税的边际成本总是高于对土地征税的边际成本，也就是说，资本供给比土地供给有弹性。这一假定的重要含义是民众愿意对土地征收比对资本更高的税。

为进一步简化讨论，我们现在在另一个重要的方面偏离基准模型。像在有针对性的转移支付的模型中那样，假定除了一次性转移之外，还有对特定团体的转移支付——特别是对民众(T_p)——以及对权贵的一次性转移支付(T_r)。

据此，可以将权贵和民众的税后收入写成：

$$\hat{y}^p=w+T_p$$

$$\hat{y}^r=(1-\tau_K)\frac{rK}{\delta}+(1-\tau_L)\frac{vL}{\delta}+T_r$$

它包含了我们关于资本和土地被权贵所有成员同样拥有，权贵人数为 δ 的假定。

政府预算约束现在可以写成：

$$\delta T_r + (1-\delta) T_p = \tau_K rK - C_K(\tau_K) rK + \tau_L vL - C_L(\tau_L) vL \quad (9.18)$$

(9.18)式的左端是总的转移支付支出，T_r 表示权贵成员所得到的一次性转移支付，因此乘以 δ；T_p 是对一个公民的转移支付，因此乘以 $1-\delta$。等式右端是对资本和土地所征税收的总收入。在税率为 τ_K 和 τ_L 时，资本所有者支付总量为 $\tau_K rK$ 的税收，土地所有者支付总量为 $\tau_L vL$ 的税收。然后我们再从中分别减去各自的税收成本 $C_K(\tau_K) rK$ 和 $C_L(\tau_L) vL$。

给定针对他们自己的转移支付的可获得性，民众将利用这一有针对性的转移支付再分配来自资本和土地的收入；所以，在民主中，$T_r=0$。

接下来，由于民众不再对自己征税，他们最偏好的税率即为使(9.18)式右端的净税收最大化的税率。换句话说，民众现在喜欢位于表示税收收入与税率之间关系的拉弗曲线的顶端。所以，民众最偏好的税率可以通过解以下的最大化问题来计算：

$$\max_{\tau_K, \tau_L} \{\tau_K rK - C_K(\tau_K) rK + \tau_L vL - C_L(\tau_L) vL\}$$

一阶条件是直截了当的，并隐性地给出了穷人最偏好的税率 τ_K^p 和 τ_L^p：

$$C'_K(\tau_K^p) = 1 \quad (9.19)$$

$$C'_L(\tau_L^p) = 1$$

它们使穷人的净收益最大化。根据假定 $C'_L(\tau) < C'_K(\tau)$，即有 $\tau_K^p < \tau_L^p$。

接下来计算民主税收对权贵的净负担。与第 4 章一样，我们把这种税收负担定义为出自权贵的净再分配数量。由于他们现在得到的转移支付为零，因此，净再分配数量便等于他们所支付的税收。于是，我们有：

$$\text{税负}(\tau_K^p, \tau_L^p) = \tau_K^p rK + \tau_L^p vL$$

利用(9.3)式，我们得到相对于总收入的以资本密集度表示的税负表达式：

$$B = \frac{\text{税负}(\tau_K^p, \tau_L^p)}{Y} = \tau_K^p \frac{k}{k+\sigma} + \tau_L^p \frac{\sigma}{k+\sigma} \quad (9.20)$$

首先，注意，根据(9.19)式，税率 τ_K^p 和 τ_L^p 与 k 无关。然后，(9.20)式意味着当一个经济体变得更为资本密集时，民主对权贵的负担会下降。这反映了资本对税收的吸引力比土地更小的事实。在分析上，税负 B 随着资本密集度的上升而递减：

$$\frac{dB}{dk}=\frac{\tau_K^p}{k+\sigma}-\frac{\tau_K^p k+\tau_L^p\sigma}{(k+\sigma)^2}<0$$

这一表达式直接来自 $\tau_K^p<\tau_L^p$ 这一事实。这个结果意味着当权贵对资本的投资比土地更多时，他们会出于另一个原因更少地反对民主。这是因为民主对资本的税收少于对土地的税收。

对 $\tau_K^p<\tau_L^p$ 还有一个引人注目的解释。到目前为止，我们一直强调对来自土地和资本收入的不同税率。另一个可能性是资产的再分配。因为没有在本章明确考虑资产的再分配问题，我们也许认为资产再分配的可能性也被包括在 τ_K^p 和 τ_L^p 之中了。有理由认为土地和资本再分配的可能性有所不同吗？答案是肯定的。虽然民主能够通过土地改革很容易地再分配土地，但是资本的再分配要困难得多。因为资本以工厂的形式是难以分割的。更重要的是，当这些工厂被其他所有者取得或被给予新的所有者时，生产效率通常会降低。这是因为，资本主义生产所必需的复杂关系——一些特定的投资和诀窍——都掌握在原来的生产者手中，难以转移，甚至不可能转移。我们可以争辩说，不需再分配资本本身，企业股份可以再分配。然而，现代企业理论（Hart，1995）指出，企业内部的行动者的动力取决于所有权结构，因此不可能在不损失生产率的情况下，对资本进行任意的再分配。的确，如果资本市场是完备的，我们可以预期企业一开始的所有制结构就是有效率的（如果不是这样，则再分配的效应会更加复杂；例如，参见 Legros and Newman，1996）。

土地更容易在不创造扭曲的情况下再分配。当土地从大土地所有者再分配到农业工人手中时，效率的损失也许不明显。事实上，根据一些统计，效率还有可能提高，因为许多大农场是由其所经营的土地超过了有效率规模的大土地所有者拥有的[宾斯旺格、德宁格和费德尔（Binswanger，Deninger，and Feder，1995）讨论了土地改革有利于效率提高的证据。贝斯利和布尔吉斯（Besley and Burgess，2000）指出，印度的土地改革对总量经济绩效几乎没有不利影响]。这表明，土地改革对于民主来说经常是个有吸引力的政策工具，能够达到财政目标，也不会造成严重扭曲。自然，这也意味着民主对土地所有者的负担大于对资本所有者的负担。这一考虑意味着，当土地是富人的更重要的财产时，他们对民主的恐惧更大，他们通常预期对他们更为不利的再分配和更大的负担。这可以用我们 $\tau_K^p < \tau_L^p$ 的结果来说明。

我们现在把这两点联系起来，分析在一个资本和土地税率不同的社会中发生政变的可能性。考虑此处描述的经济模型和图 7.1 中的博弈表示的政治模型。为了进一步简化讨论，我们假设在政变过程中被破坏的资本和土地数量相同(即 $\varphi_K = \varphi_L$，或者 $\xi = 1$)。这一假定突出了我们本节要强调的渠道。

如果民众能重新设定他们最偏好的税率和转移支付，对资本和土地的税收由(9.19)式给定，且 $T_r = 0$。我们可以得到每一公民所接受的转移为：

$$T_p^p = \frac{\tau_K^p rK - C_K(\tau_K^p) rK + \tau_L^p vL - C_L(\tau_L^p) vL}{1-\delta} \tag{9.21}$$

T_p^p 的上标 p 表示它是民众偏好的价值。所以，我们可得到在一个无约束的民主中的相关价值：

$$V^p(D) = w + T_p^p \tag{9.22}$$

$$V^r(D) = (1-\tau_K^p)\frac{rK}{\delta} + (1-\tau_L^p)\frac{vL}{\delta}$$

该式中的要素价格 w、r 和 v 由(9.2)式给出；τ_K^p 和 τ_L^p 由(9.19)式给出；T_p^p 由(9.21)式给出。

权贵是否发动政变取决于民主与非民主的后续价值。假设民众再次设定可能与他们最偏好的税率 τ_K^p 和 τ_L^p 不同的税率，我们用 $\tilde{\tau}_K$ 和 $\tilde{\tau}_L$ 表示，对一个公民的相应的再分配则为：

$$\tilde{T}_p^p = \frac{\tilde{\tau}_K rK - C_K(\tilde{\tau}_K) rK + \tilde{\tau}_L vL - C_L(\tilde{\tau}_L) vL}{1-\delta} \tag{9.23}$$

由于这种税率是扭曲的，因此，民众显然会决定减少对土地和资本的税收而不是实行对权贵的一次性转移支付。如果我们允许对劳动收入征税，则民众可能发现对自己征税，并向权贵转移资源，来避免政变是最优的。

接下来，权贵决定是否发动政变。如果发动政变，则社会转向非民主，权贵设定税率。自然，他们会选择自己最偏好的税率 $\tau_K^N = \tau_L^N = 0$。因此，博弈以民众和权贵的各自支付 $V^p(C, \varphi)$ 和 $V^r(C, \varphi)$ 结束：

$$V^p(C,\varphi)=(1-\theta)(1-\varphi)^\theta\left(\frac{K+\sigma L}{1-\delta}\right)^\theta \tag{9.24}$$

$$V^r(C,\varphi)=\frac{\theta}{\delta}(1-\varphi)(K+\sigma L)^\theta(1-\delta)^{1-\theta}=\frac{\theta}{\delta}(1-\varphi)^\theta Y$$

反过来，如果权贵决定不发动政变，政治体系则仍为民主。在这种情况下，自然再次行动，决定民主是否重新设定与民众在前一阶段所许诺的税率不同的税率。与前面一样，这一后续博弈表现了这一事实——一旦政变的威胁消失，民主也许不能承诺更少的再分配政策（即不采用亲民众的政策）。自然决定民众许诺的税率以概率 p 保持，民众和权贵得到价值 $V(y^p\mid\tau_K^D=\tilde{\tau}_K,\tau_L^D=\tilde{\tau}_L)$ 和 $V(y^r\mid\tau_K^D=\tilde{\tau}_K,\tau_L^D=\tilde{\tau}_L)$，其中：

$$V(y^p\mid\tau_K^D=\tilde{\tau}_K,\tau_L^D=\tilde{\tau}_L)=w+\widetilde{T}_p^p$$

$$V(y^r\mid\tau_K^D=\tilde{\tau}_K,\tau_L^D=\tilde{\tau}_L)=(1-\tilde{\tau}_K)\frac{rK}{\delta}+(1-\tilde{\tau}_L)\frac{vL}{\delta}$$

其中，$\widetilde{T}_p^p$ 由(9.23)式给出。

另一方面，如果自然允许民主重新设定税率，则权贵和民众都会得到（无约束的）民主价值 $V^p(D)$ 和 $V^r(D)$，这由(9.22)式给出。所以，民众在民主中做出的仅以税率 $\tilde{\tau}_K,\tilde{\tau}_L$ 进行更少再分配的许诺产生的价值为 $V^p(D,\tau_K^D=\tilde{\tau}_K,\tau_L^D=\tilde{\tau}_L)$ 和 $V^r(D,\tau_K^D=\tilde{\tau}_K,\tau_L^D=\tilde{\tau}_L)$，使得：

$$V^p(D,\tau_K^D=\tilde{\tau}_K,\tau_L^D=\tilde{\tau}_L)=w+(1-p)T_p^p+p\widetilde{T}_p^p \tag{9.25}$$

$$V^r(D,\tau_K^D=\tilde{\tau}_K,\tau_L^D=\tilde{\tau}_L)=(1-p\tilde{\tau}_K-(1-p)\tau_K^P)\frac{rK}{\delta}+(1-p\tilde{\tau}_L-(1-p)\tau_L^p)\frac{vL}{\delta}$$

其中，w、r 和 v 由(9.2)式给出；τ_K^p 和 τ_L^p 由(9.19)式给出；T_p^p 由(9.21)式给出；$\widetilde{T}_p^p$ 由(9.23)式给出。这些表达式考虑了民众可以以 $1-p$ 的概率重设税率的事实，在这种情况下，他们不受约束，选择由(9.19)式给出的、他们最偏好的税率 τ_K^p 和 τ_L^p。

我们现在可以用反向归纳法描述这一博弈的子博弈完美均衡。决定性的问题是，发动政变是否符合权贵的利益，以及民众是否能通过许诺让步来阻止政变。

政变是否有吸引力取决于政变约束 $V^r(C,\varphi)>V^r(D)$ 是否具有约束力。当权贵的税负充分高时，答案是肯定的。利用(9.22)式和(9.24)式，政变约束可以写为：

$$(1-\varphi)^{\theta}>(1-\tau_K^p)\frac{k}{k+\sigma}+(1-\tau_L^p)\frac{\sigma}{k+\sigma} \tag{9.26}$$

当这一约束不具有约束力时，民主是完全巩固的。

相反，当这一约束具有约束力时，民主是不完全巩固的：如果民众不采取行动，则沿着均衡路径会有政变发生。民主可以采取的行动是减少对资本和土地的税收，从而减少民主对权贵的负担。尤其是，民众可能对权贵提供的最好许诺是对资本和土地的税收都为零，$V^r(D,\tau_K^D=0,\tau_L^D=0)$。如前面的分析一样，我们可以定义 φ、φ^* 的临界值，使得当 $\varphi<\varphi^*$ 时，民众的有限再分配许诺不足以劝阻权贵发动政变。因此，我们必须有在 φ^* 处 $V^r(D,\tau_K^D=0,\tau_L^D=0)=V^r(C,\varphi^*)$。解这一等式，我们可以得到：

$$\varphi^*=1-((1-(1-p)\tau_K^p)\frac{k}{k+\sigma}+\left(1-(1-p)\tau_L^p)\frac{\sigma}{k+\sigma}\right)^{\frac{1}{\theta}} \tag{9.27}$$

通过以上的讨论，我们可以将这一博弈的子博弈完美均衡总结如下：

命题 9.5：在上述博弈中，存在一个唯一的子博弈完美均衡，使得：

- 如果政变约束(9.26)式不具有约束力，民主是完全巩固的。民众制定他们最偏好的对资本和土地的税率 $\tau_K^p>0,\tau_L^p>0$，由(9.19)式给出。
- 如果政变约束(9.26)式具有约束力，且 $\varphi\geqslant\varphi^*$，民主是不完全巩固的，民众制定低于 τ_K^p 和 τ_L^p 的税率。
- 如果政变约束(9.26)式具有约束力，且 $\varphi<\varphi^*$，民主是不巩固的。政变将会发生，权贵掌权，制定他们偏好的税率，$\tau_K^N=\tau_L^N=0$。

我们再次来定义资本密集度的两个临界水平 $\hat{k}$ 和 k^*，使得当经济达到这些临界水平时，首先变成不完全巩固的民主，然后变成完全巩固的民主。这些临界值是：

$$k^*=\frac{((1-(1-p)\tau_L^p)-(1-\varphi)^{\theta})\sigma}{(1-\varphi)^{\theta}-(1-(1-p)\tau_K^p)} \tag{9.28}$$

和

$$\hat{k}=\frac{((1-\tau_L^p)-(1-\varphi)^{\theta})\sigma}{(1-\varphi)^{\theta}-(1-p)\tau_K^p} \tag{9.29}$$

在(9.28)式、(9.29)式给定的 $\hat{k}$ 和 k^* 下，推论(9.2)式与以前一样适用。因此，结果与前面类似：当资本和工业变得比土地和农业更重要时，权贵就会减少对民主的反感，反民主的威胁减少。但发生这种情况的原因与以前不一样。在前一节的模型的讨论中，民主的负担与权贵资产的构成无关。他们对政变的不同态度来自政变所带来的混乱的不同成本。在现实中，也许更重要的是，权贵的不同部分在民主中遭受的损失是不同的。在这一节，我们通过构造一个土地被课以更重税收（或通过土地改革进行更激进的再分配）的模型，强调了这一方面。所以，当土地是权贵收入的一个重要来源时，他们更惧怕民主。随着资本密集度的提高，对民主的反对减少，民主更可能巩固。

本节中的这一模型的含义直接适用于民主化。由于民主的负担更多地落在土地所有者身上，所以，随着经济的资本密集度的提高，相对于民主，镇压的吸引力会下降，民主化就会出现。的确，类比于前面的分析，我们可以找出足以保证镇压对权贵完全没有吸引力的资本密集水平。

9.7　土地所有者与工业家之间的冲突

前面的分析说明了经济中上升的资本密集度如何降低了反民主政变的可能性。为了使讨论简化，我们假设资产的构成可以变化，但假定权贵都是一样的，每个成员都拥有相同份额的资本和土地。但在现实中，存在不同的团体——土地所有者和工业家——并且一些团体比其他团体更反对民主。这些区别是摩尔（Moore，1996）首创性文献的持续的主题，并在近期关于民主和非民主的文献中以强硬路线者和温和路线者的面目出现。在前一章中，我们讨论了如何在一个既有富人又有中产阶级行动者的模型的语境下，对强硬路线者和温和路线者的区分提供一些具体内容和微观基础。然而，在第 8 章中，收入仍是外生的，行动者之间的唯一区别只是收入水平的差异。

本章的模型为这一问题提供了另一种方法。特别是由于镇压和政变的成本更多地由资本所有者承担，而民主对土地所有者的负担更加沉重，我们可以预期资本所有者不会像土地所有者那样强烈反对民主。因此，我们可以设想一种权贵出现分化的状况：资本家倾向于承认民主，而土地所有者则反对。

虽然在政治学文献中，关于强硬路线者和温和路线者的讨论通常只限于向民主过渡的讨论，但其基本逻辑意味着这一区别对民主的巩固也应该是重要的。在反对民主的人群中也存在异质性；当分化出现在这些团体之间时，如何加总他们的偏好对决定民主是否存续起关键作用。因此，我们接着前两节来讨论在权贵是异质的情况下，资本密集度如何影响民主的巩固。这与第8章的分析有所不同，在那里，权贵的异质性是在民主化的背景下讨论的。

在本节中，我们仍使用前一节的模型，但在这个模型中有三个行动者团体：工人、土地所有者和工业家。我们分别用δ^k和δ^l来表示工业家和土地所有者的数目，使得$\delta^k+\delta^l=\delta$。工业家拥有全部的资本，土地所有者拥有全部的土地。我们也继续我们前一节的分析，假定政变的成本对土地所有者是一样的（即$\xi=1$），但贫穷的工人对他们按不同的税率征税。政治状况仍由相似的博弈描述。民众首先规定对资本和土地的税率τ_K^D和τ_L^D，而且他们也许愿意许诺$\tilde{\tau}_K$和$\tilde{\tau}_L$，这与他们的理想税率是不同的。然后，如果权贵决定不发动政变，自然会采取行动，民众以$1-p$的概率重设税率，使之偏离$\tilde{\tau}_K$和$\tilde{\tau}_L$。这一行动表现了民主的承诺问题。

然而，为了讨论权贵的行为，我们必须首先提出加总工业家和土地所有者的偏好的方式。如前所述，这可以有很多方式，但在这里采用第8章8.6的模型。在这个模型中，我们假定决策是用功利主义的社会福利函数决定的，以此来加总富人和中产阶级的偏好。在这里，我们使用同样的假定，因此，如果政变最大化权贵——土地所有者和工业家——的效用和，权贵会支持政变。

现在，支付也不同了，因为存在三个团体。如果博弈的结果是民主，民众设定他们最偏好的税率，由(9.19)式给出，则我们可以得到民众、工业家和土地所有者各自的支付：

$$V^p(D)=w+T_p$$

$$V^k(D)=(1-\tau_K^p)\frac{rK}{\delta^k}+T_r$$

$$V^l(D)=(1-\tau_L^p)\frac{vL}{\delta^l}+T_r$$

其中，w、r和v由(9.2)式给出，由于在民主中$T_r=0$，T_p由(9.21)式给出。在此，假设权贵的各部分以相同的比例拥有资本和土地。为了简化符号，用

$V^k(D)$表示所有工业家得到的价值，$V^l(D)$表示所有土地所有者所得的价值。

如果，另一方面，如果政变发生，工业家和土地所有者取得了权力。在这种情况下，我们假设他们共同选择税率和转移支付。这会导致税率为0，但在政变过程中，有φ比例的资本和土地被破坏。因此，对一个工人、工业家和土地所有者的支付是：

$$V^p(C,\varphi)=(1-\theta)(1-\varphi)^{\theta}\left(\frac{K+\sigma L^{\theta}}{1-\delta}\right)$$

$$V^k(C,\varphi)=\theta(1-\varphi)^{\theta}(K+\sigma L)^{\theta-1}(1-\delta)^{1-\theta}\frac{K}{\delta^k}$$

$$V^l(C,\varphi)=\theta(1-\varphi)^{\theta}(K+\sigma L)^{\theta-1}(1-\delta)^{1-\theta}\frac{L}{\delta^l}$$

在设定政变的支付时，我们规定，在政变之后建立的非民主中，不存在对权贵的征税。工业家也许支持把税率设定为$\tau_L^N>0$且$T^{\tau}>0$，对土地所有者征税，再分配给他们自己。同理，土地所有者也许支持对工业家征税。然而，在这里，这种税率将是通过最大化决定了政变是否发生的同一福利函数决定的，而功利主义形式的目标函数保证了这种税收不会在均衡中出现。

最后，在穷人许诺以税率$\tau_K^D=\tilde{\tau}_K$且$\tau_L^D=\tilde{\tau}_L$进行再分配时（考虑这一诺言被兑现的概率为p），预期收益为：

$$V^p(D,\tau_K^D=\tilde{\tau}_K,\tau_L^D=\tilde{\tau}_L)=w+(1-p)T_p^p+p\widetilde{T}_p^p$$

$$V^k(D,\tau_K^D=\tilde{\tau}_K)=(1-p\tilde{\tau}_K-(1-p)\tau_K^p)r\frac{K}{\delta^k}$$

$$V^l(D,\tau_K^D=\tilde{\tau}_L)=(1-p\tilde{\tau}_L-(1-p)\tau_L^p)v\frac{L}{\delta^l}$$

与前面的分析类似，我们可以再次定义政变约束以及使权贵对政变和生活在民主中无差异的φ的临界水平。如果政变的成本大于这一水平，则我们处于完全巩固的民主。这些数值现在决定于权贵内部政治权力的平衡。首先我们来定义基本的政变约束$V^k(C,\varphi)>V^k(D)$且$V^l(C,\varphi)>V^l(D)$。它们分别是：

$$\theta(1-\varphi)^{\theta}(K+\sigma L)^{\theta-1}(1-\delta)^{1-\theta}>(1-\tau_K^p)r \tag{9.30}$$

和

$$\theta(1-\varphi)^{\theta}(K+\sigma L)^{\theta-1}(1-\delta)^{1-\theta}>(1-\tau_L^p)r \tag{9.31}$$

如果这些约束成立，则在高威胁状态下，民主必须做出让步以避免政变的发生，因此不是完全巩固的。

因此，我们可以得到约束 $V^k(C,\varphi)>V^k(D,\tau_K^D=0)$ 且 $V^l(C,\varphi)>V^l(D,\tau_L^D=0)$，它们表明在什么时候，即使在穷人做出可能最好的让步时，政变也会发生。它们决定了民主不完全巩固的条件。由此，我们得到工业家偏好政变而不是接受民众可能做出的最好的让步的约束：

$$\theta(1-\varphi)^{\theta}(K+\sigma L)^{\theta-1}(1-\delta)^{1-\theta}>(1-(1-p)\tau_K^p)r \tag{9.32}$$

以及表示对土地所有者来说民众可能做出的最好让步也比政变更差的情况的约束：

$$\theta(1-\varphi)^{\theta}(K+\sigma L)^{\theta-1}(1-\delta)^{1-\theta}\sigma>(1-(1-p)\tau_L^p)v \tag{9.33}$$

如前所述，这些约束都是在 $\tau_K^D=0$ 且 $\tau_L^D=0$ 处赋值的。

为了理解在什么情况下会出现政变，我们必须分析政变是否最大化权贵的功利主义的福利函数。这一情况的条件是：

$$\delta^k V^k(C,\varphi)+\delta^l V^l(C,\varphi)>\delta^k V^k(D,\tau_K^D=0)+\delta^l V^l(D,\tau_L^D=0)$$

在这里，$\delta^k V^k(C,\varphi)+\delta^l V^l(C,\varphi)$ 是当权贵发动反民主政变后的工业家和土地所有者的效用和。$\delta^k V^k(D,\tau_K^D=0)+\delta^l V^l(D,\tau_L^D=0)$ 是当这两个团体接受了可能最好的让步，不发动政变时的效用和。当 $V^l(C,\varphi)>V^l(D,\tau_L^D=0)$ 时，土地所有者支持政变，而在 $V^k(C,\varphi)<V^k(D,\tau_K^D=0)$ 时，工业家反对政变。于是，我们有：

$$\begin{aligned}\delta^k V^k(C,\varphi)+\delta^l V^l(C,\varphi)&=\theta(1-\varphi)^{\theta}(K+\sigma L)^{\theta-1}(1-\delta)^{1-\theta}\left(\delta^k\frac{K}{\delta^k}+\delta^L\frac{L}{\delta^L}\right)\\&=\theta(1-\varphi)^{\theta}(K+\sigma L)^{\theta}(1-\delta)^{1-\theta}\\&=\theta(1-\varphi)^{\theta}Y\end{aligned}$$

同理：

$$\begin{aligned}&\delta^k V^k(D,\tau_K^D=0)+\delta^l V^l(D,\tau_L^D=0)\\&\quad=\delta^k(1-(1-p)\tau_K^p)r\frac{K}{\delta^k}+\delta^L(1-(1-p)\tau_L^p)v\frac{1}{\delta^l}\end{aligned}$$

因此，在民主做出可能最好的让步(即 $\tau_K^D=0$ 且 $\tau_L^D=0$)时，政变会发生，如果：

$$\theta(1-\varphi)^{\theta}Y>(1-(1-p)\tau_K^p)rK+(1-(1-p)\tau_L^p)vL \tag{9.34}$$

在民主不做出让步时，政变会发生，如果：

$$(1-\varphi)^{\theta}Y>(1-p)\tau_K^p rK+(1-\tau_L^p)vL \tag{9.35}$$

注意(9.35)式与(9.26)式是同样的方程。并且，(9.34)式包含的政变成本的临界值与(9.27)式给出的 φ^* 相同。所以，命题 9.5 也适用于这种情况。例如，我们可以定义资本密集度的临界水平 k^* 和 $\hat{k}$，使得当 $k<k^*$ 时，有政变发生；当 $k\in[k^*,\hat{k})$ 时，民主可以通过让步存续，因此是不完全巩固的；当 $k\geqslant\hat{k}$ 时，民主是完全巩固的。

引人注目的是，现在出现了权贵的利益和偏好迥异的状态。由于 $\tau_K^D<\tau_L^P$，因此土地所有者自然比工业家更倾向于发动政变。然而，随着资本密集度的上升，工业家获得了比土地所有者更大的权力；于是，政变决策越来越反映工业家的利益(即由于他们在民主中损失更少，他们更不倾向发动政变)。因此，我们看到了一种权贵出现了分化的耐人寻味的状态。土地所有者希望政变而工业家不希望；当资本密集度变得足够高的时候，工业家的偏好占主导地位。

在此，重要的不只是随着经济的发展以及资本和工业变得更加重要，权贵作为一个整体变得更加支持民主。相反，也是更为切合实际的是，存在着权贵内部的分化。旧土地贵族总是更加反对民主，因为他们在民主政治中付出了更沉重的代价，而且恐惧在未来他们将付出更大的代价。他们对民主的态度不会迅速变化，但随着工业化，经济结构不断变化，新兴权贵的力量不断壮大，工业家在政变中会失去更多，对民主则更少惧怕。随着新兴权贵实力的增强，权贵对民主的威胁也大为减少。这一结果来自这一事实：随着资本密集度的上升，权贵内部不同部分的偏好强度发生了变化，工业家就越来越反对政变而土地所有者的力量减小。这种相对的偏好强度反映了相对的政治权力。

9.8 土地所有者、工业家和实践中的民主

本章所提供的视角如何有助于理解在民主的建立和巩固过程中不同国家的差异？拉丁美洲与西欧之间的比较是很有启发意义的。当 19 世纪 70 年代英国和法国等欧洲国家走向全面民主时，它们主要是城市社会；而当巴西、危

地马拉和委内瑞拉在20世纪40年代实行民主化的时候，它们还主要是农业社会。在欧洲的情况下，虽然民主产生了有利于穷人的收入再分配和经济社会政策，但在这些国家没有出现激进的资产再分配计划。虽然欧洲社会主义者当然谈论过“资本的社会化”，但它从来没有被作为一种严肃的选举策略提出来，除了在工业的国有化这一可能是例外的背景下。然而，至少在英国的情况下，国有化都是针对一些严重亏损的行业，并且其所有者都得到了补偿。严肃的资本再分配仅发生在共产主义革命之后。然而，在拉丁美洲，刚刚获得公民权的农民就要求土地改革——全面的土地再分配。这种现象持续地发生在拉丁美洲的民主化过程中。只有阿根廷和乌拉圭等更加城市化的国家例外，这些国家的政治围绕着农村和城市的对立演变。[1] 在1964年的巴西、1954年的危地马拉、1948年的委内瑞拉以及1973年的智利，对激进的土地再分配的反应都是政变。因此，与土地所有者相比，工业家对民主的担心更少、反民主的情绪更少的思想，与不同国家的历史经验似乎是一致的。

工业家和土地所有者也许对民主有不同偏好的观点可能也有助于解释在20世纪90年代中美洲民主化的动力学。例如，在萨尔瓦多，在20世纪40年代后，随着新的进口替代工业在城镇出现以及从咖啡向棉花的转变，经济多样化开始出现(Williams，1986；Paige，1997)。因为棉花生产是更加机械化的，使大量的农村劳动力流入城镇。人口在城市地区的集中似乎大大加剧了国家的政治不稳定。并且，投资于棉花和工业的新型工业家出现了。这种新的权贵在战争中遭受了沉重损失，是大力推动始于20世纪80年代的妥协的中心力量。所以，镇压对工业家成本更高的思想，和工业家的增长的政治权力会导致体制分裂和民主化的思想一样，与中美洲的经验非常吻合。

伍德(Wood，2000)也用这种观点去分析南非的情况。他指出，随着白人土地所有者的重要性下降，工业家的重要性上升，在南非也出现了类似的变革。工业家从种族隔离体制得到的好处更少(因为他们被阻止非洲人积累人力资本的限制所损害)，在镇压和对南非的国际制裁中损失更为惨重。

---

〔1〕 例如，在阿根廷，对庇隆的支持大多数来自城市，他的政策也已从农村向布宜诺斯艾利斯的再分配为目标。显然，与英国和其他西欧国家的情形一样，城市工人对土地再分配不感兴趣。

9.9 经济制度

在本章(乃至全书)的分析中,我们把经济制度的结构视为既定。然而,很显然,如果拥有政治权力的人能够改变这些制度,这会对民主产生重要的影响。例如,设想这样一种情况:市场不是竞争性的,拥有权力的人能干预和扭曲市场。在资本所有者和土地所有者统治的非民主中,权贵可以干预市场,也许通过在劳动市场上创造买方垄断,降低工资。在这种情况下,土地和资本在国民收入中的份额会上升,使劳动的份额下降到 $1-\theta$ 以下。在这一社会中,民主化不仅会导致权贵不喜欢的税收,而且会破坏他们偏好的经济制度。例如,一旦靠出卖劳动为生的民众左右了民主政治,他们就会有通过法律削弱工业家和土地所有者的市场力量的动力。的确,他们有加强自己的市场力量的动力,也许通过促进工会的形成、引进失业保险、实施最低工资制度,以及提高解雇成本等办法。这将会有缩小民主中的 θ 的作用。19 世纪英国的民主化导致劳动市场立法的重要变化,使谈判的力量由雇主转向劳工。

允许劳动市场和其他经济制度以这种方式内生化的影响使权贵更加反民主,而民众更加亲民主。所以,革命变得更有吸引力了,因为,如同在我们存在有针对性的转移支付的模型中那样,非民主的现状使得民众的境况更差。与此同时,民主变得对贵族更为不利,他们因此会更加倾向于用镇压来避免民主。显然,一旦民主建立,操纵经济制度的能力也强化了权贵发动政变的动力。在根本上,允许经济制度成为内生的,将会产生与存在有针对性的转移支付的模型相似的结果。它增加了特定政治制度的风险,使社会冲突更加激烈,社会更不稳定。

虽然我们在本书中不分析内生的经济制度模型,但在实践中这是一个非常重要的问题。例如,在摩尔(Moore,1966)和他的追随者的著作中,强调的重点是农业的组织。摩尔指出,在英国促进民主的力量之一是农业是高度商业化的,并有相对自由的劳动力市场这一事实。如我们在前面讨论的那样,英国前民主劳动市场制度当然试图削弱工人的谈判能力——例如通过禁止工会,但是与东欧的情况相比,这是小巫见大巫了。英国是欧洲最早见证封建主义解体的国家之一，但是东欧的封建制直到19世纪中期才结束。摩尔把英国的这种情况和当时东欧的“劳动压迫”型农业作了比较。在经济制度是内生的情况下，这种不同在我们的框架中是可以成立的。在19世纪的英国，政治精英对民主化的恐惧要比俄国、奥匈帝国的权贵小得多，尽管他们肯定预见到了经济制度的变革。

摩尔的讨论也显示了土地密集社会与民主化之间的另一联系。考虑与农业技术的关系，这种劳动压迫型的经济制度（其极端的情况为奴隶制）可能是有效率的，也是可行的。例如，这是关于在美国内战前奴隶制为什么主要存在于美国南部的标准论点（Fogel and Engerman，1974；Eltis，2000）。虽然我们还不了解这种观点的微观基础，但这种观点似乎是与大量证据相符合的，并为资本密集型社会与民主的关系提供了另一联系，这一联系是通过经济制度发生的——劳动压迫对于工业家来说更不可能或吸引力更小。

虽然在摩尔的分析中，我们会把19世纪的英国视为相对资本密集的，把俄国和奥匈帝国视为土地密集的，但即使在土地密集的社会内部，经济制度也有很大差异。这些思想可能有助于解释拉丁美洲各国的差异性。以中美洲为例，虽然这些国家的经济都高度专业化于同样的经济活动，特别是咖啡，但这些国家的政治发展历程却有重大不同。例如，尼加拉瓜有最危险的个人专制之一，在20世纪的大部分时间内都由苏慕萨家族控制，直至该家族被1979年的桑定诺革命推翻。在危地马拉和萨尔瓦多，没有出现这种山大王型的体制；相反，拥有土地的权贵在军队的支持下牢固地掌握着权力。这种扩展只是在20世纪40年代的危地马拉和20年代晚期的萨尔瓦多有所松动。在这两个国家，权贵都走上了镇压而不是民主的道路；结果，他们必须持续地对付游击战争。这些战争直到20世纪90年代才通过谈判结束。但在危地马拉，同样的权贵仍拥有很大的政治权力。另一方面，其邻国哥斯达黎加却也许是拉丁美洲最民主的国家，自1948年以来就一直是民主国家。甚至在那以前，它已经历了相对民主、很少出现镇压的体制。

如何解释这些不同的结果呢？一个明显的因素是哥斯达黎加没有大地产（Williams，1994；Gudmundson，1995；Paige，1997；Yashar，1997；Lebouucq，1998；Nugent and Robinson，2000；Wood，2000；Mahoney，2001）。该国的咖

啡主要由小土地所有者种植，在 19 世纪早期和中期国家通过了一系列宅地法案，基本上是将种植咖啡的土地送给了想种咖啡的人。相反，在其他中美洲国家，19 世纪世界经济的扩张没有带来宅地法案，而是导致了权贵以及与之有政治联系的人对土地的一系列大规模的剥夺。这些剥夺没有产生哥斯达黎加那样的小所有者社会，而是形成了大地产和更严重的土地持有的不平等。大多数学者认为，农业组织的不同形式，“土地精英”在哥斯达黎加以外的大多数中美洲国家的存在，是解释这些国家不同政治发展道路的一个关键。

相对民主的哥伦比亚的情况与哥斯达黎加十分相似。在这两个国家，政治精英主要集中于金融以及对农作物的收购和出口而不是咖啡生产（关于哥斯达黎加，参见 Paige，1997；Mahoney，2001；关于哥伦比亚，参见 Palacios，1980；Nugent and Robinson，2000）。一个结果是在危地马拉和萨尔瓦多，劳动市场制度是更加劳动压迫型的。危地马拉直到 1945 年首次创立民主之前一直实行强制劳动，而哥伦比亚在 19 世纪 20 年代就废除了这种制度。这一点对民主的重要性是，投资于土地的权贵预料，如果他们实行民主，他们也会失去他们所偏好的劳动市场制度，就如同 1945 年他们在危地马拉所经历的那样。

更一般地说，关于美洲国家比较发展的文献以这一思想为前提：西班牙和葡萄牙殖民地的初始条件导致了旨在从本地民众身上榨取租金，控制殖民地权贵的经济制度（Lockhart and Schwartz，1983；Coatsworth，1993；Engerman and Sokoloff，1997；Acemoglu，Johnson and Robinson，2001，2002，2004）。这些制度，如强制劳动、完备界定的产权或法律面前的平等的缺乏以及高度重商主义的政策，长期持续。这种制度似乎阻碍了 19 世纪拉丁美洲国家的工业化进程，也有助于解释这些国家的高度不平等。美洲各国之间的长期的经济差异，至少在一定程度上可由不同经济制度的持续性来解释，这些不同的经济制度源自殖民地的初始条件。

这些论点表明特定的经济制度能够长期持续。的确，如果经济制度不能持续，它们就难以制约经济、社会和政治生活。这也表明并不是所有的或大部分的经济制度都能够随着政治体制的变革而改变。尽管有一些令人感兴趣的例子说明在民主化、政变和我们在本节讨论的经济制度的变革之间存在相关关系，但主要出于这一原因，我们没有详细分析这种相关性。此处的情况与第6章对政治制度的讨论类似。制度——不论是经济制度还是政治制度，一旦建立就会有强有力的持续倾向（关于解释机制的讨论，参见Acemoglu，Johnson and Robinson，2001）。在任何社会，现存的制度都是复杂的历史过程的结果。在危地马拉和英国，在一个层次上，在民主化时期有重要的经济制度的变革；但在另一个层次上，存在显著的由历史决定的经济制度的差异性。这意味着当我们在提出一种关于为什么英国的民主化比危地马拉发展更快的解释时，以参数化的方式处理这些经济制度的差异是有用的。然而，在最终的意义上，我们希望提出一种考虑了经济制度和政治制度的共同演进的理论。这种理论虽然超出了本书的研究范围，但却是一个令人激动的未来研究领域（关于这种理论的概述，参见Acemoglu，Johnson and Robinson，2004）。最后，经济制度与支持着经济制度的政治体制的关系提供了不平等和政治发展的另一联系。例如，经济制度有利于少数权贵的社会可能保持非民主，进而维持这一经济制度，产生高度的不平等；而其他社会也许过渡到民主，选择更平均主义的经济制度。

9.10 人力资本

这一章的模型表明，在一个社会中，资本密集度越高，则镇压和政变的成本越高，民主的激进性和威胁性越小。结果，这种社会应该更容易实行民主化，更可能巩固民主。在过去的半个世纪，土地，甚至物质资本的重要性减小，而人力资本和技术的重要性增加。戈尔丁（Goldin，2001）将20世纪称为“人力资本的世纪”。因此，在这一节，我们进一步分析，集中考察当人力资本占据重要地位的时候，民主会有什么变化。

人力资本——体现在个人身上的技能、知识和教育——很自然地进入这些机制。首先，镇压和政变的负担经常落在了在冲突中被杀害的个人身上。杀害一个人比毁坏土地和机器要容易得多。所以，我们可以预料说人力资本在镇压、暴力和政变中损失最大。其次，人力资本不可能再分配。并且，对人力资本的收入征税是有成本的，因为人力资本与机器不同，只有当个人付出努力时，人力资本才会有产出。努力是难以监督的，所以，政府难以强迫人们使用其人力资本，相反，人力资本的使用很容易被收入所得税的高税率阻止。因此，在一个生产性资产由人力资本而不是物质资本或土地主导的社会中，民主的再分配程度可能更小。

这一讨论意味着在此可以直接应用与前面类似的分析。只是需要用表示社会的人力资本密集度 $h=H/K$ 来代替表示社会的物质资本密集度 $k=K/L$。权贵的人力资本密集度增大，他们就更不愿意使用武力去反对民主。并且，这也会减少民主的负担，因为人力资本比物质资本或土地更难征税。这两个渠道都意味着，随着人力资本变得更加重要，民主就更可能建立和巩固。

此外，随着人力资本变得更加重要，中产阶级（像在第 8 章中分析的那样）变得更加富裕，人数也更多，这也会使民主更加可能。

因此，我们的分析说明了人力资本与民主之间重大互动关系的原因，提供了理解第 3 章所指出的，特别是图 3.7 和图 3.8 所表示的经验关系的有用渠道。

9.11 关于政治发展的猜想

在本章中探讨的关于资本（物质的和人力的）和土地密集度与民主之间的关系使我们能对经济发展与政治发展之间的关系做出一些猜想。虽然近来的经济增长理论有时强调增长过程只是社会收入水平的提高，但经济发展不仅仅是收入水平的提高。随着经济发展，生产关系会有重大变化；工人和企业都将由农村地区迁向城市；物质资本，后来是人力资本和技术变得日益重要；整个经济结构被改变了。这些主题已被早期的经济发展理论家——例如，辛格（Singer，1949）、罗森斯坦-罗丹（Rosenstein-Rodan，1949）、纳克斯（Nurkse，1953）、刘易斯（Lewis，1954）、缪尔达尔（Myrdal，1957），特别是库兹涅茨（Kuznets，1966）——提了出来，在某种程度上由墨菲、施莱弗和维西尼（Murphy，Shleifer and Vishny，1989）、松山（Matsuyama，1992）以及阿塞莫格鲁和茨利伯提（Acemoglu and Zilibotti，1997，1999）做了正式分析。

因此，经济发展和人均收入的提高与本章使用的资本密集度概念有关的经济结构变化相伴而生。这一观点意味着，随着经济发展，资本变得比土地重要，工业变得比农业重要。并且，我们的政治框架意味着，对民主的反对和威胁被削弱了。我们可以预期人均收入水平高的国家也会是资本密集度高的国家，这将产生人均收入与民主之间的经验关系。

这种关系，首先由李普赛(Lipset，1959)指出，是政治经济学最重要的"事实"之一。正如第3章所述，这是各国数据显示的明确的相关性。但对这一经验事实仍还没有一个真正的理论解释。李普赛把他的解释追溯到亚里士多德，并且，像亚里士多德一样，指出，"只有在一个富裕的、只有极少数的人生活于真正贫困的社会中，才可能出现这样的状况：大众能智慧地参与政治，形成必不可少的自我约束，避免受不负责任的蛊惑的吸引"(1959，p. 75)。根据这种观点，收入与民主之间的这种关系反映了这一事实：只有在相对富裕的国家，民众才会足够"成熟"，足够信息灵通，过着与民主相伴随的更加复杂的生活。最近学者的研究主要集中于检验这种关系的可靠性，而不是为之提供解释。

在本书中，本章以前提出的模型是有意以一种对这个问题持不可知论的态度构造的，因为我们设计这些模型是为了得到不受人均收入水平影响的结果(例如，通过使税收成本标准化)。然而，本章的分析结果也许为这种经济发展与政治发展的关系提供了一种微观基础。它们说明，随着经济发展、生产要素积累、人均收入增长，经济结构向更为资本密集的资产禀赋的变化导致了民主及民主的巩固。

在目前这一阶段，这只是一个缺少经验支持的猜想。的确，由于关于民主决定因素的经验工作尚未令人信服地确立收入对民主的因果性影响，对本章提出的机制对政治发展的影响的研究是一个未来研究领域。一种可能性是数据中的这一相关性可能来源于另一个被省略的变量。如前所述，回想一下前一节关于经济制度对民主影响的分析。在那里，我们指出，危地马拉与英国不同的经济制度也许有助于解释为什么在历史上危地马拉的民主化程度一直比英国低很多。很明显，经济制度的一阶影响是对经济动力和绩效的影响。因此，经济制度的这些差异也许解释了为什么危地马拉比英国更为贫困的问题(Acemoglu，Johnson and Robinson，2001)。在这一解释中，人均收入与民主是正相关的,但两者之间不存在因果关系。实际上,两者都是由另外的因素——经济制度——导致的(Acemoglu, Johnson Robinson, and Yared, 2004)。

9.12 结 论

在这一章,我们提出了一个收入水平和收入分配是内生的模型,指出了经济结构如何影响民主的建立和巩固。我们强调在生产过程中物质资本和人力资本相对于土地的重要性——我们称之为经济的资本密集度——能够既影响镇压和政变的成本也影响民主对权贵的负担。这是因为:(1)镇压和使用暴力的成本对资本家和工业家要比对土地所有者更大。(2)民主将理性地以更高的税率(高于对资本和来自资本的收入的税率)对土地和来自土地的收入征税。这些观点都是初步的,没有经受经验的检验;但不论怎样,它们和许多案例分析、历史资料以及经济发展的主流方法是一致的。它们也与观察到的人均收入和民主的量度之间的相关性一致。

这些结果与政治身份的性质无关,虽然我们没有在本章明确分析这一问题,但这是很重要的。即使政治冲突发生在不同的种族团体 X 与 Z 之间,而不是社会经济阶级之间,资本密集度的增加也会对民主产生类似的影响。为了理解资本密集度如何影响民主,假设每个团体的权贵都拥有土地和资本,其余人只拥有劳动力。即使冲突发生在种族团体之间,更大的资本密集度仍然会减弱更大的 X 团体实行不利于更小的 Z 团体的再分配的愿望,因为现在这样做的成本更高了。只要在 Z 团体中存在一些资本所有者和土地所有者,这一结果就是成立的。如果民主已经建立,这将减弱 Z 团体发动政变的动力。并且,在非民主中(在此,非民主由 Z 团体统治),资本密集度的增加会使 Z 团体的镇压成本加大,因此会促进民主化的进程。

将本章的结果与第 8 章进行比较是引人注目的。在第 8 章中,我们把富人和中产阶级对民主的态度进行了比较。在那里看到,与摩尔所强调的一样,中产阶级更加倾向于民主,因为他们的收入要少于富人,所以他们由于民主的税收所遭受的损失比富人更小。所以,与富人相比,他们会更不愿意支持用镇压来阻止民主化。第 8 章的分析也说明,基于同样的考虑,中产阶级比富人更反对反民主的政变,而富人则从向非民主的转变获益更多。这些分析存在的问题是,没有明确的经济基础与富人和中产阶级这些标签相对应,使得我们难以将经济变革与这些潜在的政治态度的变化联系起来。在这一章,我们没有集中考察中产阶级与富人之间的宽泛的区分,而是强调了工业家和土地所有者的不同。与中产阶级一样,同土地所有者相比,工业家在民主中的损失更少,在动荡和暴力中也许损失更多。

10 全球化与民主

10.1 引 言

在这一章，我们讨论世界经济的全球化如何影响民主。本书到目前为止发展的框架说明了民主的出现和存续如何决定于收入分配，并通过这一渠道决定于要素价格。全球化，以日益增长的国际贸易和金融一体化的形式，影响着要素价格和收入水平，因此会对民主有重要的影响。

许多学者猜想在全球化与民主之间存在着各种不同的联系，政治学近期的经验文献开始探讨这种联系。这些文献发现，在民主化与国际经济的变化之间存在着显著的相关性。例如，奎恩(Quinn，1997，2002)指出，自 20 世纪 60 年代以来，世界各国的平均民主量度与资本和经常账户的自由化量度高度相关。然而，这些文献(Kubota and Milner，2005)集中于民主对国际自由化(它只是更一般的自由化的一个子集)的影响。

为了讨论全球化对民主的可能影响，我们区分全球化的三个方面：

- 增长的国际贸易(市场一体化)
- 更大程度的金融一体化
- 更大程度的政治一体化

在这一章，我们假设：对于某一特定的国家来说，全球化的这三个方面都是外生的，不受政治家的控制。虽然一个国家是否受全球化的影响经常——至少在某种程度上——在国内政治家的控制之下，但是，近期全球化浪潮的一个重要组成部分是国际贸易成本的下降和更大程度的世界经济一体化，对此，政治家几乎无力阻挡。因此，关于外生的全球化对政治均衡的影响的分析，是一个有用的出发点。

更多的国际贸易通常会缩小各国的商品和要素价格的差距(Dixit and Norman,1980; Feenstra,2004)。具体地说,在不存在国际贸易时,本地的丰裕要素有更低的价格。例如,如果一个国家劳动丰裕而资本稀缺,该国的工资水平就会低于世界平均水平,而资本收益则会高于世界平均水平。因此,国际贸易会提高该国的工资水平,降低该国的利率。对于相对贫困的、尚未达到完全巩固民主阶段的国家,如何在政变威胁下巩固民主以及向民主的过渡都是问题。例如,如我们在第 3 章所述,富国一般都是民主国家,而穷国一般是非民主国家,或是存在着高水平的遭受反民主政变的风险。并且,穷国通常都是劳动力丰富、资本稀缺的国家。因此,国际贸易应该会缩小以出卖劳动为生的穷人与拥有资本的富人之间的收入差距。

在我们的政治模型中,穷人与富人之间收入差距的缩小意味着政治冲突的减少。例如,如果富人与穷人之间的收入差距缩小,穷人就没有理由投票拥护高度再分配性的政策,民主对富人的威胁更小。因此,国际贸易降低了富人与穷人之间的冲突强度,或者像一些大众媒体有时所说的那样——国际贸易弱化了“阶级冲突”。在富人与穷人之间的冲突减少、税率更低的民主中,富人更少愿意承担镇压的成本而回到非民主,民主更可能巩固。所以,全球化也许有助于促进发展中国家的民主巩固。同样的观点也意味着,因为民主对富人的成本更低,通过镇压维持的非民主也更可能实行民主化。在这种情况下,全球化也应该对世界各地民主化起到推动作用。然而,对这些结论我们要小心对待,因为,如同我们在第 6 章指出的那样,实际上,不平等与民主化之间的关系并非是单调性的。因此,不平等的变化对民主的影响取决于我们在这一关系中所处的位置。如果我们从相对平等的状态开始,更大程度的平等——通过消除革命的威胁——实际上会阻碍民主的建立。然而,在讨论民主巩固的时候,我们还是会很自然地假定,在一个相对贫穷的社会中,更大的不平等会动摇民主制度。所以,我们预期由国际贸易引发的不平等程度的下降,使民主在创立之后更加持久——即使它对民主创立的总的影响是含糊的。总的来说,国际贸易对民主的准确影响是一个经验问题,我们认为本章的模型对设计未来的经验研究是最为有用的。

全球化对富裕国家的要素价格有相反的影响。在劳动丰裕的发展中国家，工资增加，资本收益率下降；在发达国家，特别是经合组织国家，工资会降低，而资本收益率会上升。我们应该预期在经合组织国家，有发生反民主政变的更大可能吗？我们相信答案是否定的，因为经合组织国家已经是完全巩固的民主，民主再分配的一种边际性的增长不会将这些国家推到不巩固的民主的位置。

这一讨论以这一假设为前提，即增长的国际贸易减少发展中国家的不平等，特别是缩小资本所有者与劳动者之间的收入差距。这是大多数贸易模型(特别是著名的赫克歇尔—俄林模型)的预测，因为相对于世界其他国家，非民主国家物质资本稀缺而劳动力丰裕。但在实际上，一些加入了世界经济的非民主国家也许是土地丰裕的(如 20 世纪初期的阿根廷和智利)。在这种情况下，国际贸易提高了土地的收益，并通过第 9 章强调的机制，使民主化更难发生，使民主更难巩固。

另外，需要注意的一点是：国际贸易不仅影响资本和劳动的相对价格，而且也影响人力资本的相对价格(即技能的收益)。由于欠发达国家通常缺乏熟练的劳动力，我们应该预期更大程度的贸易一体化降低这些国家的技能收益。然而，许多这类国家的近期经验却相反——技能收益增加，受教育多的与受教育少的工人之间的收入差距扩大。经济学文献对这种现象的解释是：与贸易一体化相伴随的技能倾斜(skill-biased)技术向欠发达国家的扩散，提高了这些国家熟练工人的边际产量。因此，我们也简单地讨论了一个贸易一体化增加了技术收益的模型，说明即使它提高了总的不平等程度，也同样有助于民主的巩固。我们可以把这些熟练工人看成中产阶级，如第 8 章所讨论的那样，在存在更富有的中产阶级时，民主的再分配程度更小，更可能巩固。

全球化的另一个方面是更大程度的金融一体化。在这一章，我们也说明世界经济中的更大程度的金融一体化可以影响民主的建立和存续。为此，有必要区分资本流入对欠发达和资本缺乏国家的不同影响。资本流入促进了金融一体化，也加剧了这些国家资本外逃的可能性。资本流入与增长的国际贸易一样，降低了资本稀缺国家的资本收益，提高工资。所以，金融一体化通过这一渠道的影响与增长的国际贸易的影响是相似的：它们缩小贫富之间的收入差距，并通过这一渠道促进民主的巩固和建立。

资本外逃的可能性也可以促进民主，但这一次却是经由一种不同的机制。在一个封闭经济中，资本没有投资国外的可能性，资本供给弹性相对小：资本所有者可以消费掉自己的资本而不进行投资，或者把资本投资于不可征税的（非正式部门中的）活动，这些活动也许有更低的生产率。相反，随着日益加强的金融一体化，高税收也许会使资本所有者将其资本转移到国外，投资于税率更低和没有罚没风险的市场。换句话说，金融一体化提高了资本的供给弹性。认识到了这一点，民主一般都对资本课以低税，而且一般都不得不降低再分配程度。因此，金融一体化因为可能的资本外逃而降低了民主的再分配程度。预料到这一点，富裕国家更少惧怕民主，更容易接受民主而不是进行镇压，更不愿意在机会之窗开启时，发动反民主的政变。所以，金融一体化也许可以促进民主的建立和巩固。

最后，全球化也伴随着更大程度的政治一体化。政治一体化可以通过各种渠道影响政变的成本。最重要的是，随着更大程度的政治一体化，如果国家出现了反民主的政变，它们也许会遭受其他民主国家的更大程度的制裁。通过这一渠道，全球化也许有助于民主的巩固。此外，更大程度的政治一体化也许有助于不发达国家市民社会的发展，提高政变成本，推动民主的巩固。

总之，我们在本章的分析显示，全球化与民主的出现和巩固之间有重要的联系。一个引人注目的可能性是这些联系有助于解释民主化或政变浪潮。所谓浪潮，我们是指同时在几个国家出现的走向民主或背离民主的运动。民主化的浪潮在历史上曾出现过——例如，第一次世界大战前夕、第二次世界大战之后以及20世纪70年代以来（Huntington，1991；Markoff，1996）。耐人寻味的是，在这些民主化浪潮与全球化的高潮之间有着密切联系。的确，我们可以很自然地认为全球化是同时影响许多国家的现象，因此是一个可能的解释变量。

如前所述，许多学者都讨论了全球化与民主之间的关系，我们的分析作出了几方面的重要贡献。首先，据我们所知，此前还没有人指出增长的国际贸易可以通过我们讨论的机制（即对要素价格和收入分配的影响）影响民主的建立和巩固。

其次，贝茨和利恩(Bates and Lien，1985)、贝茨(Bates，1991)、罗格夫斯基(Rogowski，1998)、纽曼和罗宾逊(Newman and Robinson，2002)、博伊克斯(Boix，2003)都强调，从一个国家出走的可能性可以促进民主，但是他们没有提供一个全面的当国际贸易影响不平等结构和政治博弈的各方选择时的政治均衡分析。

第三，通过将这种出走思想植入标准的要素流动经济模型，我们发现了其他重要的影响——例如，资本流入的分配效应。虽然对全球化(既包括增长的贸易一体化也包括更大程度的金融一体化)的影响有大量的经济学研究(Prasad et al.，2002)，但它只是刚刚开始将这些力量与制度变革联系起来。一些学者，如罗德里克(Rodrik，1997)和加利特(Garrett，1998)，都强调日益增强的全球化限制各国政府的政策选择的思想。但他们没有指出这也许影响均衡制度结构。我们说明全球化对民主可以有重要的影响。

第四，大多数政治学文献集中于民主的地缘政治和意识形态扩散的思想(Kopstein and Reilly，2000；Maxfield，2000)。

本章表述的结论是探讨性的，没有经过实践的检验。并且，讨论的机制是否推动民主取决于在参数空间中所处的位置。我们在前面讨论更大程度的贸易一体化对不平等的影响时已经指出了这一点，同样的观点也适用于金融一体化的影响。虽然没有相关的经验例子，但我们还是认为在理论上有这样一种可能性——通过降低不平等程度，更大程度的贸易一体化可以巩固非民主体制。

最后，全球化可能会大大减少民主制定平均主义政策的范围，以至于民主的建立不利于稳定。如果民主不能给民众带来任何好处，民众倾向于发动革命，而权贵也极有可能进行镇压。在这种情况下，全球化不能促进民主。

10.2 一个开放经济模型

为了研究全球化与民主之间的联系，我们利用第 9 章的包含资本、土地和劳动的模型。我们集中考察一个国家，首先将它看成是封闭经济，然后考察该国融入世界经济并与其他国家进行贸易的情况。

像在第9章中一样，我们假定有一个总量生产函数。但是在这里，不是直接把资本、土地和劳动作为生产要素，而是将三种不同的中间产品作为投入。用Y代表消费的最终产品，Y_K、Y_L、Y_N表示生产Y的三种中间产品。因此，总量生产函数可以在此假定为柯布—道格拉斯形式：

$$Y=(Y_K+\sigma Y_L)^{\theta}Y_N^{1-\theta} \tag{10.1}$$

并且，与以前一样，我们假设：$0<\theta<1$且$\sigma>0$。

在一个没有贸易的封闭经济中，中间产品本身由国内生产要素生产；Y_K代表资本密集型中间产品，Y_L代表土地密集型中间产品，Y_N代表劳动密集型中间产品。在开放经济中，中间产品是国际贸易产品。在生产方面，在最简单的可能世界中，全部三种中间产品只用各自的生产要素进行生产。于是，每一种中间产品的国内产出由下式给出：

$$\begin{aligned} Y_K&=K \\ Y_L&=L \\ Y_N&=1-\delta \end{aligned} \tag{10.2}$$

(10.2)式利用了有$1-\delta$个工人的事实。余下的δ个行动者构成权贵，他们不拥有劳动，每个人拥有δ部分的总资本存量K和土地总量L。

当不存在国际贸易时，这一世界与第9章中的世界相同。更正式地说，在不存在国际贸易时，该国只能用三种不同类型中间产品的国内产出生产最终产品。将(10.2)式代入(10.1)式，有：

$$Y=(K+\sigma L)^{\theta}(1-\delta)^{1-\theta}$$

这与第9章设定的总量生产函数是相同的。

我们假设所有的市场，不论是中间投入市场还是生产要素市场都是完全竞争的。我们设最终产品的价格为1，并用这一产品作等价物。用P_K、P_L、P_N表示三种中间产品的价格。为决定这些价格，我们考察一个最小化问题：一个企业选择对投入的需求，使生产成本最小。正式地说，企业解以下问题：

$$\min_{Y_K,Y_L,Y_N}\{p_K Y_K+p_L Y_L+p_N Y_N\}$$

约束条件为：

$$Y=(Y_K+\sigma Y_L)^{\theta}Y_N^{1-\theta}$$

其中，$p_K Y_K+p_L Y_L+p_N Y_N$是使用这三种中间产品的总成本。这是一个简单的有约束的最优化问题。为了解这一问题，我们构造拉格朗日函数：

$$L=p_KY_K+p_LY_L+p_NY_N-\lambda[(Y_K+\sigma Y_L)^{\theta}Y_N^{1-\theta}-Y]$$

对三个选择变量 Y_K、Y_L 和 Y_N 取一阶条件，有：

$$\begin{aligned}\lambda\theta(Y_K+\sigma Y_L)^{\theta-1}Y_N^{1-\theta}&=p_K\\ \lambda\theta\sigma(Y_K+\sigma Y_L)^{\theta-1}Y_N^{1-\theta}&=p_L\\ \lambda(1-\theta)(Y_K+\sigma Y_L)^{\theta}Y_N^{-\theta}&=p_N\end{aligned}\tag{10.3}$$

由此可得：

$$\frac{p_K}{p_N}=\frac{\theta}{1-\theta}\frac{Y_N}{Y_K+\sigma Y_L}\text{和}\frac{p_K}{p_L}=\frac{1}{\sigma}\tag{10.4}$$

其中，第一式来自(10.3)式中的第一个方程与第三个方程的比，第二式来自第一个方程与第二个方程的比。这意味着：

$$p_K=\frac{P_L}{\sigma}=\theta\left(\frac{Y_N}{Y_K+\sigma Y_L}\right)^{1-\theta}\text{ 且 }p_N=(1-\theta)\left(\frac{Y_N}{Y_K+\sigma Y_L}\right)^{-\theta}\tag{10.5}$$

由于每种要素的每一单位都用来生产相应的产品，并且市场是完全竞争的，所以每一种生产要素按其边际产品获得报酬：

$$w=p_N,r=p_K,v=p_L$$

在这里，w 表示工资率，r 表示资本收益率，v 表示土地租金率。在一个封闭经济中，利用公式(10.2)和(10.5)我们可以得到：

$$\begin{aligned}p_K&=\theta\left(\frac{K+\sigma L}{1-\sigma}\right)^{\theta-1}\\ p_L&=\sigma\theta\left(\frac{K+\sigma L}{1-\sigma}\right)^{\theta-1}\\ p_N&=(1-\theta)\left(\frac{K+\sigma L}{1-\sigma}\right)^{\theta}\end{aligned}\tag{10.6}$$

因此，相关的封闭经济的要素价格与在第 9 章中由(9.2)式给出的相同。当然，这并不奇怪，因为如前所述，两个模型是相同的。因此，要素份额也与前面相同，由(9.3)式给出。而且，与前面相同，贫穷民众、权贵的收入和平均收入由(9.4)式、(9.5)式和(9.6)式给出。同样，我们用假设保证权贵收入高于平均收入(即 $\theta>\delta$)。权贵的成员都是一样的，每个成员都拥有相同数量的资本和土地。民众只拥有劳动力。在这一章，我们集中考察政治冲突发生在社会经济阶级之间的情形。然而，如我们前面的分析所表明的那样，许多结论也适用于政治冲突发生在其他划分之间的情形。我们在本章结尾会简要地讨论这一问题。

我们同样假设不论收入的来源如何，都只有单一的税率。这一税率造成以函数 $C(\tau)\tilde{y}$ 表示的扭曲。民众最偏好的税率为 τ^p，由与以前相同的方程给出。

现在假定这一国家加入世界贸易体系，可以与世界上所有其他国家无摩擦地进行贸易。我们将这种更大程度的贸易一体化作为全球化的一个方面。由于只有一种产品，因此各国没有动力就这一产品进行贸易。但是，各国也许有动力交换作为这种最终产品生产的投入的中间产品，因为它们是用各国有不同禀赋的生产要素生产的。现在，我们暂时假设生产要素不能贸易(即是说没有资本和人员流动)。在这种情况下，一国不会简单地利用本国的资本、土地和劳动生产中间产品，而是与其他国家进行交换，按照世界价格出售本国的资本密集型、劳动密集型和土地密集型中间产品，达到最终产品的不同生产水平。如果我们用 $\underline{P}_K$、$\underline{P}_L$、$\underline{P}_N$ 分别表示资本密集型、土地密集型和劳动密集型中间产品的世界价格(下划横线表示开放经济)。则该国的预算约束为：

$$\underline{p}_K Y_K + \underline{p}_L Y_L + \underline{p}_N Y_N = \underline{p}_K K + \underline{p}_L L + \underline{p}_N (1-\delta)$$

方程左端为该国按世界价格对中间产品的总支出；右端为该国按世界价格出售中间产品而获得的总收入[考虑(10.2)式给出的生产函数]。

世界价格是怎样决定的？对我们的讨论，这一问题的答案不是必需的。我们在此简单地假定价格是由世界市场均衡决定的，因此我们有：

$$\underline{p}_K = \frac{\underline{p}_L}{\sigma} = \theta \Psi^{\theta-1} \text{ 和 } \underline{p}_N = (1-\theta)\Psi^{\theta} \qquad (10.7)$$

其中，Ψ 可以被认为是世界经济中资本加上土地与劳动的比率。在(10.6)式中，对于决定国内价格来说，重要的是 $K+\sigma L$ 与 $1-\delta$ 的比率，也就是资本加上土地与劳动的比率。在世界经济中，我们可以认为同一比率是重要的，但在这儿相关的是世界要素存量，而不是一个国家的存量。例如，如果所有各国都进行贸易，并且没有关税或贸易摩擦，我们有：

$$\frac{\underline{p}_K}{\underline{p}_N} = \frac{\theta}{1-\theta} \frac{\sum_j N_j}{\sum_j K_j + \sigma \sum_j L_j}$$

其中，N_j、K_j 和 L_j 分别表示 j 国的劳动供给总量、资本存量和土地存量。在这里，Ψ 表示资本和土地之和与劳动的比率。即：

$$\Psi=\frac{\sum_j K_j+\sigma\sum_j L_j}{\sum_j N_j}$$

另一方面，如果有关税或贸易摩擦，Ψ 会变化，但这不是本章分析的重点。

我们的重点是民主在非民主中的出现和巩固问题。非民主社会通常都更穷，劳动力相对丰裕，而资本更稀缺。所以，可以很自然地认为，在我们所讨论的国家，资本相对稀缺。用假定来表示，我们有：

$$\Psi>\frac{K+\sigma L}{1-\delta} \tag{10.8}$$

比较(10.7)式和(10.6)式，我们可以看出这一假设的最重要的含义，它意味着，在贸易开放后，在我们讨论的国家(始终假定是劳动力丰富的国家)，劳动密集型中间产品的价格提高。直观地说，该国在世界经济中来说，劳动相对丰富，当没有国际贸易时，该国的劳动密集型中间产品的价格受到了抑制。国际贸易会将该国的劳动密集型产品的价格提高到世界水平。

这些价格一旦给定，则在这一经济中，要素报酬即由其边际产品价值决定，用世界价格表示，有：

$$\underline{w}=\underline{p}_N,\ \underline{r}=\underline{p}_K,\text{和 }\underline{v}=\underline{p}_L \tag{10.9}$$

这意味着，国际贸易提高了工资相对于资本和土地收益的水平。这些相对要素价格的变化是国际贸易影响民主是否形成和巩固的主要渠道。

值得注意的还有，我们隐含地假设了要素价格均等化。也就是说，在 Ψ 表示世界资本与土地之和与劳动的比率，$\underline{p}_N$、$\underline{p}_K$ 和 $\underline{p}_L$ 为世界价格的情况下，由(9.2)式中给出的要素价格将与世界其他国家的要素价格相同。但是，对我们的分析，要素价格均等化是否成立并不重要，重要的只是在贸易开放后，丰裕要素的价格将会相对其他要素的价格上升，而在我们讨论的国家，一个相对穷的国家，丰裕要素是劳动。这是许多贸易模型，包括有要素价格均等化的标准的赫克歇尔—俄林模型，在要素价格均等化不成立时，也具有的一个特点。要素价格这一变化的重要影响是不平等程度在贸易后下降。现有证据大致表明资本丰裕的国家工资更高(Trefler，1985；Leamer，1998；Romalis，2004)，但是也有证据表明，近期的国际贸易增长在更大程度上提高了高级熟练工人的收入。我们在下面讨论这些影响。

综合(10.7)式和(10.9)式,我们得到贸易后的要素价格:

$$\underline{w}=(1-\theta)\Psi^{\theta}$$
$$\underline{r}=\theta\Psi^{\theta-1} \tag{10.10}$$
$$\underline{v}=\sigma\theta\Psi^{\theta-1}$$

方程(10.8)意味着,与封闭经济的情况相比,工资提高了,而土地和资本的收益率降低了。

利用这些要素价格,贸易后收入为:

$$\underline{y}^{p}=(1-\theta)\Psi^{\theta}$$

和

$$\underline{y}^{r}=\frac{\theta}{\delta}\Psi^{\theta-1}(K+\sigma L)$$

在这种情况下,平均收入为:

$$\bar{\underline{y}}=\Psi^{\theta-1}((1-\theta)(1-\delta)\Psi+\theta(K+\sigma L)) \tag{10.11}$$

利用这些表达式,我们得到民众最偏好的税率 $\underline{\tau}^{p}$,它同样满足通常的一阶条件:

$$\frac{\underline{y}^{p}}{\bar{\underline{y}}}=1-C'(\underline{\tau}^{p}) \tag{10.12}$$

或

$$\frac{1-\theta}{(1-\theta)(1-\delta)+\theta\dfrac{K+\sigma L}{\Psi}}=1-C'(\underline{\tau}^{p})$$

根据(10.8)式,$\dfrac{K+\sigma L}{\Psi}<1-\delta$,所以:

$$\frac{1-\theta}{(1-\theta)(1-\delta)+\theta\dfrac{K+\sigma L}{\Psi}}>\frac{1-\theta}{1-\delta}$$

和

$$\underline{\tau}^{p}<\tau^{p}$$

其中,$\underline{\tau}^{p}$是贸易后民众最偏好的税率,由(10.12)式给出,τ^{p} 是贸易前民众最偏好的税率。故而,由于民众通过出卖劳动获得收入,他们偏好在贸易后制定更低的税率。这意味着,全球化之后,民主的再分配程度下降了,因为全球化降低了收入的不平等。

10.3 政治冲突——民主的巩固

现在，将这一经济模型纳入我们的政治模型。我们从分析民主的巩固开始。这些分析和前面的内容，特别是在第 9 章 9.5 节的内容是对应的，图 7.1 的博弈树刻画了策略状况。我们假设在一场政变中，不论是资本还是土地，都有 φ 部分的损失，因此不存在受资产构成影响的有差别的成本。我们定义贸易前和贸易后两种不同的政变约束以及 φ 的两个临界水平，分别以 φ^* 和 $\tilde{\varphi}$ 表示。

这一讨论意味着贸易前的民主的价值由(9.7)式给出。同理，在贸易前，权贵和民众继政变后的价值由(9.24)式给出。

贸易前的政变约束 $V^r(C,\varphi)>V^r(D)$ 与我们在前面得出的 $\xi=1$ 的(9.16)式相同：

$$\theta+\tau_p(\delta-\theta)-\delta C(\tau_p)<\theta(1-\varphi)^\theta \tag{10.13}$$

贸易后，由于要素价格变化，来自民主的价值发生了变化：

$$\begin{aligned}\underline{V}^p(D)=[&(1-\theta)\Psi+\underline{\tau}^p(\theta(K+\sigma L)-(1-\theta)\delta\Psi)\\&-C(\underline{\tau}^p)(\theta(K+\sigma L)-(1-\theta)(1-\delta)\Psi)]\Psi^{\theta-1}\end{aligned} \tag{10.14}$$

$$\begin{aligned}\underline{V}^r(D)=\Big[&\frac{\theta}{\delta}(K+\sigma L)+\underline{\tau}^p\Big((1-\theta)(1-\delta)\Psi-\frac{1-\delta}{\delta}\theta(K+\sigma L)\Big)\\&-C(\underline{\tau}^p)(\theta(K+\sigma L)+(1-\theta)(1-\delta)\Psi)\Big]\Psi^{\theta-1}\end{aligned}$$

同理，政变的价值为：

$$\underline{V}^p(C,\varphi)=(1-\theta)\Psi^\theta \tag{10.15}$$

$$\underline{V}^r(C,\varphi)=\frac{\theta}{\delta}(1-\delta)(K+\sigma L)(1-\theta)\Psi^{\theta-1}$$

因此，贸易后政变约束是 $\underline{V}^r(C,\varphi)>\underline{V}^r(D)$，也可以写成：

$$\theta+\underline{\delta\tau}^p\Big(\frac{(1-\theta)(1-\delta)\Psi}{(K+\sigma L)}-\frac{1-\delta}{\delta}\theta\Big)-\delta C(\underline{\tau}^p)\Big(\theta+\frac{(1-\theta)(1-\delta)\Psi}{(K+\sigma L)}\Big)<\theta(1-\varphi) \tag{10.16}$$

容易看出，贸易后的镇压约束(10.16)式比贸易前的约束(10.13)式更难以成立。这主要有两方面的原因：首先，如前一小节所述，在贸易后，税率更低，所以，民主对权贵的成本更小。第二，伴随着贸易的开展，镇压对权贵的成本更高，因为他们是价格接受者。所以，他们财产中被损坏的 φ 部分不能与工人分摊。换句话说，在一个封闭经济中，一旦权贵的财产被毁坏，工资会降低，资本和土地的收益率会上升。这意味着权贵收入下降的比例更小。但在一个开放经济中，资本和土地的收益率是由国际价格决定的，作为政变的结果，权贵的收入会成比例下降。在数学上，可以比较(10.16)式右端的 $\theta(1-\varphi)$ 和(10.13)式右端的 $\theta(1-\varphi)^{\theta}$，$\theta(1-\varphi)^{\theta}>\theta(1-\varphi)$。因此，政变对权贵的成本更大了。

同样，我们来考察民众的政策让步许诺恰足以避免政变的条件，假定这些政策实施的概率为 p（即我们在第 7 章讨论的基本的静态政变博弈）。为此，我们利用民主能对权贵做出的最好许诺，计算贸易前和贸易后政变成本的临界值 φ^* 和 $\underline{\varphi}^*$。对此，在民主中，不进行再分配（即 $\tau^D=0$）的许诺（注意这些许诺得以兑现的概率为 p）的价值如下：

$$V^p(D,\tau^D=0)=\frac{1}{1-\delta}(1-\theta+(1-p)(\tau^p(\theta-\delta)$$
$$-(1-\delta)C(\tau^p)))(K+\sigma L)^{\theta}(1-\delta)^{1-\theta} \qquad (10.17)$$

$$V^r(D,\tau^D=0)=\frac{1}{\delta}(\theta+(1-p)(\tau^p(\delta-\theta)-\delta C(\tau^p)))(K+\sigma L)^{\theta}(1-\delta)^{1-\theta}$$

(10.17)式来自(9.15)式。相应的贸易后的价值为：

$$\underline{V}^p(D,\tau^D=0)=[(1-\theta)\Psi+(1-p)\underline{\tau}^p(\theta(K+\sigma L)-(1-\theta)\delta\Psi)$$
$$-(1-p)C(\underline{\tau}^p)(\theta(K+\sigma L)+(1-\theta)(1-\delta)\Psi))]\Psi^{\theta-1}$$

$$\underline{V}^r(D,\tau^D=0)=\Big[\frac{\theta}{\delta}(K+\sigma L)+(1-p)\underline{\tau}^p\times\Big((1-\theta)(1-\delta)\Psi-\frac{1-\delta}{\delta}\theta(K+$$
$$\sigma L)\Big)-(1-p)C(\underline{\tau}^p)(\theta(K+\sigma L)+(1-\theta)(1-\delta)\Psi)\Big]\Psi^{\theta-1}$$

令 $V^r(D,\tau^D=0)=V^r(C,\varphi)$，我们得到封闭经济的临界水平 φ^* 的价值，它由下式给出：

$$\varphi^*=1-\Big(1+\frac{1-p}{\theta}(\tau^p(\delta-\theta)-\delta C(\tau^p))\Big)^{\frac{1}{\theta}} \qquad (10.18)$$

这一公式自然与 $\xi=1$ 的(9.17)式相同。贸易后的临界水平 φ^* 进而由 $\underline{V}^r(D,\tau^D=0)=\underline{V}^r(C,\varphi^*)$给出。因此，我们有：

$$\underline{\varphi}^*=(1-p)\Big(\delta C(\tau^p)\Big(1+\frac{(1-\theta)(1-\delta)\Psi}{\theta(K+\sigma L)}\Big)$$
$$-\delta\,\underline{\tau}^p\Big(\frac{(1-\theta)(1-\delta)\Psi}{\theta(K+\sigma L)}-\frac{1-\delta}{\delta}\Big)\Big) \tag{10.19}$$

我们用来说明(10.16)式更难以成立的论点意味着：

$$\underline{\varphi}^*<\varphi^*$$

这就是说，一旦经济对国际贸易开放，镇压必须成本更低才能有吸引力。因此，我们有以下命题：

命题 10.1：考虑上述经济模型和政治博弈，并用(10.18)式定义 φ^*，用(10.19)式定义 $\underline{\varphi}^*$。那么：

- 如果 $\varphi<\underline{\varphi}^*$，不论是贸易开放前还是贸易开放后都会发生政变。
- 如果 $\varphi\geqslant\varphi^*$，贸易开放前后都不会发生政变。
- 如果 $\underline{\varphi}^*\leqslant\varphi<\varphi^*$，贸易开放前会发生政变，贸易开放后不会发生政变。

于是，这个命题表明全球化可能有助于巩固民主，如上面所讨论的那样，这有两点原因：

首先，如果条件(10.8)式成立(该国为劳动丰裕的国家)，贸易开放提高了劳动力的报酬，因此也增加了社会贫困阶层的报酬，相对于资本和土地的收益。通过这一渠道，增长的国际贸易降低了均衡税率。在这种更低税收的情况下，民主更可能存续。我们可以大致认为这一渠道等于权贵与民众之间的冲突的减少。在更为全球化的经济中，这种冲突更少，至少在这一标准模型的假定下是如此。

第二个原因与贸易开放引起的镇压成本的变化有关。在一个封闭经济中，因为一般均衡价格效应，镇压成本由权贵和民众共同承担。更明确地说，由于一部分资本和土地被损坏，工资下降，资本和土地的收益上升，因为资本和土地现在变得更稀缺了。这种一般均衡价格效应在一定程度上补偿了资本和土地的收入的减少。在开放经济中，要素价格是给定的，资本所有者和土地所有者承担其资产存量损失的全部负担，这也降低了政变的吸引力。

10.4　政治冲突——向民主的过渡

增长的国际贸易减少了民主的再分配性质，这对向民主的过渡也有影响。

如前所述，向民主过渡的障碍是权贵的恐惧——民主是高度反权贵的。这种恐惧使得权贵选择镇压而不是民主化，如果国际贸易使得民主的再分配性质减少，它应该也能减少权贵对民主的担心，权贵现在也许偏好用承认民主而不是镇压的办法来平息潜在的革命威胁。

为了分析这些问题，我们回到存在革命威胁的民主化模型，具体地说，是第 9 章使用的版本，其中资本、土地和劳动是作为三种生产要素引入的。基本的经济模型与前面描述的相同，我们考察其贸易前后的状态。图 6.2 描述的扩展形式的博弈刻画了策略背景。

我们从非民主的情况开始，假设民众有潜在的革命威胁。在革命发生后，在贸易前，民众来自革命的支付为：

$$V^p(R,\mu)=\frac{(1-\mu)\bar{y}}{1-\delta} \tag{10.20}$$

$\bar{y}$ 由(9.4)式给出。在贸易后，我们有：

$$\underline{V}^p(R,\mu)=\frac{(1-\mu)\underline{\bar{y}}}{1-\delta}$$

$\underline{\bar{y}}$ 由(10.11)式给出。不论在贸易前还是贸易后，权贵在革命后的收益均为 0。

如果权贵选择进行镇压以避免革命或民主化，我们假设他们损失比例为 κ 的资本和土地。这一关于镇压成本的假定与我们关于政变成本的假定类似，其他设置也与以前一样。特别是，(9.7)式给出了民主化在贸易前对民众和权贵的价值，(10.14)式给出了民主化在贸易后对民众和权贵的价值。

如果权贵在贸易前选择镇压，则支付为

$$V^p(O|\kappa)=(1-\theta)(1-\kappa)^\theta\left(\frac{K+\sigma L}{1-\delta}\right)^\theta=\frac{1-\theta}{1-\delta}(1-\kappa)^\theta Y \tag{10.21}$$

$$V^r(O|\kappa)=\frac{\theta}{\delta}(1-\kappa)^\theta(K+\sigma L)^\theta(1-\delta)^{1-\theta}=\frac{\theta}{\delta}(1-\kappa)^\theta Y$$

(10.21)式与$\varsigma=1$时(9.8)式一致。

在贸易后，来自镇压的价值和来自政变的价值以类似的方式变化：

$$V^p(O|\kappa)=(1-\theta)\Psi^\theta \tag{10.22}$$

$$V^r(O|\kappa)=\frac{\theta}{\delta}(1-k)(K+\sigma L)\Psi^{\theta-1}$$

最后，权贵也可以不实行民主化或进行镇压，而是选择在现有体制下提供再分配的方式。在这种情况下，他们能做出的最大程度的让步是提供以民众偏好的税率 τ^p 进行再分配。在这种情况下，价值与(9.9)式相同。同理，在贸易后，我们有：

$$\underline{V}^p(N,\tau^N=\underline{\tau}^p)=[(1-\theta)\Psi+p\,\underline{\tau}^p(\theta(K+\sigma L)-(1-\theta)\delta\Psi)$$
$$-pC(\underline{\tau}^p)(\theta(K+\sigma L)+(1-\theta)(1-\delta)\Psi)]\Psi^{\theta-1}$$

$$\underline{V}^r(N,\tau^N=\underline{\tau}^p)=\left[\frac{\theta}{\delta}(K+\sigma L)+p\,\underline{\tau}^p\times\left((1-\theta)(1-\delta)\Psi-\frac{1-\delta}{\delta}\theta(K+\sigma L)\right)\right.$$
$$\left.-pC(\underline{\tau}^p)(\theta(K+\sigma L)+(1-\theta)(1-\delta)\Psi)\right]\Psi^{\theta-1}$$

上式考虑了在贸易后公民最偏好的税率为 $\underline{\tau}^p$ 由(10.12)式给出的问题。

为了简化本节的讨论，我们假设革命约束总是具有约束力。也就是说：在没有贸易时，$\theta>\mu$ 成立。在有贸易时，则有：

$$\frac{\theta(K+\sigma L-(1-\delta)\Psi)}{(1-\theta)(1-\delta)\Psi+\theta(K+\sigma L)}>\mu$$

并且，民主在贸易前后都有很强的再分配性，能够阻止革命的发生。

更重要的是，我们假设：

$$\underline{V}^p(R,\mu)>V^p(N,\tau^N=\tau^p)$$
$$\underline{V}^p(R,\mu)>\underline{V}^p(N,\tau^N=\underline{\tau}^p) \tag{10.23}$$

这些条件意味着：暂时再分配的承诺不足以防止革命的发生。这就保证了我们处在参数空间这样一个部分，即民主化与镇压之间的权衡以及更大的不平等使得权贵更难接受民主的部分（如果没有这条假设，我们也许处于不平等与民主化之间的非单调关系的另一面）。

在这些假设下，对政治均衡的分析是直截了当的。在贸易前，使权贵偏好民主的条件为：

$$V^r(D)\geqslant V^r(O|\kappa)$$

这一条件定义了在封闭经济中使得对所有的 $\kappa\geqslant\kappa^*$，权贵都偏好民主化而不是镇压的临界水平 κ^*。更明确地说，κ^* 由 $V^r(D)=V^r(O|\kappa^*)$或

$$\kappa^*=1-\left(\frac{1}{\theta}(\theta+\tau^p(\delta-\theta)-\delta C(\tau^p))\right)^{\frac{1}{\theta}} \tag{10.24}$$

给出。同理，在贸易后，在开放经济中这一条件变为：

$$\underline{V}^r(D) \geqslant \underline{V}^r(O|\kappa)$$

所以，我们有由 $\underline{V}^r(D)=\underline{V}^r(O|\kappa)$ 定义的一个新的临界值：

$$\underline{\kappa}^* = \delta C(\underline{\tau}^p)\left(\frac{(1-\theta)(1-\delta)\Psi}{\theta(K+\sigma L)}+1\right) - \delta\,\underline{\tau}^p\left(\frac{(1-\theta)(1-\delta)\Psi}{\theta(K+\sigma L)} - \frac{(1-\delta)}{\delta}\right) \tag{10.25}$$

当然，上式几乎与(10.19)式完全相同。

对所有的 $\kappa \geqslant \kappa^*$，在开放经济中，权贵偏好实行民主化而不是进行镇压。根据与以前相同的论证，出于同样的原因，即有：

$$\underline{\kappa}^* < \kappa^*$$

贸易开放后，民主的成本更小，因为现在穷人偏好更低的税率 $\underline{\tau}^p$，而不是(10.12)式给出的税率 τ^p。此外，在一个开放经济中，镇压和政变对权贵的成本更高，因为他们必须独自承担镇压导致的资本和土地的损失。这同样是因为要素价格是由世界价格决定的，所以当镇压损坏一部分土地和资本后，它们的价值不会增加。

从以上讨论我们可以得到与命题(10.1)相似的如下命题：

命题 10.2：考虑上述经济模型和政治博弈，用(10.24)式定义 κ^*，用(10.25)式定义 $\underline{\kappa}^*$：

- 如果 $\kappa < \underline{\kappa}^*$，不论是在贸易开放前，还是在贸易开放后，权贵都会用镇压阻止革命和民主化。
- 如果 $\kappa \geqslant \underline{\kappa}^*$，不论是在贸易开放前，还是在贸易开放后，都会有民主化。
- 如果 $\underline{\kappa}^* \leqslant \kappa < \kappa^*$，在贸易开放前，权贵用镇压阻止革命和民主化，但在贸易开放后，会有民主化发生。

如前所述，全球化有助于民主的巩固。命题 10.2 说明，出于类似的原因，民主也推动了向民主的过渡。全球化减小了民主的再分配性，也增加了用暴力阻止向民主过渡的成本。通过这两个渠道，民主化相对于镇压变得更有吸引力。因此，这一模型说明，国际贸易通过降低不平等程度，减少政治冲突，从而使民主更加可能。

土地丰裕性的影响分析是以(10.8)式成立的假定为基础的，(10.8)式意味着我们讨论的国家为劳动丰富(资本稀缺)的国家。对于许多融入世界经济的非民主国家来说,这是一个似乎合理的假设。但也有一些国家,如在上个世纪初期的阿根廷和智利,最丰裕的要素是土地。在这种情况下,恰与(10.8)式相反的情况成立,国际贸易增加了权贵的相对收入。

推论 10.1:考虑上述经济模型,假定与(10.8)式相反的情况成立。那么,贸易开放会使民主化和民主巩固更难以发生。

这一推论是有用的,它强调国际贸易对政治均衡的影响取决于国际贸易对要素价格的影响。虽然我们在许多非民主国家劳动力丰裕这一假设下强调了国际贸易的均等化作用,但在某些情况下,国际贸易能够提高土地的价格和权贵的收入,从而使镇压和政变对权贵更有吸引力。这种情况是否出现,是一个有待未来研究的经验问题。

10.5 金融一体化

全球化的另一个方面是更大程度的金融一体化。我们现在分析更大程度的金融一体化如何影响民主的巩固以及权贵用镇压阻止向民主过渡的可能性。

我们区分"资本流入"和"资本流出"两种情况。资本流入是指通常那种更大程度的金融一体化使资本流向资本稀缺国家的情形。另一方面,资本流出是指资本因为重税逃离欠发达国家的情形,尽管这些国家是更加资本稀缺的。我们分别研究这两种情况,因为它们强调了不同的机制。

10.5.1 资本流入与民主

考虑与前一节相同的模型,但在这里我们假设没有中间产品贸易。相反,我们考虑要素流动——具体地说,是资本流动的影响。我们仍然假定相对于世界其他国家来说,所讨论国家的 $K+\sigma L$ 的密集度更小,仍用 Ψ 表示资本和土地之和与劳动的比率。

现在设想由于金融一体化,该国对国外资本开放,并假设没有资本外流的可能性。这一经济模型与此前唯一不同的是现在中间产品的国内生产由下式给出：

$$Y_K = K + K'$$
$$Y_L = L \tag{10.26}$$
$$Y_N = 1 - \delta$$

其中，K'表示投资于该国资本密集型产品的外国资本所有者拥有的资本。我们在这里假设外国资本在该国投资时没有成本。

与前面相同的论证意味着国内价格由下式给出：

$$\underline{p}'_K = \frac{\underline{p}'_L}{\sigma} = \theta\left(\frac{K + K' + \sigma L}{1-\delta}\right)^{\theta-1} \text{ 且 } \underline{p}'_N = (1-\theta)\left(\frac{K + K' + \sigma L}{1-\delta}\right)^{\theta} \tag{10.27}$$

要素价格为：

$$\underline{w}' = \underline{p}'_N, \underline{r}' = \underline{p}'_K, \underline{v}' = \underline{p}'_L$$

其中，$\underline{w}'$、$\underline{r}'$和$\underline{v}'$分别表示金融一体化之后的工资率、资本收益和土地的租金率。联立这些方程，我们有：

$$\underline{w}' = (1-\theta)\left(\frac{K + K' + \sigma L}{1-\delta}\right)^{\theta}$$
$$\underline{r}' = \theta\left(\frac{K + K' + \sigma L}{1-\delta}\right)^{\theta-1} \tag{10.28}$$
$$\underline{v}' = \sigma\theta\left(\frac{K + K' + \sigma L}{1-\delta}\right)^{\theta-1}$$

因为我们假设该国相对于世界是资本稀缺的，所以有理由认为 $K'>0$，随着该国资本账户的开放，资本会流入而不是流出。只要该国税收相对于国外来说不是太高，这种情况就是常态。为了突出起作用的力量，在这一小节，假设外国资本在该国免税，也不承担政变成本。而且，也不考虑外国资本在国外的税收。那么，资本的世界收益率为 $\underline{r} = \theta\Psi^{\theta-1}$。当 $K'=0$，$\underline{r}'>\underline{r}$ 时，鼓励资本流入，直至国内的资本回报率和世界资本回报率相等，即 $\underline{r}'=\underline{r}$。

这意味着，$\underline{w}'$也等于(10.10)式中的 $\underline{w}$。从以上分析可知，在资本流入的情况下，政变的临界值(10.19)式中的 $\underline{\varphi}^*$ 给出。由此，我们有命题 10.1 的另一个版本：

命题 10.3：考虑上述经济模型和民主巩固博弈，并用(10.18)式定义 φ^*，

用(10.19)式定义 $\underline{\varphi}^*$。那么:

- 如果 $\varphi<\underline{\varphi}^*$,不论是金融一体化前还是金融一体化后都会发生政变。
- 如果 $\varphi\geqslant\varphi^*$,金融一体化前后都不会发生政变。
- 如果 $\underline{\varphi}^*\leqslant\varphi<\varphi^*$,金融一体化前会发生政变,金融一体化后不会发生政变。

因此,与贸易开放一样,金融一体化使民主的再分配性减小。这意味着统治者对民主的担心减少,更不会倾向于发动政变。另外,随着金融一体化,该国要素价格向世界价格靠近(即该国工资会提高,资本收益率会降低)。政变的成本在金融一体化以后也增大。(注意在金融一体化之前,政变能够增加土地和资本的收益,但是一体化后则不会。)这两种效应都使民主在金融一体化后更可能巩固。此处突出的另一个影响是,金融一体化也可能鼓励民主中的中位选民选择更低的税率,吸引更多的资本,增加工资。我们会在下一小节更详细讨论这一点。

同样,金融一体化使民主再分配性减少,使反民主的代价增大,从而有利于向民主的过渡。因此,只要权贵在民主化和镇压之间进行选择,我们就能够得到与命题 10.2 相似的命题。然而,我们不再赘述这一点,因为它是显而易见的。

10.5.2 资本流出

前一小节说明了金融一体化如何能通过与增长的国际贸易的影响类似的渠道——通过影响权贵与民众之间的收入差距,以及通过影响用暴力反民主的成本——促进民主巩固和向民主的过渡。但是,金融一体化更重要的作用也许是如果一国的税负太重,则资本可能会逃离该国的潜在威胁。我们可以用金融一体化前的拉丁美洲作为例子。如果一国对资本的税收太重,资本就会撤离到非正式部门,或者,权贵也许决定增加消费、减少储蓄。这就是我们用税收成本 $C(\tau)$ 表示的内容。但是,在金融一体化后,还有另一个选择,如果资本所有者被课以重税,他们会将资本转移到巴拿马或开曼群岛,那里税率更低。这增加了资本对税收的弹性,影响了民主能加之于权贵的税收水平。在这一小节中,我们讨论这一潜在的资本流出渠道对民主巩固的影响。为了简化分析以及重点分析资本流出的意义,我们抽象掉资本流入,因此,在金融一体化后，要素价格不会改变。

假定我们从前面描述的经济模型开始，没有产品贸易和金融的流动，所以要素价格由(9.2)式给出。资本的收益率为 $\theta((K+\sigma L)/(1-\delta))^{\theta-1}$，在税率为 τ 时，净收益为：

$$r(1-\tau)=(1-\tau)\theta\left(\frac{K+\sigma L}{1-\delta}\right)^{\theta-1}$$

如果资本外逃，它会有(净)收益 $\underline{r}$，我们假定：

$$(1-\tau^{p})\theta\left(\frac{K+\sigma L}{1-\delta}\right)^{\theta-1}\leqslant\underline{r}$$

因此，如果公民设定他们的无约束税率 τ^{p}，资本会外逃。只要资本在权贵收入中所占比例很大，并且民主也主要依靠对这种资本的税收时，民主不会制定很高的税率，否则会使资本逃离本国。所以，在均衡中，他们必须设定更低的税率 $\bar{\tau}^{p}$，使得：

$$r(1-\bar{\tau}^{p})=(1-\bar{\tau}^{p})\theta\left(\frac{K+\sigma L}{1-\theta}\right)^{\theta-1}=\bar{r} \qquad (10.29)$$

在这种更低税率情况下，民主的成本会变小，更可能巩固。同样，这也会使权贵不愿用镇压阻止民主化。

更正式地说，在金融一体化后，来自民主的收益现在由下式给出：

$$\underline{V}^{p}(D)=\frac{1}{1-\delta}(1-\theta+\bar{\tau}^{p}(\theta-\delta)-(1-\delta)C(\bar{\tau}^{p}))(K+\sigma L)^{\theta}(1-\delta)^{\theta} \qquad (10.30)$$

$$\underline{V}^{r}(D)=\frac{1}{\delta}(\theta+\bar{\tau}^{p}(\delta-\theta)-\delta C(\bar{\tau}^{p}))(K+\sigma L)^{\theta}(1-\delta)^{1-\theta}$$

这只是按税率 $\bar{\tau}$ 赋值的(9.7)式。我们可以再次用 $\underline{V}$ 表示开放经济中的价值。由于由 (10.29)式给出的金融一体化后的税率 $\bar{\tau}^{p}$ 低于由(4.11)式给出的金融一体化前的税率 τ^{p}，我们有：

$$\underline{V}^{r}(D)>V^{r}(D)$$

也就是说，在金融一体化后，民主对权贵更有利。

同样，我们来看当民众许诺设定零税率，且这种许诺得以兑现的概率为 p 时，民主对民众和权贵的价值。由(9.15)式，我们有：

$$\underline{V}^{p}(D,\tau^{D}=0)=\frac{1}{1-\delta}(1-\theta+(1-p)(\bar{\tau}^{p}(\theta-\delta)-(1-\delta)C(\bar{\tau}^{p})))$$
$$(K+\sigma L)^{\theta}(1-\delta)^{1-\theta}$$

$$\underline{V}^{r}(D,\tau^{D}=0)=\frac{1}{\delta}(\theta+(1-p)(\bar{\tau}^{p}(\delta-\theta)-\delta C(\bar{\tau}^{p})))(K+\sigma L)^{\theta}(1-\delta)^{1-\theta}$$

这些表达式同样考虑了这一种可能性：如果民主得以重设税率，中位选民会设定更低的税率 $\bar{\tau}^{p}$ 而不是 τ^{p}，因为在更高的税率 τ^{p} 下，资本会逃离该国。

甚至在金融一体化以后，政变的成本与以前没有不同。因为当政变发生后，没有税收，所以不会出现资本外逃的情况。因而仍可由(9.24)式得出政变后的价值。我们再次用(10.18)式定义金融一体化前的临界值(即 $\varphi=\varphi^{*}$) φ^{*}；于是有 $V^{r}(D,\tau^{D}=0)=V^{r}(C,\varphi)$。我们定义 $\underline{\varphi}^{*}$ 为金融一体化后的临界值——即使得 $\varphi=\underline{\varphi}^{*}$，有：

$$\underline{V}^{r}(D,\tau^{D}=0)=\underline{V}^{r}(C,\underline{\varphi}^{*})$$

这意味着：

$$\underline{\varphi}^{*}=1-\left(1+\frac{(1-p)}{\theta}(\bar{\tau}^{p}(\delta-\theta)-\delta(C(\bar{\tau}^{p}))\right)^{\frac{1}{\theta}} \tag{10.31}$$

在金融一体化后，民主的再分配性减少，这意味着：

$$\underline{\varphi}^{*}<\varphi^{*}$$

因此，在当前模型中，命题 10.3 仍然适用，但是，金融一体化的影响是通过资本外逃而不是资本流入发生的。因此，金融一体化同样可以有助于民主的巩固，但现在却是通过一种多少有些不同的渠道发挥这一作用的。在金融一体化后，民主不会发现征收高税收是最优的，因为这会诱使资本所有者把财产转移到国外。由于民主的再分配性被认为减少了，所以权贵发动政变的所得会减少，即使在危机时期，民主也更有可能存续。

同样的论证也适用于向民主的过渡。考虑前一小节讨论的关于向民主过渡的博弈，镇压对民众和权贵的价值仍由(10.21)式给出。我们此处的假定与前一小节相同，这使得非民主的让步不起作用。在金融一体化后，权贵偏好民主化而不是镇压的条件为：

$$\underline{V}^{r}(D)\geqslant V^{r}(O\mid\kappa)$$

其中，$\underline{V}^{r}(D)$ 由(10.30)式定义。这一条件定义了一个不同的临界水平，我们

记为 $\underline{\kappa}^*$。在金融一体化后，对所有的 $\kappa \geqslant \underline{\kappa}^*$，权贵偏好民主化而不是镇压。更明确地说，$\underline{\kappa}^*$ 由下式给出：

$$\underline{\kappa}^* = 1 - \left(\frac{1}{\theta}(\theta + \bar{\tau}^p(\delta - \theta) - \delta(C(\underline{\tau}^p))\right)^{\frac{1}{\theta}} \qquad (10.32)$$

这个式子与(10.24)式完全相同，只是 τ^p 换成了 $\bar{\tau}^p$。据 $\bar{\tau}^p < \tau^p$，即可得出：

$$\underline{\kappa}^* < \kappa^*$$

其中，κ^* 由(10.24)式给出。由于金融一体化的出现使民主对权贵的威胁降低，镇压成本必须更低才能具有吸引力。

只要权贵是在民主化与镇压之间选择，这一分析就能得出与命题 10.2 相似的命题：在一个没有金融一体化，权贵会偏好镇压的情况下，金融一体化——同样通过减少民主的再分配性——可以导致民主化。我们在这里不具体陈述这个命题，因为其逻辑非常清楚，其含义也与已经陈述的结果相同。

10.6 更大程度的政治一体化

全球化的另一个方面是更大程度的政治一体化。在一个更加全球化的世界中，各国之间的政治联系更加密切。一个常见的观点是东欧国家与欧洲共同体的更大程度的一体化是导致这些国家向民主顺利过渡及民主迅速巩固的重要因素。支持这种观点的一个发现是：与西欧(例如，与柏林)在地理位置上更加接近的后共产主义社会更加民主(Kopstein and Reilly，2000)。

对这种现象的一个自然而然的解释是：民主与非民主社会之间经由各种渠道的政治一体化提高了用暴力阻止民主的成本。具体原因可以不同，例如，一旦某个国家出现了反民主的政变，其他民主国家可能联合对其进行制裁；或者政变损害贸易关系时，等等。另一个起补充作用的渠道是随着更大程度的政治一体化，在非民主和民主不巩固国家的市民社会变得更加强大，提高政变和镇压的成本。

用一种简化形式的方式，通过假定在政治一体化后，用暴力反对民主的成本——更具体地说，政变成本——上升，我们捕捉了所有这些思想。特别是，假定在政治一体化后，一次政变能导致权贵资产存量的 $\hat{\varphi} > \varphi$ 部分的损失，而

在一体化前只有 φ 部分的损失。这意味着，在政治一体化以后，民众和权贵由政变所得的价值是：

$$\hat{V}^{p}(C,\varphi)=(1-\theta)(1-\hat{\varphi})^{\theta}\left(\frac{K+\sigma L}{1-\delta}\right)^{\theta} \tag{10.33}$$

$$\hat{V}^{r}(C,\varphi)=\frac{\theta}{\delta}(1-\hat{\varphi})^{\theta}(K+\sigma L)^{\theta}(1-\delta)^{1-\theta}$$

而不是(9.24)式。现在我们可得如下命题：

命题 10.4：考虑支持命题 10.1 和命题 10.3 的模型。一旦政治一体化发生，则政变的成本更大，一个社会更可能是一个巩固的民主。

因此，这个命题说明了政治一体化如何能产生与日益增长的国际贸易、更大程度的金融一体化所导致的相似的作用。然而，虽然这些作用最后都大同小异，但它们发挥作用的渠道不同。随着民主国家与非民主国家政治联系的加强，或是因为国际压力或制裁，或是因为引发的市民社会的发展，它们提高了政变的成本，从而阻止政变。

10.7 关于国际贸易性质的各种假定

命题 10.1 和命题 10.2 说明以产品市场一体化形式出现的全球化可以推动民主的建立和巩固。然而，这些结论来自我们所使用模型的结构。大多数国际贸易模型都认为贸易提高发展中国家的穷人(与民众相联系)的收入，因为这些国家通常都是劳动力丰富的国家。然而，如前面所提及的那样，关于增长的贸易是否真正推动了贫穷国家的平等，经验证据是有些模糊的。而且，一些发展中国家，例如阿根廷和智利，实际上是土地丰裕而不是劳动力丰裕的国家。在这种情况下，全球化提高了土地的收益。这不仅加剧了不平等，而且增加了在民主中损失最大的资产所有者——土地所有者(我们在第 9 章详细论证了这一观点)的收入。

在此，我们概述一种不同类型的贸易模型。之所以这样做，是因为近来的一些数据显示出一种明显的经验模式：在过去的 25 年间，在对贸易开放的欠发达国家，技能的收益，从而收入不平等程度实际上提高了(Leamer，1995，1998；Cragg and Epelbaum，1996；Attanasio，Goldberg and Pavcnik，2004)。

这与简单的赫克歇尔—俄林模型的预测相反，因为欠发达国家实际上是熟练工人相对稀缺的国家。所以，在其他条件不变的情况下，贸易开放应该降低这些国家的技能收益率。关于技术收益率在这些国家上升原因的详细讨论超出了本书的范围，但在这里我们可以提出一些猜想。最重要的是，人们普遍认为，在过去25年间，技术进步主要是“技能倾斜”型的，这意味着它们有利于熟练工人，在其他条件不变的情况下，提高技能的收益(例如，Acemoglu，2002)。这些技术大多数物化在美国和经合组织国家生产的机器设备中。欠发达国家只有从美国和其他富裕国家进口相应的机器才能利用这些技术。这意味着，当欠发达国家不进行国际贸易时，它们通常不使用这些机器设备。这一分析的一个重要的含义是，贸易开放伴随着生产技术向更加技能倾斜型技术的转变，从而提高了技能的收益率。所以，在欠发达国家，将会出现一种技术效应，抵消甚至超过标准的赫克歇尔—俄林效应——贸易降低的技能收益(Acemoglu，2003b；Thoenig and Verdier，2003)。

这一点对民主意味着什么呢？到目前为止，以我们的两阶级模型为基础的讨论，意味着技能倾斜型技术向欠发达国家的扩散与我们所强调的内容相反：不平等的加剧，以及抵制民主的建立和巩固的力量。这当然是一种可能的结论；然而，其他潜在的力量可能也会发挥作用。在现代经济中，技能收益的提高，以及更一般地说，人力资本的更重要的作用(我们在第9章所讨论的)，可以在我们的三阶级模型中进行更有意义的分析。在这一模型中，我们可以将熟练工人视为中产阶级的重要组成部分。这意味着贸易开放和技能倾斜型技术的转移一起，增加了中产阶级的收入。如第8章所讨论的那样，中产阶级可以充当富人与穷人之间的重要的缓冲器，中产阶级的收入增加也许有助于促进民主的建立和巩固。这是因为在民主中的中位选民可能是一个中产阶级成员，中位选民收入(相对于平均收入)的增加会削弱民主的仇富倾向。当民主更少地采取激进政策时，富人对民主的恐惧会减少，他们更不愿意用暴力阻止民主化或转向非民主。

为了突出这些问题，我们回到第8章的模型。在这个模型中，有三个行动者团体：数目为δ^r的富人、数目为δ^m的中产阶级以及数目为δ^p的穷人。我们仍与前面一样将总人口标准化为1，因此，$\sum_i \delta^i=1$。我们假设$\delta^p>\delta^m>\delta^r$，也就是说，穷人人数最多，其次是中产阶级，富人最少。此外，我们仍像以前一样用 $\bar{y}$ 表示平均收入，令收入由(8.1)式给出，且(8.2)式成立，使得富人的收入多于中产阶级，中产阶级的收入多于穷人。

为了使分析简化，我们假定 $\delta^p<1/2$，因此，穷人不能形成绝对多数，一个中产阶级行动者为中位选民。并且，假定 $\theta^m<\delta^m$ 或者 $\bar{y}>y^m$，使中产阶级的收入低于平均收入，因此愿意征收某种数量的再分配税收。像在第 8 章一样，中位选民偏好的——从而在无约束的民主中所导致的——再分配数量由税率 τ^m 给出，这一税率满足(8.5)式。

现在我们来看第 8 章讨论的基本政治博弈。在这个模型中，社会是非民主的，穷人和中产阶级都没有投票权。由于存在潜在的革命威胁，富人会在实行民主化与使用暴力(镇压)之间进行权衡——有限的再分配的许诺是不可信的。如前所述，存在着一个镇压成本的临界水平 $\tilde{\kappa}(\tau^D)$，由(8.29)式给出。当镇压成本为 $\kappa=\tilde{\kappa}(\tau^D)$时，对于富人来说，实行民主化和使用暴力是无差异的。当 $\kappa<\tilde{\kappa}(\tau^D)$时，他们偏好镇压。根据(8.5)式，中产阶级收入份额的提高降低 τ^m，并因而降低 $\tilde{\kappa}(\tau^D)$。

国际贸易以及相关的技能倾斜型技术的转移通过增加中产阶级的收入，可以减少民主的再分配性，促使这些国家向民主过渡。特别是，假设在贸易开放后，由于技术变得更为技能倾斜，θ^m 增大为 $\hat{\theta}^m$，因此中产阶级最偏好的税率降低为 $\hat{\tau}^m$，根据(8.5)式，这一税率可由$(\delta^m-\hat{\theta}^m)/\delta=C'(\hat{\tau}^m)$隐性地给出。这意味着对于富人来说，使镇压和民主化无差异的新的临界值变为：

$$\hat{\kappa}=\frac{1}{\hat{\theta}^r}(\delta^r C(\hat{\tau}^m)-\hat{\tau}^m(\delta^r-\hat{\theta}^r)) \tag{10.34}$$

其中，$\hat{\theta}^r$是在贸易后富人的收入份额。因为 $\hat{\theta}^m>\theta^m$，所以 $\hat{\theta}^r<\theta^r$。显然，我们有

$$\hat{\kappa}<\tilde{\kappa}(\tau^D)$$

我们有如下命题：

命题 10.5：考虑上述向民主过渡的博弈。社会从穷人和中产阶级没有投票权的非民主开始。用(8.29)式定义 $\tilde{\kappa}(\tau^D)$，用(10.34)式定义在对国际贸易开放以及出现技能倾斜型技术转移时适用的 $\hat{\kappa}$。那么，我们有：

● 如果$\kappa<\hat{\kappa}$，那么，不论是在贸易开放和技术转移前，还是在贸易开放和技术转移后，富人都会用镇压阻止革命和民主化。

● 如果$\hat{\kappa}\geqslant\tilde{\kappa}(\tau^D)$，那么，不论是在贸易开放和技术转移前，还是在贸易开放和技术转移后，都有民主化。

● 如果$\hat{\kappa}\leqslant\kappa<\tilde{\kappa}(\tau^D)$，在贸易开放和技术转移前，富人会用镇压阻止革命和民主化；但在贸易开放和技术转移后，会出现民主化。

这一命题说明近来的全球化浪潮以及增长的国际贸易如何能够促进民主，但它们是通过另一种不同的渠道发挥作用的。与贸易开放相联系的、来自更富裕国家的技能倾斜型技术的转移，中产阶级的收入份额上升。中产阶级的收入增加，使民主的再分配性减少，富人也更愿意实行民主。

类似的论证可用来说明由于更富裕的中产阶级充当富人与穷人冲突的缓冲器，民主沦为政变的可能性减小。通过这一渠道，先前不巩固的民主也更可能巩固。

10.8 结 论

在这一章，我们考察了全球化如何影响一个国家是否走向民主或巩固民主。我们的主要目标说明以这种方式深入分析，能够产生一些内容丰富的预测。许多结论都以贸易和要素流动对收入分配的影响为条件。由于关于这一问题的经验证据是高度不确定的，因此，我们不能用本章的模型声称全球化对民主肯定有好处或肯定没好处。解决这一问题需要仔细深入的经验研究，这是一个重要的未来研究领域。

重复一下我们在前面讨论权贵在民主中的权力，以及操纵民主对民主的建立和巩固的影响时提出的一个警告，是有用的。我们已经看到，更大的资本流动性——通过减少民主对权贵的威胁——也许会创造巩固的民主。然而，同样正确的是，就像任何减少了在民主中偏离权贵偏好的集体选择的范围的因素一样，更大的资本流动性也意味着民主更难以能满足大多数民众的需要。在这种情况下，更大程度的全球化也许削弱了民主改进多数人福利的能力。其改变的程度也是一个经验研究的课题。

第五篇

结论及民主的未来

11 结论及民主的未来

在本书中，我们提出了一个思考为什么一些社会是民主而另外一些社会却不是民主的框架。我们强调了这一问题的两个相互联系的方面：(1)为什么一些社会首先实行了民主，以及(2)为什么民主在一些社会能够持续、巩固，而在另外一些社会却不能。在这一章，我们回顾在前面所了解的内容，讨论一些我们认为我们的框架可以有意义地扩展的领域，并讨论我们的模型对民主的未来意味着什么。

11.1 再论政治发展道路

我们现在回顾在第 1 章所概述的四个国家的政治发展历程。我们的框架如何有助于解释这些不同道路？

11.1.1 英国

为什么英国走了一条渐进的民主化的道路？并且，为什么民主在英国如此容易巩固呢？在某一层次上，来自我们分析的答案是显而易见的：在实行民主前的英国，各种参数使得革命威胁存在，权贵无法在不实行民主化的情况下消解这些压力。这些参数主要包括政治和经济制度的性质、经济的结构、集体行动问题以及革命的成本和收益。权贵也发现，用镇压组织民主化是没有好处的。然而，这一答案是不完整的。我们还必须理解英国在 19 世纪和 20 世纪是如何拥有了这些参数的。我们现在讨论在这些参数中哪些对理解英国的情形更为重要以及它们如何演变。

在 17 世纪，在一系列政治冲突中，那些希望建立限制王室法定权力的政治制度的人们取得了胜利。政治制度的这些变化大大促进了经济制度的改善。通过减少国家掠夺的风险,产权变得更加稳定。新体系下的法定政治权力掌握在有商业和资本主义利益的人们手中。这一点导致了大规模的诱发性变化——例如,资本和金融市场的变化,这些变化对经济扩张十分常重要。

这些制度变革发生在英国似乎有两方面的原因:第一,在现代早期,相对于其他国家和地区来说,英国的政治制度对王室权力有更多的限制(Ertman,1997)。这似乎是王朝更迭和外来入侵的复杂历史过程的结果。第二,经济结构发生了显著的变化,大大强化了不同团体特别是资本主义农场主(所谓士绅)和商人的利益。同样显著的是在英国封建制度瓦解得很早(Brenner,1976)。这些变化增加了这些利益集团的事实政治权力,决定性地影响了内战和光荣革命的结果(Tawney,1941; Brenner,1993; Acemoglu, Johnson and Robinson,2005)。例如,在殖民地贸易中致富的商人在议会双方的冲突中都能扮演重要的角色。

17 世纪发生在英国的冲突的结果是一组将产权赋予更多人群的经济制度(Thompson,1975)。结果是马尔萨斯周期的终结和现代经济增长的开始。然而,其后开始的结构变化(例如,城市化和工厂体系的兴起)对事实政治权力的分配有进一步的影响。特别是,它们使得穷人和在政治上被剥夺公民权的人更容易运用其事实政治权力(Tilly,1995, Tarrow,1998 记述了这一时期集体行动的变化性质)。穷人事实政治权力的增强使现行体制难以为继,必须进行对穷人有利的政治制度的变革,消解革命的威胁。这又进一步使法定政治权力的未来分配向穷人倾斜,保证未来的经济制度和政策与穷人一致。这正是民主化所做的事情。政治紧张也因不平等的加剧而强化,大多数学者相信在 19 世纪上半叶发生过这种现象。

从 1832 年起,英国的权贵做出了一系列的旨在将以前被剥夺了公民权的人纳入政治过程的战略性让步,因为其他的选择只能是社会动荡、混乱,甚至是革命。这些让步是渐进的,因为在 1832 年,社会和平可以通过收买中产阶级来实现。而且,让步的影响被政治制度的具体细节,特别是上议院的持续的非代表性质所冲淡了。虽然在 1832 年的改革中受到了挑战,但上议院为富人对抗来自民主化的下议院的激进改革潜力提供了重要的堡垒。后来,随着工人阶级通过宪章运动，进而通过工会的重组，进一步的让步不可避免。第二次世界大战及其结果最终允许了完全民主的建立。

为什么英国的权贵会建立民主？许多其他国家也面临着相同的压力，但是这些国家的权贵却选择了对被剥夺公民权的人进行镇压而不是让步。镇压的问题是，它是有成本的：会破坏资产和财富。在19世纪欧洲的城市化环境（英国在实施第二次改革法案时城市化率为70%）中，被剥夺公民权的民众有相对完善的组织，因而更难以镇压。而且，工业化和19世纪40年代后建立在英国比较优势基础上的自由贸易政策造就了一个以物质资本并越来越多地以人力资本为基础的经济。这些资产容易被镇压和冲突所毁灭，这使得镇压作为一种选择的成本更高了。由于资本更难以再分配，所以，英国的权贵发现民主的前景威胁更小了，更容易被说服接受民主。

镇压不只是在其成本相对低的时候具有吸引力，而且也在有更大的可能利益时具有吸引力。我们的讨论说明使持续的经济增长得以出现的经济的、政治的制度变革也使民主不再令英国权贵过多地关注。

然而，民主的确带来了与权贵偏好相背离的经济制度的变革。在19世纪，经济制度——特别是劳动市场制度——对穷人是不利的。例如，工会是非法的，直到1850年，试图组织工会的人要被流放到澳大利亚的塔斯马尼亚。如第3章所讨论的那样，当经济制度被改变以满足新获得公民权的人们的要求时，特别是在1867年后，这种做法以及其他许多做法改变了。这些变化的影响虽然对19世纪英国经济的运行非常重要，但是，在一个拥有土地的精英占统治地位的经济中，与农村劳动市场的自由化的潜力和土地改革的威胁相比，这些影响对贵族的损害要小得多。实际上，与19世纪的俄国和奥匈帝国或20世纪的危地马拉和萨尔瓦多的权贵所面临的经济制度变革相比，英国的变化更容易令权贵接受。

试图阻止民主化的再分配许诺又如何呢？英国的权贵似乎从未认真地考虑将大众收入再分配作为民主的一种替代，虽然他们当然预料到民主会导致再分配。也许如斯蒂芬斯所理解的那样，再分配的许诺是不可信的。例如，具有重要意义的，引起议院最多注意的宪章主义者的请愿是1848年在欧洲革命中提出来的。在这种革命威胁之下，权贵不得不听从；然而，只要他们保持着权力,那么他们便只有在威胁出现时才会听从——宪章运动产生了只是暂时性的威胁。

最后,为什么民主在英国如此容易地得到了巩固?我们的框架表明,这也是由我们在民主化的语境下讨论的许多因素决定的。民主之所以得以巩固,是因为镇压的成本太大了。而且,在任何时候,民主都没有激进到对传统权贵造成充分大的威胁的程度。民主最终带来了英国社会的重大变化,但这需要等待半个世纪,直到教育改革的影响充分发挥。权贵从未面临世界上其他国家和地区民主化过程中的常见威胁,如激进的资产再分配。我们的方法意味着,在这些情况下,权贵应该不会激烈地反对民主,事实也是如此。

11.1.2　阿根廷

许多导致英国民主的力量,在阿根廷也发挥了作用。阿根廷的民主,如同英国的民主一样,是由经济的和金融的危机所导致的一系列反叛所引起的。也与英国一样,阿根廷的民主化过程发生在迅速加剧的不平等和经济增长的背景之下。然而,与英国相比,阿根廷的民主化是带着不同的基本政治经济制度出现的。阿根廷经济主要依赖于农产品出口,世界贸易的繁荣不是降低而是提高了富有的权贵的资产——土地——的价值(O'Rouke, Taylor and Williamson,1996)。并且,由于经济结构更为单一,更容易不稳定,更容易动荡,创造诱发政治变革的机会。拥有土地的权贵虽然被迫承认了民主,但他们并不喜欢民主,并在大萧条开始时的危机期间破坏了民主。

此外,政治的和经济的制度没有促进民主。与1688年以后的英国不同,阿根廷的政治制度对政治权力,特别是总统的政治权力的使用没有很多的约束,例如,20世纪20年代的伊里戈延总统和40年代的庇隆总统的行动都是这一佐证。在经济制度方面,阿根廷在某种程度上分享了其他西班牙殖民地的遗产,也是建立在对土著人的剥削基础上的。虽然这一遗产与玻利维亚和危地马拉等国相比更微不足道,但基本的经济制度——特别是在土地使用方面——增加了政治冲突的风险。

在20世纪的30和40年代,一种高度极化的状态出现了,在这种状态下,左右了民主政治的城市工人阶级试图实现有利于他们的再分配。这样一种状态，是农村权贵所不能容忍的，而且越来越不能被军人所容忍，于是他们采取了极端的反庇隆主义立场。在这种经济结构下，反民主的政变成本是可以忍受的，并小于非民主体制的潜在收益，特别是在考虑民主中的激进的再分配和民粹主义政策的威胁之下。虽然各方面都努力改变制度使之对自己有利——例如，在1912年和20世纪50年代的后期，军人支持实行了比例代表制，希望能以此导致庇隆党的分裂——但是所有这些措施都未能使民主变得更容易为权贵所接受。

在阿根廷，民主现在是巩固的吗？我们的分析给出了值得乐观的理由。全球化的持续增长，特别是20世纪70年代以后的金融一体化带来的资本流动，意味着与历史上的情况相比，民主对权贵利益的威胁变小了。也许更重要的是，阿根廷是一个教育程度相对高的社会，人力资本价值的提高创造了一个强大的中产阶级，可以充当富人与穷人之间冲突的缓冲器。结果，在20世纪90年代，尽管不平等程度有显著的上升，但阿根廷的民主仍是稳定的，这意味着基本的政治均衡已经发生了变化。而且，在阿根廷，军政府在1976年以后推行的经济政策的长期影响之一是左派和有组织劳工的经济基础被严重削弱了，这也是在20世纪90年代，庇隆党的经济社会政策发生重大转变的一个原因。似乎矛盾的是，这一转变也许有利于社会的贫困阶层，因为在这些政策转变之下，民主也许最终在阿根廷得到了巩固。

11.1.3 新加坡

为什么新加坡还没有实现民主化？我们的分析给出了一个相当简单的答案。新加坡是一个非常平等的社会。没有传统的拥有土地的权贵，经济依赖外部资本和企业。大多数人似乎都满足现状——至少是没有不满足到愿意通过严肃的、有成本的集体行动，发起重大的政治制度变革的程度。相对于他们所拥有的一切，这样做并没有多少好处。

然而，出于同样的原因，对于人民行动党当前的精英来说，他们除了权力也没有什么可以失去的。人民行动党主要由成功的中产阶级人士组成，并且相对开放，大力吸纳优秀人才和潜在的竞争对手。虽然它无疑是与新加坡存在的富人权贵相联系的，但他们都不可能遇到对其资产和财富的剥夺。虽然政治精英可能会损失所拥有职位的大量租金，但这也不足以为长期进行镇压，以维持他们的特权地位提供理由。因此，我们的分析也意味着新加坡终将成为一个巩固的民主。在某一点上，将有来自人口的某一阶层的压力，要求更具有代表性的政治制度；在这一点上，权贵和人民行动党将会发现用镇压阻止民主是没有好处的。

11.1.4 南非

为什么民主在南非如此姗姗来迟？是什么激发了它最后的创立？南非的历史情况与新加坡大相径庭。南非的白人权贵在民主中将会遭受重大损失，在历史上，民主确实导致对土地改革、财富再分配以及对经济制度进行不利于富有的白人权贵的大规模重构的强烈要求。

南非是作为一个殖民地建立的，在许多方面与北美或澳大利亚相似。但与美国不一样的是，南非的原住民并没有因为输入的疾病大量死亡，这导致了这样一种状态：土著非洲人成为富有的白人权贵可以廉价地雇佣并用强制办法控制的劳动力(Lundahl，1992)。在这种情况下，白人不仅不对非洲人让步，而且他们甚至创造了一种哲学(即种族隔离)为社会资源的不平等分配提供依据。由于这一种族隔离哲学，也是由于它所针对的是容易识别的种族团体，镇压在南非的成本是相对低的，而且可以实行。

但种族隔离体制终究是不可持续的。随着经济发展，占人口多数的非洲人对白人经济的维持变得更加重要。他们越来越敌视自己的困境，并在政治上动员起来。作为回应，白人政权则使用高压政策，时刻准备着为了维持霸权而进行禁止、监禁、折磨和谋杀。然而，就连这种政策也不能永久奏效。因为镇压导致的动荡和外来的制裁，种族隔离经济的盈利率逐渐下降。随着世界变化，在冷战结束后，不仅种族隔离在国际上变得越来越不得人心，而且一个全球化的经济也使得富有的白人权贵对民主的恐惧减少。由于土地的重要性下降，流动的资本的重要性上升，激进的黑人多数的威胁消散了。此外，在20世纪70年代，白人政权做出的一些让步——特别是非洲人工会的合法化——消除了种族隔离为白人创造的许多经济租金。这意味着如果失去政治权力，白人的损失也不会很大。的确，如罗森道夫(Rosendorff，2001)所述，正是在这一背景下，自20世纪70年代中期开始，南非的不平等程度一直下降。最后，白人与非洲人国民大会一起，协商确立了一种在民主的未来中给予白人充分信任的政治制度结构，使得白人愿意停止斗争并允许民主化。

但是，关于未来，仍有很大的不确定性。例如，在津巴布韦，通过宪政改革促进民主巩固的努力一直不很成功。耐人寻味的是，在评价南非民主的未来时，汤姆逊（Thompson，1995，p. 275）指出，"南非民主存在一个很大的结构性威胁：缺乏受过良好教育的熟练劳动力——这是南非教育的糟糕状态的后果"。我们在第9章的分析表明，这也许的确是个问题。

11.2 扩展和未来研究领域

像任何社会科学理论一样，我们的理论是高度简化的。为了突出我们认为重要的机制，我们抽象掉了许多细节以及其他可能也是重要的机制。这意味着对于我们所讨论的这些基本问题还有其他的研究方法，也意味着我们排除了一些应被关于民主建立和巩固的完整理论包括在内的因素。

首先，我们的框架将社会冲突作为导致不同制度的主要推动力量。政治制度的变革之所以发生，不是因为全体一致同意，而是因为支持变革的一方变得力量更强，并能够（至少暂时）实现这种变革。在第3章中，我们简要地讨论了一些关于民主化的不同方法：例如，贝茨（Bates，1991）、罗格夫斯基（Rogowski，1998）、赫布斯特（Herbst，2000）和蒂利（Tilly，2004）认为民主是在国家形成过程中出现的；布宜诺·德·迈斯基塔（Bueno de Mesquita，2003）、利兹则利和皮尔斯克（Lizzeri and Persico，2004）认为民主是政治精英自愿创立的：因为民主会形成不同的均衡公共政策，使所有人受益。虽然我们相信主要的民主化和民主巩固模式不可能只用这些方法来解释，但这些最终都是可以起补充作用的方法，经验工作必须决定不同机制的相对重要性。正如在第3章所讨论的那样，实践经验证明，关于民主建立和巩固的决定因素的经验工作进步不大，只是识别了相关性，很少注意对因果关系的识别或突出变异的真正外生源泉。到目前为止，还罕有区分导致民主化的不同机制的认真尝试（Acemoglu，Johnson，Robinson and Yared，2004）。

除了考察和检验不同假说外，在理论研究中也还有一些需要高度重视的领域。为了节省篇幅，本书省略了我们开始计划要讨论的五个方面的内容。

首先是军人的作用。在我们的基础模型中，仅有的行动者是不同的团体，我们考虑这些团体可以直接参与冲突。在现实中，另一种力量，即军队，在革命、镇压和政变中起着决定性的作用。我们隐含地假定了军队不是一个独立的行动者，而是依附于权贵（在镇压或政变的情况下），或者和民众结盟（在革命时）。然而，在政治学中有一个普遍看法，军队介入经常不是代表某个社会团体，而是为了自己的利益。而且，在发展中国家，军队显然比其他社会经济团体的力量都要大。因此，一个重点研究领域是提出一种关于军队政治的理论，更好地把握军队何时与某一个特定团体结盟，何时作为一个相对独立的社会团体行动。虽然对军队有很多翔实的案例研究（Huntington，1964；Finer，1976；Nordlinger，1977；Rouquie，1987；Stephen，1988；Fitch，1998；Loveman，1999），但关于军队的目标和行为还罕有一般性的结论。只有狄齐和维蒂尼（Ticchi and Vindigni，2003b）试图用本书使用的方法和博弈论对军队进行考察。

关于军队的研究与比较政治学的另一个重要研究领域有关。在第 5 章，我们提出了一个关于非民主政治的“基本”模型；我们的分析抽象掉了不同的非民主体制之间的差异。然而，大多数的政治学文献恰恰着眼于提供对非民主体制的不同分类（例如，Linz and Stephen，1996）。并且，许多研究认为，非民主体制的类型有助于决定民主的建立和巩固的潜力。这一点是否正确，最终是一个经验问题，但它当然是一种很大的可能性（Geddes，1999a，b）。在本书中，我们选择强调我们相信是民主与非民主体制之间的关键区分：政治平等的程度。然而，引入关于非民主制度结构的更丰富的模型无疑会产生许多新的见解。

我们在分析中略去的第二个方面是民主制度之间的区别，显然，这一点对理解民主的动力学是十分重要的。大量的理论和经验文献都强调不同类型民主之间的区别：例如，总统制与议会制之间的区别，比例代表制与多数选举制之间的区别（例如，Cox，1997；Lijphart，1999；Persson and Tabellini，2000，2003；Persson，Rolland and Tabellini，2000）。虽然在第 4 章附录中我们提供

了参数 χ 的一些不同的微观基础，但最引人注目的方法是把它与政治制度的更细致的结构联系起来。在本书中，我们给出了许多例子来说明民主制度的细节如何影响民主的可行性和持久性。然而，正式文献还只是刚刚开始建立关于选举制类型或是总统制还是议会制如何影响政治家或公民的动力的模型。对民主制度均衡形式的选择，以及这种选择如何影响民主的可行性是未来几年的一个激动人心的研究领域。我们的分析表明，具体的制度结构，因其对偏好加总方式的影响，在决定政治冲突如何发生，以及民主能否建立和巩固方面是十分重要的。

第三个需要更多理论研究的领域是对不同政治身份的研究。政治经济学的大量文献都在讨论发生在社会经济方面或是阶级之间的冲突，但人们也清楚情况并非总是如此。虽然我们试图说明我们关于民主建立和巩固条件的主要结果不取决于政治身份的性质，但一个内容更丰富的模型会产生许多新的经验预测。所以，一个重要的研究领域不只是政治身份的影响，还包括其形成及其形成如何受制度结构的影响。例如，一些研究非洲的历史学家已经指出，目前一些在非洲政治冲突中引人注目的重要的种族身份实际上是殖民地时期创造的激励的结果[例如，关于尼日利亚伊博族的研究(Horowitz，1985)；关于津巴布韦肖纳人的研究(Ranger，1991)]。

第四个重要的未来研究领域是集体行动和革命。在第 5 章，我们讨论了集体行动的问题，并且指出，现有经验证据表明革命者通过对参与革命的人提供私人收益解决这一问题。这一点启发了我们提出并始终使用的模型。不论怎样，形成一种对集体行动的深刻理解，不论在理论上还是经验上，都是一个非常吸引人的未来研究领域。我们也用一种十分粗糙的方式建立了关于“后革命社会”的模型。我们的结论是革命(除去在第 6 章的简单讨论)是偏离均衡路径的。然而，对革命中所发生事件以及制度在其后如何演化的更好理解，是重要的研究课题，也许会产生关于民主建立和巩固的新的预测。与关于军人政治的情况一样，关于革命有丰富的案例研究，可以作为建立模型和更明确可检验假说的出发点。

最后，也许是最重要的是，未来文献必须提供关于经济运行和经济制度形式的更丰富的模型。一个特定的令人激动的未来研究领域是对内生的经济、政治制度的相互作用的研究。虽然在第 9 章我们将收入分配内生化，讨论了经济制度的重要作用。但是，我们没有建立一个关于经济制度的决定和历时性变化的明确模型。并且，我们只讨论了收入由固定的资产存量决定的情况。但实际上，资本随着时间积累，技术也在不断进步。将这些增长和积累的动力学纳入我们的框架是一个重要步骤（Acemoglu and Robinson，2000a，2002；Jack and Lagunoff，2003）。这些扩展将有助于解释为什么会存在政治制度的路径依赖，许多学者都相信这种路径依赖是存在的。

11.3　民主的未来

本书的目的是建立一个简单的框架，分析民主和非民主政治，以及在这两种体制之间的转换。我们的分析主要以理解一个复杂社会现象的相对抽象的图景为目标。虽然任何简单的框架关于未来的预测都不可靠，但利用我们建立的模型对民主的未来进行思考还是有用的。

世界各地的民主是否会巩固，以及它们将如何转变，改变自己目前的形态？在这方面，有几个问题是重要的。首先，相对于土地和物质资本，人力资本的重要性日益增加。原因有两点：(1)与 50 年前相比，不论是发达国家还是发展中国家的公民，受教育水平都提高了；(2)在整个 20 世纪，技术似乎更多地依赖工人的技能和人力资本（或者说是技能倾斜的），因此，在劳动市场上，人力资本的重要性日益增加（Acemoglu，2002）。虽然人力资本的更高收益在某些情况下提高了不平等程度（例如，在过去 30 年的美国经济中就是如此），但一般来说，在许多非民主和民主不巩固的欠发达国家，它有助于缩小权贵与民众之间的收入差距，创造一个庞大的中产阶级。随着收入差距的缩小和中产阶级的出现，我们预期，不论是在政治冲突发生在贫富之间，还是发生在其他方面的社会，会有更少的分配冲突和更稳定的民主。近来出现了许多关于“阶级战的终结”的说法（例如，Fukuyama，1992）。我们不是预言政治冲突在不久的将来就会消失，而是说由于人力资本变得更加重要，冲突将会更加缓和。

其次，我们现在正处在一个高度全球化的世界经济时代。出于我们在前面所讨论的原因，我们相信更密切的国际经济、金融联系能够促进和巩固民主。在全球化的世界经济中，权贵和多数民众的冲突依然存在，但全球化会使双方最具有破坏力的武器失去效力。民众不希望采取最民粹主义的、最为再分配性的政策，这会让权贵在民主中更有保障。民众更反感政变和动荡。

第三，冷战的终结，意味着许多非民主政权曾经获得的经济政治支持已经结束，使得向民主的过渡更加容易，反民主的政变更加困难（虽然反对恐怖主义的战争也许抵消了冷战结束所带来的潜在利益）。

上述三个因素意味着民主的未来是光明的。与过去相比，现在民主更容易战胜非民主，不论是在尚未实行民主还是在民主尚未巩固的地方。

然而，考虑这些发展，我们是否预期民主在这一新的时代会改变其性质？我们的论点一直是民主是亲多数的，甚至是亲穷人的。这主要是一个相对的命题，是在将民主与一个典型的非民主体制做比较。我们也注意到，即使与非民主相比，民主一般是更加亲多数的，但在民主中，权贵也可以有权力。我们有两个理由预期权贵在未来的民主中权力会更大。

首先，在民主中，权贵额外权力的最重要来源是他们对党派体系，进而对政治议程的控制，以及他们对一些特定的政策形成有效游说的能力。那么，在这些方面，权贵在未来会做得更加有效吗？答案也许是肯定的。这有两点原因。随着民主的未来日益光明，权贵（特别是在现在一些不巩固的民主中）将不得不与民主和解。在这种情况下，他们会尽最大努力去影响民主政治。因此，权贵在民主中扩大其权力的收益也许更高了。

也许更重要的是，随着民主的成熟，有组织的团体，这可能包括权贵或其组成部分，可能有更大的机会扩大权力。利益集团在民主社会中会变得更强大的观点首先是由曼柯·奥尔森在其1982年的政治经济学经典著作《各国的兴衰》中提出的。奥尔森指出，随着时间的推移，有影响力的游说团体的不同成员之间形成了合作和信任，而且，也许更重要的是，这些游说团体更有效地俘获了政府和政治体系的各主要分支。在民主政治下，可以逐渐变得强大并主导大部分政治的利益集团之一是权贵。如果是这样，那么我们可以预期，随着时间的推移，民主亲多数的程度会下降。经验证据与这一思想是一致的——在整个20世纪中，新出现的民主比成熟的民主有更强的再分配性质，并且在过去的40年中，在一些巩固的民主中，保守党的力量变得更强大了。

这与社会学家罗伯特·米歇尔斯在其1911年的经典著作《政党》中提出的寡头统治铁律有关。米歇尔斯认为，所有组织，特别是政党，往往会被管理它们的人俘获；那些人然后会逐渐被权贵吸收。他指出，这意味着，民主几乎没有机会彻底改变社会，因为它至多不过是用一种权贵取代另一种而已，不可能导致彻底的多数主义的社会变迁。如果这一定律成立，那么，一种自然的权贵俘获过程会减少民主的激进威胁。

第二，人力资本日益增长的（包括技能倾斜的技术变化）重要性和更大程度的全球化还有另外一面。通过减少分配冲突，这些经济发展削弱了许多对支持多数及对多数人有利的政策起着重要作用的组织。这些力量被削弱的组织包括传统社会民主党和工会。这在盎格鲁—撒克逊人的世界，特别是在美国和英国最为明显。在这些国家，工会都很软弱，而左翼政党一般都变得反对收入再分配了。

如果这些变化在世界各地变得更加普遍，我们可以预期，在未来，权贵和保守党的权力会更大，民主的再分配性质会更弱，特别是在没有出现对多数的新的代表形式——不论是在政治领域还是在工作场所——的时候。因而，民主会变得更加巩固；然而，对那些希望民主能像20世纪上半叶英国民主那样改变社会的人来说，这可能是一种失望的民主形式。

第六篇

附　录

12　第4章附录:民主中的权力分配

12.1　引　言

在这篇附录中,我们讨论支持第4章最后一节关于政治权力在民主中分配分析的模型。在那里,我们认为,在某些条件下,民主中的均衡政策可以被认为是使富人和穷人的间接效用加权和最大化的政策。现在我们提供一些可以为那些观点提供微观基础并说明那些"条件"是什么的模型。

12.2　概率投票模型

12.2.1　概率投票和均衡的存在性

在讨论概率投票模型之前,有必要重温在没有单峰偏好的模型中投票均衡的不存在性。如前所述,中位选民定理只有在政策空间是一维的且偏好是单峰的情况下才成立。虽然在这本书中,我们从满足这些假设的模型受益匪浅,但许多真实世界状况——存在纵横交错的联盟和多方面的差异——却并非如此。在这些中位选民定理不适用的情况下,政党竞争博弈经常没有用纯策略表示的均衡。虽然在这些情况下,混合策略均衡是存在的,但想象政党会混合他们的政纲是没有吸引力的。由林德贝克和维布尔(Lindbeck and Weibull,1987)首次提出的概率投票模型是有用的,这不仅是因为它可以作为另一种政策决定方法,还因为它提供了一种解决标准模型的均衡不存在问题的可能方法。

为了恰当地评价概率投票模型的贡献，有必要重新考虑在不存在单峰偏好的情况下，均衡不存在问题的来源。(4.2)式描述了这一问题的来源，它将一个政党赢得选举的概率与偏好是单峰时的中位选民的偏好联系在一起。我们将这一方程重述为提供政纲 q_A 的政党 A 战胜提供政纲 q_B 的政党 B 的概率：

$$P(q_A,q_B)=\begin{cases}1 & 若\ V^M(q^A)>V^M(q^B)\\ \dfrac{1}{2} & 若\ V^M(q^A)=V^M(q^B)\\ 0 & 若\ V^M(q^A)<V^M(q^B)\end{cases}\tag{12.1}$$

其中，M 表示中位选民。这一方程的重要特征是政党 A 获胜的概率是其政策的不连续函数；随着 q_A 的变化，这一概率从 0 跳跃到 1/2 然后到 1。为了说明原因，假设问题中的政策向量 q 是一维的，而且中位选民 M 的偏好是单峰的，他最偏好的政策为 q^M。两个政党提供政策 q_A 和 q_B 使得 $q_A=q_B+\varepsilon<q^M$，其中 ε 是一个很小的正数(极限是无穷小)。中位选民偏好政党 A，它提供更接近于他的偏好点的政策。现在设想政党 B 将其政策作了很小的变动，增加了 2ε。这导致中位选民偏好政党 B，而政党 B 因为吸引了中位选民赢得了选举，这一政策变化导致了 $P(q_A,q_B)$从 1 到 0 的不连续的变化。

为了保证纯策略的存在，纳什均衡要求所有策略的支付函数都具有连续性(还有，策略集是有界的、闭的和凸的，且支付函数对自己的策略是拟凹的；例如，Fudenberg and Tirole，1991，定理 1.2，p.34)。如这一讨论所说明的那样，唐斯政党竞争模型不满足这些假定。然而，不连续不一定导致不存在性，但它们的确意味着我们不能在一般条件下建立均衡。实际上，如第 4 章所分析的那样，在单峰偏好下，唐斯模型会产生唯一的均衡(即使政党的目标函数是不连续的)。这表明连续性对保证一个均衡的存在是充分的，但它却不是必要的——均衡可以存在，即使行为是不连续的。然而，当偏好不是单峰的或者政策空间是多维情况时，目标函数的不连续性会导致均衡的不存在性。

我们如何保证均衡的存在呢？一种方法是消除支付函数——在这种情况下，是政党 A 赢得选举的概率 $P(q_A,q_B)$——的不连续性。这就是概率投票方法的作用。

概率投票方法的思想是:如(12.1)式一样的方程应在个人水平上(对个人投票决策)适用,但因为个人水平上的差异性以及对偏好的随机冲击,政党 A 赢得选举的概率应该是其政纲的一个平滑函数。具体地说,令 $P^i(q_A,q_B)$ 表示个人 i 投票选举提供政策 q_A 的政党 A 而不是提供政策 q_B 的政党 B 的概率。它由如下与(12.1)式相似的方程给出:

$$P^i(q_A,q_B)=\begin{cases}1 & 若 V^i(q^A)>V^i(q^B)\\ \dfrac{1}{2} & 若 V^i(q^A)=V^i(q^B)\\ 0 & 若 V^i(q^A)<V^i(q^B)\end{cases} \tag{12.2}$$

为什么 $P(q_A,q_B)$ 不同于 $P^i(q_A,q_B)$? 文献中最常见的方法是假设有一些与政策无关的原因(例如与"意识形态"有关的原因)造成了个人偏好的不确定性,因而单个投票者的偏好有轻微的不同(例如,Lindbeck and Weibull,1987;Coughlin 1992; Persson and Tabellini,2000)。结果,当对个人进行加总时,$P(q_A,q_B)$将变成政策纲领的一个平滑函数,政策的一个小变化会引起总的投票行为的一个小的反应。这就是我们接下来要详述的方法。我们对这个模型特别感兴趣,不仅仅是因为均衡可能存在的技术原因,也是因为概率投票模型考虑了关于谁在民主中拥有权力的不同思想。

12.2.2 概率投票和摇摆的选民

设社会由 N 个不同的选民组(也就是说,在一个组内部,所有选民具有相同的经济特征)。例子是两阶级模型中的富人和穷人,或者三阶级模型中的富人、中产阶级和穷人。

在两个政党 A 和 B 之间存在选举竞争,定义 π_j^n 为第 n 组选民中投票选举 j 政党的选民所占的比例,其中 $j=A,\ B$,定义 λ^n 为第 n 组选民在全部选民中所占的份额,很自然地,我们有 $\sum_{n=1}^{N}\lambda^n=1$。那么,政党 j 的预期选票份额是:

$$\pi_i=\sum_{n=1}^{N}\lambda^n\pi_j^n$$

在唐斯选举竞争下,因为第 n 组的所有选民都有相同的经济偏好,π_j^n 由

(12.2)式给出，并且不连续地从 0 跳跃到 1，这是因为第 n 组中的选民总是确定无疑地选择许诺他们更偏好的政策的政党。如命题 4.2 所总结的那样，这种类型的唐斯选举竞争会导致中位选民最偏好的政策。现在我们来看当意识形态的不同进入投票行为时，结果会有什么变化。

相反，假设在第 n 组中的个人 i 有如下的偏好：

$$\widetilde{V}^{ni}(q,j)=V^{n}(q)+\widetilde{\sigma}_{j}^{ni} \tag{12.3}$$

当政党 j 掌权时，q 表示执政党所选择的经济政策向量。假设 $q\in Q\subset\mathbb{R}^{S}$，所以 q 是一个 S 维的变量。在此，$V^{n}(q)$像以前一样是第 n 组选民的间接效用，表示他们的经济利益。在一个特定的组内，所有选民都有相同的 $V^{n}(q)$。另外，$\widetilde{\sigma}_{j}^{ni}$ 项可以被理解为个人从政党 j 获得的与政策无关的收益。这些偏好的最明显的来源是意识形态的。所以，这个模型允许同一个经济团体中的个人具有不同的意识形态的或具有个人特色的偏好。

现在，我们用 $\widetilde{\sigma}^{ni}=\widetilde{\sigma}_{B}^{ni}-\widetilde{\sigma}_{A}^{ni}$ 定义两党的意识形态收益对第 n 组中的个人 i 的差别，个人 i 的投票行为可以用类似于(12.2)式的方程来表示：

$$P^{ni}(q_A,q_B)=\begin{cases}1 & \text{若 } V^{n}(q_A)-V^{n}(q_B)>\widetilde{\sigma}^{ni}\\ \dfrac{1}{2} & \text{若 } V^{n}(q_A)-V^{n}(q_B)=\widetilde{\sigma}^{ni}\\ 0 & \text{若 } V^{n}(q_A)-V^{n}(q_B)<\widetilde{\sigma}^{ni}\end{cases} \tag{12.4}$$

因为这一方程表明重要的只是两个意识形态收益的差异，我们直接考虑用 $\widetilde{\sigma}^{ni}$。设这一收益差 $\widetilde{\sigma}^{ni}$ 在第 n 组内的分布可由定义在$(-\infty,+\infty)$上的平滑的累积分布函数 F^{n} 表示，其概率密度函数为 f^{n}。那么，(12.4)式即意味着：

$$\pi_{A}^{n}=F(V^{n}(q_A)-V^{n}(q_B)) \tag{12.5}$$

并且，与以前稍有不同，假定政党最大化其预期选票份额。[1] 在这种情况下，政党 A 设定政纲 q_A，使下式最大化：

$$\pi_{A}\sum_{n=1}^{N}\lambda^{n}F^{n}(V^{n}(q_A)-V^{n}(q_B)) \tag{12.6}$$

〔1〕 在第 4 章，政党的目标函数是上台执政；这样，他们仅仅想让其选票份额超过 1/2。这里假设他们最大化自己的选票份额。采用这一假定是为了简化讨论。

政党 B 面对着一个对称的问题,可以被理解为最小化 π_A。那么,均衡政策可以作为一个两党同时做出政策声明,以最大化其选票份额的博弈的纳什均衡来决定。

我们首先来看在另外一个政党 B 的政策选择 q_B 既定的情况下,政党 A 关于自身政策选择 q_A 的一阶条件。这要求:

$$\sum_{n=1}^{N}\lambda^n f^n(V^n(q_A)-V^n(q_B))\nabla V^n(q_A)=0$$

其中,$\nabla V^n(q_A)$表示函数 $V^n(q_A)$的梯度向量;即:

$$\nabla V^n(q_A)=\left(\frac{\partial V^n(q_A)}{\partial q_{A1}},\cdots,\frac{\partial V^n(q_A)}{\partial q_{AS}}\right)^T$$

上标 T 表示向量$\nabla V^n(q_A)$的转置。也就是说,(12.6)式中的选票份额对政策向量 q 的每个元素的导数都必须等于0。

当二阶条件也得到满足时,这个一阶条件便决定了一个最大值。二阶充分条件是矩阵:

$$\sum_{n=1}^{N}\lambda^n f^n(V^n(q_A)-V^n)(q_B))\cdot\nabla^2 V^n(q_A) \tag{12.7}$$
$$+\sum_{n=1}^{N}\lambda^n\frac{\partial f^n(V^n(q_A)-V^n(q_B))}{\partial q_A}(\nabla V^n(q_A))(\nabla V^n(q_A))^T$$

是负定的,其中$\nabla^2 V^n(q_A)$表示函数 $V^n(q_A)$按政策向量 q_A 赋值的海塞(Hessian)矩阵。

如果选民效用是政纲的凹函数,所以$\nabla^2 V^n(q_A)$是负定的,并且意识形态差别的密度不是骤然增加的——或者,具体地说,如果它类似于一个均匀分布,这一条件就是满足的。尽管保证二阶条件成立一般是困难的,但在这里,我们遵从关于概率投票的文献,假定它们是成立的。

因为政党 B 的问题是对称的,它也许诺同样的政策;因而,在均衡中,我们有一个 $q_A=q_B$ 的政策趋同。[1] 因此,$V^n(q_A)=V^n(q_B)$且两党都宣布的均衡政策由下式给出:

$$\sum_{n=1}^{N}\lambda^n f^n(0)\nabla V^n(q_A)=0 \tag{12.8}$$

---

〔1〕 也许会存在两党选择不同政策的非对称均衡。

方程(12.8)给出了均衡政策，也给出了以下加权的功利主义社会福利函数最大化的解：

$$\sum_{n=1}^{N} \chi^{n} \lambda^{n} V^{n}(q) \tag{12.9}$$

其中，

$$\chi^{n}=f^{n}(0)$$

是不同组在社会福利函数中的权数。为了方便未来参考，我们用以下命题陈述这一结果：

命题 12.1(概率投票定理)： 考虑一个政策选择集合 Q，令 $q \in Q \subset \mathbb{R}^{S}$ 为一个政策向量，令首选项作为政策和哪一个党执政的函数，由(12.3)式给出，$\tilde{\sigma}^{ni}$ 的分布函数为 F^{n}。那么，均衡政策，如果存在，由最大化加权的功利主义社会福利函数(12.9)的 q^{*} 给出。

这里有两个特点值得强调。第一，只要(12.7)式中的二阶条件得到满足，均衡就会存在；我们不需要存在单峰偏好，并且现在政策空间 Q 可以是 $S>1$ 的 $\mathbb{R}^{S}$ 的一个子集，不再必须是一维的。因此，概率投票模型在一定程度上避免了与非单峰偏好或多维政策空间相联系的均衡的不存在问题。这是通过加总消除个人水平的不连续性的结果。

第二，也是更重要的是，这一模型为我们提供了一种对各组不同政治权力进行参数化的方法。如果 $f^{n}(0)$，即在两党政纲产生相同效用的点上[即在 $V^{n}(q_{A})=V^{n}(q_{B})$ 时]的政党间的意识形态偏差的密度，对所有各组都是相同的，(12.9)式恰好成为功利主义社会福利函数。这一政治经济博弈中的实际均衡与这一功利主义社会福利函数的最大化是不同的，因为不同团体对政策有不同的灵敏度。例如，设想两个团体 n 和 n'，n 是更加“意识形态的”，这意味着在这个团体中有人对政党 A 或政党 B 有很强的偏好。这对应于尾部所占比重相对大的分布函数 F^{n}。相反，设想 n' 不是很“意识形态的”，该团体中的多数人都投票给提供稍稍更好的经济政策的政党。这相当于尾部所占比重相对小的 $F^{n'}$，因而相当于一个显著的 $f^{n'}(0)$ 的值。在这种情况下，来自团体 n' 的投票者就成了在政治竞争博弈中占有更大比重的“摇摆选民”，因为他们对政策变动更为敏感。直观地说，使政策向对政策(而不是意识形态问题)敏感的团体倾斜，作为一种赢取选票的策略，对政党更有吸引力，所以在政治均衡中，政策对摇摆团体的偏好更为敏感。

这一讨论对我们的两阶级基本模型有直接的影响。虽然穷人的人数更多，但这并不意味着政党就会提供是穷人的理想点的政纲，因为在概率投票模型中，重要的不仅仅是数目。在存在意识形态的情况下，选民在多大程度上愿意将其忠诚从一个党转移到另一党也是重要的。这通常意味着，在政治过程最大化类似于(12.9)式的加权的功利主义社会福利函数时，政党会认为富人的偏好就如同我们在文中的简化形式模型中所表述的那样。在这种情况下，我们也可以认为富人比重 χ^r［或者在此处的微观基础 $f^r(0)$］的变化会影响民主政治的再分配程度。

12.3 游　说

到目前为止，我们讨论的模型仅允许公民的投票影响政策。实际上，不同的团体，特别是可以组成一个游说集团的团体，能够为竞选捐款或者出钱给政治家，诱使政治家采取它们所偏好的政策。在这一节，我们建立一个简单的游说模型，研究它如何影响均衡政策的决定。

在存在游说的情况下，政治权力不仅来自选票，还有其他来源，包括各种不同的团体是否有组织，他们可以获得多少资源，以及他们对不同政策变化的边际支付意愿。最重要的结果是，即使存在游说，均衡政策看起来仍类似加权的功利主义社会福利函数最大化问题的解。

现在我们建立一个来自格罗斯曼和赫尔普曼(Grossman and Helpman，1996，2001)的基本的游说模型。同样想象有 N 组行动者，每组内的行动者都有相同的经济偏好。当政策 q 被实施时，第 n 组的一个行动者的效用等于：

$$V^n(q)-\gamma^n(q)$$

其中，$V^n(q)$是通常的间接效用函数，$\gamma^n(q)$是第 n 组中的个人的人均游说贡献。我们把这些贡献看成是政治家所实行的政策的函数；为了强调这一点，我们将 q 作为明确的自变量。

为了得到明显的结果，我们完全抽象掉选举政治，假定已经有一个执政的政治家。假设这一政治家有如下形式的效用函数：

$$G(q) \equiv \sum_{n=1}^{N} \lambda^n \gamma^n(q) + a \sum_{n=1}^{N} \lambda^n V^n(q) \tag{12.10}$$

其中，如前面一样，λ^n 是第 n 组在总人数中所占比例。在(12.10)式中，第一项是政治家的货币收入，第二项是功利主义的总量福利。因此，参数 a 决定政治家对总量福利的关心程度。当 $a=0$ 时，他只关心金钱；当 $a\to\infty$ 时，他充当功利主义的社会计划者。政治家关心总量福利的一个可能的原因是选举政治；例如，在前一小节中，他获得的选票份额可能取决于每一组的福利(Grossman and Helpman, 1996)。

现在考虑第 n 组中一个个人 i 的问题。通过捐献一些钱，他可能会使政治家采取一种对他或他的团体更加有利的政策。但是，他只是他的团体的许多成员中的一个，自然存在与任一种集体行动相联系的搭便车问题(见第5章)。因此，他可能让其他人捐款而自己仅仅享有收益。如果团体是无组织的(例如，没有有效的组织协调他们的游说活动并将没有捐款的成员排除在某些收益之外)，这是典型的结果。另一方面，有组织的团体也许能够从他们的成员那里收取费用以最大化团体的福利。

我们假设在 N 组选民中，有 $L<N$ 组形成了院外活动集团并可以向其成员收取费用以促进团体的福利。剩下的 $N-L$ 组未组织起来，没有捐款。不失一般性地，我们对这些团体排序，使团体 $n=1,\cdots,L$ 为有组织的团体。

游说博弈采取以下形式：每一个有组织的院外活动集团 n 同时提供一计划表 $\gamma^n(q)\geqslant 0$，表示当政策 q 被采用后他们将支付给政治家的报酬。在观察到这一计划表后，政治家选择 q。一个重要的假定是对政治家的支付(例如，竞选捐款或贿赂)以政治家实际实行的政策为前提。在某些情况下，这个假定可能很接近现实。但是，在其他条件下，院外活动集团可能不得不预先支付捐款，希望帮助有望实行他们所偏好的政策的政党当选。

这可能是一个复杂的博弈，因为各种不同的行动者(这里指院外活动集团)要选择函数(而不是数量或向量)。然而，注意这一事实，这看起来与伯恩海姆和温斯顿(Bernheim and Whinston, 1986)的拍卖模型类似，可以证明，其均衡有一个简单形式。

特别是,我们可以确立下面的命题[1]:

命题 12.2(格罗斯曼—赫尔普曼游说均衡):在上述游说博弈中,团体 $n=1,\cdots,L$ 的捐款函数 $\{\hat{\gamma}^n(\cdot)\}_{n=1,2,\cdots,L}$ 和政策 q^* 构成一个子博弈完美纳什均衡,如果:

(1)在 $0\leqslant\hat{\gamma}^n(q)\leqslant V^i(q)$ 的意义上 $\hat{\gamma}^n(\cdot)$ 是可行的。

(2)政治家选择最大化其福利的政策;即,

$$q^* \in \underset{q\in Q}{\operatorname{argmax}}\left\{\sum_{n=1}^{L}\lambda^n\gamma^n(q)+a\sum_{n=1}^{N}\lambda^nV^n(q)\right\} \tag{12.11}$$

(3)对任何游说集团都不存在有利可图的偏离,$n=1,2,\cdots,L$;即,

$$q^* \in \underset{q\in Q}{\operatorname{argmax}}\left\{\lambda^nV^n(q)-\lambda^n\hat{\gamma}^n(q)+\sum_{n'''=1}^{L}\lambda^nV^{n'}(q)+a\sum_{n'=1}^{N}\lambda^{n'}V^{n'}(q)\right\} \tag{12.12}$$

虽然这个命题乍看起来非常复杂,但它却是相当直观的。条件(1)仅仅是可行性;小于零的捐款是不允许的,而且没有团体会因带来负效用的数量而得到好处。

在任何一个子博弈完美均衡中,条件(2)必须成立,因为政治家在院外活动集团给出捐款计划表后才选择政策。这一条件只是说,在院外活动集团捐款计划表给定的情况下,政党会选择最大化其目标的政策。

条件(3)是对均衡的最重要的限制。如果这一条件不满足,院外活动集团会改变其捐款计划表并改进其福利。

为了确立这个结果,我们可以进行如下推理:假定这一条件对院外活动集团 $n=1$ 不成立,并且,某个 $\hat{q}$ 而非 q^* 最大化(12.12)式。对 $n=1$,我们用 $\Delta>0$ 表示(12.12)式按 q^* 和 $\hat{q}$ 赋值的差额[假定(12.12)式不成立,它便严格为正]。然后,考虑院外活动集团 $n=1$ 的下述捐款计划表:

$$\tilde{\gamma}^1(q)=\frac{1}{\lambda^1}\left(\sum_{n=1}^{L}\lambda^n\hat{\gamma}^n(q^*)+a\sum_{n=1}^{N}\lambda^nV^n(q^*)\right)$$

---

[1] 格罗斯曼和赫尔普曼(Grossman and Helpman,2001)也证明了对于每一个院外活动集团 n,都存在一个政策 $\hat{q}^n\in\arg\max_{q\in Q}(\sum_{n'}^{L}\lambda^{n'}\hat{\gamma}^{n'}(q)+a\sum_{n''}^{N}\lambda^{n'}V^{n'}(q))$ 满足 $\hat{\gamma}^{n'}(\hat{q}^n)=0$。这意味着每个院外活动集团的均衡捐款函数使得一种不对政治家捐款且带来相同效用的政策存在。如果这一条件不正确,那么院外活动集团会减少它所有的捐款并仍然导致相同的行为。均衡的这一特征对我们这里强调的结果并不重要。因此,我们把它放在这一脚注里。

$$-\sum_{n=2}^{L}\lambda^{n}\hat{\gamma}^{n}(q)-a\sum_{n=1}^{N}\lambda^{n}V^{n}(q)+\varepsilon c^{1}(q)\Big)$$

其中，$c^1(q)$是一个连续的正函数，在 $q=\hat{q}$ 处达到其严格的最大值。基本上，这一计划表是由院外活动集团 1 设计，用来引诱政治家选择 $\hat{q}$ 而非 q^* 的。并且，通过设计，它保证政治家在 $\hat{q}$ 上得到比在 q^* 上更高的福利。为了说明这一点，假定在这一新的计划表下，政治家选择 q^*。在这种情况下，支付是：

$$\begin{aligned}G(q^{*})&=\sum_{n=2}^{L}\lambda^{n}\gamma^{n}(q^{*})a\sum_{n=1}^{N}\lambda^{n}V^{n}(q^{*})\\&\quad+\Big(\sum_{n=1}^{L}\lambda^{n}\hat{\gamma}^{n}(q^{*})+a\sum_{n=1}^{N}\lambda^{n}V^{n}(q^{*})-\sum_{n=2}^{L}\lambda^{n}\hat{\gamma}^{n}(q^{*})\\&\quad-a\sum_{n=1}^{N}\lambda^{n}V^{n}(q^{*})+\varepsilon\, c^{1}(q^{*})\Big)\\&=\sum_{n=1}^{L}\lambda^{n}\hat{\gamma}^{n}(q^{*})+a\sum_{n=1}^{N}\lambda^{n}V^{n}(q^{*})+\varepsilon\, c^{1}(q^{*})\end{aligned}$$

另一方面，如果政治家选择 $\hat{q}$，支付是：

$$\begin{aligned}G(\hat{q})&=\sum_{n=2}^{L}\lambda^{n}\gamma^{n}(\hat{q})+a\sum_{n=1}^{N}\lambda^{n}V^{n}(\hat{q})+\sum_{n=1}^{L}\lambda^{n}\hat{\gamma}^{n}(\hat{q})\\&\quad+\Big(\sum_{n=1}^{L}\lambda^{n}\hat{\gamma}^{n}(q^{*})+a\sum_{n=1}^{N}\lambda^{n}V^{n}(q^{*})-\sum_{i=1}^{L}\lambda^{n}\hat{\gamma}^{n}(\hat{q})\\&\quad-a\sum_{n=1}^{N}\lambda^{n}V^{n}(\hat{q})+\varepsilon\, c^{1}(\hat{q})\Big)\\&=\sum_{n=1}^{L}\lambda^{n}\hat{\gamma}^{n}(q^{*})+a\sum_{n=1}^{N}\lambda^{n}V^{n}(q^{*})+\varepsilon\, c^{1}(\hat{q})\end{aligned}$$

这直接显示出对任意的 $\varepsilon>0$，$G(\hat{q})>G(q^*)$。实际上，因为 $c^1(q)$在 $q=\hat{q}$ 时取最大值，当政治家面对任意的 $\varepsilon>0$ 的捐款计划表时，他严格地偏好政策 $q=\hat{q}$ 而不是任何其他可行的选择。

作为策略由 $\hat{\gamma}^1$ 转变为 $\tilde{\gamma}^1$ 的结果，院外活动集团 1 的福利改变量是：

$$\Delta-\varepsilon c^{1}(q)$$

因为 $\Delta>0$，所以对足够小的 ε，院外活动集团从这一变化获益，这表明初始配置不可能是均衡。

命题 12.2 中的结果似乎与第 4 章中的简单加权效用最大化相差甚远。我们接下来会看到它们实际上包含了加权效用最大化。假定捐款函数 $\hat{\gamma}$ 是可微的。实际上,局限于可微函数可能是一个简化假定,尽管伯恩海姆和温斯顿(Bernheim and Winston,1986)指出,可微的捐款函数具有令人满意的属性:它可以考虑出现错误(或干扰)和结盟的情况。

在可微的情况下,(12.11)式中的政治家最大化问题意味着对向量 q 中的每一个政策抉择 q_s 的一阶条件:

$$\sum_{n=1}^{L}\lambda^{n}\frac{\partial\hat{\gamma}^{n}(q)}{\partial q_{s}}+a\sum_{n=1}^{N}\lambda^{n}\frac{\partial V^{n}(q)}{\partial q_{s}}=0\text{ 对于所有的 } s=1,2,\cdots,S$$

同理,从每个院外活动集团的最优化,(12.12)式:

$$\lambda^{n}\frac{\partial V^{n}(q)}{\partial q_{s}}-\lambda^{n}\frac{\partial\hat{\gamma}^{n}(q)}{\partial q_{s}}+\sum_{n'=1}^{L}\lambda^{n'}\frac{\partial\hat{\gamma}^{n'}(q)}{\partial q_{s}}+a\sum_{n'=1}^{N}\lambda^{n'}\frac{\partial\hat{\gamma}^{n'}(q)}{\partial q_{s}}=0$$

对于所有的 $s=1,2,\cdots,S$ 和 $n=1,2,\cdots,L$

这两组一阶条件基本上是说,不论是政治家还是院外活动集团都要使边际成本等于边际收益。对于政治家来说,收益是增加的捐款,但成本是对社会福利最大化目标的偏离。对于院外活动集团来说,收益是与其利益更加一致的政策,而成本是增加的捐款。

联立这两个一阶条件,我们有:

$$\frac{\partial\hat{\gamma}^{n}(q)}{\partial q_{s}}=\frac{\partial V^{n}(q)}{\partial q_{s}}\tag{12.13}$$

对所有的 $s=1,2,\cdots,S$ 和 $n=1,2,\cdots,L$。直观地说,在边际上,每一个院外活动集团愿意为政策变化做出的支付恰等于这一政策变化为他们带来的附加收益。因为这个原因,在捐款函数反映政策对院外活动集团的边际收益的意义上,这类有可微捐款函数的游说博弈的均衡有时被称为"真实的"。

(12.13)式的优点是它能使我们确立我们的主要目标:存在游说的政治均衡可以被描述为对 q 最大化以下函数的一个解:

$$\sum_{n=1}^{L}\lambda^{n}V^{n}(q)+a\sum_{n=1}^{N}\lambda^{n}V^{n}(q)\tag{12.14}$$

换而言之,这一均衡最大化一个加权的社会福利函数,其中,无组织的团体中的个人权重为 a,有组织团体中的个人的权重为 $1+a$。直观地说,$1/a$ 衡量金钱在政治中的重要性,金钱越重要,能够游说的院外活动集团得到的权重越大。当 $a\to\infty$ 时,社会福利函数收敛于功利主义社会福利函数。因此,我们可以陈述以下命题：

命题 12.3：在政治家方面存在完全承诺和可微的捐款函数的情况下，游说博弈导致最大化加权的功利主义社会福利函数(12.14)式的均衡政策。

讨论游说模型对两阶级模型的影响也是有必要的。在一个政治划分发生在富人与穷人之间的模型中，有理由认为，在特定的条件下，富人更有组织，并能够形成有效的游说，以影响政策。具体地说，我们回到我们的基本模型，并假定穷人是无组织的但富人能够形成一个有效的院外活动集团。这一小节的结果意味着游说均衡由以下最大化问题给出：

$$\max_{\tau} a(1-\delta)((1-\tau)y^p+\tau\bar{y}-C(\tau)\bar{y})+(1+a)\delta(1-\tau)y^r+\tau\bar{y}-C(\tau)\bar{y}$$

其一阶条件可以同样用互补性松弛形式写成：

$$\frac{a(1-\theta)+(1+a)\theta}{a(1-\delta)+(1+a)\delta}\leqslant 1-C'(\tau)\text{和 }\tau\geqslant 0 \tag{12.15}$$

当 $a\to\infty$ 时，我们得到最大化功利主义的社会福利函数的情况。当 $a\to 0$ 时，均衡政策仅仅最大化富人的效用，因为有组织的游说使他们在民主政治中更有影响力。引人注意的是，在这种情况下，不论 a 的数值如何，我们都有 $\tau=0$，因为如前所述，即使是在有功利主义的社会福利函数的情况下，也不应有扭曲性的税收。

更耐人寻味的是，我们可以综合概率投票模型(其中，不同的团体有不同数量的政治权力)和游说模型。例如，我们可以有由下式给出的均衡政策：

$$q^*=\arg\max_{q}\left(\sum_{n=1}^{L}\lambda^n V^n(q)+a\sum_{n=1}^{N}\lambda^n\chi^n V^n(q)\right)$$

其中，χ^n 是来自选举政治的政治权力参数。

将这一模型应用于我们的两阶级再分配模型，并且，假定富人组织了院外活动集团，但穷人却没有。我们可以立即看出，如果穷人在选举政治中有充分大的权力(例如，$\chi^p>\chi^r$)，将会有再分配性的税收(例如，$\tau>0$)，来抵消富人因其游说活动而获得权力的影响。

12.4　党派政治和政治俘获

关于民主政治的另一种重要方法考虑了这样一种思想：政党有更广泛的

目标,而不只是赢得权力。首先,政党可能也有意识形态,这也会对均衡政策产生影响。第二,一个重要的问题是,特定的团体是否能俘获政治议程(例如,通过前一节中的游说活动)以及这一点如何在民主政治中产生影响。在这一节,我们引进意识形态的政党(即党派政治),并说明它们如何影响唐斯政治竞争模型的含义;我们也用这一模型讨论政治俘获问题。只要没有概率投票问题(也就是说,选民方没有意识形态的考虑),唐斯政治竞争模型的预测便像以前一样适用,有很强的力量使政策向中位选民的偏好收敛。然而,当在选民一方存在意识形态的考虑或者在政党方面存在承诺问题时,政党的意识形态偏好也将影响均衡政策。这提供了民主中政治权力分配的简化形式模型得以出现的另一种渠道,以及为什么某些团体能以超过其人数所允许的程度影响均衡政策的另一原因(也就是说,因为他们能够俘获政党的议程)。

12.4.1　有派系政党的选举竞争

在基本的唐斯政治竞争模型中,政党的目标函数由(4.1)式给出,它只强调掌权的租金。所谓意识形态的或派系的政党,我们指的是那些不仅对是否执政,而且也对政策有偏好的政党。

为了正式讨论这些思想,设想一种一维的政策。仍然用来自$\mathbb{R}$的一个凸的且紧的子集Q的q表示,并且设有两个政党A和B,现在我们用下式替换(4.1)式:

$$\text{政党 } A:\max_{q_A \in Q}\{P(q_A,q_B)(R+W_A(q_A))+(1-P(q_A,q_B))W_A(q_B)\} \tag{12.16}$$

$$\text{政党 } B:\max_{q_B \in Q}\{(1-P(q_A,q_B))(R+W_B(q_B))+P(q_A,q_B)W_B(q_A)\}$$

其中,$W_A(q)$和$W_B(q)$表示政党A和政党B的"效用函数",R是当权的一种租金,并且被假定为非负。政党现在考虑函数$P(q_A,q_B)$所概述的公民投票行为,最大化其"预期效用"。这一预期效用包括他们对所实行政策的意识形态偏好以及当权的租金。

首先,我们考虑$P(q_A,q_B)$由(12.1)式给出的情况。例如,因为偏好是单峰的并且不存在选民方面的意识形态的考虑(稍后我们会讨论概率投票,因而讨论(12.1)式的更平滑的形式)。

假定政党的效用函数是平滑的而且是严格拟凹的(即单峰的),理想政策是 q^A 和 q^B;即,

$$q^A=\underset{q_A\in Q}{\operatorname{argmax}}W_A(q_A)\text{和 }q^B=\underset{q_B\in Q}{\operatorname{argmax}}W_B(q_B)$$

换而言之,$\partial W_A(q^A)/q_A=0$ 和 $\partial W_B(q^B)/q_B=0$。

这种类型的党派政治模型最早由魏特曼(Wittman,1983)最先正式提出,他用这种模型来说明当政党有意识形态的偏向时,可能不存在政策趋同。我们也用这一模型讨论政治议程被一个团体俘获的问题。

最后,我们假设两个政党都同时选择他们的政策(即政治纲领)。因而,这个模型的预测结果可以用相应的纳什均衡来描述,在这一均衡中,一个政党在另一政党政策既定的情况下,选择最大化其效用的政策。纳什均衡政策纲领$(q_A{}^*,q_B{}^*)$满足下列条件:

$$q_A{}^*=\underset{q_A\in Q}{\operatorname{argmax}}\{P(q_A,q_B{}^*)(R+W_A(q_A))+(1-P(q_A,q_B{}^*))W_A(q_B{}^*)\}$$

$$q_B{}^*=\underset{q_B\in Q}{\operatorname{argmax}}\{(1-P(q_A^*,q_B))(R+W_B(q_B))+P(q_A{}^*,q_B)W_B(q_A{}^*)\}$$

直观地说,这些条件表示在一个纳什均衡中,视 $q_B{}^*$ 既定,则 $q_A{}^*$ 应该最大化政党 A 的预期效用。同时,若视 $q_A{}^*$ 为既定,则 $q_B{}^*$ 也应该最大化政党 B 的预期效用。

描述这个纳什均衡特征的问题是由(12.1)式给出的函数 $P(q_A,q_B)$是不可微的。但不论怎样确定以下命题是可能的。这一最先由卡尔沃特(Calvert,1985)证明的命题表明,即使存在党派政治,也存在政策趋同;它通常是中位选民最偏好的点。

命题 12.4 (存在党派政治的政策趋同):考虑上述党派政治模型,其中,两个政党的理想点为 q^A 和 q^B,中位选民的理想点为 q^M。假定政党 A 赢得选举的概率由(12.1)式中的 $P(q_A,q_B)$给出。那么:

- 如果 $R>0$ 或者如果 $q^A\geqslant q^M\geqslant q^B$ 或者如果 $q^B\geqslant q^M\geqslant q^A$,那么唯一均衡包含两个政党向中位选民的收敛(即,$q^A=q^B=q^M$),并且,每个政党赢得选举的概率为 1/2。

- 如果,另一方面,$R=0$ 并且 q^A 和 q^B 都在 q^M 的左端或者右端,则不存在向中位选民的收敛。特别地,当 $V^M(q^A)>V^M(q^B)$ 时,均衡政策为 q^A,当

$V^M(q^A)<V^M(q^B)$时，均衡政策为q^B。

因此，基本的结果是，虽然在不存在执政的租金以及两个政党有相同类型的意识形态偏向时，可以有例外，但有很强的走向政策趋同的力量。如同以下的讨论所说明的，这些强大动力的来源是(12.1)式，它意味着，相对于其他政策，更接近中位选民偏好的政策将会胜出。

命题12.4的证明是相对简单的，在这里我们只提供一个概要和基本的直觉。首先看第一种情况，中位选民的偏好位于两个政党理想点的中间。首先考虑$q_A=q^M\neq q_B$的情况。那么，我们有$P(q_A,q_B)=1$，政党A一定会获胜。政党B的效用由$W_B(q^M)$给出。现在假定政党B偏离到$q_B=q^M$。我们有$P(q_A,q_B)=1/2$，所以政党B的效用变成$R/2+W_B(q^M)>W_B(q^M)$。所以，这一偏离是有利的，而$q_A=q^M\neq q_B$不会成为一个均衡。(在$R=0$的情况下，结果会不同，现在政党A可以改变政策，使之稍微偏离q^M，更接近其理想点q^A，它仍然会赢得竞选，实行更接近其偏好的政策。)

同理，考虑$q_A\neq q^M\neq q_B$的情况，并且不失一般性地假定$q^A>q^M>q^B$且$V^M(q_A)>V^M(q_B)$，使得我们同样有$P(q_A,q_B)=1$。显然，我们必须有$q_A\geqslant q^M$；否则，政党A会找到政策q'_A，使得$V^M(q'_A)>V^M(q_B)$且$q'^A\geqslant q^M$优于任何$q_A\in(q^M,q^B)$。但政党B将获得效用$W_B(q_A)$，并且，通过将政策改变到$q_B=q^M$，当$q_A>q^M$时，得到效用$R+W_B(q^M)$，或者，当$q_A=q^M$时，得到效用$R/2+W_B(q^M)$。由$q_A\geqslant q^M$这一事实可知，两者都大于其初始效用$W_B(q_A)$；因而任何$q_A\neq q^M\neq q_B$的政策生命都不可能是均衡的。因此，均衡必须有$q_A=q_B=q^M$——也就是说，向中位收敛。直观地说，与另一个政党的理想点相比，每个政党都更偏好中位选民的理想点，这会增加他们执政的可能性。因此，在均衡中，只有中位选民的理想点能付诸实施。

接下来，我们考虑$q^B>q^A>q^M$的情况(其他结构会给出类似的结果)。现在，假定我们有$q_A=q^A$。政党B应该如何做？显然，任何$q_B>q^A$都会在选举中落败。另一方面，$q_B=q^A$能以1/2的概率赢得选举，是更为可取的。但是，实际上，政党B能做得更好。它可以使$q_B=q^A-\varepsilon$，这更接近于中位选民的偏好，并且，根据投票者的偏好是单峰的这一事实，这一选择优于q^A，因而能使政党B赢得选举。尽管这一政策对政党B来说劣于q^A(因为$q^B>$

q^A),但对足够小的 ε,差别是极小的,而用执政的租金计算的收益是首要的。这个结论只有在 $R=0$ 的时候才不成立,在这种情况下,政党 B 能够提供的最好的政策是 $q_B=q^A$(或者其他任何 $q_B>q^A$,如果它不关心是否上台执政;在任一种情况下,q^A 都是均衡政策)。

因此,政策向中位政策收敛是一种相当强大的力量,它表明,在唐斯模型中关于政党目标的假定并不像它表面看起来那样有局限性。然而,例外是可以存在的,特别是在不存在执政的租金时。

12.4.2 有派系政党和概率投票的选举竞争

尽管如此,这些结果主要取决于 $P(q_A,q_B)$ 函数的形式,它使更接近中位选民最偏好点的政策获得丰厚的收益。在前面的讨论中,我们得知,在选民方面存在意识形态的考虑时,$P(q_A,q_B)$ 可以成为一个连续函数。如果是这样的话,政策趋同就不成立了。为了理解这一点,假定 $P(q_A,q_B)$ 是一个连续的、可微的函数,并且,假定各方在 q^M 点达到其最大值(也就是说,用当选的概率计算,更接近中位选民的偏好仍然是有利的——我们将中位选民的理想点作为最大化当选概率的点只是一种标准化,没有任何实际影响)。在这种情况下,两个政党间政策竞争博弈的纳什均衡是一对政策(q_A^*,q_B^*),使得以下一阶条件成立:

$$\frac{\partial p(q_A^*,q_B^*)}{\partial q_A}(W_A(q_A^*)+R-W_A(q_B^*))+P(q_A^*,q_B^*)\frac{\partial W_A(q_A^*)}{\partial q_A}=0 \tag{12.17}$$

$$-\frac{\partial p(q_A^*,q_B^*)}{\partial q_B}(W_B(q_B^*)+R-W_B(q_A^*))-(1-P(q_A^*,q_B^*))\frac{\partial W_B(q_B^*)}{\partial q_B}=0$$

两式中的第一项是用获胜的效用计算的收益乘以因政策变动而引起的获胜概率的变化。第二项表示当前获胜的概率与用政策变化引起的政党效用改进计算的收益的乘积。当这两个边际效应彼此相等时,每个政党都做出了最佳反应。

尽管(12.17)式隐性地描述了对任意函数 $P(q_A,q_B)$ 的纳什均衡,但它仍然没有提供很多信息,除非我们对这个函数作进一步的规定。为了做到这一点，我们采用上面的概率投票分析并假定政党最大化由(12.6)式给出的选票份额，$\pi_A=\sum_{n=1}^{N}\lambda^n F^n(V^n(q_A)-V^n(q_B))$。在这种情况下，在(12.17)式中的政党 A 的均衡条件可以写成：

$$\sum_{n=1}^{N}\lambda^n f^n(V^n(q_A^*)-V^n(q_B^*))\frac{\partial V^n(q_A^*)}{\partial q_A}(W_A(q_A^*)+R-W_A(q_B^*))$$
$$+\sum_{n=1}^{N}\lambda^n F^n(V^n(q_A^*)-V^n(q_B^*))\frac{\partial W_A(q_A^*)}{\partial q_A}=0 \qquad (12.18)$$

政党 B 的条件与此类似。

党派政治模型令人感兴趣的一点是，在某些条件下，它也导致在第4章中用到的关于民主中政治权力分配的简化形式模型，与中位选民定理相比，潜在地赋予富人更多的权力。为了以最简单的方式突出这一可能性，我们接下来假定两个政党都有与一个社会团体(例如我们两阶级模型中的富人)相一致的偏好。我们用“1”表示这个俘获了两个政党的政纲的团体。于是，我们有：

$$W_A(q)=W_B(q)=V^1(q)$$

在这种情况下，均衡仍然是对称的，利用(12.18)式，我们得到均衡政策，在这里用 q^* 表示，它满足：

$$\sum_{n=1}^{N}\lambda^n f^n(0)R\frac{\partial V^n(q^*)}{\partial q}+\frac{\partial V^1(q^*)}{\partial q}\sum_{n=1}^{N}\lambda^n F^n(0)=0$$

这意味着

$$\sum_{n=1}^{N}\lambda^n f^n(0)R\frac{\partial V^n(q^*)}{\partial q}+\frac{1}{2}\frac{\partial V^1(q^*)}{\partial q}=0$$

其中，第二行应用了在均衡中每个政党执政的概率为1/2这个事实，因而 $\sum_{n=1}^{N}\lambda^n F^n(0)=1/2$。

这一分析进而意味着均衡政策是如下加权的功利主义社会福利最大化的解：

$$\sum_{n=1}^{N}\chi^n\lambda^n V^n(q) \qquad (12.19)$$

其中，

$$\chi^1=f^1(0)R+\frac{1}{2}\text{，且 }\chi^n=f^n(0)R\text{ 对 }n\geqslant 2$$

换而言之，其偏好由政党政纲所代表的团体在政治中占有更大的权重。这一模型也强调了当政党不在乎是否执政(即 R 很小)时,这一结果可能更为显著。然而,当是否执政对政党非常重要的时候,结果将与基本的概率投票模型相似。

这为第 4 章中简化形式的民主政治模型提供了另一种可能的解释,其中,均衡政策是一个加权的功利主义社会福利最大化问题的解。我们用以下命题总结这一结果:

命题 12.5(有党派政治和概率投票的政策发散):假定因为概率投票,$P(q_A, q_B)$是一个连续的函数,并且,政党代表一个团体的偏好。那么,政治均衡通过最大化加权的功利主义社会福利函数(12.19)给出,该函数给予其偏好由政纲反映的社会团体以更大的权重。

这个命题之所以重要,是因为它表明特定的团体在民主政治中可以有很大的权力,如果它能设法控制政党的意识形态倾向。用我们的两阶级模型来说,我们可以认为民主政治有时被富人俘获——例如,因为他们控制了政党。

12.4.3 承诺和趋同

到目前为止,一个重要的假设是政党宣布政纲,然后他们可以坚持他们在这些政纲中所宣布的政策。这样,政党基本上可以通过改变他们执政时实施的政策来竞争。然而,如阿莱斯纳(Alesina,1988)、奥斯本和斯利文斯基(Osborne and Slivinski,1996)以及贝斯利和考特(Besley and Coate,1997)所强调的那样,这一关于承诺的假定不一定合理。在这些一次性的模型中,有什么可以阻止政治家在执政后把政策改变到他们的理想点呢?什么也没有,没有潜在的惩罚。(如果我们处于一个重复竞选的世界,可能存在一些惩罚,但这一点超出了我们讨论的范围。)

为了理解取消这个承诺假定后会发生什么,考虑前一节的模型,并假定政党在执政后可以选择他们喜欢的任何政策。我们也假定 $P(q_A, q_B)$由(12.1)式给出。选举之前的宣告不过是些不可靠的表演,并且,在一个子博弈完美均衡中,投票者认识到,一旦政党执政,他们就会实行符合政党自身的理想点的政策。因此,选民仅仅比较 $V^n(q^A)$和 $V^n(q^B)$并投票给更接近选民理想点的那一政党。结果是理想点与中位选民的理想点接近的政党获胜。因而,我们

有以下命题:

命题 12.6(有党派政治、无承诺的政策发散):假定在这一党派政治模型中,不存在对政策政纲的承诺。那么,在唯一的均衡中,如果 $V^M(q^A)>V^M(q^B)$,政党 A 以 1 的概率执政且均衡政策为 q^A;如果 $V^M(q^B)>V^M(q^A)$,政党 B 以 1 的概率执政且均衡政策为 q^B;如果 $V^M(q^A)=V^M(q^B)$,每个政党都以 1/2 的概率执政且均衡政策以 1/2 的概率为 q^A,1/2 的概率为 q^B。

结果,在这一没有承诺的党派政治模型中,我们看到政党的政治偏好更加重要了。这意味着,对政治议程和政党内部结构的控制在决定均衡政策时变得更加重要,也在政党在选举阶段不能完美地承诺政策时变得更有价值。在这种情况下,如果两个政党的政纲完全被一个社会团体俘获,均衡政策便总会符合其中一个团体的理想点。例如,考虑穷人控制一个政党,富人控制另一个政党的情况。如果富人的理想点更接近中位选民的理想点,则均衡民主政策总是富人的理想点。

总之,我们在这一附录中讨论的模型为第 4 章末尾使用的简化形式的政治权力模型提供了微观基础。这些模型表明在一些民主中,富人也许拥有更大的权力,这可能是因为与穷人相比,他们在投票时更少考虑意识形态的因素,或者是因为他们可以形成为其利益有效地游说的院外活动集团,或者是因为他们能够俘获或影响政纲。

参考文献

Abrams, Lynn (1995) *Bismarck and the German Empire, 1871—1918*, New York: Routledge.

Acemoglu, Daron (2002) "Technical Change, Inequality and the Labor Market," *Journal of Economic Literature*, 40, 7—72.

Acemoglu, Daron (2003a) "Why not a Political Coase Theorem?" *Journal of Comparative Economics*, 31, 620—652.

Acemoglu, Daron (2003b) "Patterns of Skill Premia," *Review of Economic Studies*, 70, 199—230.

Acemoglu, Daron, Simon Johnson and James A. Robinson (2001) "The Colonial Origins of Comparative Development: An Empirical Investigation," *American Economic Review*, 91, 1369—1401.

Acemoglu, Daron, Simon Johnson and James A. Robinson (2002) "Reversal of Fortune: Geography and Institutions in the Making of the Modern World Income Distribution," *Quarterly Journal of Economics*, 118, 1231—1294.

Acemoglu, Daron, Simon Johnson and James A. Robinson (2003) "The Rise of Europe: Atlantic Trade, Institutional Change and Economic Growth," forthcoming in the *American Economic Review*.

Acemoglu, Daron, Simon Johnson and James A. Robinson (2004) "Institutions as the Fundamental Cause of Long-Run Growth," NBER Working Paper #10481, forthcoming in Philppe Aghion and Steven Durlauf eds. *Handbook of Economic Growth*, Amsterdam: NorthHolland.

Acemoglu, Daron, Simon Johnson, James A. Robinson and Pierre Yared (2004) "Income and Democracy," Unpublished Paper.

Acemoglu, Daron and James A. Robinson (2000a) "Why Did the West Extend the Franchise? Growth, Inequality and Democracy in Historical Perspective," *Quarterly Journal of Economics*, CXV, 1167—1199.

Acemoglu, Daron and James A. Robinson (2000b) "Repression or Democratization?" *European Economic Review*, 44, 683—693.

Acemoglu, Daron and James A. Robinson (2001) "A Theory of Political Transitions," *American Economic Review*, 91, 938—963.

Acemoglu, Daron and James A. Robinson (**2002**) "The Political Economy of the Kuznets Curve," *Review of Development Economics*, 6, 183—203.

Acemoglu, Daron and Fabrizio Zilibotti (**1997**) "Was Prometheus Unbound by Chance? Risk, Diversification and Growth," *Journal of Political Economy*, 105, 709—751.

Ades, Alberto (**1995**) "Economic Development with Endogenous Political Participation," *Economics and Politics*, 7, 93—117.

Ades, Alberto and Thierry Verdier (**1996**) "The Rise and Fall of Elites: A Theory of Economic Development and Social Polarization in Rent-seeking Societies," CEPR Discussion Paper #1495.

Aguilera Peña, Mario (**1985**) *Los Comuneros: Guerra Social y Lucha Anticolonia*, Bogotá: Universidad Nacional de Colombia.

Alesina, Alberto (**1988**) "Credibility and Political Convergence in a Two-Party System with Rational Voters," *American Economic Review*, 78, 796—805.

Alesina, Alberto and Roberto Perotti (**1996**) "Income Distribution, Political Instability and Investment," *European Economic Review*, 40, 1203—1225.

Alesina, Alberto and Dani Rodrik (**1994**) "Distributive Politics and Economic Growth," *Quarterly Journal of Economics*, 109, 465—490.

Alesina, Alberto, Edward Glaeser and Bruce Sacerdote (**2001**) "Why Doesn't the United States have a European Style Welfare State?" *Brookings Papers on Economic Activity*, Fall 2001, 187—278.

Alesina, Alberto and Edward Glaeser (**2004**) *Fighting Poverty in the U. S. and Europe: A World of Difference*, New York; Oxford University Press.

Almond, Gabriel A. and Sidney Verba (**1963**) *The Civic Culture; Political Attitudes and Democracy in Five Nations*, Princeton University Press; Princeton.

Alonso, Paula (**2000**) *Between Revolution and the Ballot Box: The Origins of the Argentine Radical Party in the 1890s*, New York; Cambridge University Press.

Altimir, Oscar (**1986**) "Estimaciones de la Distribucion del Ingreso en la Argentina, 1953—1980," *Desarollo Económico*, 25, 521—566.

Aminzade, Ronald (**1993**) *Ballots and Barricades: Class Formation and Republican politics in France, 1830—1871*, Princeton University Press; Princeton.

André, Catherine and Jean-Philippe Platteau (**1997**) "Land Relations under Unbearable Stress: Rwanda caught in the Malthusian Trap," *Journal of Economic Behavior and Organization*, 34, 1—47.

Arcinegas, German (**1938**) *Los Comuneros*, Bogotá, Editorial ABC.

Arrow, Kenneth J. (**1951**) *Social Choice and Individual Values*, New York; Wiley.

Ascher, Abraham (**1988**) *The Revolution of 1905*, Volume 1, Stanford University Press; Stanford.

Ascher, Abraham (**1992**) *The Revolution of 1905*, Volume 2, Stanford University Press; Stanford.

Attanasio, Orazio, Pinelopi K. Goldberg and Nina Pavcnik (**2004**) "Trade Reforms and

Wage Inequality in Colombia," *Journal of Development Economics*, 74, 331—366.

Austen-Smith, David (2000) "Income Redistribution under Proportional Representation," *Journal of Political Economy*, 108, 1235—1269.

Austen-Smith, David and Jeffrey S. Banks (1999) *Positive Political Theory I: Collective Preferences*, Ann Arbor; University of Michigan Press.

Austen-Smith, David and Michael Wallerstein (2003) "Redistribution in a Divided Society," Northwestern University, J. L. Kellogg School of Management, CMS-EMS Discussion Paper #1362.

Baloyra, Enrique A. (1982) *El Salvador in Transition*, Chapel Hill; University of North Carolina Press.

Barro, Robert J. (1979) "On the Determination of the Public Debt," *Journal of Political Economy*, 87, 940—971.

Barro, Robert J. (1997) *The Determinants of Economic Growth: A Cross-Country Empirical Study*, Cambridge; MIT Press.

Barro, Robert J. (1999) "The Determinants of Democracy," *Journal of Political Economy*, 107, S158—S183.

Barro, Robert J. and Jong-Wha Lee (2000) "International Data on Educational Attainment: Updates and Implications," CID Working Paper #42.

Barzel, Yoram (2001) *A Theory of the State : Economic Rights, Legal Rights, and the Scope of the State*, New York; Cambridge University Press.

Bates, Robert H. (1991) "The Economics of Transition to Democracy," *PS: Political Science and Politics*, 24, 24—27.

Bates, Robert H. and Da-Hsiang D. Lien (1985) "A Note on Taxation, Development and Representative Government," *Politics and Society*, 14, 53—70.

Beard, Charles A. (1913) *An Economic Interpretation of the Constitution of the United States*, New York; The Free Press.

Becker, Gary S. (1983) "A Theory of Competition among Pressure Groups for Political Influence," *Quarterly Journal of Economics*, 98, 371—400.

Benabou, Roland (2000) "Unequal Societies: Income Distribution and the Social Contract," *American Economic Review*, 90, 96—129.

Benabou, Roland and Efe Ok (2001) "Social Mobility and the Demand for Redistribution: the POUM Hypothesis," *Quarterly Journal of Economics*, 116, 447—487.

Bergquist, Charles (2002) "The Left and the Paradoxes of Colombian History," Unpublished Paper, Department of History, University of Washington at Seattle.

Bernheim, B. Douglas and Michael Whinston (1986) "Menu Auctions, Resource Allocation and Economic Influence," *Quarterly Journal of Economics*, 1010, 1—31.

Berry, Albert R. and Miguel Urrutia (1976) *Income distribution in Colombia*, New Haven; Yale University Press.

Bértola, Luis (2000) *Ensayos de historia economica: Uruguay y la region en la economia mundial, 1870—1990*, Montevideo; Ediciones Trilce.

Bértola, Luis and Jeffrey G. Williamson (2003) "Globalization in Latin America before 1940," NBER Working Paper #9687.

Besley, Timothy and Robin Burgess (2000) "Land Reform, Poverty Reduction and Growth: Evidence from India," *Quarterly Journal of Economics*, 115, 389—430.

Besley, Timothy F. and Steven T. Coate (1997) "An Economic Model of Representative Democracy," *Quarterly Journal of Economics*, 112, 85—114.

Besley, Timothy F. and Steven T. Coate (1998) "Sources of Inefficiency in a Representative Democracy: A Dynamic Analysis," *American Economic Review*, 88, 139—156.

Binswanger, Hans P., Klaus Deininger and Gershon Feder (1995) "Power, Distortions, Revolt and Reform in Agricultural Land Relations," in Jere Behrman and T. N. Srinivasan eds. *The Handbook of Development Economics*, Volume III, Amsterdam: North-Holland.

Black, Duncan (1948) "On the Rationale of Group Decision-making," The *Journal of Political Economy*, 56, 23—34.

Blackbourn, David (1998) *The Long Nineteenth Century: A History of Germany, 1780—1918*, New York: Oxford University Press.

Boix, Carles (2003) *Democracy and Redistribution*, Cambridge University Press: New York.

Boix, Carles and Sebastián Rosato (2001) "A Complete Data Set of Political Regimes, 1800—1999," Unpublished, Department of Political Science, University of Chicago.

Bollen, Kenneth A. (1979) "Political Democracy and the Timing of Development," *American Sociological Review*, 44, 572—587.

Bollen, Kenneth A. (1990) "Political Democracy: Conceptual and Measurement Traps," *Studies in Comparative International Development*, 25, 7—24.

Bollen, Kenneth A. (2001) "Cross-National Indicators of Liberal Democracy, 1950—1990"[Computer file]. 2nd ICPSR version. Chapel Hill, NC: University of North Carolina [producer], 1998. Inter-university Consortium for Political and Social Research [distributor].

Bollen, Kenneth A. and Robert W. Jackman (1985) "Political Democracy and the Size Distribution of Income," *American Sociological Review*, 60, 438—457.

Bollen, Kenneth A. and Robert W. Jackman (1995) "Income Inequality and Democratization revisited: A Comment on Muller," *American Sociological Review*, 60, 983—989.

Bourguignon, François and Thierry Verdier (2000) "Oligarchy, democracy, inequality and growth," *Journal of Development Economics*, 62, 285—313.

Bourguignon, François and Christian Morrisson (2001) "Data Sources for Inequality among World Citizens, 1820—1992,"' Unpublished, www.delta.ens.fr/XIX.

Bourguignon, François and Christian Morrisson (2002) "Inequality among World Citizens, 1820—1992," *American Economic Review*, 92, 727—744.

Bowman, Larry W. (1991) *Mauritius: Democracy and Development in the Indian Ocean*, Boulder: Westview Press.

Brainard, Lael and Theirry Verdier (1997) "The Political Economy of Declining Industries: Senescent Industry Collapse Revisited," *Journal of International Economics*, 42, 221—238.

Bratton, Michael and Nicolas van de Walle (1997) *Democratic Experiments in Africa: Regime Transitions in Comparative Perspective*, New York; Cambridge University Press.

Brenner, Robert (1976) "Agrarian Class Structure and Economic Development in Preindustrial Europe," *Past and Present*, 70, 30—75.

Brenner, Robert (1993) *Merchants and Revolution: Commercial Change, Political Conflict, and London's Overseas Traders, 1550—1653*, Princeton; Princeton University Press.

Briggs, Asa (1959) *Chartist Studies*, London; Macmillan.

Bueno de Mesquita, Bruce D., James D. Morrow, Randolph M. Siverson and Alastair Smith (2003) *The Logic of Political Survival*, MIT Press; Cambridge.

Bunce, Valerie (2003) "Rethinking Recent Democratization: Lessons from the Postcommunist Experience," *World Politics*, 55, 167—192.

Burkhart R. E. and Michael S. Lewis-Beck (1994) "Comparative Democracy—the Economic Development Thesis," *American Political Science Review*, 88, 903—910.

Bushnell, David (1993) *The Making of Modern Colombia: A Nation in Spite of Itself*, University of California Press; Berkeley.

Calvert, Randall L. (1985) "Robustness of the Multidimensional Voting Model: Candidate Motivations, Uncertainty, and Convergence," *American Journal of Political Science*, 29, 69—95.

Calvo, Ernesto, Juan Carlos Torre, Mariela Szwarcberg (2001) "The New Welfare Alliance," Unpublished, Department of Political Science, Universidad di Tella, Buenos Aires.

Cardenas Acosta, Pablo E. (1960) *El Movimiento Comunal de 1781 en el Nuevo Reino de Granada*, 2 Volumes, Bogota, Editorial Kelly.

Case, William (2002) *Politics in South-East Asia: Democracy or Less*, Richmond; Cruzon Press.

Cavarozzi, Marcelo (1986) "Political Cycles in Argentina since 1955," in Guillermo O'Donnell, Philippe C. Schmitter and Lawrence Whitehead eds. *Transitions from Authoritarian Rule: Latin America*, Baltimore; Johns Hopkins University Press.

Chalker, Cynthia H. (1995) "Elections and Democracy in Costa Rica," in Mitchell A. Seligson and John A. Booth eds. *Elections and Democracy in Central America Revisited*, Chapel Hill; University of North Carolina Press.

Coate, Stephen and Stephen E. Morris (1999) "Policy Persistence," *American Economic Review*, 89, 1327—1336.

Coatsworth, John H. (1993) "Notes on the Comparative Economic History of Latin America and the United States," in Walter L. Bernecker and Hans Werner Tobler eds. *Development and Underdevelopment in America: Contrasts in Economic Growth in North and Latin America in Historical Perspective*, New York; Walter de Gruyter.

Cohen, Youssef (1994) *Radicals, Reformers, and Reactionaries: the prisoner's dilemma and the collapse of democracy in Latin America*, Chicago; University of Chicago Press.

Cole, Alistair and Peter Campbell (1989) *French Electoral Systems and Elections since 1789*. Aldershot; Gower Press.

Collier, David (1979) *The New Authoritarianism in Latin America*, Princeton University Press; Princeton.

Collier, David and Steven Levitsky (1997) "Democracy with Adjectives," *World Politics*, 49, 430—451.

Collier, Ruth Berins (1999) *Paths Towards Democracy: The Working Class and Elites in Western Europe and South America*, Cambridge University Press, New York.

Colomer, Josep M. (2000) *Strategic Transitions: Game Theory and Democratization*, Baltimore; Johns Hopkins University Press.

Conley, John P. and Akram Temimi (2001) "Endogenous Enfranchisement When Groups' Preferences Conflict," *Journal of Political Economy*, 109, 79—107.

Coughlin, Peter J. (1992) *Probabilistic Voting Theory*, Cambridge University Press; New York.

Couyoumdjian, Juan Ricardo, Rene Millar, and Josefina Tocornal (1992) *Historia de la Bolsa de Comercio de Santiago, 1983—1993. Un siglo del mercado de valores en Chile*, Santiago; Bolsa de Comercio de Santiago.

Cowling, Maurice (1967) *Disraeli, Gladstone and Revolution*, New York; Cambridge University Press.

Cox, Gary W. (1997) *Making Votes Count*, Cambridge University Press; New York.

Cox, Thomas S. (1976) *Civil-Military Relations in Sierra Leone: A Case Study of African Soldiers in Politics*, Cambridge; Harvard University Press.

Cragg, Michael I. and Mario Epelbaum (1996) "Why Has Wage Dispersion Grown in Mexico?" *Journal of Development Economics*, 51, 99—116.

Crescenzi, Mark J. C. (1999) "Violence and Uncertainty in Transitions," *Journal of Conflict Resolution*, 43, 192—212.

Dahl, Robert A. (1971) *Polyarchy: Participation and Opposition*, Yale University Press, New Haven.

Darvall, Frank O. (1934) *Popular Disturbances and Public Order in Regency England*, Oxford University Press; Oxford.

Des Forges, Alison (1999) "Leave None to Tell the Story: Genocide in Rwanda," Human Rights Watch; New York.

Diamond, Larry J. (1993) "Economic Development and Democracy Reconsidered," *American Behavioral Scientist*, 35.

Diamond, Larry J. (1999) *Developing Democracy: Towards Consolidation*, Baltimore; Johns Hopkins University Press.

Diaz Alejandro, Carlos (1970) *Essays on the Economic History of the Argentine Re-*

public, Yale University Press, New Haven CT.

Di Nardo, John E., Nicole M. Fortin and Thomas Lemieux (1996) "Labor Market Institutions and the Distribution of Wages, 1973－1992: A Semiparametric Approach," *Econometrica*, 65, 1001－44.

Di Palma, Giuseppe (1990) *To Craft Democracies*, Berkeley; University of California Press.

Di Tella, Guido and Rudiger Dornbusch (1989) *The Political Economy of Argentina, 1946－1983*, Pittsburgh; University of Pittsburgh Press.

Dixit, Avinash K. (1996) *The Making of Economic Policy: A Transaction Cost Politics Perspective*, Cambridge; MIT Press.

Dixit, Avinash K. and John B. Londregan (1995) "Redistributive Politics and Economic Efficiency," *American Political Science Review*, 89, 856－866.

Dixit, Avinash K. and John B. Londregan (1996) "The Determinants of Success of Special Interest in Redistributive Politics," *Journal of Politics*, LVIII, 1132－1155.

Dixit, Avinash K. and John B. Londregan (1998) "Ideology, Tactics, and Efficiency in Redistributive Politics," *Quarterly Journal of Economics*, CXIII, 497－530.

Dixit, Avinash K. and Victor Norman (1980) *Theory of International Trade: A Dual, General Equilibrium Approach*, New York; Cambridge University Press.

Dobson, R. B. (1983) *The Peasants' Revolt of 1381*, 2nd Edition, London; Macmillan.

Dollar, David and Art Kraay (2002) "Growth is Good for the Poor," *Journal of Economic Growth*, 7, 195－225.

Downs, Anthony (1957) *An Economic Theory of Democracy*, New York; Harper & Row.

Drake, Paul W. (1996) *Labor Movements and Dictatorships: The Southern Cone in Comparative Perspective*, Johns Hopkins University Press; Baltimore.

Drake, Paul W. (1998) "The International Causes of Democratization, 1974－1990," inPaul W. Drake and Mathew D. McCubbins eds. *The Origins of Liberty*, Princeton; Princeton University Press.

Dumke, Rolf (1991) "Income Inequality and Industrialization in Germany 1850－1945,"in Y. Brenner et al. eds. *Income Distribution in Historical Perspective*, New York; Cambridge University Press.

Dyer, Christopher C. (1984) "The Social and Economic Background to the Rural Revolt of 1381," from Rodney H. Hilton and T. H. Aston eds. *The English Rising of 1381*, New York; Cambridge University Press.

Easterlin, Richard A. (1981) "Why Isn't the Whole World Developed?" *Journal of Economic History*, 41, 1－19.

Ellman, Matthew and Leonard Wantchekon (2000) "Electoral Competition under the Threat of Political Unrest," *Quarterly Journal of Economics*, 115, 499－531.

Eltis, David (2000) *The Rise of African Slavery in the Americas*, New York; Cambridge University Press.

Engerman, Stanley L. and Kenneth L. Sokoloff (1997) "Factor Endowments, Institutions and Differential Growth Paths among New World Economies," in Stephen Haber ed. *How Latin America Fell Behind*, Stanford University Press, Stanford CA.

Engerman, Stanley L., Elisa Mariscal and Kenneth L. Sokoloff (1998) "Schooling, Suffrage, and the Persistence of Inequality in the Americas, 1800—1945," Unpublished Paper, Department of Economics, UCLA.

Epstein, David L., Robert H. Bates, Jack Goldstone, Ida Kristensen and Sharyn O'Halloran (2004) "Democratic Transitions," Harvard University, J. F. K. School of Government, CID Working Paper No. 101.

Ertman, Thomas (1997) *Birth of the Leviathan: Building States and Regimes in Medieval and Early Modern Europe*, New York; Cambridge University Press.

Evans, Eric J. (1996) *The Forging of the Modern State: Early Industrial Britain, 1783—1870*, Second Edition, Longman; New York.

Feenstra, Robert C. (2003) *Advanced International Trade: Theory and Evidence*, Princeton; Princeton University Press.

Feinstein, Charles H. (1988) "The Rise and Fall of the Williamson Curve," *Journal of Economic History*, 48, 699—729.

Feng, Yi and Paul K. Zak (1999) "The Determinants of Democratic Transitions," *Journal of Conflict Resolution*, 43,162—177.

Finer, Samuel E. (1976) *The Man on Horseback: the role of the military in politics*, 2nd edition, Baltimore; Penguin.

Fitch, J. Samuel (1998) *The Armed Forces and Democracy in Latin America*, Baltimore; Johns Hopkins University Press.

Flora, Peter (1983) *State, Economy and Society, 1815—1975*, Frankfurt; Campus-Verlag.

Fogel, Robert W. (1989) *Without Consent or Contract: The Rise and Fall of American Slavery*, New York; Norton.

Fogel, Robert W. and Stanley L. Engerman (1974) *Time on the Cross: The Economics of American Negro Slavery*, Boston; Little, Brown.

Fudenberg, Drew and Jean Tirole (1991) *Game Theory*, MIT Press; Cambridge.

Fukuyama, Francis (1992) *The End of History and the Last Man*, Free Press; New York.

Galor, Oded and Omer Moav (2003) "Das Human Kapital: A Theory of the Demise of the Class Structure," Unpublished http://www.econ.brown.edu/fac/Oded_Galor/.

Galor, Oded and Joseph Zeira (1993) "Income Distribution and Macroeconomics," *Review of Economic Studies*, 40, 35—52.

Garrard, John (2002) *Democratization in Britain: Elites, Civil Society and Reform since 1800*, Basingstoke; Palgrave.

Garrett, Geoffery (1998) *Partisan Politics in the Global Economy*, New York; Cambridge University Press.

Gasiorowski, Mark J. (**1995**) "Economic Crises and Political Regime Change: An Event History Analysis," *American Political Science Review*, 89, 882—897.

Gates, Scott and Brian D. Humes (**1997**) *Games, Information and Politics*, University of Michigan Press, Ann Arbor MI.

Gavin, Michael and Roberto Perotti (**1997**) "Fiscal Policy in Latin America," *NBER Macroeconomics Annual*, edited by Benjamin Bernanke and Julio Rotemberg, MIT Press, Cambridge.

Geddes, Barbara (**1999a**) "What Do We Know About Democratization after Twenty Years?" *Annual Review of Political Science*, 2, 115—144.

Geddes, Barbara (**1999b**) "The Effect of Regime Type on Authoritarian Breakdown: Empirical Test of a Game Theoretic Argument," Unpublished, Department of Political Science, UCLA.

Gerschenkron, Alexander (**1943**) *Bread and Democracy in Germany*, University of California Press, Berkeley CA.

Gibbons, Robert (**1992**) *Game theory for Applied Economists*, Princeton; Princeton University Press.

Goldin, Claudia (**2001**) "The Human Capital Century and American Leadership: Virtues of the Past," *Journal of Economic History*, 61, 263—292.

Goldstein, Richard J. (**1983**) *Political Repression in Nineteenth Century Europe*, London; Croon Helm.

Gosnell, Harold F. (**1930**) *Why Europe Votes?* Chicago; University of Chicago Press.

Gradstein, Mark (**2002**) "Political Inequality and Institutional Quality," Unpublished Paper, Ben-Gurion University.

Grandmont, Jean-Michel (**1978**) "Intermediate Preferences and Majority Rule," *Econometrica*, 46, 317—330.

Green, Edward J. (**1993**) "On the Emergence of Parliamentary Government: The Role of Private Information," *Federal Reserve Bank of Minneapolis Quarterly Review*, 17, 1—12.

Green, Jerry R., Andreu Mas-Colell and Michael D. Whinston (**1995**) *Microeconomic Theory*, New York; Oxford University Press.

Grossman, Gene and Elhanan Helpman (**1996**) "Electoral Competition and Special Interest Politics," *Review of Economic Studies*, 63, 265—286.

Grossman, Gene and Elhanan Helpman (**2001**) *Special Interest Politics*, Cambridge; MIT Press.

Grossman, Gene and Elhanan Helpman (**2002**) "Managerial Incentives and the International Organization of Production," NBER Working Paper #9403.

Grossman, Herschel I. (**1991**) "A General Equilibrium Model of Insurrections," *American Economic Review*, 81, 912—921.

Grossman, Herschel I. (**1994**) "Production, Appropriation and Land Reform," *Ameri-*

can Economic Review, 84, 705—712.

Grossman, Herschel and Suk Jae Noh (1994) "Proprietary Public Finance and Economic Welfare," *Journal of Public Economics*, 53, 187—204.

Grossman, Sanford J. and Oliver D. Hart (1986) "The Costs and Benefits of Ownership: A Theory of Vertical and Lateral Integration," *Journal of Political Economy*, 94, 691—719.

Gudmundson Lowell (1995) "Lord and Peasant in the Making of Modern Central America," in Evelyn Huber and Frank Safford eds. *Agrarian Structure and Political Power*, Pittsburg; University of Pittsburg Press.

Haggard, Stephan and Robert R. Kaufman (1995) *The Political Economy of Democratic Transitions*, Princeton University Press, Princeton NJ.

Hardin, Russell (1982) *Collective Action*, Johns Hopkins University Press; Baltimore.

Hardin, Russell (1995) *All For One*, Princeton University Press; Princeton.

Harrison, Royden (1965) *Before the Socialists: Studies in Labour and Politics, 1861—1881*. London; Routledge Keegan and Paul.

Hart, Oliver D. (1995) *Firms, Contracts, and Financial Structure*, New York; Oxford University Press.

Hayes, WilliamA. (1982) *The Background and Passage of the Third Reform Act*, Oxford; Oxford University Press.

Helpman, Elhanan and Paul R. Krugman (1989) *Trade Policy and Market Structure*, Cambridge; MIT Press.

Herbst, Jeffrey I. (1988) "Prospects for Revolution in South Africa," *Political Science Quarterly*, 103, 665—685.

Herbst, Jeffrey I. (2000) *States and Power in Africa: Comparative Lessons in Authority and Control*, Princeton University Press, Princeton.

Heston, Alan, Robert Summers, and Bettina Atten (2002) *Penn World Tables Version 6.1*. Center for International Comparisons at the University of Pennsylvania (CICUP).

Hilton, Rodney H. (1973) *Bond Men Made Free: Medieval Peasant Movements and the English Rising of 1381*, New York; Viking Press.

Himmelfarb, Gertrude (1966) "The Politics of Democracy: The English Reform Act of 1867," *Journal of British Studies*, 6, 97—138.

Hirschman, Albert O. (1970) *Exit, Voice and Loyalty*, Cambridge; Harvard University Press.

Hirschman, Albert O. (1978) "Exit, Voice and the State," *World Politics*, 31, 90—107.

Horowitz, Donald L. (1985) *Ethnic Groups in Conflict*, Berkeley; University of California Press.

Horowitz, Donald L. (1992) *A Democratic South Africa? Constitutional Engineering in a Divided Society*, Berkeley; University of California Press.

Hotelling, Harold (1929) "Stability in Competition," *Economic Journal*, 39, 41—57.

Huff, W. G. (1994) *The Economic Growth of Singapore: Trade and Development in the Twentieth Century*, New York; Cambridge University Press.

Huntington, Samuel P. (1964) *The Soldier and the State: The Theory and Politics of Civil-military Relations*, Cambridge; Belknap Press of Harvard University Press.

Huntington, Samuel P. (1968) *Political Order in Changing Societies*, New Haven; Yale University Press.

Huntington, Samuel P. (1991) *The Third Wave: Democratization in the Late Twentieth Century*, University of Oklahoma Press, Norman OK.

Jack, William and Roger Lagunoff (2003) "Dynamic Enfranchisement," Department of Economics, Georgetown University, http://www.georgetown.edu/faculty/lagunoff/franch10.pdf.

Jennings, Ivor (1961) *Party Politics*, New York; Cambridge University Press.

Justman, Moshe and Mark Gradstein (1999) "The Industrial Revolution, Political Transition, and the Subsequent Decline in Inequality in 19th Century Britain," *Explorations in Economic History*, 36, 109—127.

Kaufman, Robert R. and Barbara Stallings (1992) "The Political Economy of Latin American Populism," in Rudiger Dornbusch and Sebastian Edwards eds. *The Macroeconomics of Populism in Latin America*, University of Chicago Press, Chicago IL.

Kiser, Edgar and Yoram Barzel (1991) "The Origins of Democracy in England," *Rationality and Society*, 3, 396—422.

Kendall, M. G. and A. Stuart (1950) "The Law of the Cubic Proportion in Election Results," *British Journal of Sociology*, 1, 183—196.

Keyssar, Alexander (2000) *The Right to Vote: The Contested History of Democracy in the United States*, Basic Books; New York.

Kolb, Glen L. (1974) *Democracy and Dictatorship in Venezuela 1945—1958*, Hamden; Shoestring Press.

Kopstein, Jeffery and David A. Reilly (2000) "Geographic Diffusion and the Transformation of the Postcommunist World," *World Politics*, 53, 1—37.

Kraus, Franz (1981) "The Historical Development of Income Inequality in Western Europe and the United States," in Peter Flora and Arnold J. Heidenheimer eds. *The Development of the Welfare State in Europe and America*, Brunswick; Transactions Books.

Kreuzer, Marcus (1996) "Democratization and Changing Methods of Electoral Corruption in France from 1815 to 1914," in Walter Little and Eduardo Posada-Carbó eds. *Political Corruption in Europe and Latin America*, MacMillan; London.

Kriger, Norma J. (1992) *Zimbabwe's Guerilla War: Peasant Voices*, New York; Cambridge University Press.

Kubota, Keiko and Helen V. Milner (2000) "Why the Move to Free Trade? Democracy and Trade Policy in the Developing Countries?" forthcoming in *International Organization*.

Kuznets, Simon S. (1955) "Economic Growth and Income Inequality" *American Economic Review*, 65, 1—28.

Kuznets, Simon S. (1963) "The Distribution of Income by Size," *Economic Development and Cultural Change*, 11, 1—80.

Kuznets, Simon S. (1966) *Modern Economic Growth: Rate, Structure, and Spread*, New Haven; Yale University Press.

Lang, Sean (1999) *Parliamentary Reform, 1785—1928*, New York; Routledge.

Lapp, Nancy D. (2004) *Landing Votes: Representation and Land Reform in Latin America*, New York; Palgrave Macmillan.

Leamer, Edward E. (1995) "International Trade Theory: The Evidence," in James Levinson, Gene M. Grossman and Kenneth Rogoff eds. *The Handbook of International Economics*, Volume III, Amsterdam; North-Holland.

Leamer, Edward E. (1998) "In Search of Stolper-Samuelson Effects on U. S. Wages," in Susan M. Collins ed. *Imports, Exports, and the U. S. Worker*, Washington, D. C.; Brookings Institution Press.

Lee, Stephen J. (1994) *Aspects of British Political History, 1815—1914*, Routledge: New York.

Legros, Patrick and Andrew F. Newman (1996) "Wealth Effects, Distribution and the Theory of Organization," *Journal of Economic Theory*, 70 312—341.

Lehoucq, Fabrice E. (1998) *Instituciones democráticas y conflictos políticos en Costa Rica*, Heredia; Editorial UNA.

Leventoglu, Bahar (2003a) "Social Mobility and Political Transitions," Unpublished, Department of Political Science, SUNY Stony Brook, http://www. sunysb. edu/polsci/.

Leventoglu, Bahar (2003b) "Social Mobility, Middle Class and Political Transitions," Unpublished, Department of Political Science, SUNY Stony Brook, http://www. sunysb. edu/polsci/.

Levine, Daniel H. (1973) *Conflict and Political Change in Venezuela*, Princeton; Princeton University Press.

Levine, Daniel H. (1989) "Venezuela: The Nature, Sources and Prospects for Democracy," in Larry J. Diamond, Juan J. Linz and Seymour M. Lipset eds. *Democracy in Developing Areas: Latin America*, Lynne Rienner; Boulder.

Li, Hongyi, Lyn Squire and Heng-fu Zou (1998) "Explaining International and Intertemporal Variations in Income Inequality," *Economic Journal*, 108, 26—43.

Lichbach, Mark I. (1989) "An Evaluation of "Does Economic Inequality Breed Political Conflict?" Studies," *World Politics*, 41, 431—470.

Lichbach, Mark I. (1995) *The Rebel's Dilemma*, University of Michigan Press; Ann Arbor.

Lijphart, Arend (1999) *Patterns of Democracy: Government Forms and Performance in Thirty-Six Countries*, New Haven; Yale University Press.

Lim, Linda, Pang Eng Fong and Roland Findlay (1993) "Singapore," in Ronald Findlay and Stanislaw Wellisz, *Five Small Open Economies*, New York; Oxford University Press.

Lindbeck, Assar and Jörgen Weibull (1987) "Balanced-Budget Redistribution as the

Outcome of Political Competition," *Public Choice*, LII, 272—297.

Lindert, Peter H. (1986) "Unequal English Wealth since 1670," *Journal of Political Economy*, 94, 1127—1162.

Lindert, Peter H. (1994) "The Rise in Social Spending, 1880—1930," *Explorations in Economic History*, 31, 1—37.

Lindert, Peter H. (2000a) "Three Centuries of Inequality in Britain and America," in Anthony B. Atkinson and François Bourguignon eds. *Handbook of Income Distribution*, NorthHolland, Amsterdam.

Lindert, Peter H. (2000b) "The Political Economy of Comparative Mass Education in Europe before 1914," Unpublished, University of California at Davis, Agricultural History Center.

Lindert, Peter H. (2004) *Growing Public: Social Spending and Economics Growth since the Eighteenth Century*, Two volumes. Cambridge University Press, 2004.

Lindert, Peter H. and Jeffrey G. Williamson (1982) "Revising England's Social Tables, 1688—1812," *Explorations in Economic History*, 19, 385—408.

Lindert, Peter H. and Jeffrey G. Williamson (1983) "Reinterpreting Britain's Social Tables, 1688—1913," *Explorations in Economic History*, 20, 94—109.

Lindert, Peter H. and Jeffrey G. Williamson (1985) "Growth, Equality and History," *Explorations in Economic History*, 22, 341—377.

Linz, Juan J. (1978) *Crisis, Breakdown and Re-equilibration*, Johns Hopkins University Press, Baltimore MD.

Linz, Juan J. (1994) "Presidential or Parliamentary Democracy: Does it Make a Difference?" in Juan J. Linz and Arturo Valenzuela eds. *The Failure of Presidential Democracy*, Johns Hopkins University Press, Baltimore MD.

Linz, Juan J. (2000) *Totalitarian and Authoritarian Regimes*, Lynne Rienner; Boulder.

Linz, Juan J. and Alfred Stepan (1978) *The Breakdown of Democratic Regimes*, Johns Hopkins University Press, Baltimore MD.

Linz, Juan J. and Alfred Stepan (1996) *Problems of Democratic Transition and Consolidation: Southern Europe, South America, and Post-communist Europe*, Johns Hopkins University Press; Baltimore.

Lipset, Seymour M. (1959) "Some Social Prerequisites for Democracy: Economic Development and Political Legitimacy," *American Political Science Review*, 53, 69—105.

Lipset, Seymour M. and Gary Marks (2000) *It Didn't Happen Here: Why Socialism Failed in the United States*, New York; W. W. Norton & Co.

Lizzeri, Alessandro and Nicola Persico (2004) "Why Did the Elites Extend the Suffrage? Democracy and the Scope of Government, With an Application to Britain's 'Age of Reform," *Quarterly Journal of Economics*, 119, 707—765.

Llavador, Humberto and Robert J. Oxoby (2003) "Partisan Competition, Growth and Franchise," Unpublished, Department of Economics, Universitat Pompeu Fabra.

Lockhart, James and Stuart B. Schwartz (**1983**) *Early Latin America*, New York: Cambridge University Press.

Londoño, Juan-Luis (**1995**) *Distribución del Ingreso y Desarollo Económico: Colombia en el Siglo XX*, Fedesarollo, TM Editores, Bogotá.

Londregan, John B. (**2000**) *Legislative Institutions and Ideology in Chile*, Cambridge University Press: New York.

Londregan, John B. and Keith T. Poole (**1990**) "Poverty, The Coup Trap, and the Seizure of Executive Power," *World Politics*, 42, 151—183.

Londregan, John B. and Keith T. Poole (**1996**) "Does High Income Promote Democracy?" *World Politics*, 49, 1—30.

Loveman, Brian (**1999**) *For la Patria: politics and the armed forces in Latin America*, Wilmington: SR Books.

Luebbert, Gregory (**1991**) *Liberalism, Fascism or Social Democracy: Social Classes and the Political Origins of Regimes in Interwar Europe*, Oxford University Press, New York.

Lundahl, Mats (**1992**) *Apartheid in Theory and Practice: An Economic Analysis*, Boulder: Westview Press.

Maddison, Angus (**1995**) *Monitoring the World Economy, 1820 — 1992*, Paris, France: Development Centre of the Organization for Economic Co-operation and Development.

Maddison, Angus (**2001**) *The World Economy: A Millennial Perspective*, Paris, France: Development Centre of the Organization for Economic Co-operation and Development.

Mahoney, James (**2001**) *The Legacies of Liberalism: Path Dependence and Political Regimes in Central America*, Baltimore: Johns Hopkins University Press.

Manin, Bernard (**1997**) *The Principles of Representative Government*, Cambridge University Press: New York.

Markoff, John (**1996**) *Waves of Democracy: Social Movements and Political Change*, Thousand Oaks: Pine Forge Press.

Marshall, Monty G. and Keith Jaggers (**2004**) "Political Regime Characteristics and Transitions, 1800—2002," Polity IV Project. University of Maryland.

Matsuyama, Kiminori (**1992**) "A Simple Model of Sectoral Adjustment," *Review of Economic Studies*, 59, 375—388.

Maxfield, Sylvia (**2000**) "Capital Mobility and Democratic Stability," *Journal of Democracy*, 11, 95—106.

Mazzuca, Sebastián L. and James A. Robinson (**2004**) "Power and Proportionality," Unpublished, Department of Government, Harvard.

McCreery, David J. (**1994**) *Rural Guatemala, 1760 — 1940*, Stanford University Press, Stanford CA.

McGuire, Robert A. (**1988**) "Constitution Making: A Rational Choice Model of the Federal Convention of 1787," *American Journal of Political Science*, 32, 483—522.

McKelvey, Richard D. and Norman Schofield (1987) "'Generalized Symmetry Conditions at a Core Point," *Econometrica*, 55, 923—934.

McLaren, John E. (2000) "Globalization and Vertical Structure," *American Economic Review*, 90, 1239—54.

Meltzer, Allan H. and Scott F. Richard (1981) "A Rational Theory of the Size of Government," *Journal of Political Economy*, 89, 914—927.

Michels, Robert [1911] (1962) *Political Parties: A Sociological Study of the Oligarchical Tendencies of Modern Democracy*, New York; The Free Press.

Milesi-Ferretti, Gian Maria, Roberto Perotti and Massimo Rostagno (2002) "Electoral Systems and Public Spending," *Quarterly Journal of Economics*, 117, 609—657.

Milne, Robert S. and Diane K. Mauzy (1990) *Singapore: The Legacy of Lee Kuan Yew*, Boulder; Westview Press.

Milne, Robert S. and Diane K. Mauzy (2002) *Singapore Politics under the People's Action Party*, New York; Routledge.

Mitch, David (1983) "The Role of Human Capital in the First Industrial Revolution," in Joel Mokyr ed. *The British Industrial Revolution: An Economic Perspective*, San Francisco; Westview Press.

Mommsen, Wolfgang J. (1981) "The German Revolution 1918—1920: Political Revolution and Social Protest," in R. Bessle and E. J. Feuchtwanger eds. *Social Change and Political Development in Weimar Germany*, London; Croon Helm.

Moore, Barrington (1966) *The Social Origins of Dictatorship and Democracy: Lord and Peasant in the Making of the Modern World*, Beacon Press, Boston MA.

Moore, Will H. (1995) "Rational Rebels: Overcoming the Free-Rider Problem," *Political Research Quarterly*, 48, 417—454.

Morrisson, Christian (2000) "Historical Evolution of Income Distribution in Western Europe," in Anthony B. Atkinson and François Bourguignon eds. *Handbook of Income Distribution*, North-Holland, Amsterdam.

Morrisson, Christian and Wayne Snyder (2000) "The Income Inequality of France in Historical Perspective," *European Review of Economic History*, 4, 59—84.

Muller, Edwin N. (1988) "Democracy, Economic Development and Income Inequality," *American Sociological Review*, 53, 50—68.

Muller, Edwin N. (1995) "Economic Determinants of Democracy," *American Sociological Review*, 60, 966—982.

Muller, Edwin N. and Mitchell A. Seligson (1987) "Inequality and Insurrections," *American Political Science Review*, 81, 425—451.

Mulligan, Casey B., Xavier Sala-i-Martin and Richard Gil (2003) "Do Democracies Have Different Public Policies than Nondemocracies?" NBER Working Paper ♯10040.

Murphy, Kevin J., Andrei Shleifer and Robert W. Vishny (1989) "Industrialization and the Big Push," *Journal of Political Economy*, 97, 1003—1026.

Myrdal, Gunnar (1957) *Economic Theory and Under-developed Regions*, London;

Duckworth.

Namier, Lewis (1961) *The Structure of Politics at the Accession of George III*, London: MacMillan.

Newman, Andrew F. and James A. Robinson(2002) "Globalization and Democracy," Unpublished, Department og Government, Harvard University.

Nolan, Brian (1986) "Economic Crisis, State Policy and Working-Class Formation in Germany, 1870—1900" in Ira Katznelson and Aristide R. Zolberg eds. *Working-class Formation: Nineteenth-century Patterns in Western Europe and the United States*, Princeton: Princeton University Press.

Nordlinger, Eric A. (1977) *Soldiers in Politics: Military Coups and Governments*, Englewood Cliffs: Prentice-Hall.

North, Douglass C. (1981) *Structure and Change in Economic History*, W. W. Norton & Co: New York.

North, Douglass C. (1990) *Institutions, Institutional Change, and Economic Performance*, Cambridge University Press, New York.

North, Douglass C. and Robert P. Thomas (1973) *The Rise of the Western World: A New Economic History*, Cambridge University Press, Cambridge UK.

North, Douglass C. and Barry R. Weingast (1989) "Constitutions and Commitment: The Evolution of Institutions Governing Public Choice in Seventeenth-Century England," *Journal of Economic History*, 49, 803—832.

Nugent, Jeffery B. and James A. Robinson (2000) "Are Endowments Fate?" CEPR Discussion Paper #3206.

Nurkse, Ragnar(1953) *Problems of Capital Formation in Underdeveloped Countries*, New York: Oxford University Press.

Oatley, Thomas (1999) "How Constraining is Capital Mobility? The Partisan Hypothesis in an Open Economy," *American Journal of Political Science*, 43, 1003—1027.

O'Brien, Patrick K. (1993) "Political Preconditions for the Industrial Revolution," in Patrick K. O'Brien and R. Quinault eds. *The Industrial Revolution and British Society*, New Tork: Cambridge University Press.

O'Donnell, Guillermo(1973) *Modernization and Bureaucratic Authoritarianism: Studies in South American Politics*, University of California, Institute for International Studies, Berkeley CA.

O'Donnell, Guillermo (1978) "Permanent Crisis and the Failure to Create a Democratic Regime: Argentina 1955—1966," in Juan J. Linz and Alfred Stepan eds. *The Breakdown of Democratic Regimes: Latin America*, Baltimore: Johns Hopkins University Press.

O'Donnell, Guillermo (1994) "Delegative Democracy," *Journal of Democracy*, 5, 55—69.

O'Donnell, Guillermo and Philippe C. Schmitter (1986) *Transitions from Authoritarian Rule: Tentative Conclusions about Uncertain Democracies*, Johns Hopkins University Press, Baltimore MD.

O'Meara, Dan (**1996**) *Forty Lost Years: The Apartheid State and the Politics of the National Party, 1948—1994*, Athens: Ohio University Press.

O'Rourke, Kevin H., Alan M. Taylor and Jeffery G. Williamson (**1996**) "Factor Price Convergence in the Late 19th Century," *International Economic Review*, 37, 499—530.

O'Rourke, Kevin H. and Jeffery G. Williamson (**1999**) *Globalization and History*, Cambridge: MIT Press.

O'Rourke, Kevin H. and Jeffery G. Williamson (**2002**) "From Malthus to Ohlin: Trade, Growth and Distribution since 1500," NBER Working Paper #8955.

Okun, Arthur M. (**1975**) *Equality and Efficiency, the Big Trade-off*, Washington: The Brookings Institution.

Olson, Mancur C. (**1965**) *The Logic of Collective Action: Public Goods and the Theory of Groups*, Harvard University Press: Cambridge.

Olson, Mancur C. (**1982**) *The Rise and Decline of Nations: Economic Growth, Stagflation, and Social Rigidities*, Yale University Press: New Haven.

Olson, Mancur C. (**1993**) "Dictatorship, Democracy and Development," *American Political Science Review*, 87, 567—575.

Oman, Charles (**1906**) *The Great Revolt of 1381*, Oxford: Clarendon Press.

Osborne, Martin J. and Ariel Rubinstein (**1994**) *A Course in Game Theory*, Cambridge: MIT Press.

Osborne, Martin J. and Al Slivinski (**1996**) "A Model of Political Competition with Citizen-Candidates," *Quarterly Journal of Economics*, 111, 65—96.

Paige, Jeffery M. (**1997**) *Coffee and Power: Revolution and the Rise of Democracy in Central America*, Cambridge: Harvard University Press.

Palacios, Marco (**1980**) *Coffee in Colombia, 1850—1970: An Economic, Social, and Political History*, New York: Cambridge University Press.

Papaioannou, Elias and Gregorios Siourounis (**2004**) "Economic and Social Factors Driving the Third Wave of Democratization," Unpublished, London Business School.

Perotti, Roberto (**1996**) "Growth, Income Distribution and Democracy: What the Data Say" *Journal of Economic Growth*, 1, 149—187.

Persson, Torsten (**2003**) "Consequences of Constitutions," NBER Working Paper # 10170.

Persson, Torsten and Guido Tabellini (**1994**) "Is Inequality Harmful for Growth?" *American Economic Review*, 84, 600—621.

Persson, Torsten and Guido Tabellini (**2000**) *Political Economics: Explaining Economic Policy*, MIT Press, Cambridge.

Persson, Torsten and Guido Tabellini (**2003**) *The Economic Effects of Constitutions: What Do the Data Say*? MIT Press, Cambridge.

Persson, Torsten, Gerard Roland and Guido Tabellini (**2000**) "Comparative Politics and Public Finance," *Journal of Political Economy*, 108, 1121—1161.

Phelan, John Leddy (**1978**) *The People and the King: The Comunero Revolution in*

Colombia, 1781, University of Wisconsin Press; Madison.

Philip, George (2003) *Democracy in Latin America*, Polity; Cambridge.

Piketty, Thomas (2003) "Income Inequality in France, 1901—1998," *Journal of Political Economy*, 111, 1004—1042.

Piketty, Thomas, Gilles Postal-Vinay and Jean-Laurant Rosenthal(2003)"Wealth Concentration in a Developing Economy: Paris and France, 1807—1994,"Unpublished, CEPREMAP, http://pythie. cepremap. ens. fr/~piketty/Papers/Piketty2003a. pdf.

Plessis, Alain (1985) *The Rise and Fall of the Second Empire, 1852—1871*, New York: Cambridge University Press.

Plott, Charles R. (1967) "A Notion of Equilibrium and its Possibility under Majority Rule," *American Economic Review*, 57, 787—806.

Popkin, Samuel L. (1979) *The Rational Peasant: The Political Economy of Rural Society in Vietnam*, University of California Press; Berkeley.

Potter, Anne L. (1981) "The Failure of Democracy in Argentina 1916—1930: An Institutional Perspective," *Journal of Latin American Studies*, 13, 83—109.

Powell, Robert (2004) "The Inefficient Use of Power: Costly Conflict with Complete Information," *American Political Science Review*, 98, 231—241.

Prasad, Eswar, Kenneth Rogoff, Shang-jin Wei and M. Ayhan Kose (2002) "Effects of Financial Globalization on Developing Countries: Some Empirical Evidence." International Monetary Fund: March17, 2003. Availableat: http://www. imf. org/external/np/res/docs/2003/031703.

Price, Robert M. (1991) *The Apartheid State in Crisis: Political Transformation in South Africa 1975—1990*, Oxford University Press; New York.

Price, Roger (1997) *Napoleon III and the Second Empire*, New York; Routledge.

Przeworksi, Adam (1991) *Democracy and the Market*, Cambridge University Press; New York.

Przeworski, Adam, Michael Alvarez, José A. Cheibub and Fernando Limongi (1996) "What Makes Democracy Endure?" *Journal of Democracy*, 7, 39—55.

Przeworski, Adam, Michael Alvarez, José A. Cheibub and Fernando Limongi (2000) *Democracy and Development: Political Institutions and Material Well-being in the World, 1950—1990*, Cambridge University Press, New York NY.

Przeworski, Adam and Fernando Limongi(1997)"Modernization: Theory and Facts," *World Politics*, 49, 155—183.

Putnam, Robert H. (with Robert Leonardi and Raffaella Nanetti) (1993) *Making Democracy Work; Civic Traditions in Modern Italy*, Princeton; Princeton University Press.

Quinn, Dennis P. (1997) "The Correlates of Change in International Financial Regulation." *American Political Science Review*, 91:531—551.

Quinn, Dennis P. (2002) "Democracy and International Financial Liberalization," Unpublished, Department of Political Science, Georgetown University.

Randall, Laura J. (1978) *An Economic History of Argentina in the Twentieth Centu-*

ry, Columbia University Press; New York.

Ranger, Terence (1991) "Missionaries, Migrants and the Manyika: The Invention of Ethnicity in Zimbabwe," in in Leroy Vail eds. *The Creation of Tribalism in Southern Africa*, Berkeley; University of California Press.

Rawson Don C. (1995) *Russian Rightists and the Revolution of 1905*, Cambridge University Press; New York.

Reynolds, Andrew (1999) *Electoral Systems and Democratization in Southern Africa*, New York; Oxford University Press.

Ringer, Fritz (1979) *Education and Society in Modern Europe*, Bloomington; University of Indiana Press.

Roberts, Kevin W. S. (1977) "Voting over Income Tax Schedules," *Journal of Public Economics*, 8, 329—340.

Robins, Nicholas A. (2002) *Genocide and Millennialism in Upper Peru: the Great Rebellion of 1780—1782*, Westport; Praeger.

Robinson, James A. and Kenneth L. Sokoloff (2003) "Historical Roots of Inequality in Latin America," Chapter 5 of *Inequality in Latin America & the Caribbean: Breaking with History?* World Bank.

Rock, David J. (1987) *Argentina, 1516—1987: from Spanish Colonization to the Falklands War*, University of California Press; Berkeley.

Rodan, Gary (1997) "Singapore in 1996: Extended Election Fever," *Asian Survey*, 37, 175—180.

Rodan, Gary (1998) "Singapore in 1997: Living with the Neighbours," *Asian Survey*, 38, 177—182.

Rodrik, Dani (1997) *Has Globalization gone too Far?* Washington, DC: Institute of International Economics.

Rodrik, Dani (1999) "Democracies Pay Higher Wages," *Quarterly Journal of Economics*, CXIV, 707—738.

Rodrik, Dani and Francisco Rodriguez (2000) "Trade Policy and Economic Growth: A Skeptic's Guide to the Cross-National Evidence," in Ben S. Bernanke and Kenneth S. Rogoff eds. *NBER Macroeconomic Anuual*, MIT Press; Cambridge.

Roemer, John E. (1995) "Rationalizing Revolutionary Ideology: A Tale of Lenin and the Tsar," *Econometrica*, 53, 85—108.

Roemer, John E. (1998) "Why the Poor don't Expropriate the Rich in Democracies," *Journal of Public Economics*, 70, 399—424.

Rogowski, Ronald (1998) "Democracy, Capital, Skill and Country Size: Effects os Asset Mobility and Regime Monopoly on the Odds of Democratic Rule," in Paul W. Drake and Mathew D. McCubbins eds. *The Origins of Liberty*, Princeton; Princeton University Press.

Rokkan, Stein (1970) *Citizens, Elections, Parties; Approaches to the Comparative Study of the Processes of Development*, McKay; New York.

Romalis, John (2004) "Factor Proportions and the Structure of Commodity Trade," *American Economic Review*, 94, 67—97.

Romer, Thomas (1975) "Individual Welfare, Majority Voting and the Properties of a Linear Income Tax," *Journal of Public Economics*, 7, 163—168.

Romer, Thomas and Howard Rosenthal (1978) "Political Resource Allocation, Controlled Agendas and the Status Quo," *Public Choice*, 33, 27—43.

Romero, Luis Alberto (2002) *A History of Argentina in the Twentieth Century*, University Park; Pennsylvania State University Press.

Rosendorff, B. Peter (2001) "Choosing Democracy," *Economics and Politics*, 13, 1—29.

Rosenstein-Rodan, Paul (1943) "Problems of Industrialization in Eastern and Southeastern Europe," *Economic Journal*, 53, 202—211.

Ross, Jeffrey I. and Tedd R. Gurr (1989) "Why Terroism Subsides: A Comparative Study of Canada and the United States," *Comparative Politics*, 21, 405—426.

Rothschild, Michael and Joseph E. Stiglitz (1970) "Increasing Risk I: A Definition," *Journal of Economic Theory*, 4, 225—243.

Rothschild, Michael and Joseph E. Stiglitz (1971) "Increasing Risk II: Its Economic Consequences," *Journal of Economic Theory*, 5, 66—84.

Rouquie, Alain (1987) *The Military and the State in Latin America*, Berkeley; University of California Press.

Rueschemeyer, Dietrich, Evelyn H. Stephens and John D. Stephens (1992) *Capitalist Development and Democracy*, University of Chicago Press, Chicago IL.

Rustow, Dankwart C. (1970) "Transitions to Democracy: Toward a Dynamic Model," *Comparative Politics*, 2, 337—363.

Sachs, Jeffrey D. and Andrew Warner (1995) "Economic Reform and the Process of Global Integration," *Brookings Papers on Economic Activity*, 1—118.

Searle, Geoffrey R. (1993) *Entrepreneurial Politics in Mid-Victorian Britain*, Oxford; Oxford University Press.

Safford, Frank and Marco Palacios (2000) *Colombia: Fragmented Land, Divided Society*, Oxford University Press; New York.

Sargent, Thomas J. (1987) *Dynamic Macroeconomic Theory*, Cambridge; Harvard University Press.

Schedler, Andreas (1998) "What is Democratic Consolidation?" *Journal of Democracy*, 9, 91—107.

Schmitter, Philippe C. (1971) "Military Intervention, Political Competitiveness and Public Policy in Latin America: 1950—1967," in Morris Janowitz and Jacques van Doorn eds. *On Military Intervention*, Rotterdam; Rotterdam University Press.

Schumpeter, Joseph A. (1942) *Capitalism, Socialism and Democracy*, New York, Harper & Brothers.

Scott, James C. (1976) *The Moral Economy of the Peasant*, Yale University Press;

New Haven.

Selten, Reinhard (**1975**) "Reexamination of the Perfectness Concept for Equilibrium Points in Extensive Games," *International Journal of Game Theory*, 4, 25—55.

Sen, Amartya K. (**1970**) *Collective Choice and Social Welfare*, North-Holland; Amsterdam.

Shepsle, Kenneth A. (**1979**) "Institutional Arrangements and Equilibria in Multidimensional Voting Models," *American Journal of Political Science*, 23, 27—59.

Shepsle, Kenneth A. and Barry R. Weingast (**1984**) "Uncovered Sets and Sophisticated Voting Outcomes with Implications for Agenda Institutions," *American Journal of Political Science*, 28, 49—74.

Shin, Don Chull (**1994**) "On the Third Wave of Democratization: A Synthesis and Evaluation of Recent Theory and Research," *World Politics*, 47, 135—170.

Siavelis, Peter M. (**2000**) *The President and Congress in Postauthoritarian Chile: Institutional Constraints to Democratic Consolidation*, University Park; Pennsylvania State University Press.

Singer, H. W. (**1949**) "Economic Progress in Underdeveloped Countries," *Social Research*, 16, 1—11.

Smith, F. B. (**1966**) *The Making of the Second Reform Bill*, London; Cambridge University Press.

Smith, Peter H. (**1978**) "The Breakdown of Democracy in Argentina, 1916—1930," in Juan J. Linz and Alfred Stepan eds. *The Breakdown of Democratic Regimes: Latin America*, Baltimore; Johns Hopkins University Press.

Söderberg, Johan (**1987**) "Trends in Inequality in Sweden, 1700—1914," *Historical Social Research*, 58—78.

Söderberg, Johan (**1991**) "Wage Differentials in Sweden, 1725—1950," in Y. Brenner et al. eds. *Income Distribution in Historical Perspective*, New York; Cambridge University Press.

Starr, Harvey (**1991**) "Democratic Dominoes: Diffusion Approaches to the Spread of Democracy in the International System," *Journal of Conflict Resolution*, 35, 356—381.

Stasavage, David (**2003**) *Public Debt and the Birth of the Democratic State: France and Great Britain 1688—1789*, New York; Cambridge University Press.

Stavig, Ward (**1999**) *The World of Tupac Amaru: Conflict, Community, and Identity in Colonial Peru*, Lincoln; University of Nebraska Press.

Stepan, Alfred (**1986**) "Paths Toward Redemocratization: Theoretical and Comparative Considerations," in Guillermo O'Donnell, Philippe Schmitter and Lawrence Whitehead eds. *Transitions from Authoritarian Rule: Comparative Perspectives*, Baltimore: Johns Hopkins University Press.

Stepan, Alfred (**1988**) *Rethinking Military Politics: Brazil and the Southern Cone*, Princeton; Princeton University Press.

Stepan, Alfred (**1985**) "State Power and the Strength of Civil Society in the Southern

Cone of Latin America," in Peter B. Evans, Dietrich Rueschemeyer and Theda Skocpol eds. *Bringing the State Back In*, Cambridge University Press; New York.

Stevenson, John (1979) *Popular Disturbances in England, 1700—1870*, New York; Longman.

Stigler, George J. (1970) "Director's Law of Public Income Redistribution," *Journal of Law and Economics*, 13, 1—10.

Stokey, Nancy L. and Robert E. Lucas, Jr., with Edward C. Prescott (1989) *Recursive Methods in Economic Dynamics*, Cambridge; Harvard University Press.

Sutter, Daniel (2000) "The Transition from Authoritarian Rule: A Game Theoretic Approach," *Journal of Theoretical Politics*, 12, 67—89.

Tarrow, Sidney (1991) "Aiming at a Moving Target: Social Science and the Recent Rebellions in Eastern Europe," *PS: Political Science and Politics*, 24, 12—20.

Tarrow, Sidney (1998) *Power in Movement: Social Movements and Contentious Politics*, Second Edition, New York; Cambridge University Press.

Tawney, R. H. (1941) "The Rise of the Gentry, 1558—1640," *Economic History Review*, 11,1—38.

Therborn, Goran (1977) "The Rule of Capital and the Rise of Democracy," *New Left Review*, 103, 3—41.

Thompson, Edward P. (1963) *The Making of the English Working Class*, New York; Pantheon Books.

Thompson, Edward P. (1975) *Whigs and Hunters: The Origin of the Black Act*, New York; Pantheon Books.

Thompson, Leonard (1995) *A History of South Africa*, New Haven; Yale University Press.

Ticchi, Davide and Andrea Vindigni (2003a) "On Wars and Political Development. The Role of International Conflicts in the Democratization of the West," Unpublished, Department of Politics, Princeton University.

Ticchi, Davide and Andrea Vindigni (2003b) "Democracies and Armies," Unpublished, Department of Politics, Princeton University.

Tilly, Charles (1990) *Coercion, Capital, and European States, AD 990—1990*, Cambridge; Basil Blackwell.

Tilly, Charles (1995) *Popular Contention in Britain, 1758—1834*, Cambridge; Harvard University Press.

Tilly, Charles (2004) *Contention and Democracy in Europe, 1650—2000*, New York; Cambridge University Press.

Tilton, Timothy (1974) "Social Origins of Liberal Democracy: The Swedish Case," *American Political Science Review*, 68, 561—571.

Trefler, Daniel (1995) "The Case of Missing Trade and other Mysteries," *American Economic Review*, 85, 1029—1046.

Trudeau, Robert (1993) *Guatemalan Politics: The Popular Struggle for Democracy*,

Boulder; Lynne Rienner.

Tullock, Gordon (**1971**) "The Paradox of Revolution," *Public Choice*, 11, 89—99.

Thoenig, Mathias and Thierry Verdier (**2003**) "A Theory of Defensive Skill-biased Innovation and Globalization," *American Economic Review*, 93, 709—728.

Turnbull, C. M. (**1989**) *A History of Singapore, 1819—1988*, Oxford; Oxford University Press.

Verner, Andrew M. (**1990**) *The Crisis of Russian Autocracy: Nicholas II and the 1905 Revolution*, Princeton University Press; Princeton.

Verney, Douglas(**1957**)*Parliamentary Reform in Sweden, 1866—1921*, Oxford; Clarendon Press.

Waisman, Carlos H. (**1999**) "Argentina: Capitalism and Democracy, in Larry Diamond, Jonathan Hartlyn and Juan J. Linz eds. *Democracy in Developing Countries: Latin America*, 2nd edition, Boulder, Colo. : Lynne Rienner Publishers.

Wallerstein, Michael (**1999**) "Wage Setting Institutions and Pay Inequality in Advanced Industrial Societies," *American Journal of Political Science*, 43, 649—680.

Wantchekon, Leonard (**1999**) "Strategic Voting in Conditions of Political Instability: The 1994 Elections in El Salvador," *Comparative Political Studies*, 32, 810—834.

Weingast, Barry R. (**1997**) "The Political Foundations of Democracy and the Rule of Law," *American Political Science Review*, 91, 245—263.

Weingast, Barry R. (**1998**) "Political Stability and Civil War: Institutions, Commitment, and American Democracy," in Robert Bates, Avner Greif, Margaret Levi, Jean-Laurent Rosenthal and Barry R. Weingast eds. *Analytic Narratives*, Princeton; Princeton University Press.

Williams, Robert G. (**1986**)*Export Agriculture and the Crisis in Central America*, Chapel Hill; University of North Carolina Press.

Williams, Robert G. (**1994**) *States and Social Evolution: Coffee and the Rise of National Governments in Central America*, Chapel Hill; University of North Carolina Press.

Williamson, D. C. (**1998**) *Bismarck and Germany, 1862—1892*, 2nd edition, New York; Longman.

Williamson, Jeffrey G. (**1985**) *Did British Capitalism Breed Inequality*? Allen and Unwin, Boston MA.

Williamson, Jeffrey G. (**1999**)"Real Wages, Inequality and Globalizationin Latin America before 1940," *Revista de Historia Economica*, 17, 101—142.

Williamson, John (**1993**) "Democracy and the Washington Consensus," *World Development*, 21, 1329—1336.

Williamson, Oliver E. (**1985**)*The Economic Institutions of Capitalism: Firms, Markets, Relational Contracting*, New York; Free Press.

Wintrobe, Ronald(**1998**) *The Political Economy of Dictatorship*, New York: Cambridge University Press.

Wittman, Donald (**1983**) "Candidate Motivation: A Synthesis of Alternative Theories." *American Political Science Review*, 77, 142—157.

Wood, Elizabeth J. (**2000**) *Forging Democracy from Below: Contested Transitions in Oligarchic Societies*, Cambridge University Press, New York.

Wood, Gordon (**1969**) *Creation of the American Republic 1776—1787*, Chapel Hill: University of North Carolina Press.

Woodside, David (**1976**) *Community and Revolution in Modern Vietnam*, Boston: Houghton Mifflin.

Wright, Randall D. (**1996**) "Taxes, Redistribution and Growth," *Journal of Public Economics*, 62, 327—338.

Yashar, Deborah J. (**1997**) *Demanding Democracy: Reform and Reaction in Costa Rica and Guatemala, 1870's—1950's*, Stanford, Stanford University Press.

Zeldin, Theodore (**1958**) *The Political System of Napoleon III*, New York: St. Martin's Press.

译后记

关于本书作者的情况和本书的基本内容都有相应的介绍，无须重复。需要说明的只是一个与本书翻译有关的问题。

原书使用的两阶级模型中的两个阶级分别是“the elite”和“the citizens”，可分别译为“精英”和“公民”，但我在斟酌之后，分别译成了“权贵”和“民众”。之所以如此，是为了回避中文中“精英”的强烈的褒义色彩和“公民”的严格的政治学含义。我认为，从原书作者的用法来看，我们的译法应该是可以接受的。

本书为旧译，曾于2008年由上海财经大学出版社出版。参加本书初稿翻译的是我的几位硕士研究生。他们具体参与的工作如下：第一至八章，张瑜；第九章，贾佳佳，李立；第十至十一章，李立；第十二章，史中翩；全书由我统稿和修订。此次再版改正了一些错误，其他悉如旧译。不足之处诚望读者批评指正。

马春文

2020年5月于长春，吉林大学

作者简介

达龙·阿塞莫格鲁是麻省理工学院经济学系查尔斯·金德尔伯格应用经济学教授，也是加拿大高级研究所经济增长项目组的成员。他还是国家经济研究局、经济绩效中心、经济政策研究中心的研究人员，欧洲经济学会会员。阿塞莫格鲁教授起初是在伦敦经济学院任教。其论文《消费者信心和理性预期：行动者的信念和理论一致吗?》获1996年《经济学杂志》最佳论文奖。2004年，他获得芝加哥大学首届T. W. 舒尔茨奖，同年因对劳动经济学的杰出贡献获首届谢尔文·罗森奖。阿塞莫格鲁教授是著名期刊《经济和统计评论》的主编、《经济增长杂志》的副主编。他是2005年美国经济学会约翰·贝茨·克拉克奖的获得者，该奖项授予在美国工作、年龄在40岁以下的最杰出的经济学家。

詹姆士·A. 罗宾逊是哈佛大学政府系教授。他曾在伯克利加州大学、南加州大学和墨尔本大学任教。他也是加拿大高级研究所经济增长项目组的成员、经济政策研究中心的研究人员。作为2002年卡内基学者和1999～2000年胡佛研究所研究员，他的研究成果发表在《经济学季刊》《美国经济评论》《美国政治学评论》《经济文献杂志》等各主要期刊上。罗宾逊教授是《世界政治》的编委。他和达龙·阿塞莫格鲁教授、西蒙·约翰逊教授合著有《繁荣的制度根源》。